Invisible Brick of Human Success

Auf den Spuren von Glück und Erfolg
im Berufs- und Alltagsleben

Lektorat und Korrektorat: Manuela Tengler, manuscript
Cover und Buchgestaltung: Anna-Theresa Taferner, Buchschmiede
Bildquelle Cover: iStock

Druck und Vertrieb im Auftrag des Autors:
Buchschmiede von Dataform Media GmbH, Wien
www.buchschmiede.at – Folge deinem Buchgefühl!

Besuche uns online

ISBN:
978-3-99165-184-0 (Paperback)
978-3-99165-183-3 (E-Book)

PRINTED IN
AUSTRIA

Widmung

Danke an meine Ehefrau Sophie, meine Eltern, Kolleginnen und Kollegen, Freunde und alle, die dieses Projekt unterstützt haben!

Ich widme dieses Buch meinen Kindern Fabian, Melissa und Simon – damit ihr in eurem Berufsleben Glück und Erfolg erlebt. Ich wünsche euch, dass ihr von Vorgesetzten, Kolleginnen und Kollegen umgeben seid, die immer das Beste für euch wollen und euch mit Spaß und Freude auf eurem beruflichen Weg begleiten. Mögen sie euch in schwierigen Situationen unterstützen und gemeinsam mit euch Erfolge erzielen, von denen man allein nur träumen kann. Nicht zuletzt wünsche ich euch, dass ihr selbst solche Kolleginnen und Kollegen für andere seid.

Inhaltverzeichnis

Vorwort

Liebe Leserin, lieber Leser,
schön, dass Sie sich für mein Buch entschieden haben! Ich wünsche Ihnen, dass Sie auf den folgenden Seiten viel Interessantes, Bereicherndes und Unterhaltsames finden. Vor allem hoffe ich, dass Sie viele Anregungen bekommen, die Sie dazu inspirieren, ebenfalls einen Beitrag zu einer Arbeitswelt zu leisten, in der Menschen Glück und Erfolg sowie ein gesundes, erfülltes Arbeitsleben erleben – denn genau das möchte ich mit diesem Buch erreichen: Bewusstsein schaffen für die vielen Möglichkeiten, die wir haben, um uns selbst, die Menschen in unserem Umfeld und damit die gesamte Arbeitswelt weiterzuentwickeln.

Meine Motivation, dieses Buch zu schreiben
„Wie läuft es in der Arbeit?“ Eine Frage, die Sie bestimmt schon einmal Ihren Freunden, Kolleginnen und Kollegen gestellt haben. Wie wurde diese Frage überwiegend beantwortet? Haben die meisten erwidert, dass es ihnen gut geht, dass sie jeden Morgen voller Tatendrang aus dem Bett springen, neugierig darauf, was der Arbeitstag bringen wird? Haben Ihnen diese Menschen erzählt, wie großartig ihre Vorgesetzten, ihr Unternehmen, ihr Arbeitsumfeld sind und wie stolz sie darauf sind, in diesem Unternehmen arbeiten zu dürfen? Haben Sie am Funkeln in den Augen gesehen, dass diese Menschen ihre Berufung gefunden haben? Nun ja. Das mag auf einige wenige zutreffen. Allerdings scheint es nicht die Regel zu sein. Oft hört sich die Antwort auf diese Frage ganz anders an. Meist ist es ein Stöhnen und Brummen, mit seltsamen Lauten und Geräuschen, die zweifelsfrei verraten, dass es mit dem Berufsleben nicht zum Besten steht. Viele Menschen klagen darüber, wie anstrengend, stressig und mühsam die Arbeitswoche ist. Vielleicht haben Sie als Antwort auch schon einmal gehört, dass es „gehen muss“, dass es „passt“ oder dass „zum Glück bald Wochenende ist“. Ein Wochenende, das mit ausreichend Alkohol und sinnloser Unterhaltung einerseits die vergangene Woche ertränkt und andererseits die nächste Woche erträglicher zu machen scheint. Aber ist das wirklich „Lebensqualität“? Wohl kaum.

Schon in meiner Vergangenheit und während meiner Studienzeit habe ich mich viel mit den Themen Unternehmensführung, Mitarbeiterführung und Selbstführung auseinandergesetzt und mich insbesondere dafür interessiert, was Menschen anders machen, die bei oben genannter Frage mit Begeisterung positiv antworten. Was gelingt Unternehmen besser, in denen mehrheitlich solch positive Menschen zu finden sind?
Während meiner Studienzeit habe ich nicht wirklich verstanden, warum viele ihre Arbeit als Belastung empfinden. Nach ca. 13 Jahren Ausbildung sammelte ich meine ersten

Berufserfahrungen und etwas später auch Management- und Führungserfahrungen. Der Euphorie nach dem Studium und dem Gefühl, die Welt verändern zu können, folgte sehr schnell die Ernüchterung im realen Berufsleben. Obwohl wir von den hervorragenden Professoren schon darauf vorbereitet wurden, dass wir im Berufsleben nicht wie Götter empfangen werden, war ich doch überrascht, wie wenig die reale Berufswelt mit der Theorie des Studiums zu tun hat. Ich habe im Studium viel theoretisches, soziales und methodisches Wissen gelernt. Doch oft waren es offensichtlich nicht die fachlich, sozial oder methodisch besten Führungskräfte, die Teams, Abteilungen oder gar Unternehmen führten. In vielen Fällen bin ich Führungskräften begegnet, bei denen mir völlig unerklärlich war, warum diese überhaupt Führungsverantwortung haben durften. Es ist für mich übrigens bis heute nicht nachvollziehbar, warum zum Fliegen einer Spielzeugdrohne ein Führerschein nötig ist, aber Hunderte von Menschen ohne jeglichen Nachweis von Führungskompetenz geführt werden dürfen.

Vor allem aber habe ich schnell festgestellt: Weder die Führungskräfte noch die Mitarbeiterinnen und Mitarbeiter scheinen glücklich zu sein. Zumindest die Allerwenigsten. Ich lernte viele Personen kennen, die in meinen Augen „sehr erfolgreich“ waren, beeindruckende Autos fuhren und Kleidungsstücke trugen, die teurer waren als mein gesamter Kleiderschrank samt Inhalt. Menschen, die Personalverantwortung und Macht hatten – aber nur sehr wenige, bei denen ich den Eindruck gewonnen hatte, sie seien „glücklich“. Lange Zeit lebte ich in dem Irrglauben, dass jemand, der erfolgreich ist, auch eher glücklich ist – und umgekehrt. In der Realität des Berufslebens schien dies jedoch oft nicht der Fall zu sein. Es entstand vielmehr der Eindruck, dass viele nach meinem Verständnis „erfolgreiche“ Menschen nicht nur unglücklich, gestresst und überfordert, sondern oftmals auch ausgebrannt und krank waren. So kam es, dass in meinem Umfeld und Freundeskreis immer mehr Menschen über unspezifische Symptome und Überforderung klagten: klassische Stresserkrankungen, die in unserer Gesellschaft als „Volkskrankheit“ abgetan werden.

Mein Weckruf

Trotz eines turbulenten Berufs- und Alltagslebens war ich lange Zeit davon überzeugt, dass mich eine solche Erkrankung nicht treffen würde. Umso erschrockener war ich, als plötzlich Magenschmerzen auftraten, die nicht mehr von selbst verschwanden. Nicht nach Stunden, nicht nach Tagen, nicht einmal nach Wochen und Monaten. Nach erfolglosen Arztbesuchen, der Einnahme von unzähligen Medikamenten sowie zahlreichen Hausmitteln und nicht zuletzt dem tragischen Tod eines Freundes wurde mir bewusst, dass es an der Zeit war, die Bereiche meines Lebens zu hinterfragen. Lebe ich ein glückliches Berufs- und Alltagsleben? Worauf kommt es dabei überhaupt an? Was braucht es, um ein glückliches, erfolgreiches und letztlich auch erfülltes, gesundes Leben zu führen? Trotz guter Schul- und Ausbildungszeit konnte ich kaum eine dieser Fragen beantworten. Die Antworten scheinen in unserem Schulsystem nicht zu finden zu sein.

Mein Versprechen an mich

Ich nahm mir vor, diesen Fragen von nun an mehr Zeit und Raum zu geben und sie für mich zu klären. Ich versprach mir, eigenverantwortlich aus dem gesundheitlichen Dilemma zu finden, und dann anderen Menschen zu helfen, gar nicht erst in solche Situationen zu kommen. So begann meine Reise, um herauszufinden, was ein glückliches und erfolgreiches Berufs- und Alltagsleben ausmacht und was jeder Einzelne dazu beitragen kann. Ich machte mich auf die Suche nach dem scheinbar „unsichtbaren Baustein“, der die Glücklichen von den weniger Glücklichen und die Erfolgreichen von den weniger Erfolgreichen unterscheidet. Ich nenne ihn den „Invisible Brick of Success“.

Schwerpunkt Arbeitsleben

Es ist kein Zufall, dass dieses Buch vorwiegend auf das Arbeitsleben abzielt. Dieses bestimmt einen großen Teil unseres Erwachsenenlebens und bietet viele Chancen und Möglichkeiten. Zahlreiche persönliche Aspekte aus Vergangenheit und Gegenwart spiegeln sich in diesem Lebensbereich wider und geben uns die Möglichkeit, UNS SELBST besser kennenzulernen. Ebenso ist unser Berufsleben von zentraler Bedeutung für unser Wohlbefinden, unsere Gesundheit und damit auch der Grundstein für Glück, Erfolg und Erfüllung.

Mit diesem Buch und meiner Tätigkeit als Unternehmensberater möchte ich einen Beitrag zu einer Arbeitswelt leisten, die von glücklichen und erfolgreichen Menschen geprägt ist.

- Eine Arbeitswelt, in der Menschen gerne zur Arbeit kommen, ihre Arbeit mit Freude verrichten und zu Hause mit Stolz von ihrem Unternehmen erzählen.

- Eine Arbeitswelt, in der Menschen jene Unterstützung und Werkzeuge erhalten, um bewusst Wege zu wählen, die zu Glück und Erfolg führen.

- Eine Arbeitswelt, in der eine Kultur und ein Umfeld entstehen, in denen sich Kolleginnen und Kollegen in stressigen, belastenden Situationen gegenseitig unterstützen und überdies die Sicherheit und Zugehörigkeit erfahren, die für uns Menschen so wichtig sind.

- Eine Arbeitswelt, in der Menschen voneinander lernen und sich weiterentwickeln, um gemeinsam Erfolge zu erzielen, die ein Einzelner niemals erreichen könnte.

Ganz gleich, in welcher Phase Ihres Berufslebens Sie sich befinden. Ob am Anfang, in der Mitte oder am Ende – wir alle haben ein vergleichbares Ziel: Wir wollen Glück und Erfolg erleben.

Auf meiner jahrelangen Suche nach Schlüsselfaktoren, die zu diesem Ziel beitragen, habe ich viele Aspekte des Berufs- und Alltagslebens beleuchtet. Dieses Buch ist eine Zusammenfassung aller Erkenntnisse, die ich als nützlich und brauchbar empfunden habe. Das heißt nicht, dass diese Faktoren für jeden geeignet sind. Es bedeutet auch nicht, dass diese Faktoren vollständig sind. Aber es sind jene Schlüsselfaktoren, Gesetzmäßigkeiten und Leitsätze, die ich gerne früher verstanden hätte.

Der Aufbau des Buches

Dieses Buch ist in folgende große Abschnitte gegliedert:

- Im einleitenden Teil möchte ich Ihnen einen Einblick in die heutige Arbeitswelt und deren Herausforderungen geben sowie mögliche Schlüsselfaktoren erarbeiten, die zu Glück und Erfolg im Berufsleben beitragen.
- Der Hauptteil beschäftigt sich im Detail mit jenen Schlüsselfaktoren, die aus meiner Sicht (weitgehend) branchenübergreifend und zeitunabhängig für das Erleben von Glück und Erfolg in der Arbeitswelt von Bedeutung sind. Dabei werden die Faktoren zunächst begrifflich definiert, das Spannungsfeld zum positiven Gegenwert dargestellt und der persönliche Anteil erarbeitet.
- In insgesamt 48 Leitsätzen werden in jedem Kapitel Überlegungen mit möglichen Handlungsoptionen vorgestellt, um die Schlüsselfaktoren mit Leben zu füllen.
- Im Schlussteil werden alle Kapitel zusammengefasst und in einer „Vision" der von Glück und Erfolg geprägten Arbeitswelt zusammengeführt.
- Im Anhang finden sich verschiedene Übungen und Vorlagen, auf die im Laufe des Buches immer wieder Bezug genommen wird.

Halten Sie wichtige Erkenntnisse schriftlich fest

Während Sie das Buch lesen, werden Sie auf den einen oder anderen Gedanken stoßen, der Sie zum Nachdenken anregt. Notieren Sie Ihre Erkenntnisse. Alles, was schriftlich festgehalten wird, bleibt viel besser im Gedächtnis. Am Ende des Buches befinden sich zu diesem Zweck einige leere Seiten, die Sie gerne für Notizen verwenden können.

Wenn es so einfach wäre, hätten wir es schon geschafft

Eines möchte ich vorausschicken. Der Büchermarkt ist voll von Ratgebern, die scheinbar einfache Lösungen für komplexe Probleme anbieten. Diese Illusion möchte ich Ihnen gleich zu Beginn nehmen. Sie werden nicht in fünf Schritten zur perfekten Führungskraft und Sie werden (wahrscheinlich) auch nicht so erfolgreich wie Jeff Bezos oder Bill Gates, wenn Sie dies und jenes tun. Ich habe viele Menschen erlebt, die scheinbar alle Ratschläge aus Ratgebern, Seminaren und Workshops befolgt haben und am Ende enttäuscht waren, dass sich das schnelle Glück nicht eingestellt hat. Es macht durchaus Sinn, sich anzuschauen, was andere erfolgreich gemacht hat, und wir können – ja, wir sollen – davon lernen. Aber wäre es wirklich so einfach, ein glückliches und erfolgreiches Berufsleben zu führen, dann hätten wir es schon längst. Fast jeder Mensch möchte in einem positiven Umfeld arbeiten. Gleichzeitig möchte (fast) jede Führungskraft motivierte und gut gelaunte Mitarbeiterinnen und Mitarbeiter um sich haben. Es bringt aber wenig, halbherzig Theorien umzusetzen, die zwar andere scheinbar erfolgreich gemacht haben, die aber weder zur eigenen Person noch zum Unternehmen passen.

Mit dem Befolgen einiger Leitsätze ist es somit nicht getan. Es ist auch nicht mein Ziel, diesen Eindruck zu erwecken. Es braucht viele Menschen, die mit vielen kleinen Schritten dazu beitragen, dass unsere Arbeitswelt morgen ein bisschen besser aussieht als heute. Mein Ziel ist es, Sie zu inspirieren, auch darüber nachzudenken, was Ihr Beitrag, Ihr erster Schritt zu einer glücklichen und erfolgreichen Arbeitswelt sein könnte.

Nehmen Sie aus diesem Buch Ideen mit, die Ihnen nützlich erscheinen. Finden Sie für sich heraus, was für Sie Sinn macht. Teilen und diskutieren Sie es mit anderen. So tragen auch Sie zu einem glücklichen und erfolgreichen Arbeitsleben bei. Viel Freude mit diesem Buch!

Ihr Thomas Taitl

1. Einleitung

Werfen wir zunächst einen Blick auf den Planeten, auf dem wir heute leben. Wenn wir auf die Geschichte der Menschheit zurückblicken, können wir feststellen, dass wir Menschen wohl noch nie in einer so schönen, sicheren und aufregenden Welt leben konnten, wie wir es heute in der westlichen Welt tun.

Unsere Welt ist besser als ihr Ruf

Ich weiß, dass dieser Gedanke zunächst befremdlich klingen mag, zumal uns die Medien täglich mit negativen Schlagzeilen bombardieren und den Eindruck vermitteln, dass es mit unserer Welt steil bergab geht. Wir haben das Gefühl, von allen Seiten einer ständigen Gefahr ausgesetzt zu sein. Seien es Viruserkrankungen, Epidemien, wirtschaftliche und politische Krisen, Mord und Totschlag. Wenn man heute die Nachrichten, Foren, Zeitungen und Beiträge in den sozialen Medien liest, kann man schnell den Eindruck gewinnen, dass wir uns tief in der **** befinden. Es scheint, als sei die Welt noch nie so nah am Abgrund gewesen und als sei früher alles besser gewesen. Aber stimmt das?

Hans Rosling, Autor von Factfulness[1], hat es sich zur Lebensaufgabe gemacht, die Fortschritte der Menschheit darzustellen und zu zeigen, welch großartige Entwicklung wir Menschen über Jahrzehnte hinweg erreicht haben. Aus seinem Lebenswerk ist die Plattform Gapminder[2] entstanden, die Statistiken über diese Fortschritte führt. Diese Erkenntnisse, die auf der Plattform regelmäßig veröffentlicht werden, sind beeindruckend und weisen eindeutig in die richtige Richtung. Um einige Aspekte hervorzuheben:

- In den letzten 20 Jahren ist der Anteil der Menschen, die in extremer Armut[3] leben, von 29% auf weniger als die Hälfte, unter 10%, gesunken.[4]

- Immer mehr Menschen haben Zugang zu sauberem Trinkwasser. Während 1980 rund 58% der Menschen Zugang zu sauberem Trinkwasser hatten, sind es 2021 bereits 88%.[5]

---

[1] Vgl. Rosling, Hans/Ola Rosling/Anna Rosling Rönnlund: Factfulness: ten reasons we're wrong about the world – and why things are better than you think, London: Sceptre, 2023.

[2] Gapminder: http://www.gapminder.org (abgerufen am 15.6.2023).

[3] Extreme Armut ist lt. Weltbank mit einem täglichen Pro-Kopf-Einkommen von unter $ 2.15 definiert

[4] Weltbank: Vergleich 2000–2020. In: Weltbank, 2020, http://data.worldbank.org/indicator/SI.POV.DDAY (abgerufen am 15.6.2023).

[5] JMP/WHO/Unicef: Global database of wash data, in: JMP, 2023, http://washdata.org (abgerufen am 15.6.2023).

- Besondere Fortschritte sind in der Medizin und im Gesundheitswesen zu verzeichnen. Betrachtet man beispielsweise die weltweite Kindersterblichkeit in den ersten fünfzehn Lebensjahren, so lag diese über weite Phasen der Menschheitsgeschichte bei etwa 50%! Auch in den 1950er-Jahren erlebten etwa 25% der Neugeborenen nicht ihr 15. Lebensjahr. Im Jahr 2020 konnte diese Zahl weltweit auf etwa 4% reduziert werden. Natürlich ist auch das noch zu hoch, aber der Trend geht eindeutig in die richtige Richtung.[6] Dies ist unter anderem auf die weltweit stark verbesserte medizinische Grundversorgung und auf lebensnotwendige Impfungen zurückzuführen. Auch wenn die Richtigkeit und Vollständigkeit dieser Zahlen oft infrage gestellt wird, ist die Tendenz eindeutig und geht grundsätzlich in die richtige Richtung.

- Umweltschutz wird immer wichtiger. Das ist eine gute Nachricht. Auch wenn es noch genügend Spielraum für Verbesserungen gibt, so sind in den letzten Jahrzehnten doch massive Fortschritte erzielt worden. Noch vor Kurzem schien die Zerstörung der Ozonschicht unaufhaltsam. Doch während beispielsweise um das Jahr 1990 herum noch über 1.500.000 Tonnen ozonabbauende Stoffe eingesetzt wurden, sind es 2022 deutlich unter 50.000 Tonnen.[7] Natürlich, jede Tonne weniger wäre besser – aber die Richtung stimmt. Umweltthemen werden heute immer wichtiger. Auch hier wird die Menschheit weiterhin gemeinsam an der Lösung der Probleme unserer Zeit arbeiten.

Nicht nur global, sondern auch lokal wurden in den letzten Jahrzehnten viele Fortschritte erzielt. Werfen wir einen Blick auf Österreich:

- In den letzten Jahrzehnten hat sich die Lebenserwartung der Menschen immer weiter erhöht. Während die Lebenserwartung der 1950 Geborenen bei der Geburt nur bei rund 65 Jahren lag[8], können die 2020 Geborenen bereits mit einer durchschnittlichen Lebenserwartung von über 80 Jahren rechnen.[9]

---

[6] Our World in Data: Child morality, in: Our world in data, 2023, https://ourworldindata.org/child-mortality (abgerufen am 15.11.2023).

[7] UNEP: Consumption of controlled substances, in: UNEP, 2023, https://ozone.unep.org/countries/data (abgerufen am 15.11.2023).

[8] WKO, Statistik Austria/WIFO: Lebenserwartung 1950-2022, in: WKO, 2022, http://wko.at/statistik/extranet/langzeit/glang-lebenserwartung.pdf (abgerufen am 15.6.2023).

[9] Statistik Austria: Lebenserwartungsrechner. Männer und Frauen summiert. Stichtag 1.1.2020, in: Statistik Austria, 2023, https://www.statistik.at/services/tools/tools/lebenserwartungsrechner (abgerufen am 15.6.2023).

- Dass die Kriminalität in den letzten Jahrzehnten deutlich zurückgegangen ist, ist angesichts der Schlagzeilen kaum zu glauben. Die Anzeigen (in Summe) waren in Österreich 2021 auf dem niedrigsten Stand seit Beginn der Aufzeichnungen vor 20 Jahren und sind auch 2022 auf vergleichsweise niedrigem Niveau.[10] Das Leben ist nachweislich sicherer als einige Jahrzehnte zuvor.

Diese ausgewählten Beispiele zeigen, dass es insgesamt wohl kaum eine Zeit gab, in der die Welt trotz aller Krisen so lebenswert und sicher war wie heute. Keine Angst, ich sehe das nicht durch eine rosarote Brille. Ich weiß, dass es vieles zu verbessern gibt. Ja, ich bin überzeugt, dass wir gemeinsam hart daran arbeiten müssen, um auch in Zukunft einen lebenswerten Planeten und eine lebenswerte Gesellschaft zu haben. Aber eines ist klar: Unsere Welt ist nicht so schlecht, wie sie oft erscheint. Es lohnt sich also, aus dieser Lebenszeit, auf diesem wundervollen Planeten das Beste zu machen, was uns möglich ist: Lebenszeit nicht zu ÜBERWINDEN, sondern zu GESTALTEN.

Entschleunigen? Wohl kaum. Es wird wohl alles schneller werden ...

Die heutige Zeit ist von einer enormen Schnelligkeit geprägt. Egal in welchem Lebensbereich, alles wird immer schneller. Es kostet viel Kraft und Energie, hier Schritt zu halten. Glauben Sie, dass das nur eine Phase ist, und hoffen Sie auf Erholung und Entschleunigung? Sich darauf zu verlassen, wäre eine riskante Wette. Denn wenn wir einen Blick auf die großen technologischen Sprünge der Menschheit werfen, dann haben diese noch nie eine Entschleunigung mit sich gebracht. Historisch betrachtet haben die großen Entwicklungen der Menschheit – wie zum Beispiel die fünf Kondratieff-Zyklen[11], die die Basistechnologien der Konjunkturschwünge darstellen (Dampfmaschine, Eisenbahn/Stahl, Elektrotechnik/Chemie, Automobile/Petrochemie und Informationstechnik) – IMMER zu einer Beschleunigung geführt. Es liegt somit nahe, dass auch die Zukunft Technologien mit sich bringen wird, die unser Leben beschleunigen.

Es erscheint daher wenig sinnvoll, darauf zu vertrauen, dass sich das Tempo irgendwann wieder verlangsamen wird. Viel klüger ist es, sich auf die Frage zu konzentrieren, WIE wir mit der zunehmenden Geschwindigkeit umgehen. Gerade im Arbeitsleben sind wir davon stark betroffen. Höhere Geschwindigkeit bedeutet weniger Erholung, mehr Unsicherheit, mehr Stress. Ein Blick auf die heutige Arbeitswelt zeigt die Notwendigkeit, diese Faktoren in den Griff zu bekommen.

---

[10] Bundesministerium für Inneres: Kriminalstatistik 2022, in: BMI, 2023, https://bmi.gv.at/magazin/2023_05_06/01_Polizeiliche_Kriminalstatistik_2022.aspx (abgerufen am 11.11.2023).

[11] Kondratjeff, Nikolai: Die langen Wellen der Konjunktur. Archiv für Sozialwissenschaft und Sozialpolitik, Bd. 56, Tübingen: Mohr, 1926, S. 573–609.

1.1. Arbeitswelt im Wandel

Betrachten wir die Arbeitswelt von heute, so wird eines deutlich: Unser Arbeitsumfeld verändert sich. Das ist nichts Neues, wenn man die Geschichte der Menschheit betrachtet. Schon immer waren wir Menschen Veränderungen und zunehmender Geschwindigkeit ausgesetzt. Gerade im Berufsleben erleben wir viele Einflüsse und Dynamiken, die uns täglich fordern. In diesem Kapitel möchte ich Ihnen einige Beispiele vorstellen, die aus meiner Sicht in der heutigen Zeit besondere Herausforderungen darstellen. Doch werfen wir zunächst einen Blick auf die heutige Arbeitswelt – ein Umfeld, das nicht immer von Glück, Freude und Erfolg geprägt zu sein scheint.

Eine glückliche Arbeitswelt? Kaum vorstellbar ...
Eigentlich sollte man meinen, dass wir in der heutigen Zeit (vor allem in Mitteleuropa) jeden Tag mit einem breiten Lächeln im Gesicht durchs Leben gehen können. Unsere Welt wird immer besser. Wir leben in Mitteleuropa in einem weitgehend stabilen politischen und sozialen Gefüge, in dem eine medizinische, soziale und schulische Grundversorgung gewährleistet ist. In unserem Berufsleben gibt es viele Wahlmöglichkeiten, Aufstiegschancen und Freiheiten. Eigentlich könnten wir überglücklich zur Arbeit gehen, richtig? Aber die Realität zeigt ein anderes Bild. Nur sehr wenige Menschen würden von sich sagen, dass sie mit Freude zur Arbeit gehen und dass sie sich voll und ganz für ihr Unternehmen engagieren. Laut einer Gallup-Studie aus dem Jahr 2022[12] geben beispielsweise nur 13% der deutschen Arbeitnehmerinnen und Arbeitnehmer an, voll hinter ihrem Unternehmen zu stehen. Die Mehrheit, nämlich 69%, gibt an, sich nur wenig mit ihrem Unternehmen verbunden zu fühlen. Die restlichen 18% haben keinen Bezug mehr zu ihrer Firma und haben innerlich bereits gekündigt. Für viele Menschen ist die Arbeitszeit zu einer Zeit geworden, die es zu überwinden gilt – in der Hoffnung, dass die Mittagspause, der Feierabend, das Wochenende, der Urlaub und schließlich die Pension sie endlich von der Arbeitswelt erlösen. Wir verbringen allerdings fast ein Drittel unseres Erwachsenenlebens am Arbeitsplatz. Ist es da nicht unglaublich, dass viele Menschen diese Zeit mit etwas verbringen, mit dem sie sich nicht wirklich verbunden fühlen? So gesehen ist es nicht verwunderlich, dass die Zahl der psychisch bedingten Krankenstände massiv ansteigt, wie z.B. der WIFO-Fehlzeitenreport zeigt.[13] Die Zahl der Burn-out-Erkrankungen ist nahezu explodiert. So geben laut einer Studie des österreichischen Sozialministeriums[14] nur noch 52% der arbeitenden

---

[12] Gallup GmbH: Gallup Engagement Index, in: Gallup, 2022, https://www.gallup.com/de/472028/bericht-zum-engagement-index-deutschland.aspx (abgerufen am 15.11.2023).

[13] Sozialversicherung Österreich: WIFO Fehlzeitenreport, in: Sozialversicherung Österreich, 2022, https://www.sozialversicherung.at/cdscontent/load?contentid=10008.772450&version=1670332022 (abgerufen am 15.11.2023).

[14] Sozialministerium Österreich: BURN AUT – Österreichische Gesellschaft für Arbeitsqualität und Burnout, Anton Proksch Institut Wien: Prävalenz des Burnout-Syndroms in Österreich, 2017.

Bevölkerung an, dass sie psychisch gesund sind. 35% befinden sich laut Studie in einem Problem- oder Übergangsstadium, 8% sind bereits aktiv an Burn-out erkrankt. Schockierend, was das für die vielen Menschen bedeutet, die hinter diesen Zahlen stehen. Welch schweres Schicksal für viele Familien. Menschlich gesehen ist es eine Katastrophe, doch auch wirtschaftlich hat das massive Konsequenzen: Fehlzeiten, Krankenstände und innere Kündigung kosten Unternehmen und Steuerzahler Eurobeträge im Milliardenbereich.

Die VUCA-Welt stellt alte Regeln auf den Kopf

Wir befinden uns derzeit in einer Umbruchphase. Neue Technologien, Plattformen, Geräte und Medien kommen in kürzester Zeit auf den Markt. Das Tempo ist enorm. Um Ihnen ein paar Anhaltspunkte zu geben, wie uns die digitale Welt in den letzten Jahren verändert hat:

- Obwohl Social-Media-Plattformen erst „seit Kurzem" auf dem Markt sind, klingen die aktuellen Nutzerzahlen überwältigend: Über den 2009 gegründeten Social-Media-Dienstleister Whatsapp werden (Stand: 2022) täglich rund 100 Milliarden Nachrichten verschickt, das entspricht mehr als 1,1 Millionen Nachrichten pro Sekunde.[15]
- Facebook, 2004 gegründet, hat nach weniger als 20 Jahren am Markt etwa 2,9 Milliarden aktive User[16] (Stand: 2022), von denen etwa 96% die Plattform über Mobiltelefone nutzen.[17]
- Mobiltelefone gehören in der heutigen Zeit zum absoluten Standard. Fast jeder Mensch in Österreich besitzt heute ein Smartphone. Noch vor wenigen Jahren war das keine Selbstverständlichkeit. Während im Jahr 2022 rund 90% der über 15-Jährigen ein Smartphone besitzen, waren es im Jahr 2013 gerade mal 42% der österreichischen Bevölkerung.[18] Man bedenke, 2013 ist gerade einmal 10 Jahre her – wir sprechen hier nicht von der Steinzeit.

Diese Zahlen stehen beispielhaft für Tausende von Unternehmen, die in den letzten zwei Jahrzehnten „explodiert" sind, das Leben auf den Kopf gestellt und Branchen neu definiert haben. Die Digitalisierung hat uns fest im Griff und wird unser Leben in rasantem Tempo weiter verändern. Diese hohe Geschwindigkeit stellt für Unternehmen, Führungskräfte sowie Mitarbeiterinnen und Mitarbeiter in vielen Bereichen eine große Herausforderung dar. Wir

---

[15] Statista: Anzahl der versendeten Whatsapp-Nachrichten pro Tag, 2020, in: Statista, 2020, https://de.statista.com/statistik/daten/studie/868733/umfrage/anzahl-der-taeglich-verschickten-whatsapp-nachrichten-weltweit/ (abgerufen am 15.11.2023).

[16] Statista: Anzahl der Facebook-Nutzer, in: Statista, 2023, https://de.statista.com/statistik/daten/studie/37545/umfrage/anzahl-der-aktiven-nutzer-von-facebook/ (abgerufen am 15.6.2023).

[17] DataReportal: Digital 2022 Global Digital Overview, in: DataReportal, 2022, https://datareportal.com/reports/digital-2022-global-overview-report (abgerufen am 15.6.2023).

[18] Statista: Smartphone Besitz und Nutzung 2013–2022, in: Statista, 2022, https://de.statista.com/statistik/daten/studie/568185/umfrage/smartphone-besitz-und-smartphone-nutzung-in-oesterreich/#:~:text=Mehr%20als%20ein%20Drittel%20der,auf%203%2C3%20Millionen%20an (abgerufen am 15.6.2023).

leben heute in der sogenannten VUCA-Welt – einer Welt, die hoch volatil, unsicher, komplex und mehrdeutig ist. VUCA ist somit der Überbegriff für eine digitale Welt, in der Veränderungen schnell, radikal und unvorhersehbar stattfinden. Während Prozesse in der Geschäftswelt früher oft vorhersehbar waren, sind sie heute unberechenbar und können ganze Branchen relativ unerwartet neu definieren. Wettbewerber tauchen aus dem Nichts auf, neue Technologien können bestehende innerhalb weniger Jahre ersetzen. Ein Beispiel dafür ist die Musikindustrie, in der das dominierende Medium CD innerhalb kurzer Zeit nahezu überflüssig wurde. Ähnlich die Buchbranche, die immer stärker von eBooks und digitalen Dienstleistungen geprägt ist. Es gibt zahlreiche weitere bekannte Beispiele wie Uber im Taxigewerbe, Streamingdienste in der Videobranche, Mobiltelefone, die besser fotografieren als so manche Kamera – all diese Beispiele stehen für den rasanten Wandel ganzer Branchen.

Diese extreme Geschwindigkeit, Komplexität und Unberechenbarkeit wirken sich auf die Gesellschaft und damit auf die Unternehmen sowie ihre Mitarbeiterinnen und Mitarbeiter aus. Wir Menschen leben dadurch immer zu einem gewissen Grad in Unsicherheit. Wir wissen nie, ob unser Unternehmen das nächste ist, das von einer großen Veränderung betroffen ist. Veränderungstreiber wie der Fachkräftemangel, die digitale Transformation und die Globalisierung beschleunigen diesen Prozess.

Neben diesen enormen beruflichen Herausforderungen sind die Mitarbeiterinnen und Mitarbeiter auch im Privatleben mit vielen Unsicherheiten konfrontiert. Von politischen Konflikten bis hin zu gesundheitlichen Herausforderungen stellt die aktuelle Zeit viele Menschen vor große Belastungen. Dinge, die bis vor Kurzem noch unvorstellbar waren, wie Kriege innerhalb Europas, wochenlange Ausgangssperren aufgrund von Viren oder Toilettenpapierknappheit, sind plötzlich Realität geworden. Ebenso explodierende Lebensmittelpreise und politische Skandale, die Regierungen innerhalb von Stunden zum Einsturz bringen. Dieses Umfeld trägt verständlicherweise nicht dazu bei, dass sich Menschen in ihrem Alltag sicher fühlen. Es wäre so wichtig, dass besonders in diesen Zeiten unser Arbeitsplatz einen Ort der Sicherheit darstellt. Der Arbeitsplatz könnte ein Umfeld sein, in dem Vertrauen und Gemeinschaft in Teams, Abteilungen und Organisationen gelebt werden und Führungskräfte den Menschen ein sicheres Umfeld bieten. Damit käme den Führungskräften eine zentrale Rolle zu. Dies bringt uns zur nächsten Frage:

Führen?! Darf man das heute noch?

Der Begriff „Führung" ist in unseren Breitengraden historisch belastet und wird oft mit Machtmissbrauch, Diktatoren und großem Leid in Verbindung gebracht. Doch „Führung" an sich hat damit wenig zu tun. Ganz im Gegenteil. Führung ist für uns Menschen von enormer Bedeutung.

Wir Menschen als „soziale Herdentiere" sind es seit Jahrtausenden gewohnt, hierarchisch zu denken. Kommen wir beispielsweise in eine fremde Gruppe, erkennen wir schnell, wer das „Alphatier" ist, wer führt. Obwohl wir für uns in Anspruch nehmen, „individuell" zu sein und für uns selbst zu entscheiden, neigen wir unbewusst immer wieder dazu, der Herde zu folgen. Dies verdeutlicht beispielsweise ein Experiment von Jens Krause, Professor an der Universität Leeds.[19] Eine größere Menschengruppe sollte sich ungeordnet in einem bestimmten Gebiet bewegen. Einige wenige Teilnehmerinnen und Teilnehmer wurden heimlich angewiesen, sich zu formieren. Dies führte dazu, dass sich ein Großteil der Masse dieser Formation anschloss. Dieses Experiment bestätigt, dass es in Gruppen ausreicht, wenn sich ein kleiner Prozentsatz von „führenden" Personen in eine bestimmte Richtung bewegt, der Rest der Gruppe folgt unbewusst. So reichte es bei einer Gruppengröße von 200 Menschen bereits aus, wenn sich 5% in eine bestimmte Richtung bewegten.

Wir orientieren uns also an Persönlichkeiten, die Führung übernehmen. Unternehmen und ihre Führungskräfte hätten somit die Verantwortung, ihren Mitarbeiterinnen und Mitarbeitern die Orientierung und Sicherheit zu geben, die sie in der VUCA-Welt im Alltag nicht mehr finden.

Heutzutage wären Führungskräfte mit hoher sozialer Kompetenz gefragt – Human Skills gewinnen gerade in diesen Zeiten wieder an Bedeutung. Es braucht Führungskräfte, die klar kommunizieren, verantwortungsbewusst handeln, ein Klima des Vertrauens und der Zusammenarbeit schaffen, in dem alle gerne dazu beitragen, dass ihr Unternehmen auch in vielen Jahren noch Bestand hat.

Führung ist also in der heutigen Zeit hoch relevant und sollte eigentlich ganz oben auf der Agenda unserer Firmen stehen. In vielen Organisationen ist jedoch genau das Gegenteil der Fall. Viele Unternehmen lehnen Führung kategorisch ab und verzichten auf Hierarchieebenen. Das Ergebnis ist bis auf wenige Ausnahmen noch mehr Unsicherheit und noch mehr Druck. Zum einen auf die Personen, die keine Weisungsbefugnis mehr haben, aber trotzdem die

---

[19] Dyer, John/Christos Ioannou/Lesley Morrell/Darren Croft/Iain Couzin/Dean Waters/Jens Krause: Consensus decision making in human crowds, in: Animal Behaviour,75(2), 2007, S. 461–470.

Ergebnisse verantworten müssen – zum anderen aber auch auf die Mitarbeitenden, die ihre Führungskräfte nicht mehr als Projektionsfläche und zur Stärkung des Sicherheitsgefühls zur Verfügung haben.

Auf der anderen Seite gibt es viele Unternehmen, die zwar auf Führungsstrukturen setzen, dann aber Führungskräfte in Positionen bringen, für die sie in der heutigen Zeit gar nicht mehr die entsprechenden Kompetenzen mitbringen. Gerade diese führen dann zu noch mehr Verunsicherung und verstärken die Symptome. Menschen, die sich selbst nicht führen können – und auch nicht bereit sind, wirklich Verantwortung zu übernehmen – sind in der heutigen Zeit in unseren Führungsetagen fehl am Platz. Dazu gehören Führungskräfte, die durch verantwortungsloses Verhalten das Vertrauen und die Kultur der Zusammenarbeit in Unternehmen zerstören. Führungspersonen, die ihre Mitarbeiterinnen und Mitarbeiter vorsätzlich schädigen, z.B., indem sie sie gewollt unter Druck setzen und dabei bewusst in Kauf nehmen, diese Menschen zu überfordern. Führungskräfte, die kein Problem damit haben, für den einen oder anderen Prozentpunkt mehr Gewinn Leute auf die Straße zu setzen – und am Ende sogar noch guten Gewissens Prämien und Boni kassieren.

All diese Beispiele sind leider tägliche Praxis in unseren Unternehmen. Es scheint ganz normal zu sein, dass dies zum Alltag gehört. Kaum jemand beschwert sich darüber. Im Arbeitsleben ist es erlaubt, oft sogar erwünscht, andere zu schädigen. Es wird nicht nur toleriert, sondern oft sogar belohnt. Viele Unternehmen zahlen denjenigen Managern die höchsten Boni, die genau dies perfektioniert haben. Der langfristige Schaden für alle Beteiligten ist unermesslich.

Gleichzeitig wundern sich Führungskräfte und Unternehmen über mangelnde Loyalität der Mitarbeitenden, schnellere Arbeitsplatzwechsel und Schwierigkeiten bei der Rekrutierung von neuem Personal – was den Druck in den Unternehmen erhöht. Steigender Druck in Kombination mit mangelnder Sozialkompetenz des Führungspersonals führt zu Machtkämpfen, abteilungsinternem Silodenken (Schutz vor anderen), Misstrauen und Selbstschutz statt Kooperation – und noch mehr Druck. Ein Teufelskreis. So gesehen scheint es nicht verwunderlich, dass psychische Erkrankungen und Burn-out auf dem Vormarsch sind, ja geradezu „produziert" werden.

Ich bin mir natürlich bewusst, dass diese kurze Herleitung bei Weitem nicht ausreicht, um ein so komplexes Thema ausreichend zu beschreiben. Das ist an dieser Stelle auch nicht nötig. Fakt ist, dass eine Vielzahl von Faktoren dazu beitragen, dass unsere Arbeitswelt so ist, wie sie heute ist. Und das ist in vielerlei Hinsicht nicht gerade rosig.

Ich bin davon überzeugt, dass gerade jetzt der Moment für verantwortungsvolle und gewissenhafte Führungspersönlichkeiten gekommen ist. Wenn wir auf die Geschichte der Menschheit zurückblicken, war der Ruf nach Führung immer besonders laut, sobald die Zeiten unsicher, instabil oder beängstigend waren – so wie heute. Gerade in solchen Phasen braucht es Führungspersönlichkeiten, die Verantwortung übernehmen, Entscheidungen treffen und den Menschen in ihrem Umfeld Sicherheit und Orientierung geben. Sie tragen wesentlich dazu bei, dass Menschen gerne zur Arbeit gehen und auch unsere nachfolgenden Generationen die Chance auf ein stabiles und sicheres berufliches Umfeld haben. Gerade die jungen Generationen sind oft die Leidtragenden vieler fragwürdiger Entwicklungen. Sie sind es aber auch, die neue Impulse in die Arbeits- und Führungswelt bringen werden.

Herausforderung der Generationen: Durch die Jungen kommt „Öl ins Feuer"

Zunächst eine kurze Definition: Wenn in diesem Buch von „Generationen" die Rede ist, liegt dem die Definition von Troger[20] zugrunde, der diese als Gruppierung unterschiedlicher Personen beschreibt, die in sozial und zeitlich vergleichbaren Verhältnissen leben. Diese Gruppierung baut aufgrund vergleichbarer Werte und Ziele eine gemeinsame Identität auf. Die Unterteilung erfolgt dabei in unterschiedliche Geburtsjahre. Unterschiedliche Autorinnen und Autoren definieren diese leicht unterschiedlich. Für dieses Buch werden nachfolgende Geburtsjahre als Klassifizierung verwendet: Babyboomer 1946–1964, Generation X 1965–1980, Generation Y 1981–1995, Generation Z 1996–2010.

Insbesondere mit der Generation Z tritt eine Gruppe junger Menschen in die Arbeitswelt ein, die eine große Herausforderung darstellt, die viel Konfliktpotenzial bietet und eine ganz neue Dynamik in den Arbeitsmarkt bringt. Jugendliche, die oft als „nicht führbar" bezeichnet werden. Junge Menschen, die für Entsetzen sorgen, wenn sie sagen, dass sie lieber von der Sozialhilfe leben, als jeden Tag zu arbeiten. Ein echtes Problem, richtig? ODER vielleicht ist es auch umgekehrt. Vielleicht sind sie nicht das Problem, sondern das Symptom. Vielleicht sind ihr Verhalten und ihre Einstellung nur ein Symptom in einer Arbeitswelt, die von jenen Menschen geschaffen wurde, die heute in den Unternehmen das Sagen haben.

Die Mitglieder der Generation Z sind von klein auf in der digitalisierten Welt aufgewachsen. Generationenforscher beschreiben sie als eine Generation, die in sehr behüteten Verhältnissen aufgewachsen ist, mit Eltern, die für ein Maximum an Sicherheit und Wohlergehen ihrer Kinder

---

[20] Troger, Hermann: Ein neuer Generationenvertrag, in: Troger, Hermann: 7 Erfolgsfaktoren für wirksames Personalmanagement, Wiesbaden: Springer Gabler, 2016, S. 117–135.

sorgen.[21] Dies hat zur Folge, dass junge Menschen diese Sicherheit auch im Arbeitsleben bei Unternehmen und Vorgesetzten suchen. „Sich wohlfühlen“ und ein sicheres Umfeld zu haben, hat für sie einen enorm hohen Stellenwert. Darüber hinaus spielen laut Generationenexpertin Mangelsdorf die hohen Erwartungen der Eltern eine wesentliche Rolle. Die Generation Z will diese Erwartungen erfüllen, sie sind von ihren Eltern stark geprägt und haben diese genau im Blick.[22]

Welche Eltern haben sie erlebt? Sie erinnern sich an die oben genannten Zahlen. Die wenigsten Jugendlichen haben Eltern erlebt, die GLÜCKLICH von der Arbeit nach Hause gekommen sind. Ganz im Gegenteil. Das Bild, das viele Jugendliche von ihren Eltern haben, ist, dass sie täglich frustriert von der Arbeit kommen, häufig krank sind und sich jeden Tag auf das Wochenende, den Urlaub und die Pension freuen. Das mediale Umfeld bestätigt dies in vielen Fällen, indem das Wochenende gefeiert wird, als sei der Rest der Woche nichts wert.

Wenn diese Generation nun in das Arbeitsleben eintritt und feststellt, dass sie von ihren Vorgesetzten weder „Sicherheit“ noch „Geborgenheit“ erhält, sondern sich häufig in einem feindlichen und fremden Umfeld wiederfindet, dann ist es nicht verwunderlich, dass viele Menschen der jüngeren Generation nicht mehr bereit sind, dieses Spiel mitzuspielen. Viele junge Menschen lehnen sogar ab, unter den Bedingungen zu arbeiten, die heute in vielen Unternehmen herrschen. Die logische Folge ist, dass sich immer mehr junge Menschen von der Privatwirtschaft abwenden. Tatsächlich stehen derzeit vor allem Berufe, die die angesprochene Sicherheit bieten, bei jungen Menschen hoch im Kurs. So geben laut einer Studie von Ernst & Young aus dem Jahr 2018 bereits rund 40% der deutschen Studierenden an, dass ein Beruf im öffentlichen Dienst attraktiv wäre.[23]

Die Antworten der Unternehmen sind ebenfalls sehr besorgniserregend. Einige Unternehmen und Führungskräfte wollen die Generation Z als Arbeitskräfte komplett überspringen. Abgesehen davon, dass es unmöglich ist, eine Generation „auszulassen“, nicht zuletzt, weil sie auch die Kunden der Zukunft sind – ist es nicht Wahnsinn, so etwas zu verkünden?

Vielmehr muss es darum gehen, was Unternehmen, Schulen, Eltern und nicht zuletzt die Jugendlichen selbst dazu beitragen können, dass das Berufsleben für ALLE Beteiligten ein

---

[21] Scholz, Christian/Anne Renning: Generation Z in Europe – Inputs, Insights and Implications, Bingley: Emerald Publishing Limited, 2019, S. 8 ff.

[22] Mangelsdorf, Martina: Von Babyboomer bis Generation Z: Der richtige Umgang mit unterschiedlichen Generationen im Unternehmen, Offenbach: Gabal, 2015, S. 23.

[23] Ernst & Young GmbH Wirtschaftsprüfungsgesellschaft: Studentenstudie 2018, London: Ernst & Young GmbH, 2018.

Erfolg wird. Weder in der Schule noch in den Betrieben (und wenn, dann nur in Ausnahmefällen) werden solche Fragen bewusst gestellt. Viele Prinzipien und Werte, die in der Arbeitswelt wichtig wären, werden in der Schule nicht gelehrt und im Betrieb nicht gelebt. So stehen unsere jungen Generationen vor dem Dilemma, dass sie einerseits Sicherheit bräuchten, um Neues auszuprobieren und sich selbst zu verwirklichen – gleichzeitig aber in der Luft hängen, weil ihnen niemand beigebracht hat, wie das geht. Überalterte Führungskräfte versuchen, in unübersichtlichen bürokratischen Strukturen alte Werte zu konservieren, die längst nicht mehr zu den gewünschten Ergebnissen führen. Hier ist ein Paradigmenwechsel notwendig. Klassische Führungsansätze und Führungsmethoden werden in Zukunft nicht mehr funktionieren. Die jungen Generationen sind im Wohlstand aufgewachsen und lassen sich nicht mehr primär über Druck (Angst) oder Geld (Belohnung) führen. Loyalität wird neu definiert und demjenigen zuteil, der sich um diese Generation kümmert und ihr Sicherheit und Perspektiven bietet.

Es ist daher Aufgabe der Unternehmen, für diese Generationen einen Raum zu schaffen, der die nötige Sicherheit bietet und vor allem die Stärken der jungen Menschen in den Vordergrund stellt. Davon gibt es eine ganze Menge. Noch nie gab es eine Generation, die bereits beim Berufseinstieg so viel Erfahrung mit marktentscheidenden Technologien hatte wie die heutige Jugend – oft deutlich mehr als ihre erfahrenen Vorgesetzten. Es braucht Führungskräfte, die den Rahmen dafür schaffen, dass die Generationen erfolgreich zusammenarbeiten und interagieren, um so für sich selbst, ihr Umfeld und das Unternehmen das Beste geben zu können.

1.2. Die Wurzeln eines glücklichen und erfolgreichen Arbeitslebens

Nahezu jeder Mensch möchte in seinem Berufs- und Alltagsleben glücklich und erfolgreich sein. Dass Glück und Erfolg ein absolutes Trendthema ist, zeigt sich in zahlreichen Ratgebern zu Erfolg, Karriere, Geld, Besitz, Zielorientierung, Führung und Macht, die den Markt prägen. Viele unterschiedliche Meinungen, die eines deutlich machen: Ein einfaches Rezept für Glück und Erfolg scheint es nicht zu geben. Beides scheint sehr subjektiv erlebt zu werden und von verschiedenen Faktoren abhängig zu sein.

Betrachten wir zunächst die beiden Begriffe gemäß ihrer Definition im Duden:

- Glück (Gefühl) wird als eine *„angenehme und freudige Gemütsverfassung, in der man sich befindet, wenn man in den Besitz oder Genuss von etwas kommt, was man sich gewünscht hat; Zustand der inneren Befriedigung und Hochstimmung“* definiert.[24]

- Erfolg wird definiert als *„positives Ergebnis einer Bemühung; Eintreten einer beabsichtigten, erstrebten Wirkung“*.[25]

Schon diese Definition macht deutlich: Die Begriffe scheinen sich einerseits zu ähneln – und sind doch unterschiedlich. So sind Menschen, die erfolgreich sind, nicht unbedingt glücklich – und umgekehrt. „Glücklich sein“ scheint sich eher auf einen Moment oder ein konkretes Erlebnis zu beziehen, während „Erfolg“ das Ergebnis eines bestimmten Prozesses, einer bestimmten Anstrengung ist.

Um den Begriffen „Glück“ und „Erfolg“ näher auf die Spur zu kommen, lohnt es sich, die Begriffe zunächst einmal getrennt voneinander zu betrachten.

---

[24] Duden: Glück, in: Duden, 2023, https://www.duden.de/rechtschreibung/Glueck (abgerufen am 15.6.2023).
[25] Duden: Erfolg, in: Duden, 2023, https://www.duden.de/rechtschreibung/Erfolg (abgerufen am 15.6.2023).

1.2.1. Auf den Spuren von GLÜCK

Um nicht lange um den heißen Brei herumzureden: Die Richtung, in die die heutige Glücksforschung weist, ist eindeutig. Es sind vor allem soziale, zwischenmenschliche Beziehungen und Situationen, in denen wir Glück erleben. Sie scheinen die QUELLE des Glücks zu sein.

Diese Erkenntnis wird beispielsweise von Robert Waldinger und seinem Team unterstrichen, die kürzlich die längste und umfassendste Studie zum Thema Glück veröffentlicht haben. Aus dieser über 75 Jahre dauernden Harvard-Studie zum Thema „Glück" entstand in weiterer Folge das Buch *The Good Life*[26] und einer der weltberühmtesten TED-Talks. Der Vortrag von Robert Waldinger wurde auf der TED-Website (Stand: 2023) bereits über 44 Millionen Mal angeklickt.[27] In der oben genannten Studie wurden 724 Menschen in den USA ein Leben lang begleitet – durch alle Höhen und Tiefen des Lebens. Zahlreiche Aspekte wurden analysiert – darunter Gesundheit, Lebensstil und vieles mehr. Die Analyse des Glücksempfindens wurde in zwei Gruppen durchgeführt, um soziale Unterschiede sichtbar zu machen. Die eine Gruppe bestand aus Absolventen des Harvard-College, die andere aus Bewohnern eines der ärmsten Viertel Bostons. Die Studie kommt zu einem eindeutigen Ergebnis. Der entscheidende Faktor, der glückliche von unglücklichen Menschen unterscheidet, ist die Qualität der sozialen Beziehungen. Menschen mit glücklichen zwischenmenschlichen Beziehungen sind gesünder, leben länger und sind glücklicher. Diejenigen, die im Alter von 50 Jahren angaben, mit ihren sozialen Beziehungen sehr glücklich zu sein, waren im Alter von 80 Jahren am fittesten und am gesündesten. Dies wird auch durch zahlreiche andere Studien belegt. In der Studie *You, me and meaning* wird die Bedeutung von Beziehungen für Zufriedenheit und Glücksempfinden als zentrales Merkmal über alle Altersgruppen und Kulturen hinweg dargestellt.[28]

Ist es ein Zufall, dass gerade unser soziales Miteinander für Glücksgefühle (und umgekehrt auch für negative Empfindungen) sorgt? Nun, in unserer individualistisch geprägten Zeit mag dieser Gedanke zunächst irritierend klingen, denn kaum jemand stellt heute noch bewusst zwischenmenschliche Beziehungen in den Mittelpunkt. Aber denken Sie doch einmal an sich selbst: Welche Situationen bereiten Ihnen wirklich schlaflose Nächte? Welche Situationen

---

[26] Waldinger, Robert/Marc Schulz: The Good Life. And How to live it. Lessons from the worlds longest study on happiness, UK: Rider, 2023.

[27] Waldinger, Robert: What makes a good life?, in: TED, 2023, https://www.ted.com/talks/robert_waldinger_what_makes_a_good_life_lessons_from_the_longest_study_on_happiness/no-comments?language=de (abgerufen am 15.6.2023).

[28] O'Donnell, Maeve B./Christof N. Bentele/Hannah B. Grossman/Yunying Le/Hoon Jang/Michael F. Steger: You, me, and meaning: an integrative review of connections between relationships and meaning in life, in: Journal of Psychology in Africa, 24:1, 2014, S.44–50.

beschäftigen Sie, obwohl sie längst vorbei sind? Was macht Ihnen Sorgen? Mit welchen Situationen verbinden Sie positive Gefühle? Was bereitet Ihnen Freude? Auch wenn in unserer Zeit oft materielle Aspekte genannt werden – letztlich geht es kaum nur um Sie. Es hat (fast) immer etwas mit zwischenmenschlichen Beziehungen und dem Umgang miteinander zu tun. So auch in der Arbeitswelt. Wenn wir Unternehmen (die Arbeitswelt) im eigentlichen ursprünglichen Sinne betrachten, dann handelt es sich um einen Zusammenschluss von unterschiedlichen Menschen mit unterschiedlichen Fähigkeiten, die gemeinsam etwas Sinnvolles für die Menschheit schaffen. Es geht also um zwischenmenschliche Interaktion. Es geht darum, gemeinsam etwas zu erreichen, was ein Einzelner nicht schaffen könnte. Es geht um Kraft, Energie und Schweiß, um sich selbst und andere voranzubringen. Es geht um Menschlichkeit. Die Wurzeln von Glück und Erfolg aus menschlicher Sicht liegen also in zwischenmenschlichen Beziehungen und in zwischenmenschlicher Interaktion.

Aus anthropologischer Sicht ist das nicht verwunderlich. Seit Jahrtausenden sind wir Menschen aufeinander angewiesen. Über Jahrtausende waren gute zwischenmenschliche Beziehungen im wahrsten Sinne des Wortes überlebensnotwendig. Nur in der Gruppe war es möglich, die vielen Gefahren zu überleben, denen unsere Vorfahren ausgesetzt waren. Wir fühlen uns wohl, wenn wir zu einer Gemeinschaft gehören, weil das unsere Überlebenschancen erhöht – und darum geht es in der Evolution. Unser Körper belohnt dies mit der Ausschüttung zahlreicher Hormone, die uns guttun. Sogenannte Glückshormone werden vor allem in sozialen Situationen ausgeschüttet, zum Beispiel in Momenten der Zugehörigkeit, des Stolzes (Status in der Gruppe), der Liebe, des Vertrauens und der Zuneigung. Wir erleben sie als Glück. Unser Gehirn belohnt sozial intelligentes Verhalten – kein Wunder, war es doch der entscheidende Überlebensfaktor der Menschheit. Umgekehrt fühlt sich jede Bedrohung unserer Gruppenzugehörigkeit schlecht an (Angst vor Blamage, Ausgrenzung etc.).

Wir Menschen sind eben Rudeltiere – bei allem Individualismus, bei aller Selbstbestimmtheit – das steckt tief in unseren Genen. Nüchtern betrachtet sind wir Menschen nicht so gut, wie wir glauben zu sein – zumindest sind wir in wenigen Disziplinen offensichtlich die „Krone der Schöpfung“. Im Vergleich zu anderen Tieren sind wir weder besonders schnell, noch besonders groß, noch besonders stark. Viele Lebewesen, Ereignisse und Gefahren hätten uns in der Frühgeschichte der Menschheit auslöschen können. Die Tatsache, dass es den Menschen heute noch gibt und dass er bis zu einem gewissen Grad die Herrschaft über die Welt errungen hat, ist auf andere Gründe zurückzuführen als auf seine Kraft, seine Größe und seine Schnelligkeit.

- Ein Wanderfalke kann sich mit bis zu 360 Stundenkilometern, der Gepard immerhin mit über 120 Stundenkilometern fortbewegen. Das ist um ein Vielfaches schneller, als dies ein Mensch auf natürlichem Wege könnte – und doch gibt es menschliche Entwicklungen, die viel schneller sind.
- Der Blauwal schlägt mit einer Länge von bis zu 33 Metern und einem Gewicht von 160 Tonnen die größten und schwersten Exemplare des Menschen um ein Vielfaches – und doch ist es dem Menschen gelungen, größere und schwerere Bauwerke zu fertigen.
- Wir Menschen sind bei Weitem nicht die stärksten Lebewesen. Betrachtet man zum Beispiel bestimmte Gorillaarten, so stemmen diese bis zu 2000 kg. Bezogen auf das eigene Körpergewicht gibt es sogar Mikroorganismen (eine Milbenform), die mehr als das Tausendfache ihres eigenen Körpergewichts heben können. Wir Menschen sind also weder absolut noch relativ die stärksten Lebewesen der Erde – und doch ist es der Menschheit gelungen, Technologien zu erarbeiten, die vielfach stärker sind als das stärkste Lebewesen. Wie kann das sein?

Es ist unsere SOZIALE INTELLIGENZ, unser sozial cleveres Verhalten, das uns von allen anderen Lebewesen unterscheidet. Dank dieser Fähigkeit konnten wir von anderen Menschen lernen, unsere Stärken gezielt einsetzen, Vertrauen und Zusammenhalt aufbauen. Das Leben in sozialen Systemen ermöglichte es uns, voneinander zu profitieren, bessere Nahrung zu finden und unser Gehirn weiterzuentwickeln. Der Mensch lernte, besser zu kommunizieren, entwickelte eine Sprache und konnte so immer bessere Lösungen finden, um sich zu schützen und weiterzuentwickeln. Wir haben unsere Erkenntnisse von Generation zu Generation weitergegeben und unsere Stärken immer besser genutzt. So konnte der Mensch diese außergewöhnlichen Leistungen erreichen und diese großartige Welt aufbauen.

Die Zeiten ändern sich. Ja, die VUCA-Welt, besonders die letzten Jahrzehnte, machen vieles schneller und unübersichtlicher. Unser Gehirn passt sich dem aber nicht so schnell an. Im Gegenteil, es befindet sich in seinen Grundzügen immer noch in der Steinzeit. Daran ändert auch das neue iPhone nichts. Zwischenmenschliche Beziehungen WAREN und SIND ein zentraler Faktor, wenn wir über Glück sprechen.

Die QUELLE von Glück liegt in sozialen Beziehungen und in zwischenmenschlicher Interaktion.

Das allein kann es doch nicht sein …?!

Nein, natürlich dürfen wir bestimmte Faktoren, die für die heutige Gesellschaft von Bedeutung sind, nicht außer Acht lassen. Betrachten wir zum Beispiel den jährlich erscheinenden World Happiness Report, so wird deutlich, dass neben den zwischenmenschlichen Aspekten auch andere Gegebenheiten für das Erleben von Glück von zentraler Bedeutung sind. In der Ausgabe von 2022 wurden neben sozialen Rahmenbedingungen (z. B.: Unterstützung geben und erhalten) die Faktoren Einkommen (BIP pro Kopf), soziale Unterstützung, Erwartung gesunder Lebensjahre, Freiheit der Lebensentscheidungen, Großzügigkeit und Wahrnehmung von Korruption genannt.[29] Wir sehen, dass Einkommen, Freiheit, Sicherheit und Gesundheit sehr wichtig sind. Ich würde sie jedoch eher als Hygienefaktoren bezeichnen. Sie sind nicht in erster Linie die QUELLE, um Glück zu erfahren, sondern bis zu einem gewissen Grad eine BEDINGUNG dafür. Bei schwerer Krankheit oder Verwirrung, bei Hunger oder finanziellen Sorgen ist das Glücksempfinden beeinträchtigt.

Ein ähnliches Bild mit Fokus auf den Arbeitsplatz findet sich in verschiedenen Studien, die neben zwischenmenschlichen Aspekten wie Zusammenhalt, Unterstützung und allgemein dem sozialen Umfeld (Kolleginnen und Kollegen, Vorgesetzte und Mitarbeitende) auch den Hygienefaktoren (Einkommen, Sicherheit und Freiheit) eine hohe Bedeutung beimessen.

Und Hygienefaktoren können doch glücklich „machen“…

Eine zentrale Frage der Glücksforschung ist nach wie vor, ob und wann Hygienefaktoren glücklich machen. Lange Zeit galt die These der Forscher Daniel Kahneman und Angus Deatons, dass ein Jahreseinkommen von 75.000 Dollar die Schwelle darstellt, ab der mehr Geld nicht mehr zu mehr Glück führt.[30] Neuere Studien stellen diese These infrage oder widerlegen sie sogar. In der Studie *Income and emotional well-being*[31] widerlegt Kahneman zu einem gewissen Grad sein früheres Werk. Diese Studie von Kahneman, Killingsworth und Mellers kommt zu dem Ergebnis, dass mehr Geld sehr wohl mehr Glück bedeuten kann, bis zu einer Grenze von 500.000 USD. Es kommt aber darauf an, WOFÜR wir unser Geld ausgeben. Wenn es bereichernd, sinnvoll, „glücksfördernd“, für die Menschheit förderlich eingesetzt wird, dann kann mehr Geld auch mehr Glück bedeuten. Damit sind wir aber wieder bei den zwischenmenschlichen Aktivitäten, die uns „Glück“ empfinden lassen – zum Beispiel, wenn Geld gespendet wird,

---

[29] Helliwell, John F./Richard Layard/Jeffrey D. Sachs/Jan Emmanuel De Neve/Lara Aknin/Shua Wang: World Happiness Report 2022, in: New York Sustainable Development Solutions Network by the Gallup World Poll data, 2022, https://worldhappiness.report/ (abgerufen am 15.6.2023).

[30] Kahneman, Daniel/Angus Deaton: High income improves evaluation of life but not emotional well-being, in: Proceedings of the National Academy of Sciences of the United States of America, 107, 2010, 16489–16493.

[31] Killingsworth Matthew/Daniel, Kahneman/Barbara, Mellers: Income and emotional well-being: A conflict resolved, in: Proceedings of the National Acadamy of Sciences of the United States of America, 120(10), 2023.

sinnvolle Projekte unterstützt werden oder für die Sicherheit kommender Generationen gesorgt wird. Wie man es auch dreht und wendet: Glück und Zwischenmenschlichkeit hängen eng zusammen.

Auch unsere Gene spielen eine Rolle

Ein Punkt zum Glücksempfinden fehlt noch. WIE wir Glück erleben, scheint subjektiv zu sein und neben „äußeren Einflüssen" auch von unseren Genen abzuhängen. Verschiedene Studien mit Zwillingen, die unter gleichen Bedingungen aufwuchsen, kamen zu dem Ergebnis, dass 30 bis 40% des Glücksempfindens – also der Art und Weise, wie ein Mensch Glück erlebt – genetisch bedingt sind.[32] Dadurch ist die Glücksreaktion verschiedener Menschen auch unterschiedlich.

Vorausgesetzt, dass gewisse Hygienefaktoren erfüllt sind, sind es QUALITATIVE ZWISCHENMENSCHLICHE BEZIEHUNGEN und ZWISCHENMENSCHLICHE SITUATIONEN, die die Wurzeln für Glück und Erfüllung im Berufs- und Alltagsleben darstellen.

---

[32] Helliwell, John F./Richard Layard/Jeffrey D. Sachs/Jan Emmanuel De Neve/Lara Aknin/Shua Wang: World Happiness Report 2022, in: New York Sustainable Development Solutions Network by the Gallup World Poll data, 2022, S. 105–127, https://worldhappiness.report/ (abgerufen am 15.6.2023).

1.2.2. Auf den Spuren von ERFOLG

Der Begriff „Erfolg“ scheint noch einen Schritt weiterzugehen. Wir können jeden Tag beurteilen, ob wir uns glücklich fühlen, aber ob wir „erfolgreich“ sind, scheint schwer messbar zu sein. In unserer Gesellschaft ist das Prinzip „je mehr, desto besser“ stark verankert. Jemand, der mehr Geld verdient, wird als erfolgreicher beschrieben als jemand, der weniger Geld verdient. Jemand, der eine höhere Position im Unternehmen hat, ist besser als jemand mit einer niedrigeren Position. Ähnlich verhält es sich im Privatleben – das größere Auto, das größere Haus, die meisten Likes – alles Faktoren, die scheinbar auf Erfolg hinweisen. Inwieweit dies in Zusammenhang mit Glück steht, ist fraglich. Wie kann es sein, dass so viele Menschen, die scheinbar alle oben genannten Komponenten erfüllen, dennoch unglücklich sind? Wir vergleichen hier Erfolg anhand von Parametern, die unsere GESELLSCHAFT definiert hat. So befinden sich viele Menschen in einem ewigen Wettbewerb mit sich selbst und anderen. Nur um schneller in höhere Positionen zu kommen und noch mehr Geld zu verdienen, immer mit dem Gefühl, dass man dies und jenes braucht, um glücklich zu sein.

Für viele Menschen kommt im Laufe ihres Lebens, manchmal durch einen Schicksalsschlag oder einen Moment des Erwachens, die Erkenntnis, dass „immer mehr haben“ nicht alles sein kann. Ebenso wie Glück scheint sich auch Erfolg selten durch Zahlen, Reichtum oder Besitz definieren zu lassen. Statt also blindlings dem gesellschaftlichen Anspruch nach „Erfolg“ hinterherzurennen, ist es durchaus sinnvoll, sich zunächst einmal Gedanken darüber zu machen, WAS Erfolg für einen persönlich eigentlich bedeutet.

Wenn wir genauer hinsehen, könnte der fehlende Aspekt eine gewisse BESTIMMUNG, Orientierung, ein übergeordnetes Ziel sein, das einem Sinn gibt. Meiner Erfahrung nach sind die erfolgreichsten und glücklichsten Menschen diejenigen, die ihre Leidenschaft und Begeisterung gefunden haben, ihrer Bestimmung folgen und bereit sind, Verantwortung für ANDERE zu übernehmen. Natürlich verdienen Menschen, die ihrer Berufung folgen und einen Beruf ausüben, den sie gut und gerne machen, oft auch mehr Geld. Aber das wird zur Nebensache und ist die logische Folge des Erfolges im Sinne der Berufung.

Einen Sinn im Leben zu sehen, scheint also von zentraler Bedeutung zu sein und als zentrale Komponente für Erfolg zu gelten. Nicht nur für das Erfolgserleben, sondern auch für die Gesundheit, wie die Metastudie *Meaning in life and physical health* zeigt. Menschen, die einen Sinn im Leben empfinden, haben ein signifikant geringeres Herzinfarktrisiko, erkranken seltener an Demenz und weisen eine signifikant geringere Suizidrate auf – sie sind also psychisch und physisch gesünder.[33]

Schließen wir nun den Kreis und nähern uns Glück und Erfolg: Es ist kein Zufall, dass SINN und damit auch ERFOLG oft zentral mit zwischenmenschlichen Aktivitäten und Beziehungen verbunden sind. Wir Menschen sehen oft einen Sinn darin, für andere da zu sein und andere zu unterstützen. Sie erinnern sich – das ist einer der menschlichen Erfolgsfaktoren, das ist die Basis, warum es uns Menschen überhaupt gibt.

Sinn ist daher oft mit VERANTWORTUNG verbunden. Es ist ganz natürlich, dass wir Menschen Verantwortung übernehmen und einen Beitrag zum Wohlergehen anderer leisten wollen. In einem Experiment haben Ellen Langer und Judith Rodin in den 70er-Jahren herausgefunden, dass Bewohner von Altenheimen signifikant länger leben, wenn sie eigene Verantwortungsbereiche haben und zum Gemeinwohl beitragen, z.B. wenn sie selbst für die Pflege der Blumen auf den Etagen des Altenheims verantwortlich sind.[34]

Wir Menschen wollen einen sinnvollen Beitrag leisten und Verantwortung übernehmen, um das Leben für uns und unsere Mitmenschen ein Stück lebenswerter zu machen und das Überleben nachfolgender Generationen zu sichern. Wenn wir also von ECHTEM und nachhaltigem Erfolg sprechen, sind dies zentrale Faktoren.

Sinnorientierung und Verantwortungsübernahme sind Quelle für ein als „erfolgreich“ erlebtes Berufs- und Alltagsleben.

Fassen wir also diese zentralen Punkte zusammen. Es gibt viele Aspekte, die wir mit Glück und Erfolg verbinden. Bei aller Individualität wird gerade in den letzten Jahren wieder deutlicher: Es geht um den Menschen, um zwischenmenschliche Beziehungen, sinnvolle Tätigkeiten und Verantwortung. Wenn wir also Glück und Erfolg erleben wollen, dürfen wir die Menschen um uns herum nie vergessen. Die Beziehung zu diesen Menschen, das gemeinsame Erreichen von Erfolgen, der sinnvolle Beitrag selbst zu wachsen und andere mit auf die Reise zu nehmen und damit eine Bereicherung für ALLE zu sein, führt uns auf die Spuren von Glück und Erfolg im Arbeitsleben.

---

33 Czekierda, Katarzyna/Anna Banik/Crystal Park/Aleksandra Luszczynska: Meaning in life and physical health: systematic review and meta-analysis, in: Health psychology review, 11(4), 2017, S. 387–418.

34 Langer, Ellen/Judith Rodin: The effects of choice and enhanced personal responsibility for the aged: A field experiment in an institutional setting, in: Journal of Personality and Social Psychology, 34(2), 1976, S. 191–198.

1.3. Glücksempfinden – Ein kurzer Blick ins Gehirn

Wenn wir über das Empfinden von Glück und Erfolg sprechen, ist dies eng mit einem unserer wichtigsten und komplexesten Organe verbunden: dem Gehirn. Obwohl Glücksgefühle den ganzen Körper betreffen, haben sie ihren Ursprung im Gehirn. Das menschliche Gehirn, geschützt im knöchernen Schädel, ist ein wesentlicher Teil des zentralen Nervensystems. Es wiegt bei einem Erwachsenen etwa zwei Kilogramm und besteht aus etwa 100 Milliarden Gehirnzellen, die zig Billionen Verknüpfungen herstellen. Damit ist unser Gehirn eine wahre Meisterleistung der Evolution. Es steuert unser Denken, Fühlen und Verhalten.

Spätestens seit den Experimenten von James Olds, Psychologe an der University of Michigan, Ende der 1950er-Jahre ist klar, dass unser Gehirn eine wesentliche Rolle beim Empfinden von Glück spielt. In einem Experiment mit Ratten fand er heraus, dass die Tiere gerne ein bestimmtes Hirnareal stimuliert bekommen. Per Knopfdruck konnten die Ratten diese Reize selbst steuern. Viele der Tiere taten dies so lange, dass sie beinahe vergaßen, Nahrung zu sich zu nehmen.[35] Grund dafür ist die Ausschüttung von Dopamin, einem Glückshormon. Auch das menschliche Gehirn scheint ständig auf der Suche nach diesem Glücksgefühl zu sein. Damit wir das Essen und Trinken nicht vergessen, lässt die Dopaminausschüttung aber nach einiger Zeit wieder nach.

Die wesentlichen Bereiche des Gehirns

Unser Gehirn setzt sich aus verschiedenen Bereichen zusammen – im Wesentlichen wird zwischen Großhirn, Mittelhirn, Kleinhirn, Zwischenhirn und Hirnstamm unterschieden.

Wenn wir über Glück und das Gefühl von Erfolg sprechen, sind vor allem jene Bereiche von besonderer Bedeutung, die mit der Wahrnehmung, dem Gedächtnis und den Emotionen in Verbindung stehen. Nachfolgend eine kurze Beschreibung zentraler Begriffe, die mit Glück im Gehirn zusammenhängen:

- **Großhirn:** Das Großhirn ist mit etwa 80% der Masse der größte Teil unseres Gehirns. Es ist vor allem für die höheren Denkprozesse zuständig, die den Menschen von vielen anderen Säugetieren unterscheiden, z.B. für das Hörzentrum, die visuelle Wahrnehmung und das Gedächtnis. Das Großhirn ist an allen Gedanken- und Bewegungsabläufen des Menschen beteiligt und damit dafür verantwortlich, dass der Mensch denken, fühlen und Emotionen

---

[35] Olds, James/Peter Milner: Positive reinforcement produced by electrical stimulation of septal area and other regions of rat brain, in: Journal of Comparative and Physiological Psychology, 47(6), 1954, S. 419–427.

erleben kann. Zum ältesten Teil des Großhirns, dem Paläokortex, der eng mit dem Geruchssinn verbunden ist, gehört auch die Amygdala („Mandelkern").

- **Amygdala**: Als Teil des Großhirns steht sie in engem Zusammenhang mit emotionalen Empfindungen und ist Ausgangspunkt für Angst und Wut. Hier werden Informationen, die über die verschiedenen Sinnesorgane aufgenommen werden, innerhalb kürzester Zeit bewertet. Wenn diese als kritisch eingestuft werden, wird eine Reaktion ausgelöst (z.B.: Ausschüttung von Hormonen o. ä.). Die Amygdala wird auch als Belohnungszentrum des Gehirns bezeichnet. Sie besteht aus vielen Nervenzellen, den Neuronen.

- **Spiegelneuronen:** Eine besondere Art von Neuronen sind die Spiegelneuronen. Sie ermöglichen es uns, bestimmte Situationen auf uns selbst zu beziehen und dadurch bei uns ähnliche Gefühle auszulösen wie beim Betroffenen. Daher sind Spiegelneuronen besonders bedeutsam, wenn es um Mitgefühl und Mitleid geht und wenn wir uns mit anderen Menschen freuen. Sie sind von großer Bedeutung für Empathie und soziales Miteinander.

Eine besondere Rolle für das Erleben von Glück und Zufriedenheit spielen verschiedene Hormone, die oft als „Glückshormone" bezeichnet werden. Diese werden vor allem vom Nervensystem ausgeschüttet. Im Folgenden werden die wichtigsten Glückshormone und ihre Hauptfunktionen vorgestellt:

- **Dopamin:** Wenn wir etwas als besonders schön empfinden, wird das Glückshormon Dopamin ausgeschüttet und zum Vorderhirn weitergeleitet. Dadurch können wir schöne Momente sehr intensiv erleben. So lernen wir, was uns guttut. Wie im eingangs erwähnten Beispiel der Ratten macht Dopamin aber auch sehr abhängig. So abhängig, dass wir für den Dopamin-Kick fast alles unterordnen. Dopamin wird daher auch mit bestimmten Suchterkrankungen in Verbindung gebracht, denn Spielsucht, Alkohol, aber auch digitale Medien ermöglichen Dopamin-Kicks.

- **Kortisol:** Für unsere Vorfahren war kurzfristiger Stress überlebenswichtig, um in Gefahrensituationen angemessen reagieren zu können. Auch heute noch suchen wir bewusst den gewissen „Kick". Eine gezielte Dosis Stress scheint also für das Glücksempfinden förderlich zu sein. Kortisol, auch als Stresshormon bekannt, ist an zahlreichen Stoffwechselvorgängen beteiligt. Es sorgt für einen Anstieg des Blutzuckerspiegels und hemmt Entzündungsreaktionen, bremst bei hohen Werten aber auch die Wundheilung und das Knochenwachstum, da die volle Konzentration auf den Stressauslöser gerichtet ist. Der Körper schüttet vor allem morgens größere Mengen des Botenstoffs aus, die dann im Laufe des Tages allmählich wieder abgebaut werden. Bei chronischem Stress gerät dieser natürliche Tagesrhythmus jedoch durcheinander. Bei vielen Menschen mit Depressionen sind bestimmte Kortisolwerte deutlich erhöht.

- **Oxytocin:** Es wird ebenfalls als Glückshormon bezeichnet, aber auch als Kuschelhormon, da es in engem Zusammenhang mit zwischenmenschlichen Beziehungen steht. Ausgeschüttet wird es vor allem dann, wenn wir uns mit anderen Menschen umgeben, uns umarmen oder durch Händeschütteln. Oxytocin trägt dazu bei, dass Menschen kooperieren. Es ist entscheidend für Empathie und soziale Kompetenz – und somit das Hormon für soziales Verhalten und Zugehörigkeit. Forscher der Universität Birmingham haben herausgefunden, dass Oxytocin ähnlich wie Alkohol wirkt. Einerseits stärkt es das Gruppengefühl und macht Menschen großzügiger gegenüber der eigenen Gruppe. Auf der anderen Seite hat es aber auch Nebenwirkungen wie erhöhte Risikobereitschaft und Aggressivität.[36]

- **Endorphine:** Sie wirken schmerzlindernd und euphorisierend. Diese Hormone werden vor allem bei körperlicher Anstrengung ausgeschüttet und können enorme Hochgefühle auslösen. Sie sind zum Beispiel dafür verantwortlich, dass Menschen, die einen Marathon laufen, ein so starkes Hochgefühl erleben, dass sie die Schmerzen und die Erschöpfung kaum spüren.

---

[36] Mitchell, Ian/Steven Gillespie/Ahmad Abu-Akel: Similar effects of intranasal oxytocin administration and acute alcohol consumption on socio-cognitions, emotions and behaviour: Implications for the mechanisms of action, in: Neuroscience and biobehavioral reviews, 55, 2015, S. 98–106.

- **Serotonin:** Serotonin fördert das Wohlbefinden und wirkt beruhigend. Es wird daher mit Gelassenheit und Zufriedenheit in Verbindung gebracht und reduziert negative Gefühle. Ein Mangel an Serotonin kann zu erhöhter Reizbarkeit und Ängstlichkeit führen. Zudem ist Serotonin das Hormon des Stolzes und der Gruppenzugehörigkeit. Es motiviert uns, soziale Beziehungen einzugehen und Leistung zu erbringen, um die Anerkennung von anderen zu erhalten und Status in der Gruppe zu gewinnen. Serotonin wird also ausgeschüttet, wenn wir etwas erreicht haben, wir stolz auf uns sind und wir merken, dass andere stolz auf uns sind.

- **Noradrenalin:** Noradrenalin ist sowohl Neurotransmitter als auch Hormon und wird vor allem bei Gefahr ausgeschüttet. Es lenkt die Aufmerksamkeit kurzfristig auf ein Ereignis und wirkt sich positiv auf Handlungsbereitschaft und Motivation aus. Blutdruck und die Herzfrequenz werden dadurch erhöht und der menschliche Körper wird so auf Kampf oder Flucht vorbereitet. Noradrenalin wirkt antriebssteigernd und stimmungsaufhellend. Längerfristig im Übermaß kann es aber auch zu Angst und Unruhe führen.

Dieser grobe Einblick ins menschliche Gehirn und die oben genannten Hormone, die mit Glück, Freude und Erfolg in Verbindung gebracht werden, zeigt: Viele dieser Hormone werden vor allem in zwischenmenschlichen Situationen ausgeschüttet.

2. Der unsichtbare Baustein für Glück und Erfolg (IBOS)

Nach diesem kurzen Ausflug in das menschliche Gehirn kommen wir nun zu einem zentralen Kapitel des Buches – dem IBOS-Modell. IBOS steht für „Invisible Brick of Human Success".

Wie wir in den vorangegangenen Kapiteln gesehen haben, scheint es für das Empfinden von Glück und Erfolg einige zentrale Aspekte zu geben, die NICHT OFFENSICHTLICH, nicht sichtbar sind. Als Außenstehende können wir anhand der sichtbaren Aspekte kaum beurteilen, ob sich jemand glücklich und erfolgreich fühlt, auch wenn alle offensichtlichen Voraussetzungen erfüllt zu sein scheinen. Es muss also um mehr gehen als um die „sichtbaren" Glücks- und Erfolgsfaktoren.

Doch lassen Sie uns das Modell zunächst Schritt für Schritt herleiten.
In einem ersten Schritt ist es sinnvoll, zunächst die sichtbaren von den unsichtbaren Aspekten zu trennen.

- Sichtbare Aspekte (WAS eine Person tut): Das ist die primäre Aufgabe, die Rolle im Unternehmen, die Position, die diese Person ausfüllt.

- Unsichtbare Aspekte (WARUM eine Person etwas tut, mit WEM und WIE sie es tut): Dies spiegelt sich im folgenden Kernmodell des Buches wider. Hier sind vor allem die menschlichen und zwischenmenschlichen Aspekte zu finden.

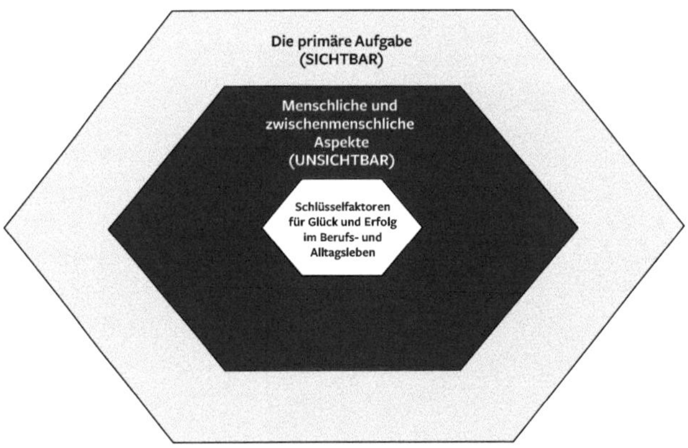

Abbildung 1: Sichtbare und unsichtbare Aspekte für Glück und Erfolg (eigene Darstellung)

2.1. „Sichtbare“ Aspekte: Die Primäre Aufgabe im Unternehmen

Gerade im Berufsleben spielt der Begriff der „primären Aufgabe“ eine besondere Rolle. Er wird uns in diesem Buch immer wieder begegnen. Die primäre Aufgabe ist die Aufgabe, die Sie im Unternehmen haben. Sie steht für den Grund, warum es Ihre Stelle im Unternehmen gibt. Bei aller zwischenmenschlichen Kompetenz, bei aller Klarheit, Wertschätzung, Risikobereitschaft, Verantwortung, Vertrauen und Gelassenheit muss gerade in der Arbeitswelt eines klar sein:

Es gibt einen Grund, warum Sie im Unternehmen sind.
Es gibt eine Aufgabe, der Sie sich verpflichtet haben.
Es gibt eine Vereinbarung, die Sie mit dem Unternehmen, in dem Sie arbeiten, getroffen haben.
Ihre PRIMÄRE Aufgabe. Diese muss unter allen Umständen in Ihrem Fokus sein.

Es ist die Aufgabe, für die Sie auf der Gehaltsliste Ihres Unternehmens stehen. Es ist die Aufgabe, die repräsentiert, WAS Sie im Unternehmen tun. Im besten Fall wissen, sehen und erkennen Ihre Kolleginnen und Kollegen sowie Ihre Vorgesetzten, was Ihre Hauptaufgabe ist. Je nach Branche, Unternehmen und Position im Unternehmen ist diese primäre Aufgabe unterschiedlich, oft individuell.

Nachfolgend ein paar Beispiele hierzu:

Die primäre Aufgabe ...

... von Polizistinnen und Polizisten ist es, für Ordnung und Sicherheit zu sorgen und die Einhaltung der Gesetze zu überwachen.

... eines Friseurs oder einer Friseurin könnte es sein, die Haare nach den Wünschen der Kunden zu schneiden und durch persönliche Kompetenz dazu beizutragen, dass die Erwartungen übertroffen werden.

... einer Buchhalterin oder eines Buchhalters ist die ordnungsgemäße Erfassung, Dokumentation und Begleichung von Rechnungen.

... eines Piloten oder einer Pilotin könnte sein, Passagiere und Besatzung sicher und komfortabel mit dem Flugzeug von A nach B zu bringen.

Die primäre Aufgabe ist die, die wir erfüllen müssen, unabhängig von den unsichtbaren menschlichen Aspekten.

- Ein Pilot kann noch so schlecht gelaunt, frustriert oder mit Vorgesetzten unzufrieden sein. Seine Hauptaufgabe, das Flugzeug gut, sicher und am richtigen Ort zu landen, muss trotzdem jederzeit gewährleistet sein. Dafür hat er sich verpflichtet.
- Ein Arzt kann noch so schlecht mit seinen Kollegen oder mit sich selbst umgehen – seine primäre Aufgabe, den Patienten gewissenhaft zu operieren, wird er dennoch jederzeit erfüllen. Dazu hat er sich verpflichtet.

Die primäre Aufgabe, d. h. die Aufgabe an sich, kann durchaus für das Erleben von Glück und Erfolg relevant sein. Dennoch scheint es nicht ausreichend zu sein, bei der Beurteilung von Glück und Erfolg vor allem auf die Aufgaben zu schauen. Viele Menschen arbeiten in verantwortungsvollen und spannenden Positionen und würden sich dennoch nicht als glücklich und erfolgreich beschreiben – auch wenn es nach außen hin so aussieht. Es reicht also nicht aus, nur darauf zu schauen, WAS jemand tut.

Damit nähern wir uns dem Kernmodell dieses Buches. Wenn das sichtbare „WAS" nicht ausreicht, muss es weitere Aspekte geben, die für Glück und Erfolg stehen. Oder weiter gefasst: Unsichtbare Komponenten, ohne die auch der bestbezahlte, spannendste Job nicht „glücklich macht".

In diesem Buch geht es vor allem um die unsichtbaren Faktoren. Für dieses Buch wurden Hunderte von Situationen analysiert, in denen Menschen Glück und Erfolg (oder das Gegenteil davon) erlebt haben. Nahezu alle analysierten beruflichen Situationen, die von Menschen als glücklich oder erfolgreich beschrieben wurden, lassen sich auf einige wenige Schlüsselfaktoren zurückführen. Diese Schlüsselfaktoren oder besser Schlüsselwerte bilden das Grundmodell dieses Buches. Sie stehen vor allem dafür, WARUM Menschen tun, was sie tun, WIE sie es tun und mit WEM sie es tun – im menschlichen wie im zwischenmenschlichen Sinne.

2.2. „Unsichtbare“ Aspekte: Zwischenmenschliche Kompetenzen

Wenn wir von unsichtbaren Aspekten sprechen, dann ergänzen diese die primäre Aufgabe um die Fragen, WARUM, WIE und mit WEM eine Person tut, was sie tut. Wie wir in den vorangegangenen Kapiteln gelesen haben, geht es dabei vor allem um zwischenmenschliche Aspekte, um menschliche Kompetenzen.

Fassen wir zusammen: Für ein glückliches und erfolgreiches Leben in Beruf und Alltag spielen zwischenmenschliche Beziehungen und Situationen eine zentrale Rolle. Sie sind maßgeblich dafür verantwortlich, dass wir Glück erleben. Darüber hinaus sind Sinn und Verantwortung als Quelle von Erfolg oft damit verbunden, dass wir etwas Positives für ANDERE bewirken, sei es für die Menschheit, unsere Gesellschaft, unser Unternehmen oder unsere nächsten Mitmenschen. Gleichzeitig dürfen wir, wenn wir von Glück und Erfolg sprechen, bestimmte gesellschaftsrelevante Hygienefaktoren nicht außer Acht lassen.

Wenn wir unsere Arbeitswelt betrachten, erkennen wir schnell, dass diese ein Ort sein kann, an dem alle diese Aspekte – sowohl sichtbare als auch unsichtbare Aspekte – ihren Platz haben. Unsere Arbeitswelt könnte ein zentraler Ort für das Erleben von Glück und Erfolg sein.

Insbesondere unter dem Aspekt, dass zwischenmenschliche Beziehungen und Interaktionen von besonderer Bedeutung sind, müssen daher Kompetenzen, die sich auf diese Interaktionen beziehen, im Mittelpunkt stehen. Das IBOS-Modell sowie alle Inhalte dieses Buches zielen daher vorrangig auf (zwischen-)menschliche Kompetenzen ab.

Diese sind sowohl im Umgang mit sich selbst als auch mit anderen zu finden:

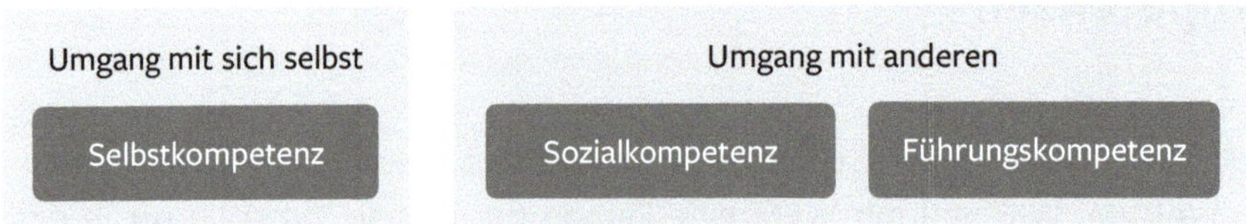

Abbildung 2: Umgang mit sich und anderen (eigene Darstellung)

- Selbstkompetenz: sich selbst zu kennen und sich selbst führen zu können
- Sozialkompetenz: sozial kompetent mit anderen umgehen zu können
- Führungskompetenz: Die Fähigkeit, andere Personen zu führen und Verantwortung für andere Menschen zu übernehmen.

Der Aufbau unseres Modells beginnt somit mit der Unterscheidung der zwischenmenschlichen Kompetenzen.

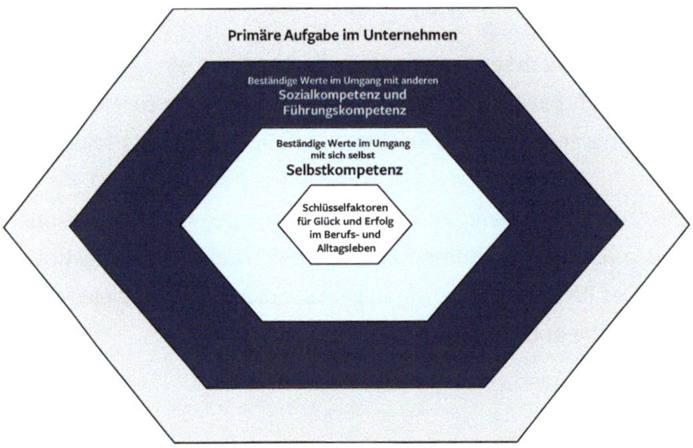

Abbildung 3: Aufbau Modell: Selbst-, Sozial-, Führungskompetenz (eigene Darstellung)

Wir unterteilen unsere Schlüsselfaktoren somit in den inneren Bereich (Selbstkompetenz) und in den äußeren Bereich – Kompetenz im Umgang mit anderen (Sozial- und Führungskompetenz). Rund um diese Kompetenzen steht die primäre Aufgabe.

2.2.1. Schüsselfaktoren für Glück und Erfolg im Umgang mit anderen

Wenn wir nun konkret Schlüsselfaktoren benennen, die mit Glück und Erfolg im Arbeitsleben in Zusammenhang stehen, dann müssen es letztlich Faktoren sein, die sich auf zwischenmenschliche Aspekte beziehen, die von dauerhafter Bedeutung sind und die im Umgang mit anderen Sozial- und Führungskompetenzen beinhalten.

Die Schlüsselfaktoren, die heute in der menschlichen Zusammenarbeit und damit insbesondere am Arbeitsplatz von Bedeutung sind, scheinen jenen Schlüsselfaktoren besonders ähnlich zu sein, die auch in der früheren Menschheitsgeschichte für den Erfolg der Menschen in zwischenmenschlichen Beziehungen entscheidend waren. In nahezu allen beleuchteten Situationen fanden sich nachfolgende Schlüsselfaktoren wieder:

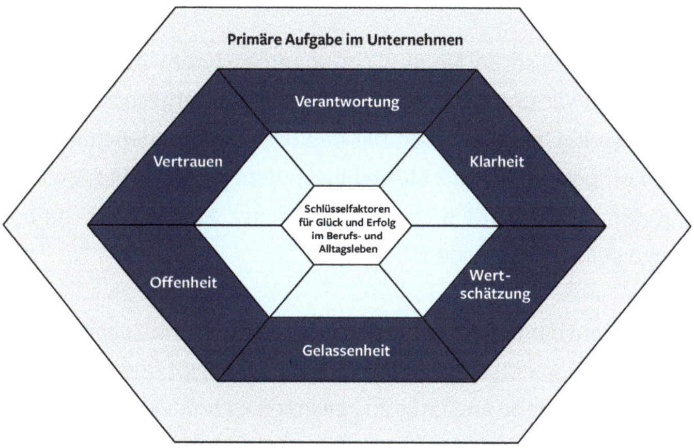

Abbildung 4: Schlüsselfaktoren im Umgang mit anderen (eigene Darstellung)

Schlüsselfaktoren damals – Schlüsselfaktoren heute:
Der Schlüssel für Glück und Erfolg im Arbeitsleben
Diese Faktoren sind, betrachtet man die Geschichte der Menschheit, ebenfalls kein Zufall. So hat jeder dieser Faktoren eine entscheidende Rolle in der Entwicklung der Menschheit gespielt – und wird dies auch in Zukunft tun:

- **Klarheit:** Um uns zu verständigen, eine gemeinsame Richtung zu finden und uns gegenseitig vor Gefahren zu warnen, haben wir eine Sprache entwickelt. Sie hat es uns ermöglicht, KLAR auszudrücken, was wir denken, fühlen, wahrnehmen und tun. Das Bedürfnis nach Klarheit spielt auch in der heutigen Arbeitswelt eine zentrale Rolle. Dazu gehört klar zu wissen, was andere von einem erwarten – und umgekehrt, was man selbst von anderen erwartet.

- **Vertrauen:** In der Frühgeschichte der Menschheit spielte Vertrauen eine entscheidende Rolle. Es war die Basis für die Zugehörigkeit zu einer Gruppe und somit die Grundlage für gegenseitige Verlässlichkeit und das Gefühl von Sicherheit. Auch heute ist es eines der begehrtesten Gefühle: Das Gefühl, dass andere uns vertrauen – und umgekehrt, dass unser Vertrauen nicht missbraucht wird.

- **Gelassenheit:** Eine positive Lebenseinstellung, Gelassenheit und das Vermeiden unnötiger Überreaktionen haben uns geholfen, unsere Energie sinnvoll einzusetzen. Je schnelllebiger die Umwelt wurde, desto wichtiger wurde die Fähigkeit, gelassen zu reagieren, für die Qualität unseres Lebens. Dies gilt auch für die heutige Arbeitswelt.

- **Offenheit:** Seit jeher hat das Interesse an Neuem (in angemessenem Ausmaß) die Menschheit vorangebracht. Hätten wir uns nicht mit Neuem auseinandergesetzt, würden wir immer noch in der Höhle sitzen. Offenheit, auch mit den damit verbundenen Risiken, war also eine entscheidende Kompetenz, die uns Menschen zu dem gemacht hat, was wir heute sind. Auch im heutigen Leben sind wir ständig auf der Suche nach neuen Herausforderungen, um Langeweile zu vermeiden.

- **Wertschätzung:** Wertschätzung und damit das Gefühl von Anerkennung und Zugehörigkeit sind für ein glückliches Miteinander von entscheidender Bedeutung. Es gibt uns das Gefühl, etwas geleistet zu haben und in der Gruppe an Status zu gewinnen. Schon immer und auch heute noch sind wir ständig auf der Suche nach Anerkennung und Wertschätzung. Wir wollen etwas Besonderes sein und schätzen es, wenn unsere Leistungen anerkannt und gewürdigt werden.

- **Verantwortung:** Für uns als soziale Rudeltiere war Führung und Verantwortung schon immer hochgradig relevant. Es brauchte Menschen, die die Führung für andere Menschen, für eine Gruppe, einen Stamm oder ein Dorf übernahmen und ein Stück weit die Richtung vorgaben. Das finden wir heute auch in Unternehmen. Es ist nach wie vor ein gutes Gefühl, wenn wir merken, dass andere Verantwortung für uns übernehmen – und umgekehrt ist es ein gutes Gefühl, selbst Verantwortung für andere zu übernehmen. Führungspersönlichkeiten können nach wie vor Sicherheit vermitteln.

2.2.2. Selbstkompetenz – Der Umgang mit sich selbst

Nachdem wir nun die Schlüsselfaktoren für zwischenmenschliche Beziehungen definiert haben, bleibt eine zentrale Frage offen: Welchen Beitrag kann der EINZELNE leisten, um diese Schlüsselfaktoren zu leben?

Würden wir nur die zwischenmenschlichen Aspekte betrachten, wären wir immer von anderen abhängig. Dies würde uns unweigerlich in eine Opferrolle oder anders ausgedrückt, in eine Abhängigkeit bringen.

Um das Bild zu vervollständigen, ist es daher von zentraler Bedeutung, die Grafik um unsere persönlichen Handlungsspielräume zu erweitern. Handlungsspielräume sind jener Beitrag, den jeder von uns leisten kann, um diese Faktoren im privaten und beruflichen Umfeld mit Leben zu befüllen. Es ist die SELBSTKOMPETENZ.

- Um KLARHEIT gegenüber anderen zu leben, braucht es auf der persönlichen Seite die SELBSTKENNTNIS.

- Um VERTRAUEN gegenüber anderen zu leben, braucht es auf der persönlichen Seite das SELBSTVERTRAUEN.

- Um WERTSCHÄTZUNG gegenüber anderen zu leben, braucht es auf der persönlichen Seite einen entsprechenden SELBSTWERT, also Wertschätzung sich selbst gegenüber.

- Um GELASSENHEIT im Umgang mit anderen zu leben, bedarf es der persönlichen INNEREN AUSGEGLICHENHEIT.

- Um OFFENHEIT gegenüber anderen zu leben, braucht es eine gewisse persönliche RISIKOBEREITSCHAFT.

- Um VERANTWORTUNG für andere zu übernehmen, bedarf es zunächst der persönlichen Komponente der SELBSTVERANTWORTUNG.

In nachfolgender Darstellung finden Sie das ergänzte Bild:

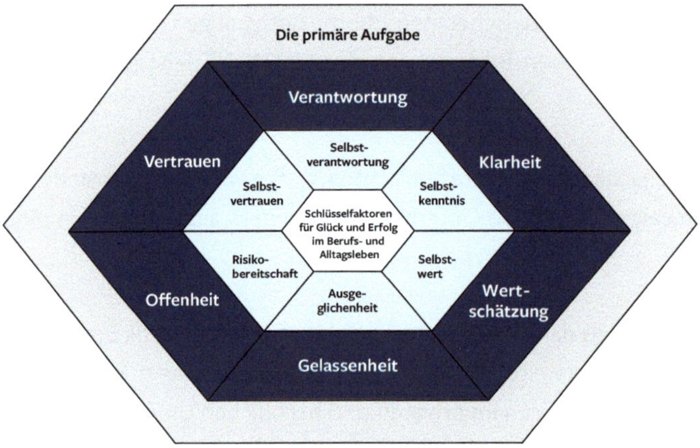

Abbildung 5: Schlüsselfaktoren für Glück und Erfolg – eine Übersicht (eigene Darstellung)

Nach und nach ist unser Modell nun schon gut gefüllt, aber ein Aspekt fehlt noch. Wenn wir NUR die genannten Werte anstreben, würde das unweigerlich zu einer Einseitigkeit führen. Wir brauchen also ein gewisses Gegengewicht zu diesen Werten – ein sogenanntes „positives Spannungsfeld".

2.2.3. Vorsicht vor Übertreibung – Das positive Spannungsfeld

Jeder Schlüsselfaktor kann übertrieben werden. Deshalb wird in jedem nachfolgenden Hauptkapitel auch auf das positive Gegenstück eingegangen. Wir bewegen uns immer in einem SPANNUNGSFELD zwischen zwei Schlüsselfaktoren. Als Grundlage dient das Wertequadrat der Kommunikation. Das Wertequadrat ist ein Modell von Nicolai Hartmann[37], das von Schulz von Thun[38] speziell für Kommunikation und Persönlichkeitsentwicklung weiterentwickelt wurde. Im Wertequadrat werden immer ein Wert und sein positiver Gegenwert – und jeweils die Übertreibungen – dargestellt. In den folgenden Kapiteln wird dies anhand eines Tachometerbildes veranschaulicht.

Lassen Sie mich das Wertequadrat an einem einfachen Beispiel erläutern. Nehmen wir an, dass Ihnen Sparsamkeit sehr wichtig ist. Der positive Ausgangswert wäre SPARSAMKEIT. Wenn wir aber nur nach Sparsamkeit streben, riskieren wir eine Überreaktion. Zu viel Sparsamkeit führt zu GEIZ. Es braucht also ein positives Gegenstück zur Sparsamkeit. Dieses liegt in der GROSSZÜGIGKEIT. Übertrieben kann Großzügigkeit aber auch zu einem negativen Wert werden, nämlich zur VERSCHWENDUNG.

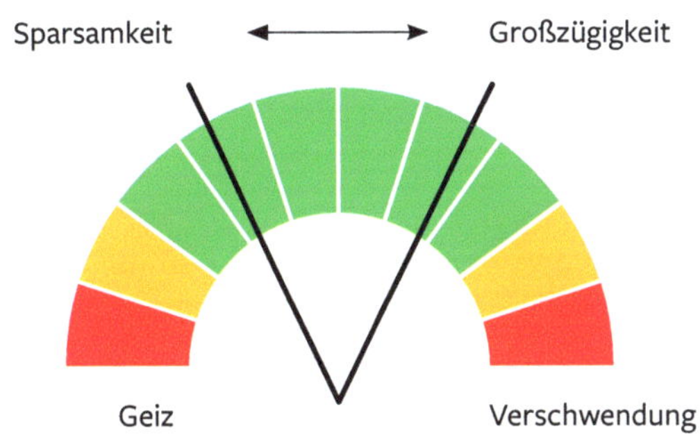

Abbildung 6: Wertequadrat (angelehnt an Hartmann N. und Schulz von Thun)

Gerade wenn wir einen Wert idealisieren, vergessen wir oft, dass wir damit nicht unbedingt das gewünschte Ergebnis erzielen. Jeder fordert Klarheit – aber was wäre, wenn Klarheit das einzige Ziel wäre? Vertrauen ist der Idealzustand – aber was, wenn jeder jedem vertraut? Risikobereitschaft? Gut und schön – aber was wäre, wenn alle nur Risiken eingingen? Ein Wert, dessen positiver Gegenwert vernachlässigt wird, führt eher zu Chaos als zu Glück und Erfolg.

---

[37] Hartmann Nicolai: Ethik, 4. Aufl., Berlin: de Gruyter Verlag, 1962.

[38] Schulz von Thun, Friedemann: Miteinander reden 2. Stile, Werte und Persönlichkeitsentwicklung, Reinbek bei Hamburg: Rowohlt Verlag, 1989.

Das Spannungsfeld der Schlüsselfaktoren

Dementsprechend ist auch für unsere Schlüsselfaktoren das Spannungsfeld von großer Bedeutung:

- KLARHEIT ... im Sinne von ZIELORIENTIERUNG braucht eine gewisse BEWEGUNGSFREIHEIT.

- VERTRAUEN ... braucht als positives Gegenstück die KONTROLLE.

- WERTSCHÄTZUNG ... im Sinne von ANERKENNUNG ist nur dann wertvoll, wenn auch ein gewisses Maß an KONSTRUKTIVER KRITIK vorhanden ist.

- VERANTWORTUNG ... im Sinne von FÜHRUNG braucht ein ausreichendes Maß an ZURÜCKHALTUNG.

- OFFENHEIT ... und Risikobereitschaft brauchen als Ausgleich ein gewisses Maß an SICHERHEIT.

- GELASSENHEIT ... und Humor brauchen genügend Raum für ERNSTHAFTIGKEIT.

Diese Begriffe werden in den folgenden Kapiteln näher erläutert und mit Beispielen illustriert. Ergänzt um diese Aspekte ist unser Modell nun vollständig:

2.3. Das Herzstück: Das IBOS-Modell

Wenn wir alle bisher besprochenen Aspekte in einem Modell zusammenfassen, erhalten wir das sogenannte IBOS-Modell. Es ist die Basis für Glück und Erfolg im Berufs- und Alltagsleben. Es ist die Grundlage für zwischenmenschliche Aspekte und steht für Selbstkompetenz, Sozialkompetenz und Führungskompetenz. Kurz: Es ist das Herzstück des Buches.

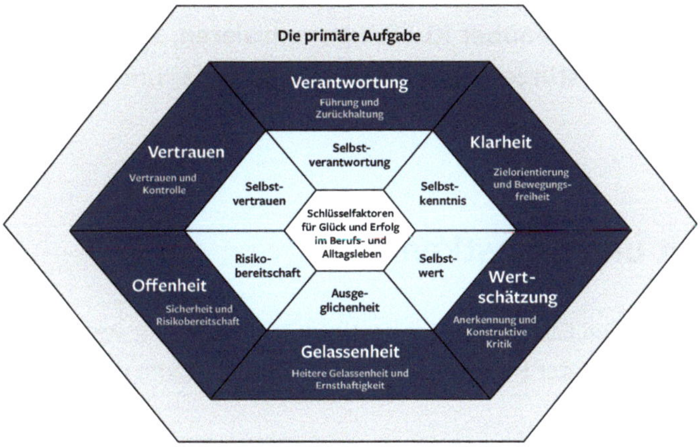

Abbildung 7: Das IBOS-Modell (eigene Darstellung)

Dieses Bild bildet die Grundlage für die folgenden Kapitel, in denen die einzelnen Schlüsselfaktoren im Detail beleuchtet werden. Dabei wird jeder Faktor zunächst beschrieben und definiert, das Spannungsfeld zum positiven Gegenwert dargestellt und anschließend der persönliche Handlungsspielraum bestimmt. Jedes Kapitel schließt mit Gedanken und Leitsätzen, wie wir den jeweiligen Wert mit Leben füllen können.

So finden Sie in nachfolgenden Kapiteln insgesamt 48 Leitsätze und Leitgedanken, die Ihr Berufs- und Alltagsleben nachhaltig verändern können.

3. Klarheit

Unsere Arbeitswelt braucht Menschen, die sich selbst kennen – die sich ihrer Stärken und Talente, ihrer Werte und Ziele, aber auch ihrer Schwächen, Überzeugungen und Ängste bewusst sind. Sie braucht Menschen, die bereit sind, sich mit sich selbst auseinanderzusetzen und an sich zu arbeiten. Klarheit beginnt immer bei sich selbst. Nur wer sich selbst kennt und weiß, was er will, kann auch anderen gegenüber KLAR kommunizieren, Synergien schaffen und andere dabei unterstützen, ihre Klarheit im Berufs- und Alltagsleben zu finden.

3.1. Begriff Klarheit und Selbstkenntnis

Klarheit ist wohl einer der wichtigsten Faktoren in der heutigen Zeit. Eng damit verbunden, vielleicht sogar die Grundlage dafür, ist der Begriff der Selbstkenntnis und damit die Frage:
- Wer bin ich?
- Was kann ich?
- Was will ich?
- und WARUM?

Erstaunlicherweise haben die meisten Menschen keine Antwort auf diese Fragen. Keine Sorge, wenn Sie noch kein klares Selbstbild haben. Sie werden im Laufe dieses Kapitels mit diesen und ähnlichen Fragen konfrontiert werden.

Doch selbst wenn man bereits ein klares Selbstbild entwickelt hat, ist es fraglich, ob man sich selbst auch wirklich richtig wahrnimmt. Laut der Persönlichkeitsforscherin Emily Pronin fällt es uns Menschen sehr schwer, ein realistisches Selbstbild zu entwickeln. Nach ihrer Studie neigen wir dazu, uns Eigenschaften zuzuschreiben, die wir für erstrebenswert halten.[39] Zum Beispiel halten wir uns für überdurchschnittlich einfühlsam, großzügig, hilfsbereit und sind überzeugt, dass wir jederzeit bereit sind zu helfen, wenn es darauf ankommt. Gleichzeitig haben wir aber kein Problem damit, im Winter an einem frierenden Obdachlosen vorbeizugehen. Unser Gehirn blendet aus, was wir nicht sehen wollen. Auf der anderen Seite gehen wir davon

---

[39] Hansen, Katherine/Margaret Gerbasi/Alexander Todorov/Elliot Kruse/Emily Pronin: People Claim Objectivity After Knowingly Using Biased Strategies, in: Personality & social psychology bulletin, 40(6), 2014, S. 691–699.

aus, dass wir Eigenschaften, die wir bei anderen ablehnen, auch selbst nicht verkörpern. Wer will schon wütend, ängstlich oder egoistisch sein? Niemand. Also sehen wir diese Aspekte auch nicht in uns selbst. Das führt z.B. dazu, dass nach einer Studie von Allan Wiliams 74% der Autofahrer angeben, dass sie besser fahren als der Durchschnitt.[40] Wie Sie an diesem Beispiel sehen – wirklich objektiv einschätzen können wir uns selbst kaum.

Sich selbst zu kennen bedeutet, Klarheit darüber zu haben, was uns zu dem gemacht hat, was wir heute sind, wer wir heute sind und wohin wir in Zukunft gehen werden. Dies erfordert Disziplin und Offenheit, um auch die Seiten an sich zu erkennen, die wir nicht unbedingt im Rampenlicht sehen möchten. In jedem Fall bedeutet es eine intensive Auseinandersetzung mit:

- der eigenen Vergangenheit
- erlernten Überzeugungen, Ängsten und Entwicklungsthemen
- den eigenen Werten, Stärken, Interessen und Talenten
- der persönlichen Lebensvision und den Lebenszielen
- den eigenen Prioritäten

Die Reise durch das Abenteuer Klarheit und Selbstkenntnis beleuchtet dabei unterschiedliche Zeithorizonte. Das Gestern, das Heute und das Morgen.

Gestern	**Heute**	**Morgen**
Was war in meiner Vergangenheit? Wie beeinflusst meine Vergangenheit die Gegenwart?	Wo stehe ich heute? Was sind heute meine wichtigsten Lebensbereiche, Fähigkeiten und Talente?	Wohin geht meine Reise in der Zukunft? Was muss ich heute anstoßen, um die Weichen für morgen zu stellen? Was ist meine Vision? Was sind meine Prioritäten?

Abbildung 8: Zeithorizonte – Klarheit (eigene Darstellung)

Der Wunsch nach Klarheit ist eine Entscheidung. Eine Entscheidung, die spannende Entdeckungen verspricht. Nutzen Sie die vielfältigen Möglichkeiten, sich selbst besser kennenzulernen.

[40] Williams, Adams: Views of US drivers about driving safety, in: Journal of safety research. Bd. 34, 491-4, 2003.

Warum ist diese persönliche Klarheit gerade heutzutage so wichtig?
Der Wunsch nach Klarheit scheint so alt wie die Menschheit zu sein. Schon in der Antike haben sich die Menschen damit auseinandergesetzt. Auch heute noch beschäftigen sich viele Wissenschaften wie Philosophie, Theologie, Psychologie und andere damit, Klarheit über den Menschen und den Sinn des Lebens zu gewinnen.

Während es in früheren Generationen oft vor allem darum ging, das eigene Überleben und das der Nachkommen zu sichern, haben wir heute eine völlig andere Situation. Wir leben in einer Multioptionsgesellschaft, in der vieles nicht mehr überschaubar ist. Sie erinnern sich an die Einführung und den Begriff der „VUCA"-Welt. Diese vielen Optionen haben einen großen Nachteil. Wir wissen nie, ob wir die „richtige" Wahl getroffen haben. Oft jagen Menschen scheinbaren Zielen hinterher, arbeiten jahrelang daran und stellen am Ende fest, dass es gar nicht ihr Ziel war. Sie haben ihr Ziel erreicht, sind aber trotzdem nicht glücklich und waren somit trotz Zielerreichung letztlich nicht erfolgreich (im Sinne des Wortes). Menschen in der heutigen Arbeitswelt laufen in einem Hamsterrad, immer schneller, immer mehr, um irgendwann dort anzukommen, wo sie nie ankommen KÖNNEN – oder schlimmer noch – dort anzukommen, wo sie nie ankommen WOLLTEN.

Unsere Arbeitswelt ist geprägt von Menschen, die eigentlich keine klare Vorstellung davon haben, was sie im Berufsleben erreichen wollen, aber trotzdem mit Vollgas durchstarten. Vor allem, wenn man von anderen getrieben wird (wie es in heutigen Unternehmen oft der Fall ist), verliert man schnell aus den Augen, worum es eigentlich geht. Wenn man dann scheinbare „Etappenziele" erreicht hat und trotzdem nicht glücklich ist, versucht man schneller, besser, mehr zu erreichen.

Die Richtung ist entscheidend
Bevor wir uns auf den Weg machen, lohnt es sich zu überlegen, in welche Richtung wir eigentlich wollen. Wenn Sie eine Urlaubsreise beginnen, würden Sie sich auch vorher überlegen, wohin Sie wollen und welche Autobahnauffahrt in diese Richtung führt. Sie würden nicht einfach die erste Auffahrt nehmen, nur weil sie in der Nähe ist. Sie würden wahrscheinlich auch anhalten, wenn Sie das Gefühl hätten, falsch aufgefahren zu sein. Zumindest würden Sie sicher nicht noch mehr Gas geben, um schneller zu werden. Es scheint klar: Wenn man in die falsche Richtung fährt, hilft es nicht, die Geschwindigkeit zu erhöhen. Im Berufsleben gibt es viele Parallelen dazu – und doch handeln viele Menschen in der Arbeitswelt orientierungslos. Überlegen Sie sich rechtzeitig, wohin Ihre Reise gehen soll. Legen Sie eine Pause ein, wenn Sie

das Gefühl haben, in die falsche Richtung zu „fahren". In solchen Situationen braucht es Klarheit, einen Moment des Nachdenkens. Neue Gedanken. Einen kritischen Blick. Dazu lade ich Sie in diesem Kapitel ein.

Klarheit im Umgang MIT anderen Menschen

Neben dem so wichtigen Aspekt der persönlichen Klarheit geht es in einem weiteren Schritt darum, sich auch gegenüber anderen klar auszudrücken. Wer sich selbst kennengelernt hat, kann im nächsten Schritt auch anderen gegenüber klar kommunizieren, was von ihnen erwartet wird. Erst wenn Sie unmissverständlich ausdrücken können, was Ihnen wichtig ist, haben Sie die Möglichkeit, Verbündete zu finden – Menschen, die mit Ihnen an einer gemeinsamen Vision arbeiten. Die Menschheit hat sich dafür eine wunderbare Fähigkeit angeeignet: das Sprechen. Eine klare und respektvolle Sprache kann zu einem Schlüsselfaktor unserer Zeit werden.

Klarheit FÜR andere Menschen

Wenn es Ihnen gelungen ist, für sich selbst Klarheit zu finden und dadurch Ihr Leben reicher und sinnvoller zu gestalten, helfen Sie anderen, diesen Weg ebenfalls zu gehen. Helfen Sie anderen Menschen, sich selbst kennenzulernen und von den vielen Vorteilen persönlicher Klarheit zu profitieren. Helfen Sie mit, die Welt ein wenig klarer und besser zu machen. Sie werden sehen, es gibt viele Möglichkeiten.

3.2. Spannungsfeld: Zwischen Zielorientierung und Bewegungsfreiheit

Kennen Sie das Gefühl, durch den Wald zu gehen und nichts als Bäume zu sehen – und plötzlich erkennt man einen Anhaltspunkt und weiß wieder, wo es lang geht? Es ist ein gutes Gefühl, sich wieder orientieren zu können. Klarheit und Orientierung sind seit jeher Sehnsüchte der Menschheit. Es ist ein gutes Gefühl zu wissen, wohin wir wollen, eine Richtung zu haben. Um messbar zu machen, ob wir uns in die richtige Richtung bewegen, helfen uns Ziele. Sie sind Meilensteine, die uns auf unserem Weg zeigen, dass wir vorankommen.

- Wenn Sie schon einmal an einem Halbmarathon oder Marathon teilgenommen haben, wissen Sie, wie wichtig Etappenziele sind. Die Schilder an jedem Kilometer sind Gold wert. Sie zeigen uns, dass wir uns in die richtige Richtung bewegen und geben uns Auftrieb. Sie ermutigen uns, weiterzumachen.

- Denken Sie an Ihre Schulzeit. Jede Prüfung, jedes Zeugnis war ein Meilenstein. Es war immer ein gutes Gefühl, ein bestimmtes Etappenziel erreicht zu haben.

- Stellen Sie sich eine lange und anstrengende Autofahrt vor. Mit jedem Wegweiser und jedem Kilometerschild wird die Entfernung zum Ziel kleiner. Das gibt ein gutes Gefühl. Jedes Schild, jede Markierung ist ein kleiner Erfolg.

Eine gewisse ZIELORIENTIERUNG ist also in unserem Leben sinnvoll – vorausgesetzt, sie führt uns in die richtige Richtung (dazu später mehr).

Wie bei allen Schlüsselfaktoren, Werten und Tugenden ist eine Idealisierung der Zielorientierung kontraproduktiv. Würden wir immer nur dann handeln, wenn alles Sinn macht und uns unseren Zielen näherbringt, würde uns das wohl nicht zu Glück und Erfolg führen. Wer sagt uns, dass das Ziel wirklich das Richtige ist? Wie trostlos wäre eine Reise, wenn wir nur durch den Tunnel zum Ziel fahren würden, ohne die schöne Landschaft links und rechts zu sehen? Was wäre, wenn es „DAS ZIEL" gar nicht gäbe? Fragen, denen wir in diesem Kapitel nachgehen werden.

Wenn wir von Klarheit und Zielorientierung sprechen, geht es also um ein Spannungsfeld zwischen ZIELORIENTIERUNG und BEWEGUNGSFREIHEIT.

Wer sich nur auf ein „klares“ Ziel konzentriert, läuft Gefahr, davon besessen zu werden und andere Sichtweisen nicht mehr zuzulassen. ZIELBESESSENHEIT wäre demnach die negative Übertreibung von Zielorientierung. Es braucht also ein angemessenes Maß an Bewegungsfreiheit. Doch auch diese Bewegungsfreiheit kann übertrieben werden. Wenn wir uns nur noch frei bewegen und keine Zielorientierung mehr haben, führt dies im negativen Sinne zu ORIENTIERUNGSLOSIGKEIT.

Die folgende Darstellung veranschaulicht das Spannungsfeld der Klarheit in Anlehnung an das Wertequadrat der Kommunikation nach Schulz von Thun.[41]

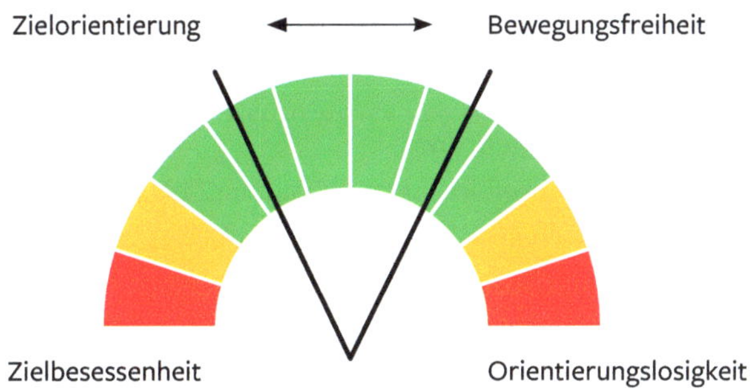

Abbildung 9: Spannungsfeld der Werte – Klarheit (eigene Darstellung)

Im Streben nach Klarheit ist daher immer wieder zu hinterfragen, ob wir uns noch in diesem positiven Spannungsfeld bewegen. Sowohl auf persönlicher, zwischenmenschlicher als auch auf organisatorischer Ebene würde eine übermäßige Ausprägung eines Wertes zu Symptomen führen, wie nachfolgende Beispiele veranschaulichen.

[41] Vgl. Schulz von Thun, 1989.

3.2.1. Zu viel Zielorientierung: Zielbesessenheit

Eine übermäßige Zielorientierung oder Zielbesessenheit führt dazu, dass nur noch Handlungen gesetzt werden, die uns einem Ziel näherbringen. Alles, wofür kein unmittelbarer Sinn gefunden wird, wird vernachlässigt. Alles, was nicht dem klaren Ziel entspricht, wird eliminiert. Viele Chancen für neue Erfahrungen und Möglichkeiten für rechtzeitige Kurskorrekturen oder Kurswechsel gehen verloren.

Nachfolgend finden Sie Beispiele, wie sich Zielbesessenheit im persönlichen Leben oder in Unternehmen häufig kennzeichnet:

- **Symptome im persönlichen Kontext:**

Tunnelblick: Alles wird den Zielen untergeordnet
Zielbesessene Menschen verfolgen ausschließlich ihre persönlichen Ziele ohne Rücksicht auf sich und andere. Den eigenen Zielen wird alles untergeordnet. Dies kann zu einem Tunnelblick führen – oft auf Kosten der sozialen Beziehungen (Beeinträchtigung des Familienlebens, Einseitigkeit, Fokussierung fast ausschließlich auf einen Lebensbereich, abnehmender Kontakt zu Freunden). Aufgrund der erreichten Ziele in einem Lebensbereich scheinen Misserfolge in anderen Lebensbereichen kaum wahrnehmbar. Es lohnt sich die Frage, ob das gesteckte Ziel wirklich um jeden Preis und in dem definierten Ausmaß erreicht werden muss und welche Folgen damit verbunden sind. Für jede Zielerreichung ist ein Preis zu bezahlen. Es lohnen sich somit Fragen wie: Muss im Urlaub wirklich der Laptop aufgeklappt werden, um (gefühlt) schneller die nächste Position im Unternehmen zu erreichen? Oder darf man sich Freiräume gönnen – z.B. einen Nachmittag am Strand, in der Sonne, mit einem Eis und Zeit für Freunde, Gemeinschaft und Familie? Erlaubt man sich gewisse Freiräume, die nicht ausschließlich den Zielen dienen?

Soziale Beziehungen werden nach „Nutzen" gewählt
Zielfixierte Menschen neigen dazu, ihre sozialen Beziehungen nach praktischem Nutzen auszuwählen, d. h. danach, ob sie ihren Zielen schneller näherkommen. Sie verabreden sich häufig mit Menschen, weil sie ihnen weiterhelfen können, und nicht, weil es ihnen Freude bringt und sie diese gerne treffen. Beziehungen werden Mittel zum Zweck. Scheinfreundschaften, wie sie im Geschäftsleben durchaus üblich sind, werden später oft teuer bezahlt. Denn wenn der Nutzen weg ist, ist meist auch die Freundschaft verloren. So finden sich viele Menschen, die während ihres „erfolgreichen" Berufslebens

von zahlreichen „Freunden“ umgeben sind, nach dem Berufsleben allein und mit wenigen echten Freunden wieder. Es lohnt sich hier die Frage, ob es den Preis der Zielfixierung hinsichtlich echter Freundschaften und wertvoller sozialen Beziehungen wert ist und wie echten Freundschaften ausreichend Raum gegeben werden kann.

Verzögerte Entscheidungen, wenn kein Nutzen gesehen wird
Ein weiteres auffälliges Symptom ist, dass zielfixierte Menschen sich ungern mit Themen beschäftigen, die sie scheinbar nicht weiterbringen. Deshalb werden Entscheidungen, für die kein unmittelbarer Nutzen gesehen wird, oft auf die lange Bank geschoben. Als Folge werden kritische und zentrale Themen in vernachlässigten Lebensbereichen nicht oder erst spät behandelt.

- **Symptome im Unternehmenskontext:**

Zielerreichung steht über „sinnvollen“ Entscheidungen
In Unternehmen, in denen Zielfixierung an der Tagesordnung steht, werden oftmals Entscheidungen getroffen, die Zielerreichung vor die Gesundheit des Unternehmens stellen. Durch den Fokus auf das Ziel wird der gesunde Menschenverstand vernachlässigt und Entscheidungen getroffen, die für Außenstehende nicht nachvollziehbar sind. So werden z.B. Produkte eingeführt, die noch nicht marktreif sind, um einen Zeitplan einzuhalten – ohne zu bedenken, dass dies viel größere Probleme mit sich bringt, als wenn das Ziel des Einführungszeitpunktes leicht verfehlt wird, aber die letzten Verbesserungen korrekt umgesetzt werden. Ein weiteres Beispiel könnte die Streichung von Stellen sein, um ein Quartalsziel zu erreichen – auf Kosten der Zukunft des Unternehmens. Solche Entscheidungen werden oftmals durch organisatorische Instrumente begünstigt, die eine Zielbesessenheit fördern.

Organisatorische Instrumente zur Förderung von Zielbesessenheit
Viele Unternehmen werden ausschließlich über Ziele gesteuert – und sind damit Keimzelle für Zielfixierung. Instrumente, die dies fördern, sind z.B. Budgets, Planzahlen, Monitoring, Zielvereinbarungen, zielorientierte Leistungsanreize und Prämiensysteme. All diese Instrumente können in übertriebenem Maße direkt zu Zielfixierung führen. Wenn z.B. ein monetäres Ziel vorgegeben wird (z.B. Umsatz XY bis zum Jahr XY) und diesem Ziel alles untergeordnet wird und alle Instrumente darauf ausgerichtet werden, dieses Ziel zu erreichen, kann dies schwerwiegende Folgen haben: Es führt dazu, dass der Umsatz an erster Stelle steht. Oft mit kurzfristigen Gewinnen auf Kosten langfristiger Erfolge. Beziehungen, Partnerschaften, Unternehmenskultur (...) – alles würde diesem

> Ziel untergeordnet und somit beispielsweise der Aufbau neuer, zunächst umsatzschwacher Geschäftsfelder vernachlässigt. Zudem würden Umsätze möglicherweise so verschoben, dass sie kurzfristig der Zielerreichung dienen, langfristig dem Unternehmen aber sogar schaden. Generell würden kurzfristige Maßnahmen vor langfristigen Maßnahmen stehen. Hier lohnt es sich zu hinterfragen, ob die Erreichung des erklärten Ziels wirklich DAS entscheidende Ziel ist. Ist es wirklich der Maßstab, an dem ausschließlich gemessen werden soll? Ist die Führungskraft, die den Umsatz um jeden Preis erreicht, dafür aber Ressourcen verbrennt und Menschen verletzt, wirklich die bessere Führungskraft? Besser als die Führungskraft, die sich die Zeit nimmt, ein stabiles, langfristiges Team aufzubauen und das Umsatzziel vielleicht knapp verfehlt (aber in den nächsten Jahren möglicherweise verdoppelt, verfünffacht oder verzehnfacht)?

Eine gewisse „Bewegungsfreiheit“ ist erforderlich. Raum nach rechts und nach links. Das bedeutet, den Weg bewusst verlassen zu dürfen, wenn dies SINNVOLL ist. Es bedeutet, offen zu sein, um am Wegesrand neue, spannende Erfahrungen zu machen und Neuland zu entdecken. Bewegungsfreiheit bedeutet zudem, dass es Raum für eine gewisse Unsicherheit, für Spontaneität und für eine angemessene „Sinnlosigkeit“ geben darf.

Dies soll keine Empfehlung sein, Ziele nicht wichtig oder ernst zu nehmen. Es geht um das richtige Maß. Auch die Bewegungsfreiheit kann ins Extreme gehen. Wenn Bewegungsfreiheit überhandnimmt, führt dies zur Orientierungslosigkeit.

3.2.2. Zu viel Bewegungsfreiheit: Orientierungslosigkeit

Orientierungslosigkeit findet sich dann, wenn den Zielen nicht mehr ausreichend Bedeutung gegeben wird. Nachfolgend finden Sie mögliche alarmierende Hinweise, dass die Bewegungsfreiheit übertrieben ist und zur Orientierungslosigkeit überschlägt:

- **Symptome im persönlichen Kontext:**

  Mangelnde Zukunftsplanung
  Auf die Frage, wo sich Menschen in einem, drei oder fünf Jahren sehen, erntet man oft ratlose Blicke. Viele Menschen wissen nicht, wohin das, was sie heute tun, morgen führen soll. Auch wenn der genaue Weg, das genaue Ziel noch nicht feststehen muss, so lohnt es sich doch, gewisse Eckpunkte definiert zu haben. Orientierungslosen Menschen fehlt es an einer Vision, an Klarheit über die eigenen Stärken, Talente und Werte – und nicht zuletzt über die persönlichen Ziele und Prioritäten. So besteht die Gefahr, dass die Jahre ins Land gehen und sie nach Jahren immer noch am selben Punkt zu stehen scheinen.

  Gefühl der Sinnlosigkeit und Unzufriedenheit
  Wenn zu der oben erwähnten Ziellosigkeit noch das Gefühl kommt, dass auch die aktuelle Tätigkeit keinen Sinn macht, kann dies zu einer gefährlichen Mischung führen. Es stellt sich ein Gefühl der Sinnlosigkeit ein – das Gefühl, mit der eigenen Tätigkeit zu keinem größeren, sinnvollen Ziel beizutragen. Die Folge kann eine massive Unzufriedenheit sein, die sich auf persönlicher und zwischenmenschlicher Ebene äußert. Langfristig kann sich daraus eine chronische Unzufriedenheit entwickeln, die Krankheiten wie Burn-out und Depressionen begünstigt. Solche Menschen brauchen ein klares Ziel oder zumindest eine Richtung, die ihnen das Gefühl gibt, etwas Sinnvolles zu tun und voranzukommen.

  Sprunghaftes Verhalten in persönlichen Lebensentscheidungen
  Ebenso kann sprunghaftes Verhalten ein Symptom mangelnder Zielorientierung sein. Ständige Job-, Studien-, Partner- oder Wohnortwechsel können die Folge sein. Menschen, die keine Ziele haben und kein klares Bild vor Augen haben, was sie wollen, laufen Gefahr, immer wieder etwas Neues auszuprobieren und immer wieder festzustellen, dass auch das nicht das gewünschte „Glück" gebracht hat. Hier braucht

es zuerst ein klares Bild, was man eigentlich will. Sprunghaftes Verhalten bezieht sich hier auf die Person – kann aber auch im Unternehmenskontext durch sprunghafte Wechsel von Strategien und Prioritäten auftreten.

- **Symptome im Unternehmenskontext:**

Sprunghaftigkeit in Unternehmen
Sprunghaftigkeit in Unternehmen kann in vielerlei Hinsicht auftreten. Ständige Wechsel im Management, abrupte Änderungen der Prioritäten, der Unternehmensstrategie, der Organisation und vieles mehr können symptomatisch sein. Mal ist dieses Projekt wichtig, mal jenes. Von einem Tag auf den anderen stehen Projekte im Mittelpunkt – und kurze Zeit später sind sie wieder unwichtig. Es entstehen endlose Wiederholungsschleifen, weil Projekte immer wieder einschlafen und wieder aufgewärmt werden. Das führt dazu, dass die Mitarbeiterinnen und Mitarbeiter kaum wissen, was als Nächstes kommt. Unsicherheit macht sich breit. Wertvolle Arbeitszeit und Energie verpuffen, die Belastung für alle scheint in solchen Unternehmen enorm. Hier gilt es für Unternehmen zu hinterfragen, wohin die Reise gehen soll und in aller KLARHEIT Prioritäten zu definieren und umzusetzen.

Lange Entscheidungswege und Bürokratie in Unternehmen
Wenn es keine klare Richtung gibt, müssen sich Führungskräfte und Mitarbeitende in orientierungslosen Unternehmen so gut wie möglich absichern, um nicht selbst in die Schusslinie zu geraten. Lange Entscheidungswege und Bürokratie sind das Ergebnis der Suche nach „Sicherheit“. Wenn Menschen nicht wissen, was eigentlich von ihnen erwartet wird, versuchen sie, sich zumindest so weit abzusichern, dass die nächsthöhere Führungskraft immer wieder bestätigt, dass das, was sie tun, in Ordnung ist. In Unternehmen mit Orientierungslosigkeit kann durch ein ewiges Hin und Her zumindest Zeit abgesessen werden.

Unklare Zuständigkeiten und Verantwortlichkeiten
Unternehmen, die nicht wissen, in welche Richtung es weitergehen soll, tun sich auch schwer, die entsprechenden Strukturen zu schaffen. Dementsprechend sind meist auch die Zuständigkeiten und Verantwortlichkeiten nicht klar geregelt. Häufige Restrukturierungsmaßnahmen und Reorganisieren führt dazu, dass am Ende die Zuständigkeiten noch unklarer werden.

Diese Beispiele sind nur ein kleiner Auszug von möglichen Symptomen. Hinterfragen Sie für sich, ob Sie den ein oder anderen Punkt auch bei sich persönlich oder im Unternehmen gefunden haben.

Die folgenden Gedanken laden Sie ein, für sich selbst Klarheit zu finden, herauszufinden, was Ihr persönlicher Weg sein könnte und welche Prioritäten und Ziele Ihnen wichtig sind.

Behalten Sie dabei immer das gesunde Spannungsfeld zwischen Zielorientierung und Bewegungsfreiheit im Auge und bleiben Sie offen für Erfahrungen, Erlebnisse und Überraschungen, die rechts und links Ihres Weges liegen.

3.3. Gedanken, um Selbstkenntnis und Klarheit zu leben

1. Ein Blick in den Rückspiegel lohnt sich

Wer oder was hat Sie zu der Person gemacht, die Sie heute sind? Warum denken Sie so, wie Sie heute denken? Welche Menschen haben Sie besonders geprägt? Welche Ereignisse und Situationen haben Sie besonders berührt? Wie in der Fahrschule, so im Leben: Bevor man nach vorne fährt, lohnt sich ein Blick in den Rückspiegel. Da unsere Vergangenheit die Gegenwart in vielerlei Hinsicht beeinflusst, werden wir in diesem Buch immer wieder einen Blick in den Rückspiegel werfen.

Eines vorweg: Menschen, die sich mit ihrer Vergangenheit auseinandersetzen und sie aufarbeiten, tun dies zum Teil über Monate und Jahre, oft mit professioneller Unterstützung. Dass dies nicht mit ein paar Seiten erledigt ist, liegt auf der Hand. Dieses Kapitel soll nicht dazu dienen, tiefgreifende psychologische Erkenntnisse zu gewinnen. Ziel ist es, Ihnen aufzuzeigen, welche Bereiche Ihres bisherigen Lebens Sie vielleicht stärker beeinflussen, als Sie denken. Es soll Ihnen helfen, mögliche Muster zu erkennen. Durch die Beschäftigung mit Ihrer Vergangenheit können Sie viel über sich selbst lernen.

Die Bedeutung der Kindheit – Stufenmodell nach Erikson
Insbesondere die prägenden ersten Jahre der Kindheit spielen eine wesentliche Rolle. Aber auch Beziehungen, Partnerschaften, Freundschaften, die gesamte soziale Prägung kann in vielfältiger Form im täglichen Berufs- und Alltagsleben meist unbewusst wieder auftauchen. Nur ein Bruchteil der Reize, die auf uns einwirken, wird bewusst wahrgenommen. Besonders die frühe Kindheit ist oftmals entscheidend dafür, wie wir unser späteres Leben erleben, wie wir mit anderen Menschen umgehen, wie wir Konflikte bewältigen und welche Ängste wir entwickeln. Da dieses Thema im Laufe des Buches immer wieder auftauchen wird, nehmen wir uns die Zeit für einen kleinen Ausflug in die Entwicklungspsychologie. Es scheint unumstritten, dass die ersten Jahre entscheidend dafür sind, wie wir die Welt sehen. Erik Erikson, Professor an der Harvard University, ist einer der bekanntesten Psychoanalytiker. Er widmete einen Großteil seines Lebens der Erforschung des Einflusses von Eltern auf ihre Kinder und entwickelte das Stufenmodell der psychosozialen Entwicklung – bis heute ein zentrales Modell der Entwicklungspsychologie.[42]

---

[42] Erikson, Erik: Identity and the life cycle, New York: International Universities Press, 1959.

- In der ersten Stufe beschreibt er die Bildung des Urvertrauens, das im ersten Lebensjahr entsteht. In dieser Phase der größten Abhängigkeit spielt die Befriedigung der Grundbedürfnisse (wie Nähe, Nahrung, Sicherheit) eine wichtige Rolle. Sie bilden die Basis für die spätere Vertrauensbildung.

- In der zweiten Phase (2./3. Lebensjahr) geht es nach Erikson um das Erleben von Autonomie vs. Scham und Zweifel. Es geht um die Auseinandersetzung mit Regeln und Verboten. Kinder in diesem Alter lernen, Kontrolle auszuüben und eigenständige Entscheidungen zu treffen. Schamgefühle und Selbstzweifel resultieren vor allem aus der Nichtbewältigung dieser Lebensphase.

- In der dritten Phase (4./5. Lebensjahr) entwickelt sich das moralische Empfinden. Das Kind entwickelt ein Gewissen. Der innere Konflikt liegt hier zwischen Initiative und Schuldgefühlen. Viele Ängste, ein geringes Selbstwertgefühl und Schuldgefühle sind auf eine unzureichende Bewältigung dieser Phase zurückzuführen.

- Die vierte Phase, die ebenfalls der Kindheit zuzuordnen ist, beginnt mit dem sechsten Lebensjahr und reicht bis zur Pubertät. In dieser Phase geht es um Werksinn versus Minderwertigkeit. Das Bedürfnis des Kindes in dieser Phase besteht vor allem darin, etwas Nützliches zu tun.

Wie Sie an diesem Auszug aus dem Lebenswerk von Erikson erkennen können, spielt die Kindheit in vielerlei Hinsicht eine entscheidende Rolle. In der Kindheit wird der Grundstein für Werte und Gefühle gelegt, die uns ein Leben lang begleiten.

Die Bezugspersonen der Kindheit

Dementsprechend sind auch die Menschen, die uns in diesen Phasen begleitet haben – in der Regel die Eltern und/oder die engsten Bezugspersonen – von großer Bedeutung dafür, wie wir im Erwachsenenalter mit bestimmten Situationen umgehen. Vieles, was wir erleben und was unser Denken und Handeln prägt, hängt stärker von den Bezugspersonen unserer Kindheit ab, als uns bewusst ist. Als Kinder hing unser Überleben buchstäblich von unseren Bezugspersonen ab. Es liegt auf der Hand, dass die Art und Weise, wie wir unsere Bezugspersonen erlebt haben, auch unser heutiges Leben beeinflusst. Vieles, was wir in unseren Bezugspersonen gesehen haben, finden wir heute als Erwachsene in uns selbst wieder.

Es lohnt sich also, die Bezugspersonen der Vergangenheit zu beleuchten.

Zum Nachdenken:
- Wer waren Ihre wichtigsten Bezugspersonen?
- Welche Stärken, Schwächen, Charaktereigenschaften und Überzeugungen verbinden Sie mit ihnen?

Ich möchte Sie an dieser Stelle einladen, schriftlich festzuhalten, wer die Bezugspersonen in Ihrer Kindheit waren, welche positiven und negativen Eigenschaften und Werte Sie mit ihnen verbinden. Im Anhang 1 finden Sie eine Vorlage hierzu. Aus dieser Übung könnte hervorgehen, dass Sie von Ihrem Vater den Gedanken „Nur wer hart arbeitet, kann im Leben etwas erreichen“ mitbekommen haben. Sie können nun für sich kritisch hinterfragen, ob sich diese Wertvorstellung in Ihrem Verhalten (für Sie negativ) widerspiegelt. Wenn Sie jeden Abend bis 23 Uhr im Büro sitzen und dann immer noch ein schlechtes Gewissen haben, wenn Sie nach Hause gehen, könnte sich der Einfluss dieses Satzes hierin finden.

Eng verbunden mit den Bezugspersonen stehen unsere Glaubenssätze. Es lohnt sich auch diese zu beleuchten, bevor wir die nächsten Schritte gehen.

Was sind Glaubenssätze?
Glaubenssätze sind eine Art Überzeugung, die tief in uns verankert ist. Wenn es im Leben um etwas Wichtiges geht, kommen sie wieder hoch. Das Ausmaß ist je nach Erziehung unterschiedlich, aber Glaubenssätze sind in jedem von uns. Für unser Gehirn haben sie eine einfache Funktion: Sie sparen Energie. Bis zu 20% unserer Energie wird für Gehirnaktivitäten verbraucht. Um möglichst effizient arbeiten zu können, vereinfacht unser Gehirn die Umwelt. Es entwickelt Routinen und versucht so, Energie zu sparen. Glaubenssätze helfen uns dabei, nicht jede Situation neu bewerten zu müssen, sondern instinktiv den passenden Glaubenssatz auszuwählen. Hat man zum Beispiel den Glaubenssatz „Ich kann niemanden vertrauen“ im Kopf, muss das Gehirn nicht viel arbeiten, wenn es um Vertrauensfragen geht. Misstrauen ist vorprogrammiert.

Glaubenssätze, insbesondere solche aus der frühen Kindheit, sind so stark, dass sie unser Leben und unsere Entscheidungen beeinflussen. Gerade im Berufsleben werden wir in vielen Situationen bewusst oder unbewusst an diese Überzeugungen erinnert. Oft handelt es sich um Sätze, die wir von unseren Eltern oder unseren engsten Bezugspersonen in der Kindheit – ausgesprochen oder unausgesprochen – gehört haben.

Glaubenssätze kommen meist aus der Kindheit

Als Kinder waren wir Meister der Anpassung. Das war auch überlebensnotwendig. Um Liebe und Anerkennung zu bekommen und das Leben zu verstehen, haben wir Überzeugungen entwickelt, die uns das erleichtern. Nach der „bedingungslosen" Zuwendung im Säuglingsalter haben wir auch in den besten Elternhäusern schnell gelernt, dass es diese nicht „umsonst" gibt, sondern Liebe und Zuwendung oft an Bedingungen geknüpft sind. Anerkennung gab es für bestimmte Leistungen, für bestimmtes Verhalten, für die Erfüllung bestimmter Erwartungen. Weil unser Überleben buchstäblich davon abhing, taten wir alles, um diese zu erhalten. Die Glaubenssätze, die sich in dieser Zeit herausgebildet haben, haben daher eine enorme Kraft. Auch wenn wir als Erwachsene nicht mehr auf diese Zuwendung angewiesen sind, bleiben der Wunsch und das Bedürfnis danach tief in uns verankert. So sind bestimmte Muster entstanden, die sich im heutigen Berufsalltag widerspiegeln, in der Hoffnung, dafür jene Anerkennung zu erhalten, die wir uns als Kind so sehr gewünscht haben. Erkennbar wird dies in konkreten Situationen, in denen wir die Erwartungen anderer erfüllen, ja sagen – aber eigentlich nein meinen und vieles mehr. Besonders deutlich wird uns dieser Spiegel vorgehalten, wenn wir uns über jemanden ärgern oder besonders emotional auf Situationen reagieren.

Nehmen wir ein gängiges Beispiel. Angenommen, die Eltern waren bei jedem kleinen Fehler, den das Kind gemacht hat, sehr streng, haben geschimpft oder das Kind bestraft. Die daraus resultierende Überzeugung könnte lauten: „Ich darf keine Fehler machen." Als Kind machte diese Logik Sinn. Liebe und Zuneigung wurden gewonnen, solange das Kind fehlerfrei war. Ablehnung wurde immer dann erfahren, wenn das Kind einen Fehler gemacht hatte. Der Satz „Ich darf keine Fehler machen" war also in der Kindheit absolut sinnvoll, nachvollziehbar und gewinnbringend. Wenn dies in der Kindheit intensiv erlebt wurde – und da es in der Wahrnehmung des Kindes überlebensnotwendig war, wurde dies natürlich intensiv erlebt – wird dieser Glaubenssatz tief verankert bleiben. Als Erwachsener ist der Glaubenssatz zwar nicht mehr sinnvoll, auch nicht mehr überlebensnotwendig, aber er kann dennoch in alltäglichen Situationen auf uns wirken. Wenn es im Erwachsenenalter zum Beispiel darum geht, eine herausfordernde Aufgabe zu bewältigen, kommen Stress und Versagensängste wieder hoch – und führen vielleicht sogar dazu, dass sich diese Person nicht mehr traut, neue, risikobehaftete Herausforderungen anzunehmen. Dies kann sich im Berufsleben als hinderlich erweisen, z.B., wenn sich die Chance auf eine neue Stelle bietet, diese aber aus Angst vor Versagen abgelehnt wird.

Besonders im Berufsleben holt uns unsere Vergangenheit immer wieder ein:
- Wir treffen auf Situationen, die uns an unsere Vergangenheit erinnern.
- Wir finden uns in Autoritätsverhältnissen wieder – wie in unserer Kindheit.
- Wir finden Menschen, die sich ähnlich oder gegensätzlich zu denen aus unserer Vergangenheit verhalten.
- Wir treffen auf Situationen, die in uns Ängste und Unsicherheiten auslösen.

Unsere Vergangenheit ist also von großer Bedeutung. Je klarer Sie sich über Ihre Vergangenheit sind, desto leichter werden Sie bestimmte Situationen im Berufsleben einordnen können.

Glaubenssätze sind in jedem von uns

Oft sind es negative Glaubenssätze, die uns in unserer Entwicklung hemmen und den Weg zu einem glücklichen und erfolgreichen Berufs- und Alltagsleben erschweren. Sie sind häufig der Grund, warum wir bestimmte Dinge tun oder nicht tun und können verschiedene Verhaltensweisen auslösen. Es gilt kritisch zu hinterfragen, ob diese Glaubenssätze, die zum Teil immer noch in unseren Köpfen herumschwirren, für uns nützlich sind.

Mögliche Glaubenssätze, die häufig anzutreffen sind, sind zum Beispiel:
- Ich darf nicht wütend sein.
- Ich darf keine Fehler machen.
- Liebe gibt es nur für Leistung.
- Ich darf niemandem vertrauen.
- ... und viele mehr.

Eine detaillierte Liste finden Sie in Anhang 2. Nehmen Sie sich die Zeit, diese Liste durchzulesen. Ich lade Sie ein, kritisch zu prüfen, welche dieser Überzeugungen auf Sie zutreffen könnten. Versuchen Sie, so ehrlich und kritisch wie möglich zu sein. Glaubenssätze haben einen großen Haken. Sie treffen öfter zu, als uns lieb ist und wir merken es oft nicht einmal. Glaubenssätze können zur selbsterfüllenden Prophezeiung werden.

Glaubenssätze und die selbsterfüllende Prophezeiung
Jeder Mensch lebt in seiner eigenen Wirklichkeit – wir erleben nicht, wie die Dinge wirklich sind, sondern wie sie auf uns WIRKEN. Das führt dazu, dass wir Dinge „anziehen" – bekannt als „selbst erfüllende Prophezeiung". Ihre eigenen Glaubenssätze und Überzeugungen schaffen das Bild, das Sie sehen wollen.

- Sie glauben, dass Ihre Kollegen Ihnen schaden wollen? Ihr Gehirn wird Ihnen Situationen präsentieren, die Sie zu dem Schluss kommen lassen, dass Ihre Kollegen Ihnen schaden wollen. Sie sehen vor allem die negativen Aspekte. Diese Bestätigung verstärkt Ihr Gefühl.

- Ein Unternehmer ist der Überzeugung, dass seine Mitarbeiterinnen und Mitarbeiter faul sind und das Unternehmen ausnutzen wollen? Er wird recht haben. Er wird ständig jemanden am Handy tippen sehen und Ereignisse finden, die ihn in seiner Überzeugung bestärken. Wäre derselbe Unternehmer davon überzeugt, dass die gleichen Mitarbeitenden hilfsbereit und fleißig sind, würde er vor allem Ereignisse sehen, die das bestätigen. Ab und zu würden sie auch auf ihrem Handy tippen, aber das wäre vernachlässigbar. Er würde sich eher auf die positiven Eigenschaften, Ergebnisse und Erfolge konzentrieren.

So wie man die Welt sieht, so wird sie einem präsentiert. Die folgende Geschichte illustriert dies sehr schön:

Der Weise vor den Toren der Stadt[43]
Vor den Toren einer Stadt saß ein weiser alter Mann. Er war bekannt dafür, dass er immer die Wahrheit sagte. Jeden Tag kamen viele Menschen zu ihm. Ein Junge saß immer neben dem Weisen und hörte ihm jeden Tag aufmerksam zu. Eines Tages kam ein Fremder zu dem Weisen und fragte ihn, wie die Menschen in dieser Stadt seien.
Der Weise fragte zurück: „Wie sind die Menschen in deiner Stadt?"
„Die Leute in meiner Stadt sind unfreundlich, hinterhältig und gemein. Sie sind schlecht gelaunt und überall sind lärmende Kinder, die die Ruhe stören. Es ist eine schreckliche Stadt."
Darauf antwortete der Weise: „Auch in meiner Stadt sind die Menschen unfreundlich, hinterhältig und gemein. Sie sind schlecht gelaunt und überall stören die Kinder durch lautes Geschrei. Es ist schrecklich bei uns in der Stadt."

[43] Verfasser unbekannt. Angelehnt an die Geschichte „Wie sind die Menschen hier in der Stadt", in: Heidenberger, Burkhard: Blütezeiten. Impulse für Entspannung und Lebensfreude, Freiburg: Herder Verlag, 2022.

Am nächsten Tag kam wieder ein Fremder und fragte den Weisen, wie die Menschen in der Stadt seien. Wieder fragte der Weise: „Wie sind die Menschen in deiner Stadt?“
Der Fremde antwortete: „Die Menschen in meiner Stadt sind nett, hilfsbereit und freundlich. Sie haben gute Laune und die Kinder lachen und spielen. Es ist eine schöne Stadt.
Darauf antwortete der Weise: „Auch in meiner Stadt sind die Menschen nett, hilfsbereit und freundlich. Sie haben gute Laune und die Kinder lachen und spielen. Wir haben eine schöne Stadt.“
Am Abend sprach der Junge den Weisen an. „Es heißt, du sagst immer die Wahrheit. Aber ich habe gehört, dass du gestern dem Mann gesagt hast, die Menschen in unserer Stadt seien unfreundlich, hinterhältig und gemein, und heute hast du auf die gleiche Frage geantwortet, die Menschen seien nett, hilfsbereit und freundlich. Du musst also einen von beiden belogen haben.“
Darauf antwortet der Weise: „Die Umgebung ist die gleiche, aber jeder wird seine eigene Realität sehen. Das Leben wird ihnen zeigen, was sie sehen wollen – für den einen wird unsere Stadt schrecklich sein, für den anderen wird sie eine wunderbare Stadt sein.“

Zum Nachdenken:
- Welche Glaubenssätze stecken in Ihnen?
- Woher kommen diese Glaubenssätze?
- Was brachten Ihnen diese Glaubenssätze?
- Woran haben Sie diese Glaubenssätze gehindert?
- Was bringen sie Ihnen heute noch? Woran hindern sie Sie heute?
- Nach welchen Glaubenssätzen leben Ihre Eltern/Geschwister/Großeltern? Finden Sie diese Glaubenssätze auch in sich selbst wieder?

Misserfolge und Schuldgefühle
Genauso wie Menschen und Bezugspersonen können auch bestimmte Erlebnisse einen besonderen Einfluss auf einen haben. Oft treten positive Erlebnisse in den Hintergrund und negative Erfahrungen tragen wir sehr lange mit uns herum.

Stellen Sie sich vor, Sie treffen einen Freund, der Ihnen eine lustige Geschichte erzählt. Kennen Sie diese Momente, in denen Sie sich vor Lachen kaum halten können? Sie haben wirklich Spaß und Freude an der Geschichte. Am nächsten Tag treffen Sie denselben Freund wieder. Er erzählt Ihnen wieder dieselbe Geschichte. Natürlich finden Sie sie immer noch lustig, aber nur noch halb so lustig wie beim ersten Mal. Am nächsten Tag treffen Sie sich wieder und er erzählt Ihnen wieder die gleiche Geschichte. Jetzt können Sie schon nicht mehr so lachen. Und am vierten Tag... gleiche Geschichte – vielleicht nervt Sie die Geschichte jetzt schon. Irgendwann, wahrscheinlich nach ein paar Tagen, werden Sie sagen, dass Sie die Geschichte jetzt oft genug gehört haben.

Spaß und Freude können also nicht endlos wiederholt werden, indem man immer wieder die gleichen positiven und lustigen Dinge hört. Ganz anders verhält es sich, wenn wir mit uns selbst über negative Dinge sprechen. Immer wieder tauchen die gleichen Gedanken in unserem Kopf auf und lösen negative Gefühle in uns aus. Oft gelingt es uns über Tage, Monate, manchmal sogar Jahre nicht, uns von den alten Gedanken zu lösen. Sicher, der erste Impuls, der erste Ärger, die erste Wut hatten ihren Sinn und ihre Funktion. Aber wir laufen Gefahr, das Negative immer wieder durchzukauen.

Zum Nachdenken:
- Welche Situationen und Ereignisse haben Sie besonders positiv in Erinnerung?
- Was haben Sie davon besonders positiv in Erinnerung?
- Welche Situationen haben Sie besonders negativ in Erinnerung?
- Was haben Sie aus den negativen Ereignissen gelernt?

Lösen Sie sich von Schuldgefühlen – Sie haben Ihre Vergangenheit so gut wie möglich gemeistert.

Es ist notwendig, sich mit all den Ereignissen, Erfahrungen und Situationen auseinanderzusetzen, die uns seit vielen Jahren begleiten und von denen wir uns bisher nicht lösen konnten. Oft sind diese Situationen mit Schuld oder Scham verbunden und prägen uns bis heute. Klarheit darüber zu gewinnen, um welche Situationen es sich handelt und warum sie bestimmte Gefühle auslösen, kann wesentlich dazu beitragen, dass wir mit guten Gefühlen in der Gegenwart leben und in eine befreite Zukunft gehen können. Viele dieser vergangenen Situationen können wir nicht mehr ändern. Daher ist es sinnvoll, sie als Teil unseres Lebens zu betrachten – eines Lebens, in dem wir immer versucht haben, die Dinge so gut wie möglich zu machen. Das gilt auch für alle Menschen um uns herum. Egal wie schädlich und unnötig das Verhalten anderer auch gewesen sein mag, man kann immer davon ausgehen, dass auch die anderen Menschen in dieser Situation so gut gehandelt haben, wie es in diesem Moment möglich war.

Um im Leben vorwärtszukommen, müssen wir lernen, negative Dinge genauso abzuhaken, wie wir das auch mit positiven Dingen tun.
Oft erinnert man sich jahrelang an das, was in einer Beziehung schiefgelaufen ist, aber nicht an die tausend schönen Momente davor.
Eine Entlassung bleibt ewig in Erinnerung, nicht aber die Jahre, in denen man im Unternehmen eine gute Zeit hatte.

Wir bedauern ewig, aber wir lachen kurz. Egal wie schlimm, sinnlos oder traurig ein Erlebnis war – sobald wir zulassen, dass es unseren Alltag und unsere Arbeit beeinflusst, schränkt das unsere Lebensqualität enorm ein.

Zum Nachdenken:
- Von welchen Schuldgefühlen können Sie sich noch nicht lösen?
- Wo/Wann/In welcher Form tauchen sie in Ihrem heutigen Leben auf?
- Was könnten Sie heute tun, um damit abzuschließen?

Würdigen Sie die schönen Momente der Vergangenheit

Es ist auch sinnvoll, sich an die schönen Momente der Vergangenheit zu erinnern. Lassen Sie uns noch einmal die großen Momente des Lebens Revue passieren.

Zum Nachdenken:
- Auf welche Momente in der Vergangenheit sind Sie stolz?
- Was ist Ihnen in diesen Situationen besonders gut gelungen?

Glückwunsch – Sie sind noch am Leben!

Was auch immer in Ihrem Leben geschehen ist. Was auch immer Ihnen passiert ist oder was auch immer Sie erreicht haben. Das Wichtigste haben Sie geschafft. Sie haben ÜBERLEBT! Sie sind noch da. Darauf können Sie stolz sein. Das heißt, Sie haben immer noch die Chance, aus der Vergangenheit zu lernen und die Zukunft zu gestalten.

Nutzen Sie diese Chance und machen Sie aus Ihrem Leben etwas Einzigartiges – ein glückliches und erfolgreiches Leben – führen Sie sich selbst zur besten Version, die Sie in diesem Leben werden können.

2. Werte, die beflügeln – Werte, die begrenzen

Unsere Vergangenheit hat einen starken Einfluss auf die Werte, die wir heute leben. Ähnlich wie Glaubenssätze, haben wir auch unsere Wertvorstellungen oftmals von anderen Menschen erlernt und übernommen. Werte können für unser Leben ein GESCHENK oder eine LAST sein – es kommt drauf an. Sie können uns beflügeln oder einschränken. Es lohnt sich daher, sich schon früh mit den eigenen Wertvorstellungen auseinanderzusetzen, sie festzuhalten und kritisch zu hinterfragen. Viele Entscheidungen werden davon beeinflusst:

- Angenommen, Sie stehen vor der Wahl, entweder zu einem Familienfest zu fahren, bei dem Sie endlich Ihre ganze Familie treffen können oder eine Geschäftsreise zu machen, die Ihnen hilft, beruflich voranzukommen. Wie entscheiden Sie sich?

- Angenommen, Sie finden in einem Geschäft einen 100-Euro-Schein auf dem Boden. Was machen Sie damit? Geben Sie ihn an der Kasse ab? Behalten Sie ihn? Spenden Sie ihn?

- Nehmen wir an, Sie haben die Chance, ein großartiges Projekt zu übernehmen, aber Sie müssen dafür in ein anderes Land ziehen. Was machen Sie?

- Angenommen, Sie sind verheiratet und treffen eine neue Bekanntschaft, die Ihnen die Möglichkeit zu einer Affäre bietet. Wie entscheiden Sie sich?

Sie sehen – das Leben ist voller Entscheidungen. Wir treffen sie jeden Tag. Vielleicht nicht immer im oben genannten Ausmaß, aber doch in großer Zahl. Der Hirnforscher Ernst Pöppel schreibt in seinem Buch *Zum Entscheiden geboren*, dass wir täglich bis zu 20.000 Entscheidungen treffen.[44] Gerade in einer hochdynamischen Welt mit vielen Möglichkeiten wird die Tragweite von Entscheidungen immer wichtiger. Gleichzeitig sind die Entscheidungshilfen eher begrenzt. Institutionen, die in der Vergangenheit Werte und Anker der Gesellschaft waren, verlieren zunehmend an Bedeutung. Weder die Politik noch das Bildungssystem noch Kirche und Religion sind in der heutigen Zeit ausreichend verankert, um uns Menschen richtungsweisende Werte zu bieten. Ob dies ein Vor- oder Nachteil ist und ob die genannten Institutionen tatsächlich erstrebenswerte Werte leben, sei dahingestellt. Mangels Alternativen suchen wir daher nach anderen Orientierungspunkten, seien es andere Menschen, sogenannte Vorbilder, seien es Eltern, Lehrerinnen und Lehrer, Prominente oder Freunde. Wir treffen Entscheidungen oft auf der Grundlage dessen, was andere von uns erwarten.

---

[44] Pöppel, Ernst: Zum Entscheiden geboren. Hirnforschung für Manager, Berlin: Hanser Verlag, 2008, S. 19.

Was sind Ihre richtungsweisenden Werte?

Kennen Sie Ihre Werte? Welche Werte liegen Ihren Entscheidungen zugrunde? Nicht bekannt? Damit sind Sie nicht allein. Weder in der Familie noch in der Schule oder im Betrieb lernen wir, unsere eigenen Werte zu definieren und zu erkennen. Viele Menschen leben zwar instinktiv ihre persönlichen Werte und handeln oft auch danach – eine bewusste, intensive Auseinandersetzung mit diesen ist jedoch meist selten. So spüren wir oft sehr genau, was sich für uns richtig anfühlt und was nicht – aber welche Werte dahinterstehen, darüber haben sich die meisten Menschen in ihrem Leben kaum Gedanken gemacht. Wer konkret nach Werten gefragt wird, antwortet häufig mit pauschalen Antworten wie „Ehrlichkeit, Pünktlichkeit, Verlässlichkeit“. Zweifellos gern gesehene Eigenschaften, aber wirklich richtungsweisende Werte sind das wohl für die wenigsten.

Werte im Berufsleben

Auch im Berufsleben spielen Werte eine wichtige Rolle. Sie bilden auch hier die Grundlage für Entscheidungen. Wenn Sie persönlich Klarheit über Ihre eigenen Werte gefunden haben, können Sie sich nun die Frage stellen, wie Sie diese in Ihr Berufsleben einbringen können. Im Idealfall sind Sie in einem Unternehmen beschäftigt, das Ihre Werte widerspiegelt. Das ist gar nicht so einfach herauszufinden, denn die wenigsten Unternehmen können ihre Werte klar benennen. Klar, in fast jedem Unternehmen hängen Schilder, auf denen die Unternehmenswerte beschrieben sind. Aber mal ehrlich – wie viele davon sind wirklich „richtungsweisende“, gelebte Werte?

Zum Nachdenken:

- Welche Werte sind für Ihr Unternehmen wichtig?
- Inwieweit stimmen diese Werte mit Ihren persönlichen Werten überein?
- Wie könnten Sie Ihren persönlichen Werten im Unternehmen mehr Raum geben?

Wer seine Werte klar benannt hat, kann sich daran orientieren und sein eigenes Handeln danach ausrichten. Sie helfen, Entscheidungen zu treffen und Alternativen abzuwägen. Wie auch immer Sie sich bei den eingangs gestellten Fragen entschieden hätten – die Basis ist immer ein dahinterstehender Wert. Wenn Sie die Frage nach Ihren Werten noch nicht für sich beantworten können, ist das kein Problem. Nehmen Sie sich an dieser Stelle die Zeit, sich bewusst mit Ihren persönlichen Werten auseinanderzusetzen. Die Werteliste und die Vorlage in Anhang 3 können Ihnen dabei helfen.

Zum Nachdenken:
- Welches sind Ihre fünf wichtigen Werte?
- Fragen Sie kritisch: Sind das tatsächlich IHRE Werte? Oder spiegeln sie die Wertvorstellungen von Bezugspersonen oder die Erwartungen anderer wider?
- Hinterfragen Sie aktuelle Entscheidungen: Welche Werte stehen für Sie dahinter?
- Wo bzw. in welcher Hinsicht könnten Sie von Ihren eigenen Werten limitiert werden?

Vorsicht: Werte können auch limitieren

Sie kennen das bereits vom Spannungsfeld am Anfang jedes Kapitels. Jeder Wert, den wir idealisieren, kann uns gleichzeitig auch einschränken. Sparsamkeit liegt Ihnen am Herzen? Schön und gut. Aber was, wenn es überhandnimmt? Was, wenn man nur noch spart? Zur Wiederholung hier noch einmal das genannte Beispiel:

Nehmen wir an, **Sparsamkeit** ist Ihnen wichtig.
In der Übertreibung wird **Sparsamkeit** zum **Geiz.**
Es braucht also einen Ausgleich.
Das gesunde Gegenstück (Schwesterntugend) wäre die **Großzügigkeit.**
In der Übertreibung wird Großzügigkeit zu **Verschwendung.**

Im übertriebenen Sinne kann jeder Wert zu einem Unwert werden. Das Wertequadrat von N. Hartmann[45], weitergeführt von Schulz von Thun[46] kann Ihnen dabei helfen, Ihre Werte kritisch zu betrachten und Überschlagsreaktionen zu vermeiden. Ich empfehle Ihnen, dies auch für Ihre persönlichen Werte zu verwenden.

Übertreibung meines Wertes	Mein Wert	Gesunder Gegenwert	Übertreibung Gegenwert

Abbildung 10: Wertequadrat (angelehnt an Hartmann N. und Schulz von Thun)

45 Vgl. Hartmann, 1962.
46 Vgl. Schulz von Thun, 1989.

Im Anhang 3 finden Sie weitere Details, um die von Ihnen gewählten Werte näher zu beleuchten. Wenn Sie für sich einen Wert definiert haben, geht es also darum, sich in einem gesunden Spannungsfeld zwischen Ihrem Wert und einem „gesunden Gegenwert“ zu bewegen. Ihre persönliche Gefahr liegt vor allem in der Übertreibung Ihres eigenen Wertes.

Nehmen Sie sich die Zeit, Ihre eigenen Werte anhand dieses Schemas zu überprüfen.

Zum Nachdenken:
- Laufen Sie Gefahr, Ihre Werte zu übertreiben? In welchen Situationen?
- Wie können Sie dem entsprechenden Gegenwert Raum geben?

3. Stärken und Talente – die Geschenke des Lebens

Nun kommen wir zu den größten Geschenken, mit denen Sie auf die Welt gekommen sind – Ihre Stärken und Talente.

Jeder Mensch kommt mit einer Vielzahl von Stärken und Talenten auf die Welt. Doch oft sind wir uns unserer Stärken nicht bewusst und sie bleiben uns ein Leben lang verborgen. Ich bin davon überzeugt, dass auf unseren Friedhöfen unzählige unentdeckte Talente, Stärken und Fähigkeiten begraben liegen, deren sich die Menschen nie bewusst waren. Stärken und Talente, mit denen Menschen in diese Welt geschickt wurden, um diese ein wenig besser zu machen. Sie warteten darauf, entdeckt zu werden. Es waren Geschenke, mit denen sie in diese Welt geschickt wurden, um etwas Einzigartiges zu schaffen. Etwas, das nur der Mensch auf dieser Welt schaffen kann, dem diese Stärken und Talente in die Wiege gelegt wurden. Ich lade Sie ein, sich so früh wie möglich damit zu beschäftigen, was IHRE Stärken und Talente sind.

Ihr Beitrag zu dieser Welt
Lassen Sie es mich noch etwas deutlicher sagen. Ich halte es nicht nur für wichtig (auch für Sie persönlich), dass Sie sich mit Ihren Stärken und Talenten auseinandersetzen. Ich glaube, es ist unsere Verantwortung, ja unsere Pflicht, dies zu tun. Sie haben etwas mitbekommen, was vielleicht kein anderer Mensch in Ihrer Art kann oder weiß. Wem auch immer wir es zu verdanken haben, dass uns diese Chance, dieses Leben geschenkt wurde – es war sicherlich der Plan, dass Sie dieses Geschenk entdecken, kennenlernen und in Ihr Leben integrieren. Vielleicht ist das Ihr Beitrag zur Weiterentwicklung der Menschheit. Unabhängig davon, ob Sie Ihre Stärken bereits entdeckt haben oder noch auf der Suche danach sind, gibt es mit Sicherheit etwas, das Sie besser können als die meisten anderen.

Das Ziel dieses Kapitels ist es, dies herauszufinden und im Wesentlichen die folgenden zwei Fragen zu beantworten:
- Was sind Ihre persönlichen Stärken und Talente?
- Können Sie Ihre persönlichen Stärken und Talente ausreichend einsetzen?

Was sind Ihre größten Stärken und Talente?
Jim Colins beschreibt in seinem Bestseller *From good to great*[47], die Geschichte von Fuchs und Igel. Dieses Bild fasst gut zusammen, wie wichtig es ist, seine persönlichen Stärken zu kennen und zu nutzen. Der Fuchs, der einen Igel fressen will, hat viele Stärken – er ist klug, schnell, wendig und einfallsreich. Er kennt viele Tricks, die ihm helfen können, den Igel zu fangen. Doch was der Fuchs auch tut, der Igel reagiert immer gleich. Er hat eine Sache entdeckt, die er besser kann als alle anderen Tiere und die ihm, egal was der Fuchs macht, das Überleben sichert. Dazu muss er weder besonders schnell noch besonders schlau, noch besonders stark sein. Seine Stärke ist es, sich zusammenzurollen und seine Stacheln aufzustellen, sobald Gefahr droht.

So ist es auch mit uns Menschen. Jeder hat besondere Fähigkeiten. Es lohnt sich herauszufinden, welche Stärke oder welches Talent uns aus der Masse heraushebt, vielleicht sogar einzigartig macht.

Zum Nachdenken:
- Was sind Ihre persönlichen Stärken?
- Welche Stärke oder welches Talent ist bei Ihnen besonders ausgeprägt?
- Womit können Sie besser sein als jeder andere?

Der Weg durch die Vergangenheit
Auch in diesem Kapitel lade ich Sie ein, sich die Frage zu stellen: Sind das wirklich IHRE Stärken? Viele Stärken, die Ihnen jetzt in den Sinn kommen, sind möglicherweise erlernte Stärken. Vielleicht sind es gar nicht Ihre Stärken, sondern die Stärken, die andere in Ihnen sehen wollen.

Es lohnt sich also, einen Blick in die Vergangenheit und in die Kindheit zu werfen. Alles, was Sie gut konnten und was Ihnen Spaß gemacht hat, kann ein Schlüssel zu Ihren persönlichen Stärken sein. Vielleicht konnten Sie besonders gut malen? Singen? Geschichten erzählen? All das können auffällige Hinweise auf verborgene Stärken oder Talente sein. Das Dilemma unserer Vergangenheit ist, dass wir uns selten wirklich auf UNSERE Stärken konzentrieren konnten. Durch Erziehung und Sozialisation haben wir schnell gelernt, welche Stärken erstrebenswert zu sein scheinen (z.B. womit man Geld verdient oder was andere in einem

---

[47] Collins, Jim: From Good to Great: Why some companies make the leap...And others don't, New York: HarperCollins Publishing, 2001.

sehen wollen). Wenn Sie ein guter Geschichtenerzähler sind, haben Sie diese Stärke vielleicht nie erkannt. Vielleicht wurde Ihnen diese Stärke sogar als Schwäche eingeredet – zum Beispiel mit Aussagen wie „träume nicht immer“ oder „rede nicht so viel“. Werfen Sie einen kritischen Blick darauf und hinterfragen Sie noch einmal für sich selbst, was Sie in der Vergangenheit gut und gerne gemacht haben. Vielleicht liegen genau darin Ihre Stärken und Talente verborgen.

Zum Nachdenken:
- Was hat Ihnen als Kind besonders gefallen?
- Wofür wurden Sie bewundert?
- Wovon träumten Sie als Kind?
- Welche Stärken und Talente aus Ihrer Kindheit könnten Sie heute noch einmal aufleben lassen? Was hindert Sie daran?

Flow – wenn Stärken und Talente auf Freude treffen

An dieser Stelle kommt noch ein wichtiger Aspekt hinzu. Nehmen wir an, Sie haben bereits das ein oder andere Talent oder die ein oder andere Stärke entdeckt. Allein den Stärken und Talenten zu folgen, wird Sie nicht zu einem glücklichen und erfolgreichen Berufs- und Alltagsleben führen. Eine Komponente, die dazu fehlt, ist die Freude daran. Wenn Sie zum Beispiel als Kind musikalisch sehr begabt waren, aber heute keine Lust mehr verspüren, ein Instrument in die Hand zu nehmen, dann ist das wahrscheinlich auch keine Stärke und kein Talent, das Ihnen ein erfolgreiches und glückliches Leben verspricht. Also denken Sie daran – was auch immer Sie tun, es sollte Ihnen Freude machen. Wenn Sie etwas finden, das Ihnen Freude bereitet und wofür Sie eine Stärke oder ein Talent haben, besteht für Sie die Chance, „FLOW“ zu erleben. Vielleicht kennen Sie diesen Zustand. Das sind jene Situationen, in denen die Zeit wie im Flug vergeht. Situationen, in denen man etwas beginnt und erst Stunden später merkt, wie schnell die Zeit vergangen ist. Flow erleben wir dort, wo wir mit Kopf und Herz voll bei der Sache sind.

Zum Nachdenken:
- Was macht Ihnen besondere Freude?
- Wo bzw. wann vergeht die Zeit wie im Flug? Wo bzw. wann erleben Sie Flow?
- Wie würde ein Beruf oder eine berufliche Aufgabe aussehen, die Sie auch machen würden, ohne dafür Geld zu bekommen?

Noch nicht zufrieden? Fragen Sie andere nach Ihren Stärken.
Wenn Sie noch im Dunkeln tappen und mit der Suche nach Ihren Stärken noch nicht zufrieden sind, kann es sehr hilfreich sein, andere um deren Meinung zu bitten. Oft ist für uns selbst unsichtbar, was für andere glasklar ist. Nutzen Sie daher die Möglichkeit, andere um Feedback zu bitten.

Fragen Sie Ihre Eltern oder Verwandten, was Sie als Kind besonders gut konnten und gerne gemacht haben.
Fragen Sie Ihre Lehrerinnen und Lehrer oder Ihre Vorgesetzten, welche Stärken sie bei Ihnen sehen.
Fragen Sie Ihre Kolleginnen und Kollegen, was sie an Ihnen besonders schätzen und was Sie ihrer Meinung nach besonders gut können.
Fragen Sie Ihre Freundinnen und Freunde, welche Stärken sie an Ihnen schätzen.

Sie werden schnell merken, dass Ihnen diese Übung nicht nur hilft, Ihre Stärken kennenzulernen. Sie tut Ihnen auch persönlich gut. Andere Menschen helfen Ihnen gerne dabei. Sie werden Ihnen Informationen geben, auf die Sie selbst nie gekommen wären – und es wird Ihnen guttun, wenn andere Ihre Stärken hervorheben. Genießen Sie also diese Übung.

Zum Nachdenken:
- Welche Stärken und Talente sehen andere in Ihnen?

Integrieren Sie Ihre Stärken und Talente ins Berufsleben
Nachdem wir uns vor allem mit den persönlichen Fragen nach Stärken und Talenten beschäftigt haben, stellt sich nun die Frage, wie wir diese im Berufsleben einsetzen. Zunächst gibt es viele Geschichten von Menschen, die ihr Hobby zum Beruf gemacht haben und damit erfolgreich und glücklich geworden sind. In Anlehnung an Collins *Hedgehog Concept*[48], trifft dies besonders dann zu, wenn es gelingt herauszufinden, 1) was man besonders gut kann, 2) wofür man brennt und 3) womit sich Geld verdienen lässt. Wenn man nun Stärken und Talente findet, die man auf diese Weise verwirklichen kann, dann hat man hier ein schönes Potenzial gefunden, um diese als Beruf voll auszuleben. Ganz so einfach ist es aus meiner Sicht aber nicht. Es braucht viel Zeit, Klarheit und die Neugierde, sich selbst kennenzulernen.

---

[48] Vgl. Collins, 2001.

Der erste Schritt wäre herauszufinden, wie Sie Ihre Stärken in Ihrem derzeitigen Beruf besser einsetzen können. Wenn Sie z.B. in der Buchhaltung arbeiten, aber erkennen, dass Kreativität Ihre Stärke ist, heißt das nicht, dass Sie alles hinschmeißen und neu beginnen müssen. Ganz im Gegenteil. Lernen Sie, wie Sie Ihre Stärken im bestehenden beruflichen Umfeld einsetzen können. Suchen Sie nach Möglichkeiten, Kreativität in Ihrer Buchhaltung zu leben. Gestalten Sie Ihre Freizeit so, dass Kreativität ihren Platz findet. Es werden Ihnen viele Möglichkeiten einfallen, dies zu leben – vorausgesetzt, Sie wissen, WAS Ihre Stärke ist.

Ähnlich erging es mir bei der Suche nach meinen Stärken und Talenten. Vor nicht allzu langer Zeit stand ich vor den gleichen Fragen wie Sie möglicherweise heute. Ich hatte einen Job, der mir Spaß machte, aber ich hatte immer das Gefühl, dass mir etwas fehlte. Also beschloss ich, mich bewusst mit meiner Vergangenheit und meinen Stärken und Talenten auseinanderzusetzen. Das war ein monatelanger Prozess, bei dem ich schließlich zu dem Schluss kam, dass mich Sprache und Ausdruck schon immer fasziniert haben. Es war gewissermaßen der rote Faden in meinem Leben. So habe ich als Kind (und auch später) gerne Gedichte und Reden geschrieben. Ich höre gerne Musik mit sprachlich anspruchsvollen Texten, ich lese gerne Bücher und höre gerne Vorträge von Menschen, die mit Sprache Dinge auf besondere Weise ausdrücken. Durch diese Erkenntnis habe ich nun die Möglichkeit, dies in meinen Alltag zu integrieren. Das bedeutet nicht, dass ich alles aufgeben muss, im Gegenteil.

Diese Erkenntnis ermöglicht es mir, weiterhin in meinem Beruf zu arbeiten und mit sprachlichem Ausdruck Menschen auf ihrem Weg zu einem glücklichen und erfolgreichen Berufsleben zu begleiten, sowohl in meinem Hauptberuf als auch in meiner daraus entstandenen Nebentätigkeit als Unternehmensberater. Eines der Ergebnisse ist dieses Buch und die daraus entstandene Vortragsreihe. Alles aus dem anfänglichen Gefühl heraus, dass meine Stärken und Talente in meinem bisherigen Leben noch nicht ausreichend zur Geltung gekommen sind.

Zum Nachdenken:
- Wie können Sie Ihre persönlichen Stärken und Talente in Ihr aktuelles Berufsleben integrieren?
- Was ist der rote Faden in Ihrem Leben? Welche Aspekte, Hobbys und Interessen verfolgen Sie immer wieder?

Hinterfragen Sie kritisch, ob und wie Sie in Ihrem aktuellen Umfeld Ihre Stärken gut einbringen können.
Sie waren sicher schon einmal im Zoo und haben die Pinguine beobachtet: Etwas wackelig watscheln sie über die künstliche Welt aus Stein und Eis. Auf den ersten Blick wirken sie völlig unbeholfen. Kaum vorstellbar, wie diese Tiere in ihrer natürlichen Umgebung – einem gefährlichen, unfreundlichen Lebensraum – überleben können. Vielleicht haben Sie schon einmal gesehen, was passiert, wenn ein Pinguin ins Wasser springt. Kaum zu glauben, dass dieses unbeholfen wirkende Wesen im Wasser so unglaublich schnell, wendig und unbekümmert ist. Die Pinguine sind nur eines von vielen Beispielen aus der Natur, die uns zeigen, wie wichtig es ist, Stärken richtig einzusetzen. Zum einen ist der scheinbar unbeholfene Watschelgang so angelegt, dass Pinguine möglichst wenig Energie aufwenden, um sich an Land fortzubewegen. Noch beeindruckender sind ihre Leistungen im Wasser. Ihr Schwimmstil übertrifft alles, was der Mensch je zur Fortbewegung gebaut hat, und dient bis heute als Maßstab für technische Entwicklungen. Würde man den Energieaufwand der Pinguine in Treibstoff umrechnen, käme ein Pinguin mit der Energie von einem Liter Benzin rund 1500 Kilometer weit.[49] Die Natur hat den Pinguin also mit Stärken ausgestattet, die ihn in der richtigen Umgebung unschlagbar machen. Natürlich lebt dieser in der Nähe von Wasser. Ein Pinguin im Wald hätte wahrscheinlich kein besonders schönes Leben und sicher auch kein langes.

Zum Nachdenken:
- Wie können Sie Ihr derzeitiges Umfeld so gestalten, dass Ihre Stärken und Talente darin mehr Platz finden?

Nehmen Sie dieses Beispiel als Ansporn, sich mehr und mehr ein Umfeld zu schaffen, in dem Sie Ihre Stärken und Talente ausleben können. Sei es privat mit Freunden oder beruflich. Ich bin überzeugt, dass Sie dafür viele Möglichkeiten finden werden. Sie brauchen nur Klarheit über Ihre Stärken und Talente, etwas Kreativität und Mut. Schon können Sie Ihre Stärken in Ihr Leben integrieren.

Zum Nachdenken:
- Welches sind Ihre fünf wichtigsten Stärken?
- Welche Talente haben Sie in diesem Kapitel entdeckt?

---

[49] Von Gleich, Arnim: Bionik: Ökologische Technik nach dem Vorbild der Natur, Stuttgart: Springer Verlag, 1998, S. 192.

4. Die aktuellen Lebensbereiche: eine Bestandsaufnahme

Nach den ersten Kapiteln der Vergangenheit kommen wir nun der Gegenwart näher. In diesem Kapitel lade ich Sie ein, eine Bestandsaufnahme Ihrer gegenwärtigen Rollen und Lebensbereiche zu machen. Dabei geht es noch nicht darum, Veränderungen anzustreben, sondern zunächst einmal Klarheit zu gewinnen.

Lernen Sie Ihre Lebensbereiche kennen

Jeder Mensch lebt in verschiedenen Lebensbereichen. Finden Sie zunächst für sich heraus, was Ihre Lebensbereiche sind und schreiben Sie diese auf. Dabei ist es wichtig, dass Sie (fast) alle Aktivitäten Ihres aktuellen Lebens einem Lebensbereich zuordnen können. Hier ein paar Beispiele, die Ihnen dabei helfen können. Lebensbereiche könnten zum Beispiel wie folgt aussehen:

- Familie
- Persönliche Entwicklung
- Freizeit/Hobby
- Beruf/Professionalität
- Gesundheit/Sport
- Spiritualität/Lebenssinn
- Besitz/Finanzen
- Partnerschaft
- Kinder
- Freunde

Betrachten Sie diese Liste als Orientierungshilfe. Sie können die Liste um alle Bereiche erweitern, die aus Ihrer Sicht sinnvoll sind. Innerhalb dieser Lebensbereiche gibt es verschiedene Rollen, in denen Sie aktiv sind. Das könnte zum Beispiel so aussehen:

Lebensbereich	Rollen		
Familie	Sohn/Tochter	Enkel/Enkelin	
Beruf	Designer/Designerin	Betriebsrat/ Betriebsrätin	Lehrlingsausbilder
Freizeit/Hobby	Fußballcoach	Tennisspieler	Stammtischmitglied

Abbildung 11: Lebensbereiche und Rollen im Leben (eigene Darstellung)

Sie werden sehen – es gibt viele Rollen, die Ihr Leben prägen. Manche haben Sie selbst gewählt, manche sind Ihnen aufgezwungen worden, manche sind gar nicht Ihre Rollen, aber andere sehen Sie in dieser Rolle.

Zum Nachdenken:
- Welche Lebensbereiche sind für Sie relevant?
- Welche Rollen finden sich in Ihren Lebensbereichen wieder?

Erstellen Sie ein Lebensrad

Wenn Sie sich über Ihre Lebensbereiche und Ihre aktuellen Rollen im Klaren sind, ist es an der Zeit, diese Bereiche kritisch zu betrachten. Als nächsten Schritt empfehle ich Ihnen, ein Lebensrad zu erstellen, indem Sie die verschiedenen Bereiche bewerten. Schätzen Sie dabei für sich selbst ein, wie zufrieden Sie heute mit den verschiedenen Lebensbereichen sind.

Details zu dieser Übung finden Sie im Anhang 4.

Zum Nachdenken:
- Mit welchen Lebensbereichen sind Sie zufrieden?
- In welchen Lebensbereichen sehen Sie Handlungsbedarf?

Cool bleiben, wir sind erst am Anfang

Ich habe die Erfahrung gemacht, dass diese Übung und die Bewertung der Lebensbereiche schon vielen Menschen die Augen geöffnet hat. Vielleicht geht es Ihnen ähnlich wie mir, als ich diese Übung zum ersten Mal gemacht habe. Das Rad sah nicht sehr rund aus. Würde ein Rad am Fahrrad so aussehen, würden Sie wahrscheinlich schon bei der ersten Umdrehung auf der Nase landen, richtig? Lassen Sie sich davon nicht abschrecken. Es soll Ihnen nur zeigen, dass es Lebensbereiche gibt, die Sie sehr gut im Griff haben, und andere, die Sie eher vernachlässigen und bei denen Sie Handlungsbedarf sehen. Ein zentraler Lebensbereich könnte Ihr Berufsleben sein. Werfen Sie einen genauen Blick darauf. Denn vielleicht sind Sie beruflich sehr zufrieden – merken aber, dass Sie dafür in anderen Lebensbereichen einen hohen Preis zahlen. Oder vielleicht sind Sie beruflich nicht 100% zufrieden – stellen aber fest, dass Sie dafür in allen anderen Bereichen sehr zufrieden sind. Betrachten Sie das Gesamtbild. Sie können nicht einen Bereich ohne die anderen betrachten – denn es ist immer EIN Leben, IHR Leben.

Vorsicht – wir sind geneigt, schnell alles infrage zu stellen – das sollten Sie jetzt nicht tun. Bleiben Sie erst einmal ruhig. Sie wissen jetzt, mit welchen Lebensbereichen Sie aus heutiger Sicht zufrieden sind und mit welchen weniger. Sie müssen nicht gleich losziehen und die Welt aus den Angeln heben. Freuen Sie sich erst einmal über diese Erkenntnis.

Behalten Sie diese Einschätzung am besten erst einmal für sich. Vor allem, wenn sie Erkenntnisse enthält, die Sie lieber nicht an die große Glocke hängen sollten (wenn Sie Ihre Partnerschaft als totale Katastrophe bewertet haben, wird es auch nicht besser, wenn Sie dies Ihrem Partner auf die Nase binden – also erst mal weg damit). Sehen Sie es einfach als Chance zu lernen und etwas Neues zu schaffen.

Sie haben EIN Leben

Diesen Aspekt möchte ich an dieser Stelle noch einmal betonen, zumal wir auch in diesem Buch oft von Beruf und Alltag sprechen. Wenn wir diese Unterteilung vornehmen, beziehen sich diese immer auf verschiedene Lebensbereiche. Im Grunde tragen alle Bereiche zu EINEM Leben bei – zu Ihrem Leben.

Gerade in den letzten Jahren ist die Trennung von Beruf und Alltag immer populärer geworden. Begriffe wie Work-Life-Balance tauchen immer wieder auf und suggerieren, dass Arbeit nicht zum „Leben“ gehört. Davon möchte ich mich hier klar distanzieren. Eine völlige Trennung von Berufs- und Privatleben ist wenig hilfreich. Wenn die Arbeit zutiefst frustrierend ist, nützt die Work-Life-Balance wenig. Umgekehrt wirkt sich ein problembehaftetes Privatleben auch auf das Berufsleben aus. Es kann Zeiten geben, in denen es sinnvoll ist, sich voll auf den beruflichen Lebensbereich zu konzentrieren, und Zeiten, in denen es sinnvoll ist, sich stärker auf den privaten Lebensbereich zu konzentrieren. Aber wir sprechen hier immer von Lebensbereichen, die miteinander verbunden sind. Betrachten Sie es immer als EIN Leben. Alles, was Sie tun und alles, was Sie nicht tun, zahlt auf EIN Leben ein. Ihr Ziel sollte es sein, in allen für Sie relevanten Lebensbereichen ein glückliches und erfolgreiches Leben zu führen. Ist das möglich? Wahrscheinlich nicht immer. Aber es kann unser Ziel – unsere Richtung – sein.

5. Dem Leitstern einen Namen geben

Nachdem wir einen Blick in die Vergangenheit und in die Gegenwart geworfen haben, gilt es nun, einen Blick in die Zukunft zu werfen. In unserem Berufs- und Alltagsleben gibt es unendlich viele Möglichkeiten. Durch diese Wahlmöglichkeiten haben wir immer das Gefühl, etwas zu verpassen. Egal wofür wir uns entscheiden – jede Entscheidung bedeutet, dass wir tausende andere Möglichkeiten ausschließen.

Wir haben uns mit Stärken, Talenten und Werten beschäftigt. Damit diese aber wirklich „richtungsweisend" werden können, stellt sich zunächst die Frage, in welche RICHTUNG es überhaupt gehen soll. Ziel dieses Kapitels ist es, einen übergeordneten Sinn zu benennen, eine Richtung, in die man in seinem Leben gehen möchte. Eine Richtung, in die auch Ihr Berufsleben gehen soll.

Eine Vision verleiht Richtung
Ich weiß, dass die Begriffe Purpose, Vision und alles, was damit zusammenhängt, schon sehr abgedroschen klingen. Dennoch glaube ich persönlich fest daran, dass eine Vision zur Orientierung und Motivation sehr hilfreich sein kann. So wie jedes Unternehmen wissen sollte, WARUM es existiert, bin ich überzeugt, dass dies auch für jeden Einzelnen von uns Menschen wichtig ist. Die Geschichte ist voll von Beispielen, wie eine große Vision Menschen in Bewegung setzt und ihnen die Dynamik verleiht, Übermenschliches zu erreichen. Zwei bekannte Beispiele, die in diesem Zusammenhang immer wieder genannt werden, möchte ich Ihnen an dieser Stelle nicht vorenthalten:

- John F. Kennedy verkündete am 12. September 1962, dass sich die USA der großen Vision widmen würden, bis zum Ende des Jahrzehnts den ersten Menschen auf den Mond zu schicken. In einem politisch schwierigen Umfeld und im Wettlauf mit Russland war dies ein enorm ehrgeiziges Vorhaben. Aber es war möglich und greifbar. Die Menschen konnten sich vorstellen, wie es sein würde, wenn dieses Ziel erreicht wäre. Ja, es bedeutete harte Arbeit für die Menschen. Ja, es bedeutete, dass enorme Summen investiert werden mussten. Ja, es bedeutete auch, dass Menschen bereit sein mussten, große Risiken einzugehen und gegebenenfalls ihr Leben zu riskieren. Aber sie haben es geschafft. Am 20. Juli 1969 betrat Neil Armstrong als erster Mensch den Mond und hisste die amerikanische Flagge. Millionen Menschen verfolgten dieses Ereignis. Es war eine Vision, die ein ganzes Volk bewegte.

- Ein ebenso schönes Beispiel für eine große Vision ist die weltberühmte „I have a dream"-Rede von Martin Luther King, die er am 28. August 1963 vor dem Lincoln Memorial in Washington hielt. Eine Viertelmillion Menschen hatte sich versammelt, um die Reden beim *Marsch auf Washington für Arbeit und Freiheit* zu hören (man bedenke – ohne digitale Medien, um das Ereignis zu verbreiten). In seiner Rede stellte er seine Vision einer gleichberechtigten Welt dar. Eine Welt, für die Millionen von Menschen zu kämpfen begannen. Ob diese Vision jemals erreicht werden kann, sei dahingestellt. Aber die Rede ist ein Wegweiser – eine Vision, die eindrucksvoll in Worte gefasst wurde und bis heute sinnbildlich für den „American Dream" steht.

Sie müssen keine neuen Monde oder Planeten bereisen oder ganze Länder bewegen. Ich möchte mit diesen Beispielen aufzeigen, was es bedeutet, eine Vision vor sich zu haben: ein ehrgeiziges, greifbares, in irgendeiner Form sichtbares Ziel, verbunden mit dem unbändigen Willen, dieses Ziel zu erreichen. Ein übergeordnetes Ziel, für das man bereit ist, notfalls sein ganzes Leben auf den Kopf zu stellen. Eine Aufgabe in Ihrem Leben, die Ihnen so wichtig ist, dass Sie sie nicht vernachlässigen können. Es geht darum, eine RICHTUNG zu finden und jeden Tag einen Schritt in diese Richtung zu machen.

Ihr persönlicher Leitstern ist eine RICHTUNG, kein „Ziel"

Zunächst ist es mir noch wichtig, den Leitstern von einem Ziel zu unterscheiden. Jeder von uns kennt Ziele nur zu gut. Unser ganzes Leben ist davon geprägt, bestimmte Ziele zu erreichen. Durch Erziehung und Schule sind wir oft so zielorientiert, dass das Leben eine Jagd nach Zielerreichung wird. Das Erreichen von Zielen scheint in unserer Gesellschaft besonders positiv besetzt zu sein. Schon als Kind werden wir von einem Ziel zum nächsten getrieben, ohne wirklich auf den Weg zu achten. Dies zieht sich konsequent durch das gesamte Berufs- und Alltagsleben.

So hangeln sich viele Studierende von Semester zu Semester, ohne sich zu fragen, ob die StudienRICHTUNG überhaupt die richtige für sie ist. Im Berufsleben setzt sich dieser Kreislauf fort. Von Position zu Position, immer höher auf der Karriereleiter. Oft jahrzehntelang. Manchmal braucht es dann einen Moment des Erwachens, um der Frage näher zu kommen, ob die Leiter überhaupt an den richtigen Baum gelehnt wurde. Diese Erweckungsmomente sind oft mit viel Leid und Schmerz verbunden. Es sind die Schicksalsschläge, die uns wieder auf den richtigen Weg bringen und uns Wesentliches hinterfragen lassen.

Bitte nicht falsch verstehen: Zielerreichung kann durchaus positiv sein, hat aber eine wesentliche Voraussetzung: Ziele sind dann positiv, wenn sie alle in die gewünschte Richtung führen, also ein sogenanntes „ÜBERGEORDNETES“ Ziel fördern.

Zum Nachdenken:
- Haben Sie schon einmal darüber nachgedacht, in welche Richtung Ihr Berufs- und Alltagsleben gehen soll?

Kaum ein Schulabgänger, Berufseinsteiger oder Arbeitnehmer hat sich wirklich Gedanken darüber gemacht, in welche Richtung es gehen soll. Wir marschieren los, investieren oft Jahrzehnte in Ausbildung und Beruf, ohne uns zu fragen, WARUM wir das eigentlich machen. Was ist die Richtung, das übergeordnete Ziel, der Grund, weshalb wir arbeiten? Hauptsache schnell vorwärts. Aber wohin vorwärts?

Anhand praktischer Beispiele wird vielleicht etwas deutlicher, wie unsinnig unser Aktionismus ohne Richtungsbestimmung ist.

- Wenn Sie zum Beispiel in ein Taxi steigen, wird der Taxifahrer Sie zuerst fragen, wohin Sie fahren möchten. Wenn Sie antworten: „Ich will schnell woanders hin“, werden Sie wahrscheinlich nie dort ankommen, wo Sie wirklich hinwollen. Deshalb wird der Taxifahrer so lange nachfragen, bis er zumindest weiß, in welche Richtung er fahren soll. Alles andere würde – außer nach einem Banküberfall – keinen Sinn machen. Natürlich wissen wir, bevor wir in ein Taxi steigen, wohin wir fahren.

- Das Gleiche gilt für das Reisebüro. Sie werden wahrscheinlich nicht in Ihrem Traumurlaub landen, wenn Sie ein Reisebüro betreten und sagen: „Bitte buchen Sie mir einen Flug weg von Wien.“ Auch hier wird man Sie fragen, wohin Sie wollen, und zwar so lange, bis zumindest grob bekannt ist, in welche Richtung es gehen soll. Auch wenn Sie zu diesem Zeitpunkt noch nicht wissen, was das genaue Ziel ist oder wie das Hotel heißt. Aber zumindest ob Badeurlaub oder Skiurlaub, ob Süden oder Norden, ob Berge oder Strand – ein paar Details sollten schon bekannt sein, um in die richtige Richtung zu kommen. Sonst ist die Gefahr groß, dass Sie mit der Badehose im Schnee stehen – oder anders ausgedrückt, dass Sie das gewünschte Ziel nicht erreichen.

Ihre Richtung ist Grundlage von Entscheidungen

Erst wenn Sie wissen, in welche Richtung Sie gehen, können Sie beurteilen, ob Ihre Entscheidungen Sie schneller dorthin führen oder ob Sie sich selbst im Weg stehen.

- Stellen Sie sich vor, Sie wohnen in München und sind per Anhalter auf dem Weg nach Paris. Wenn jetzt ein Autofahrer anhält und Ihnen anbietet, Sie mitzunehmen – würden Sie mitfahren? Wahrscheinlich würden Sie zuerst fragen, wohin er eigentlich fährt. Ist das Ziel Prag, würden Sie wahrscheinlich dankend ablehnen, das wäre nicht zielführend. Wenn es aber Richtung Paris geht, könnte er Sie dem Ziel näherbringen.

Klingt soweit logisch? Warum machen wir es im Berufsleben so häufig umgekehrt? Wir denken, wir müssen so schnell wie möglich vorankommen. Aber WOHIN? Wir laufen Gefahr, scheinbare Abkürzungen zu nehmen (z.B. eine neue Stelle, eine Beförderung, mehr Verantwortung), ohne groß darüber nachzudenken, wohin das führt. Vielleicht ist das gar nicht der Kurs, den wir gehen wollen. Es ist also notwendig, sich mit dem Leitstern auseinanderzusetzen – mit dem übergeordneten Ziel. Wenn Sie wissen, wohin Sie wollen und sich Ihrer Werte, Stärken und Talente bewusst sind, fällt es Ihnen leichter, Entscheidungen zu treffen. Ihr Ziel kann es nun sein, die RICHTIGEN Entscheidungen zu treffen. Viele Menschen entscheiden danach, was beliebt, sicher, angesehen, nett oder mit wenig Aufwand verbunden ist. Ich lade Sie ein, diese Muster bewusst zu durchbrechen und von nun an Entscheidungen zu treffen, die für Sie RICHTIG sind. Entscheidungen, die Sie Ihrer persönlichen Vision näherbringen.

Sie fragen sich, was eine Vision beinhalten soll?

Wählen Sie Ihre Vision so, dass Sie am ENDE Ihres Lebens glücklich auf ein gelungenes Leben zurückblicken können.

Eines ist gewiss – der letzte Tag kommt für jeden

Denken Sie bei allen Entscheidungen und Aktivitäten daran: Sie sind sterblich. Behalten Sie deshalb immer das Ende der Dinge im Auge. Das Bewusstsein, dass alles einmal zu Ende geht, macht uns zwei Aspekte schlagartig klar: Zum einen, dass der GEGENWÄRTIGE Moment eine große Bedeutung hat. Wir wissen nie, ob wir vergleichbare Augenblicke nochmals erleben. Zum anderen, dass es wertvoll ist, das eigene Leben zu GESTALTEN und herauszufinden, worin wir „Sinn" sehen, was wir erleben wollen und mit wem wir uns umgeben wollen.

Es ist sinnvoll, unser Leben zu gestalten, gerade weil es begrenzt ist. Irgendwann stehen wir vor der Frage, ob wir unser Berufs- und Alltagsleben optimal gelebt haben. Wir werden uns fragen, ob wir uns und die Menschen um uns herum zu den besten Menschen gemacht haben, die wir sein konnten. Wir werden vor der Frage stehen, ob wir genug riskiert haben. All diese Aspekte sollten sich in Ihrer Vision wiederfinden.

Irgendwann werden uns vor allem die Dinge vor Augen geführt, die wir nicht getan haben. Dinge, die wir aufgeschoben haben. Menschen, für die wir uns nicht die Zeit genommen haben, die wir uns hätten nehmen sollen. Ich glaube, es ist wichtig, dass wir bei allem, was wir tun, immer das Ende im Auge behalten. Unser Leben ist begrenzt und es ist klar, dass wir es nicht lebend verlassen werden. Es macht also Sinn, sich so früh wie möglich darüber im Klaren zu sein und die richtigen Schritte zu setzen, um ein Leben in Fülle und Erfüllung, in Glück und Erfolg zu leben.

Wenn Sie heute von der Welt gehen müssten, könnten Sie das mit einem Lächeln im Gesicht tun? Es klingt seltsam, aber heute ist der erste Tag vom Ende des Lebens. Das, was wir am Ende sehen wollen, müssen wir heute beginnen. Es sind zwar nur vage Zahlen, aber man kann davon ausgehen, dass bereits über 100 Milliarden Menschen geboren wurden. Keiner von ihnen hat die Welt lebend verlassen. Machen wir uns also nichts vor, irgendwann wird auch unser Tag kommen. Sehen Sie das positiv. Denn gerade weil unsere Zeit begrenzt ist, macht es Sinn, sich mit sich selbst zu beschäftigen, Prioritäten zu setzen und aus jedem Tag das Beste zu machen. Eine Vision hilft, jeden Tag in die richtige Richtung zu gehen.

Wenn Sie noch auf der Suche nach Ihrer Vision sind, kann die Übung in Anhang 5 ein guter Ausgangspunkt sein. In dieser Übung können Sie Ihre eigene Beerdigung gedanklich vorwegnehmen. Auch wenn das etwas seltsam klingen mag, ist es ein zentraler Punkt auf der Suche nach der persönlichen Vision. Sie eröffnet neue Perspektiven – und gibt Menschen und Ereignissen eine Bedeutung, die wir im Alltag vielleicht übersehen.

Zum Nachdenken:

- Was ist Ihre persönliche Vision? Wie würden Sie diese in wenigen Sätzen beschreiben? Könnten Sie diese in einer Aufzugfahrt als „Elevator-Pitch" jemandem überzeugend erklären?
- Inwiefern zahlt Ihr aktuelles Berufsleben darauf ein?
- Welcher Aufgabe ist Ihr Leben gewidmet?
- Woran erkennen Sie, dass Sie beruflich erfolgreich sind? Was bedeutet für Sie Erfolg und Glück?
- Was ist das Wichtigste, dass Sie am Ende des Lebens erreicht haben?
- Wenn heute Ihr letzter Tag wäre, was würden Sie am meisten bereuen? Worauf wären Sie am meisten stolz?

Was ist Ihr Leitstern in einem einzigen Satz?

6. Prioritäten – den Fokus aufs Wichtige legen

Bleiben wir noch kurz bei dem etwas makabren Thema – unserer begrenzten Zeit. Da das Leben endlich ist, schließen sich viele Möglichkeiten gegenseitig aus. Wollen wir ein Leben in den Bergen oder ein Leben am Meer? In der Stadt oder auf dem Land? Man kann nicht alles haben. Was ist Ihnen in einer Beziehung wichtig? Was ist Ihnen am Arbeitsplatz wichtig? Wir haben so viele Möglichkeiten. Bei jeder einzelnen Handlung müssen wir uns fragen, ob wir dies oder jenes, jetzt oder später tun sollen. Um hier Klarheit zu schaffen, bedarf es einer klaren Priorisierung.

In der Erziehung und in der Schule wird meiner Meinung nach zu wenig auf die Bedeutung von Prioritäten hingewiesen. Es ist daher verständlich, dass sich viele Menschen bis zu ihrem Berufsleben (und darüber hinaus) nicht ein paar Minuten damit beschäftigt haben, welche Prioritäten sie in ihrem Leben setzen. Das führt dazu, dass Menschen gehetzt und gejagt werden, müde und erschöpft sind, unermüdlich arbeiten, ohne das Gefühl zu haben, wirklich etwas Bedeutsames geschaffen zu haben. Sie besitzen Dinge, die sie nicht brauchen, und jagen ständig neuen Dingen hinterher, die ihnen keine Freude machen.

Prioritäten sind immer relevant, wenn es um etwas Wesentliches geht
Klare Prioritäten, die im besten Fall im Einklang mit den zuvor behandelten Kapiteln (Werte, Ziele, Träume, Visionen, Rollen) stehen, können dabei eine enorme Kraft entfalten. Dies ist auch der Grund, warum wir im Alltag immer wieder darauf stoßen, dass Menschen und Unternehmen dort, wo es wirklich um etwas geht, klare Prioritäten setzen und diese kompromisslos einhalten.

Nehmen wir ein paar praktische Beispiele.

- Die Zugfahrt: Die Sicherheit der Fahrgäste hat oberste Priorität. Es wird also alles getan, damit eine Zugfahrt trotz enormer Geschwindigkeit für die Fahrgäste jederzeit sicher ist. Die Pünktlichkeit spielt eine untergeordnete Rolle. Deshalb nehmen die Eisenbahnverkehrsunternehmen in Kauf, dass der Fahrplan manchmal nicht eingehalten werden kann. Wenn die Wahrscheinlichkeit, dass Ihr Zug überhaupt ankommt, genauso groß wäre wie die, dass er pünktlich ankommt, würden Sie wahrscheinlich nicht einsteigen. Hier setzt das Unternehmen klare Prioritäten.

- In der Luftfahrt ist es ähnlich. Die Wahrscheinlichkeit, gut und sicher am richtigen Ort anzukommen, ist sehr hoch. Das ist die höchste Priorität der Fluggesellschaften. Sie und Ihr Ticket werden regelmäßig kontrolliert, gescannt und überwacht. Auch wichtig, aber zweitrangig ist die Priorität des Gepäcks. So kann es passieren, dass Ihr Koffer auf dem Weg von Frankfurt nach New York plötzlich in Kapstadt landet. Dass Sie als Passagier versehentlich nach Kapstadt geschickt werden, ist sehr unwahrscheinlich. Alles eine Frage der Priorität.

- Ein weiteres Beispiel ist ein Krankenhaus. Die oberste Priorität eines Krankenhauses ist es, Menschen gut, präzise, hygienisch und sicher zu operieren und wieder gesund zu machen. Wenn zum Beispiel ein Bypass am Herzen gelegt wird, arbeitet das ganze Team mit höchster Präzision. Das hat oberste Priorität. Von Beginn der Operation an gilt die volle Konzentration dem Patienten, hier gibt es keine Fehlertoleranz. Der Patient steht im Mittelpunkt. Dafür werden gewisse Abstriche in der Organisation und Verwaltung in Kauf genommen. So kann es vorkommen, dass Patienten, die um 9 Uhr einen Termin haben, bis 12 Uhr warten müssen. Termintreue ist zweitrangig. Wenn der Arzt bei einer Operation einen Bypass so ungenau legen würde wie die Einhaltung des Termins, würde man sich wahrscheinlich nicht gut aufgehoben fühlen. Noch extremer wäre es, wenn die Prioritäten vertauscht würden. Stellen Sie sich vor, der Arzt würde die Einhaltung des Termins über die Genesung des Patienten stellen. Das würde bedeuten, dass mitten in einer Operation unterbrochen wird, um pünktlich mit der Behandlung des nächsten Patienten beginnen zu können. Das wäre natürlich undenkbar.

Wir sehen also – immer dann, wenn es um etwas wirklich Wesentliches geht, werden klare Prioritäten gesetzt. Auch unser Leben – das Wesentlichste, was es für den Einzelnen gibt – verdient es, nach klaren Prioritäten gelebt zu werden.

Warum fällt es uns so schwer, Prioritäten zu setzen?

Es gibt viele Gründe, warum es uns so schwerfällt, in unserem Leben Prioritäten zu setzen. Zum einen haben wir es nicht wirklich gelernt. Zum anderen ist das Setzen von Prioritäten oft unpopulär. Es kann bedeuten, dass wir andere Menschen enttäuschen müssen, um uns selbst TREU zu bleiben. Zum Beispiel, wenn man zwischen Beruf, Freundschaft, Partnerschaft und Kindern Prioritäten setzen muss. Damit wir uns an Prioritäten halten, brauchen wir also echtes „Commitment". „Commitment" bedeutet mehr als nur Zustimmung oder Einverständnis – es bedeutet ein volles und tiefes Versprechen an sich selbst. Ein Versprechen, das so stark ist, dass es keine Ausreden oder Entschuldigungen zulässt. Ein klares JA zu der Priorität, die man sich gesetzt hat. Diese Verpflichtung schreckt viele ab. Aber was ist die Alternative? „Situative Prioritäten"? Mal so, mal so? Wenn wir von Glück und Erfolg sprechen, wäre das zu wenig. Hier braucht es Klarheit. Es geht also darum, herauszufinden, was einem wirklich wichtig ist – und klare Prioritäten zu setzen, auch wenn das bedeutet, Menschen zu enttäuschen und manche Erwartungen nicht erfüllen zu können. Es geht darum, dem WICHTIGEN genügend Raum zu geben.

Zum Nachdenken:

- Was sind Ihre Prioritäten im Berufs- und Alltagsleben?

Wichtig oder dringend?

Ein Dilemma, in dem sich sehr viele Menschen befinden, ist die Unterscheidung zwischen wichtig und dringend. In unserem Leben gibt es so viele Impulse und Möglichkeiten, so viele dringende Dinge, die scheinbar sofort erledigt werden müssen, dass es oftmals schwierig ist, den wichtigen Dingen ausreichend Raum zu geben. Vor lauter scheinbar Dringendem verlieren wir den Blick für das Wesentliche. Das dringende Telefonat, das dringende Meeting, die Beantwortung dringender Mails, die scheinbar auf die Minute erfolgen müssen. Kein Wunder, dass wir oft das Gefühl haben, gehetzt zu sein und eigentlich keine Zeit zu haben. Aber was davon ist wirklich wichtig?

Menschen, die ihr Leben erfolgreich meistern, finden Platz für die WICHTIGEN Dinge. Sie schaffen sich bewusst den Platz, den diese Dinge verdienen – auch wenn dadurch manch Dringendes auf der Strecke bleibt. Sie setzen Prioritäten.

Wenn wir das „Wichtige" zu lange vernachlässigen, wird es früher oder später von selbst „dringend". Stellen Sie sich vor, Sie haben noch so viele dringende Termine und wollen sich mit Freunden treffen, die Familie wartet, die Eltern nörgeln schon, dass Sie nie zu Besuch kommen und für sich selbst haben Sie sowieso keine Zeit. Sie haben Ihre eigene Gesundheit vernachlässigt. Plötzlich spüren Sie ein tiefes Stechen in der Brust und bekommen kaum noch Luft. Ich bin sicher, dass Sie trotz Ihres vollen Terminkalenders einen Weg finden würden, zum Arzt zu gehen. Ein paar Telefonate genügen, und in wenigen Minuten haben Sie alles scheinbar „Dringende" so geregelt, dass Sie sich in den nächsten Tagen auf das wirklich „Wichtige" – in diesem Fall auf sich selbst – konzentrieren und wieder gesund werden können. Egal wie beschäftigt und „gehetzt" Sie in Ihrem Berufs- und Alltagsleben sind – wenn vernachlässigte „wichtige" Dinge plötzlich „dringend" werden, finden Sie IMMER Zeit dafür. Viel klüger ist es schon frühzeitig dem „Wichtigen" seinen Raum zu geben und die Frage zu stellen, was einem wirklich WICHTIG ist. Führen Sie kein mittelmäßiges, halbherziges

Leben, sondern geben Sie Ihrem Leben die Bedeutung, die es verdient. Denken Sie daran: Immer, wenn es um etwas Wichtiges geht, braucht es Prioritäten, um den Fokus nicht zu verlieren. Seien Sie sich bewusst, dass Ihr Leben das Wichtigste ist, was Sie auf dieser Welt haben.

Zu viele dringende Dinge versperren den Blick aufs Wesentliche?

Mithilfe Ihrer Prioritäten können Sie herausfinden, was für Sie besonders wichtig ist. Wenn Sie immer wieder das Gefühl haben, dass Ihnen zu viele Dinge den Blick auf die wichtigen Aktivitäten verstellen, kann die Eisenhower-Matrix hilfreich sein. Dieses Prinzip geht auf eine Rede Eisenhowers zurück, in der er sinngemäß zwischen wichtigen und dringenden Dingen unterscheidet.[50] Die Unterscheidung wurde in vielen anderen Arbeiten über Zeitmanagement und Prioritäten modifiziert und ist heute als Eisenhower-Matrix bekannt.

	Nicht dringend	Dringend
Wichtig	Wichtig, aber nicht dringend Einplanen und entscheiden	Wichtig und dringend Sofort erledigen
Nicht wichtig	Nicht wichtig und nicht dringend Ablehnen/Zurückstellen	Dringend, aber nicht wichtig Weitergeben

Abbildung 12: Eisenhower-Matrix (eigene Darstellung)

Die Eisenhower-Matrix stellt Tätigkeiten dar, die uns im Beruf oder im Alltag begleiten. Sie beinhaltet Tätigkeiten, die entweder wichtig oder unwichtig, dringend oder nicht dringend sind. Menschen, die sich ständig von anderen gehetzt fühlen, bewegen sich häufig im Quadranten „Dringend, aber nicht wichtig“. Sie haben ständig Dinge, die sie dringend erledigen müssen, die ihnen aber eigentlich nicht wichtig sind oder oft sogar sinnlos erscheinen. Sinnlosigkeit unter Stress (Dringlichkeitsgefühl) ist ein idealer Nährboden für gesundheitliche Probleme und Burn-out. Die Frage ist also: Wie können wir uns in den Quadranten bewegen, die uns wichtig sind? Welche Aufgaben müssen wir dafür weitergeben, zurückstellen oder ablehnen? Im Anhang finden Sie eine Vorlage für Übung 6, mit der Sie Ihre eigene Eisenhower-Matrix erstellen können.

[50] Eisenhower, Dwight D: Address at the Second Assembly of the World Council of Churches, 1956.

Klarheit über eigene Rollen: Jedes JA zu einer Rolle ist ein NEIN zu einer anderen
Nehmen Sie sich an dieser Stelle nochmals Ihre Lebensbereiche und Ihre Rollen zur Hand. Klare Prioritäten bedeuten, dass einige Rollen möglicherweise stärker betont, andere Rollen hingegen vernachlässigt oder aufgegeben werden müssen. Gehen Sie jede Rolle, die Sie in Ihrem Berufs- und Alltagsleben einnehmen, einzeln durch. Fragen Sie sich, ob diese Rolle für Sie wirklich wichtig ist. Wollen Sie diese Rolle in Ihrem Leben weiterspielen? Haben Sie sich diese Rolle ausgesucht? Machen Sie sich klar: Jedes JA zu einer Rolle ist ein NEIN zu einer anderen – und umgekehrt. Je mehr Rollen Sie ablehnen, desto stärker ist das JA zu den verbleibenden Rollen. Überlegen Sie sich also gut, welche Rollen Ihnen wirklich wichtig sind.

Bitte bedenken Sie, dass es Rollen gibt, die nur bedingt infrage gestellt werden können. Nämlich dann, wenn Sie eine Verantwortung übernommen haben, die nur Sie ausfüllen können. Wenn Sie sich zum Beispiel entschieden haben, ein Kind zu bekommen, dann ist die Mutterrolle eine wesentliche Verantwortung. Solche Rollen sollen hier nicht infrage gestellt werden. Sollten Sie feststellen, dass Sie in dieser Rolle im Moment nicht glücklich sind, sind Sie eingeladen, darüber nachzudenken, wie Sie diese Rolle gestalten können.

Zum Nachdenken:
- Welche Rollen sind Ihnen besonders wichtig? Welche Rollen fehlen Ihnen? Welche Rollen sind Ihnen nicht mehr wichtig?
- Welche Schritte können Sie heute unternehmen, um mehr Zeit für die wichtigen Dinge zu haben?
- Wie könnten Sie bestehende Rollen weiter ausgestalten?

Von der Selbstkenntnis zur Klarheit im Umgang mit anderen
Wir haben nun auch das Kapitel „Prioritäten“ abgeschlossen. In den vorhergehenden Prinzipien haben wir sehr viel Wert auf Selbstkenntnis gelegt. Haben Sie die ein oder andere Übung gemacht und einige Gedanken über die gestellten Fragen verloren (oder gewonnen), dann haben Sie vielleicht Talente und Stärken entdeckt, die Sie vorher nicht gesehen haben. Vielleicht haben Sie auch etwas über Ihre Vergangenheit erfahren, das Ihnen bisher nicht bewusst war. Und nicht zuletzt haben Sie möglicherweise Ideen für Ihre Zukunft gefunden, die Ihnen Orientierung geben und auf deren Grundlage Sie Prioritäten setzen können.

Selbstkenntnis ist die Basis für Klarheit. Im nächsten Schritt geht es darum, diese Selbstkenntnis in Klarheit im Umgang mit anderen umzusetzen.

7. Eigene Bedürfnisse und Erwartungen klar zum Ausdruck bringen

Ein großer Teil unserer Konflikte entsteht durch Missverständnisse. Das liegt daran, dass wir uns in der Kommunikation mit anderen nicht klar genug ausdrücken. Oft wird es sogar als unhöflich oder unangemessen empfunden, sich klar auszudrücken. Dabei ist klare Kommunikation die Voraussetzung für einen guten Umgang miteinander.

Hören und Sprechen – Sprache als Wunder der Biologie

Sprache ist eine große Herausforderung für unser Gehirn. Innerhalb von Millisekunden hören wir zu und antworten – unter Beteiligung vieler Hirnareale wie dem Sprachareal, den Emotionszentren und dem Hörzentrum. In Sekundenbruchteilen entschlüsseln wir den emotionalen Kontext des Gehörten. Ähnlich beim Sprechen. Bereits eine Viertelsekunde, bevor wir ein Wort aussprechen, hat unser Gehirn entschlüsselt, was wir sagen wollen. Angesichts dieser Komplexität ist die Gefahr groß, etwas falsch zu verstehen, etwas anders zu meinen oder missverstanden zu werden, obwohl wir eigentlich glauben, dass wir uns klar ausgedrückt haben.

Sprechen und Zuhören sind ein wechselseitiger Austausch. Das erwarten wir auch. Wenn jemand auf eine Frage länger als üblich nicht antwortet, reagieren wir irritiert. Schon bei einer Verzögerung von etwa zwei Sekunden neigen wir dazu, unserem Gegenüber Unehrlichkeit zu unterstellen. Ab fünf Sekunden verstärkt sich dieser Effekt noch deutlich.[51]

Sprechen Sie klar aus, was Sie meinen

„Wir sollten mal wieder den Müll rausbringen.“ So oder so ähnlich könnte ein Dialog beginnen, der zwei Stunden später so klingt: „Jetzt ist der Müll immer noch da. Warum hast du ihn noch nicht rausgebracht?“ Viele Konflikte könnten vermieden werden, wenn wir uns klar ausdrücken. Eine Person hat klar im Kopf, was sie will – drückt es aber nicht klar aus – und hat hinterher das Gefühl, nicht gehört worden zu sein. Wenn Sie klar, respektvoll und höflich ausdrücken, was Sie von anderen wollen, haben Sie eine viel größere Chance, es auch zu bekommen. Davon profitieren nicht nur Sie, sondern alle. Warum nicht einfach sagen: „Der Mülleimer ist voll. Bringst du ihn bitte raus?“

---

51 Ziano, Ignatzio/Deming Wang: Slow lies: Response delays promote perceptions of insincerity, in: Journal of Personality and Social Psychology, 120(6), 2021, S. 1457–1479.

Die vier Seiten einer Nachricht

Nach Schulz von Thun hat jede Botschaft vier Seiten. Diese Theorie wird in Kommunikationsseminaren oft als Vier-Ohren-Modell bezeichnet.[52] Jede Botschaft hat demnach eine Sachinformation, einen Beziehungsaspekt, eine Selbstoffenbarung und einen Appell. Im obigen Beispiel könnte dies folgendermaßen aussehen:

„Wir sollten den Müll mal wieder rausbringen."

- Sachinformation: Der Mülleimer ist voll.
- Selbstoffenbarung: Ich will eine saubere Wohnung.
- Appell: Bitte bring den Müll raus.
- Beziehung: Ich habe heute viel gearbeitet, der Müll ist deine Aufgabe.

Schon ein Missverständnis auf einer der vier Ebenen kann dem Ganzen eine ganz andere Bedeutung geben oder dazu führen, dass der Mülleimer Stunden später immer noch randvoll in der Wohnung steht. Viele Konflikte und Missverständnisse entstehen auf vergleichbarer Basis. Überlegen Sie daher gut, ob die Art und Weise, wie Sie kommunizieren, Ihrem Gegenüber ermöglicht, die Botschaften zu entschlüsseln. Kommunizieren Sie klar.

Schwammige Aussagen: Höflichkeit oder Angst?

Sehr viele Menschen drücken Wünsche und Bedürfnisse sehr vage aus. Der Grund dafür kann das Gefühl sein, es sei höflicher, nicht „Klartext" zu reden. Oft steckt auch Angst anderen nicht zu gefallen oder Angst vor Konsequenzen hinter vagen Äußerungen. Auf das Thema Angst kommen wir in einem späteren Kapitel zurück. So viel sei an dieser Stelle festgehalten: Halbherzige, vage Aussagen sind weder höflich noch wertschätzend und sie führen auch selten zum Ziel. Wenn Ihnen etwas wichtig ist, lassen Sie es Ihr Gegenüber wissen. Geben Sie Ihrem Gesprächspartner die CHANCE zu verstehen, was Sie wirklich meinen und ersparen Sie sich beiden unangenehme Diskussionen im Nachhinein.

Warum schon im Vorhinein für mögliches Scheitern entschuldigen?

Unsere Sprache hat Macht. Sie kann in unseren Köpfen den Unterschied zwischen Erfolg und Misserfolg ausmachen. Wählen Sie daher Ihre Worte mit Bedacht und bewusst. Streichen Sie Aussagen aus Ihrem Wortschatz, die ein Scheitern bereits beinhalten. Solche Sätze sind unter anderem „ich versuche es". Auch Wörter wie „eigentlich" oder „vielleicht" sollten Sie so wenig wie möglich verwenden. Wenn Sie Vereinbarungen treffen, stehen Sie dazu oder

---

52 Schulz von Thun, Friedemann: Miteinander Reden: Störungen und Klärungen, Reinbek bei Hamburg: Rowohlt Taschenbuch Verlag, Bd. 1, 1981, S. 13 ff.

drücken Sie Ihre Bedenken deutlich aus. Aber rechnen Sie nicht von vornherein mit einem Scheitern. Nehmen wir an, ein Freund lädt Sie zu seiner Geburtstagsfeier ein, aber Sie sind an diesem Tag bereits bei einem befreundeten Paar eingeladen. Nun sind Sie verleitet zu sagen: „Ich versuche, dass es klappt." Was für ein komischer Satz. Es geht nicht darum, es zu versuchen. Entweder man kommt oder man kommt nicht – dafür muss man keinen Fuß in der Hintertür haben. Niemand hat etwas davon. Weder Sie selbst, weil Sie das Gefühl behalten, an zwei Orten sein zu müssen, noch Ihr befreundetes Paar, noch Ihr Freund. Klare Prioritäten, klare Entscheidungen, klare Kommunikation. Warum sagen Sie nicht einfach ganz klar, dass Sie verhindert sind und dass Sie schon lange einem befreundeten Paar zugesagt haben? Sie können Ihrem Freund auch sagen, dass Sie natürlich gerne kommen, wenn sich an den Plänen etwas ändert oder Sie nach der Verabredung noch Zeit haben. Sie können deutlich machen, dass Sie sich auch für Ihren Freund Zeit nehmen möchten und einen anderen Termin vereinbaren. Klarheit macht den Unterschied.

Vorsicht: Wer deutlich und klar kommuniziert, riskiert verstanden zu werden

Kürzlich nahm ich an einer Sitzung teil, in der über die IT-Strukturen unseres Unternehmens diskutiert wurde. Allein schon vom Teilnehmerkreis hat mich nicht überrascht, dass viele Fremdwörter verwendet wurden. Der große Vorteil solcher Diskussionen: Die Hälfte der Teilnehmenden, vor allem die fachfremden, können sowieso nicht folgen, also auch nicht widersprechen oder zusätzliche Inputs geben. Viele Teilnehmerinnen und Teilnehmer solcher Sitzungen sind also nur als Statisten beteiligt. Doch dann fiel ein Satz, der alles übertraf. Kurz vom Ende des Meetings hatte ich eine Berechnung am Computer durchgeführt und wurde gebeten: „Könntest du bitte mal deinen View am Screen auf den Beamer hinsharen?" Hä? Wen soll ich wo hinsharen? Es waren ca. 20 Personen im Meeting – und niemand außer mir schien diesen Satz ungewöhnlich zu finden? Warum ist das so? Ist das heutzutage normal? Das hat nichts mit Kompetenz zu tun, das ist eher Gehirnverschmutzung. Es kostet Energie – zum einen für den Absender, der in Millisekunden einen Satz ins Englische übersetzt, den es gar nicht gibt. Ebenso ist es Energieverschwendung für meinen Kopf. Erst überlegen, was der andere gemeint haben könnte, aus dem Englischen ins Halbdeutsche übersetzen und dann weiter ins Deutsche. Mit Klarheit hat das nichts zu tun. Wissen Sie, was klar und einfach gewesen wäre? Der Projektleiter hätte einfach seine und meine Gehirnströme sparen können und sagen: „Lass mal sehen." Das wär‘s gewesen. Ich hätte auch verstanden, was zu tun ist.

Scheinkomplexität und Angst

Nun mag die obige Formulierung ein Extrembeispiel sein. Ich bin aber überzeugt, dass Sie bei genauerem Hinsehen auch in Ihrem Umfeld zahlreiche Situationen finden werden, in denen Sie über ähnliche Begriffe stolpern. Es ist kein Zeichen von Stärke und Sicherheit, wenn wir Fremdwörter als Tarnung oder vermeintlichen Kompetenznachweis verwenden. Im Gegenteil – dahinter steckt eher die Angst, nicht ernst genommen zu werden, wenn man einfach und klar kommuniziert. Dabei ist aus meiner Sicht genau das Gegenteil richtig: Es erfordert höchste Kompetenz, komplexe und komplizierte Inhalte EINFACH und VERSTÄNDLICH darzustellen. Ihr Umfeld wird es Ihnen danken, denn fachfremde Menschen verstehen oft nicht, was Ihre Fachausdrücke bedeuten und trauen sich nicht, danach zu fragen. Das zerstört jede Form von guter Kommunikation.

Respektvolle Kommunikation

Von klein auf lernen wir, besonders mit Erwachsenen, respektvoll zu kommunizieren und generell höflich und respektvoll zu sein. Wir alle wollen mit Respekt behandelt werden. Aber was bedeutet das eigentlich?

Vor allem in der Kommunikation kommt Respekt häufig zum Ausdruck. Im Geschäftsleben hat sich die Redewendung „hart in der Sache, aber weich zum Menschen" eingebürgert. Dabei brauchen Sie weder hart noch weich zu sein – viel treffender wäre der Grundsatz: KLAR in der Sache und RESPEKTVOLL im Umgang mit Menschen. Eine gute Richtlinie könnte sein: Jeden Menschen so gut, höflich, freundlich und respektvoll zu behandeln, wie man das auch für sich selbst möchte. Aber lassen Sie uns noch kurz beim Begriff „Respekt" bleiben.

- **Respekt: ein kurzer Exkurs**
  In unserer Gesellschaft und in unseren Unternehmen hören wir oft, dass wir uns älteren Menschen oder höher gestellten Menschen respektvoll gegenüber verhalten sollen. Doch ist das so? Dieser Gedanke geht aus meiner Sicht auf ein bereits veraltetes „Autoritätsdenken" zurück. Ebenso die ewige Diskussion über die Frage, wen man mit Du oder Sie anspricht und sich somit scheinbar respektlos verhält bzw. das Autoritätsempfinden dieser Person untergräbt. Das ist nach wie vor eine Falle, in die zahlreiche Menschen tappen und irrtümlich jemanden falsch ansprechen, aber haben diese Themen wirklich mit „Respekt" zu tun? Aus meiner Sicht nicht.

Der Ursprung des Wortes Respekt geht laut Duden auf das lateinische respectus – zurückblicken, Rücksicht nehmen bzw. auf das lateinische respicere = Rücksicht nehmen zurück. Es geht also darum, auf andere Menschen Rücksicht zu nehmen und diese als MENSCH zu sehen.[53]

Unter diesem Aspekt ist klar: Jeder Mensch möchte mit Würde und Respekt – kurz gesagt MENSCHLICH – behandelt werden. Wir Menschen sind sehr individuell. Daher ist es besonders in der Kommunikation eine Kunst, herauszufinden, was die Person, die uns gegenübersteht, als rücksichtsvoll empfindet. Es geht auch hier vor allem darum, was bei unserem Gegenüber ankommt. Das ist oftmals ein schmaler Grat, wie wir in den nachfolgenden Kapiteln noch herausfinden werden. Halten wir fest: Jeder verdient als MENSCH rücksichtsvoll behandelt zu werden. Dies kann nicht von Alter oder Hierarchie abhängen. Egal, ob es sich um einen Einjährigen oder einen Hundertjährigen, einen Millionär oder einen Bettler handelt. Behandeln Sie jeden Menschen so, wie Sie selbst behandelt werden möchten – mit RESPEKT.

Was können Sie tun, um respektvoll behandelt zu werden?

Da es sich um zwischenmenschliche Situationen handelt, können Sie niemanden zwingen, sich Ihnen gegenüber respektvoll zu verhalten (und wenn Sie es täten, wären wir wieder beim Thema Autorität). Der sicherste Weg, respektvoll behandelt zu werden, besteht darin, andere Menschen respektvoll zu behandeln. Auch das Setzen von Grenzen spielt hier eine zentrale Rolle. Wenn Sie sich respektlos behandelt fühlen, sprechen Sie es an – oft steckt auch hier ein Missverständnis dahinter.

Zum Nachdenken:

- In welchen Situationen drücken Sie sich unklar aus? Wo könnte Ihre Kommunikation klarer sein?
- Was bedeutet Respekt für Sie? Wie respektvoll gehen Sie mit anderen Menschen um?

[53] Duden: Respekt, in: Duden, 2023, https://www.duden.de/rechtschreibung/Respekt (abgerufen am 15.6.2023).

8. Synergieeffekte erkennen und nutzen

Wir haben uns viel mit Selbsterkenntnis und Klarheit im Umgang mit anderen beschäftigt. Jetzt kommt das Beste. Wenn wir selbst klar wissen, was wir wollen, und wenn wir das auch anderen klar sagen können, dann können wunderbare Synergieeffekte entstehen.

Menschen werden Ihnen helfen, IHR Ziel zu erreichen
Wenn Sie sich klar dazu bekennen, was Ihnen wichtig ist, erzielen Sie zwei Effekte:

- Zum einen werden sich einige Menschen von Ihnen abwenden. Nämlich viele Menschen, die an andere Dinge glauben, die andere Werte leben, die andere Visionen haben – und die nicht offen sind für Ihre Richtung. Das ist in Ordnung. Es wird Situationen geben, in denen Sie enttäuscht sein werden, aber insgesamt ist es besser, wenn sich Menschen von Ihnen abwenden, die Ihnen und Ihren Zielen sowieso im Weg gestanden hätten.

- Zweitens werden Sie Menschen anziehen, die an die gleichen Dinge glauben wie Sie. Diese Menschen werden auf Sie zukommen und Sie samt Ihrer Vision unterstützen. Es werden sich Leute finden, die einen ähnlichen Weg wie Sie gehen wollen und Sie ein Stück des Weges begleiten. Es werden sich Personen finden, die diesen Weg bereits gegangen sind und bereit sind, Sie auf Ihrem Weg zu unterstützen.

Die größten Erfolge werden selten im Alleingang erzielt. Gemeinsam erfolgreich zu sein, ist seit jeher ein zentraler Erfolgsfaktor der Menschheit. Synergieeffekte zu nutzen und voneinander zu profitieren, ist nach wie vor ein wesentlicher Bestandteil eines erfolgreichen Alltags- und Berufslebens. Dies bedeutet aber auch, dass man nicht auf sich allein gestellt ist und somit auch eine gewisse Verantwortung in der synergetischen Beziehung übernimmt. Die Zusammenarbeit mit anderen erfordert ein gewisses Maß an Kooperationsbereitschaft.

Zum Nachdenken:
- Können Sie Ihre Vision schon so klar formulieren, dass andere verstehen, was Sie meinen? Wie würde diese in einem Satz klingen?
- Wo würden Sie am ehesten Menschen treffen, die Ihre Vision teilen?
- Welche Synergien würden Ihnen auf dem Weg am meisten helfen?

Kooperationsbereitschaft → die Kunst, Win-win-Lösungen zu finden

Win-Win bedeutet, dass wir uns bei gemeinsamen Entscheidungen immer das Ziel setzen, für beide Seiten die beste Lösung zu finden. Es geht darum, Lösungen zu finden, die für beide besser sind, als sie für den Einzelnen sein können. Klingt schwierig? Ist es oft. Vor allem, weil wir es kaum gelernt haben, nach solchen Lösungen zu suchen. In Erziehung, Schule und Alltag haben wir eher gelernt, dass wir kompromissbereit sein sollen. Aber das ist irreführend. Ein Kompromiss ist KAUM die beste Lösung, sondern bedeutet: Sie verlieren, ich verliere, aber niemand verliert alles. Kurz gesagt, ein Kompromiss ist eine „milde" Lose-Lose-Lösung. Das einzig Vernünftige daran ist die Schadensbegrenzung auf beiden Seiten. Das kann in bestimmten Situationen durchaus seine Berechtigung haben. Das Ziel muss aber immer sein, eine Lösung zu finden, die insgesamt das BESTE Ergebnis bringt. Die folgende Darstellung, die sich eng an das Konfliktmodell von Thomas und Kilmann[54] anlehnt, stellt den Zusammenhang zwischen Kooperationsbereitschaft (inwieweit sind wir bereit, auf die Interessen des anderen einzugehen) und Durchsetzungswillen (inwieweit wollen wir unsere eigenen Interessen durchsetzen) in Form einer Matrix dar.

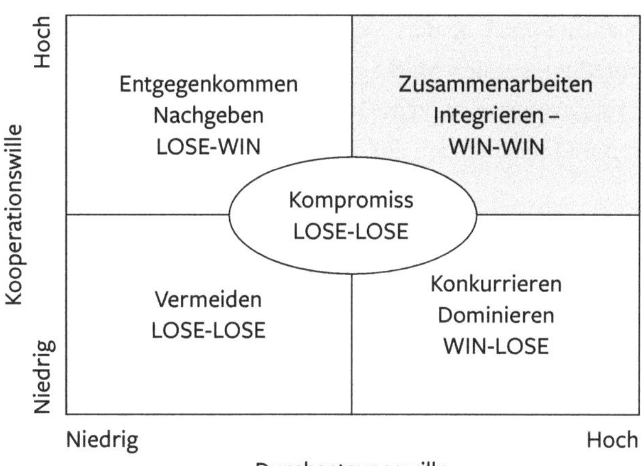

Abbildung 13: Konfliktmodell (angelehnt an Thomas und Kilmann, 1974)

Wenn wir bereit sind, auf eigene Interessen zu verzichten und dem anderen voll entgegenzukommen, befinden wir uns im Quadranten „Entgegenkommen, Nachgeben". Beharren wir hingegen darauf, unsere Lösung ohne Rücksicht auf die Interessen des anderen durchzusetzen, befinden wir uns im Quadranten „Dominieren, Konkurrieren".

[54] Thomas, Kenneth/Ralph Kilmann: Thomas-Kilmann Conflict Mode Instrument (TKI) [Database record], 1974.

Ein Kompromiss liegt in der Mitte. Das mag als Notlösung akzeptabel sein, sollte aber nie die erste angestrebte Lösung sein. Das Ziel sollte immer sein, eine „Win-win-Lösung“ für beide Seiten zu finden. Natürlich ist dies eine Verallgemeinerung und vernachlässigt z.B., dass es Punkte gibt, die dem anderen wichtig sind, die uns aber eigentlich egal sind. Somit kann in bestimmten Situationen „Nachgeben“ die beste und vor allem energiesparendste Lösung sein. Dieses Modell ist also eher als Anregung zu verstehen, sich gerade bei relevanten Themen nicht mit der einfachsten Lösung zufriedenzugeben, sondern zu hinterfragen, was die BESTE, die Win-win-Lösung sein könnte. Das erfordert oft ein Denken über den Tellerrand hinaus, Kreativität und den Mut, neue Lösungen auszuprobieren. Vielleicht kennen Sie die Geschichte vom „toten Esel“.

Aus der Box denken – die Geschichte des toten Esels[55]:
Es war ein schlechtes Jahr auf dem Hof. Die Ernte war unrentabel gewesen. Der Bauer stand vor dem Ruin. Er hatte nur noch einen Esel. Diesen Esel musste er verkaufen, um seinen Hof zu retten. Also ging er zu seinem Sohn und sagte: „Bitte geh morgen auf den Markt. Der Esel ist 1.000 Euro wert. Mit diesem Geld kommen wir die nächsten Wochen über die Runden.“
Doch wie aus heiterem Himmel starb der Esel in der Nacht. Der Bauer war am Boden zerstört, aber sein Sohn beschloss trotzdem, auf den Markt zu gehen.
„Das bringt nichts, für einen toten Esel bekommst du kein Geld“, sagte der Bauer.
Doch sein Sohn ließ sich nicht beirren und machte sich auf den Weg. Am nächsten Tag kam er zurück.
„Und?“, fragte der Bauer.
Sein Sohn antwortete: „Ich habe 995 Euro für den Esel bekommen.“
„Was? Wie hast du das gemacht? Niemand zahlt so viel Geld für einen toten Esel.“ „Natürlich nicht“, sagte der Sohn, „deshalb habe ich eine Tombola gemacht und 200 Lose für 5 Euro verkauft – der Preis war ein Esel.“
„Hat sich niemand beschwert, dass der Esel schon tot war?“, fragte der Bauer erstaunt. „Doch, der Gewinner“, antwortete der Sohn, „deshalb habe ich ihm seine 5 Euro wieder zurückgegeben.“

Wenn auch moralisch fragwürdig, so ist die Botschaft der Geschichte klar: Versuchen Sie, gemeinsam Lösungen zu finden, auch wenn diese nicht immer offensichtlich sind.

Zum Nachdenken:
- Welche Probleme könnten Sie lösen, wenn Sie „Out of the box“ denken würden?

---

55 Verfasser unbekannt.

4. Vertrauen

Unsere Arbeitswelt braucht Menschen, die an sich und ihre persönlichen Fähigkeiten glauben. Sie braucht Menschen mit einem starken Selbstvertrauen. Nur diese können ein stabiles, vertrauensvolles Umfeld schaffen und damit die Basis für Vertrauen in zwischenmenschlichen Beziehungen legen. Zwischenmenschliches Vertrauen ist ein zentraler Faktor für erfolgreiche menschliche Zusammenarbeit und damit für Glück und Erfolg im Berufs- und Alltagsleben.

4.1. Begriff Vertrauen und Selbstvertrauen

In vielen Ratgebern wird Vertrauen als wesentliche Erfolgskomponente beschrieben. In Seminaren und Workshops wird mit Vertrauensübungen versucht, das Vertrauen zwischen Teammitgliedern oder zwischen Führungskraft und Mitarbeitenden zu stärken. Der Begriff Vertrauen ist dabei so etabliert, dass es kaum möglich ist, ein Buch über Glück und Erfolg im Berufsleben zu schreiben, ohne diesen Begriff zu verwenden. Es scheint das „Geheimrezept“ zu sein, um Leistung und Zusammenhalt zu fördern. Es ist daher nicht verwunderlich, dass jedes Unternehmen und jede Führungskraft zumindest theoretisch bestrebt zu sein scheinen, eine Vertrauenskultur zu schaffen. Dabei hat „Vertrauen“ eine besondere Eigenschaft – eine Eigenschaft, die gleichzeitig das größte „Problem“ für Unternehmen und Führungskräfte ist: Vertrauen kann nicht erzwungen werden! Unternehmen und Führungskräfte können Menschen manipulieren, damit sie (aus Angst oder um eine Belohnung zu erhalten) Leistung erbringen, sie können Kontrollmechanismen erzwingen, sie können Prozesse und Systeme, Strategien und Organisationsstrukturen erzwingen – aber es ist unmöglich, jemanden zum Vertrauen zu zwingen.

Was ist Vertrauen?

Vertrauen ist wie „Liebe“. Es ist ein Gefühl. Es kann entstehen – oder auch nicht. Es ist nicht rational, sondern hoch emotional. Es lässt sich daher auch nicht mit „rationalen“ Ansätzen erzwingen. Das Wort „Vertrauen“ wird in vielen Zusammenhängen verwendet. Was sich wirklich dahinter verbirgt, ist – ähnlich wie der Begriff „Liebe“ – schwer erklärbar und kaum „rational“ in Worte zu fassen.

Vertrauen ist oft eng mit Zuverlässigkeit und Kompetenz verbunden. Es ist möglich, jemandem im fachlichen Kontext zu „vertrauen“ (Sachbezug), unabhängig davon, ob wir dieser Person im moralischen Kontext vertrauen würden. Wir sind beispielsweise bereit, uns von einem Arzt, den wir nicht kennen, ein Rezept ausstellen zu lassen, das wir nicht lesen können, zum Apotheker gehen und eine Packung mit einem Inhalt erhalten, den wir nicht aussprechen können und trotzdem die Tablette schlucken, obwohl wir wissen, dass ein einziger Fehler in der Kette tödlich sein kann. Wir „vertrauen“ darauf, dass jeder in dieser Kette weiß, was er tut. Aber ist das Vertrauen im eigentlichen Sinne? Würden wir diesem Arzt als Mensch vertrauen? Würden Sie ihm ein wichtiges persönliches Geheimnis anvertrauen, das über den medizinischen Kontext hinausgeht? Sie sehen, der Begriff scheint also sehr vielschichtig zu sein. Im Beispiel des Arztes scheint es weniger um Vertrauen zu gehen als vielmehr um die Unterstellung von Kompetenz, verbunden mit einer gewissen Abhängigkeit (ich habe ein Problem und kann es nur lösen, indem ich dem Arzt ein Stück weit „vertraue“).

Vertrauen vs. Kompetenz

Echtes Vertrauen sollte daher einen Schritt weiter gehen. Vertrauen geht über Kompetenz. Es bedeutet, sich so stark und bedingungslos auf jemanden zu verlassen, dass seine Kompetenzen zweitrangig werden. Nehmen wir als Beispiel einen Babysitter. Angenommen, Sie haben abends kurzfristig eine Essenseinladung und müssen schnell einen Babysitter für Ihre Kinder organisieren. Wem würden Sie eher vertrauen? Der 16-jährigen Nachbarstochter, die Sie seit ihrer Kindheit kennen, die sich immer gewissenhaft um Ihre Kinder gekümmert hat und auf die Sie sich immer bedingungslos verlassen konnten – oder einer Dame, die erst vor Kurzem in die Stadt gezogen ist und einen etwas fremden Dialekt spricht, aber bereits seit zwanzig Jahren als professionelle Babysitterin arbeitet und zahlreiche Zertifikate vorweisen kann? Unter diesen Umständen würde sich fast jeder freiwillig auf die zwar weniger qualifizierte, aber seit Jahren zuverlässige Nachbarin verlassen. Dieses Gefühl der tiefen Verlässlichkeit bringt uns dem Ursprung des Vertrauens schon einen Schritt näher.

Vertrauen und Verletzlichkeit

Nach Prof. Dr. Martin Hartmann bedeutet Vertrauen „akzeptierte Verletzlichkeit“.[56] Wir empfinden also ein tiefes Gefühl von Verlässlichkeit und machen uns FREIWILLIG dem anderen gegenüber verletzlich. Wir teilen mit unseren Freunden freiwillig Geheimnisse, von denen wir wissen, dass ein Vertrauensbruch uns zutiefst verletzen würde. Wir tun dies im tiefen Vertrauen darauf, dass sie das Beste für uns wollen und dieses Vertrauen nicht missbrauchen.

---

[56] Hartmann, Martin: Vertrauen, in: Gehirn und Geist 05-21, 2021, S. 13–16.

Vertrauenswürdigkeit – der Boden, auf dem Vertrauen wachsen kann

Wir Menschen sind ständig auf der Suche nach Indikatoren für Vertrauenswürdigkeit, da wir uns von Natur aus nach Vertrauen und Vertrautheit sehnen. Solche Indikatoren könnten z.B. Ehrlichkeit, Gemeinsamkeiten, gemeinsame Werte sein. Tendenziell scheinen wir eher Menschen zu vertrauen, die ähnliche Wertvorstellungen haben wie wir selbst (wobei dies durchaus kritisch zu betrachten ist, da die Gefahr besteht, dass wir Menschen mit abweichenden Wertvorstellungen vorschnell als nicht vertrauenswürdig einstufen). Von besonderer Bedeutung für das Vertrauen scheint zu sein, ob wir dem Gegenüber prosoziales Verhalten zuschreiben. Wer beispielsweise anderen hilft, wird eher als vertrauenswürdig eingestuft.[57]

Sprechen wir in der Arbeitswelt wirklich von Vertrauen?

Aus meiner Sicht ist echtes Vertrauen in der Arbeitswelt kaum zu finden. Vertrauen als freiwillig eingegangene Verletzlichkeit wird über viele Jahre, oft Jahrzehnte aufgebaut. Was wir in der Arbeitswelt erleben, ist mit diesem Vertrauen (das wir z.B. gegenüber unserer Familie oder unseren besten Freunden über Jahre aufgebaut haben) meist in keiner Weise vergleichbar. Man hört zwar Sätze wie „Ich vertraue dir, dass du dieses Projekt schaffst“, aber auch hier sind eher Kompetenz und Verlässlichkeit gemeint. Es geht also um Zutrauen, nicht um Vertrauen. Zudem wird der Begriff Vertrauen im beruflichen Kontext oft missbraucht, nämlich an Bedingungen geknüpft. „Ich vertraue dir, dass du dieses Projekt schaffst“ impliziert gleichzeitig, dass das Vertrauen an das Erreichen eines Ziels gebunden ist. Damit wird (gewollt oder ungewollt) Druck ausgeübt. Wer will schon das Vertrauen eines anderen missbrauchen. Ich halte es daher für sehr fragwürdig, in der heutigen Arbeitswelt von Vertrauen zu sprechen.

Möglicherweise bestanden Vertrauensverhältnisse und langjährige Freundschaften in früheren Unternehmen noch häufiger. In Zeiten, in denen Menschen jahrzehntelang, manchmal ihr ganzes Berufsleben lang, im selben Unternehmen arbeiteten, Aufstiegschancen begrenzt waren und gleichzeitig Selbstverwirklichung in der Arbeitswelt kaum eine Rolle spielte, mag Vertrauen häufiger entstanden sein. In Einzelfällen sicher auch heute noch. Ich kann auch von mir sagen, dass ich eine Handvoll Kolleginnen und Kollegen kennenlernen durfte, zu denen ich eine Vertrauensbasis aufbauen konnte. In der Mehrheit scheint das aber nicht der Fall zu sein. Unsere heutige Arbeitswelt ist geprägt von Schnelligkeit, Unbeständigkeit und Unsicherheit. Rivalitäten und Machtkämpfe sind an der Tagesordnung. Unternehmen trennen sich ohne triftigen Grund von Hunderten von Mitarbeiterinnen und Mitarbeitern, um bessere Zahlen präsentieren zu können. Aufgrund der oft kurzen Betriebszugehörigkeit kommt derjenige weiter, der besser

---

[57] Thielmann, Isabell/Benjamin Hilbig: Trust in me, trust in you: A social projection account of the link between personality, cooperativeness and trustworthiness expectations, in: Journal of Research in Personality, 50 (1), 2014.

verhandelt, hartnäckiger ist oder oft mit entsprechenden Machtspielen punktet, um den einen oder anderen Kollegen zu überholen. Das ist ein Umfeld, in dem man viel lernen kann, aber sicher kein Boden auf dem Vertrauen wächst.

Echtes Vertrauen entsteht dort, wo Menschen dauerhaft freundschaftlich, verlässlich und prosozial (d.h. zum Nutzen anderer) handeln. Dort, wo Menschen bereit sind, selbst Nachteile in Kauf zu nehmen, um für ANDERE das Beste herauszuholen. Dies ist in wenigen Unternehmen anzutreffen – im Gegenteil. Wie wir bereits gelesen haben, werden in vielen Unternehmen Machtspiele und anderen Menschen in den Rücken fallen sogar indirekt belohnt. In vielen Unternehmen stehen Zahlen weit über dem Wohl der Menschen. Dass daraus alles andere als Vertrauen entsteht, liegt auf der Hand.

Gefühl von Vertrautheit
Ich erinnere mich noch gut an ein Teambuilding, ein Vertrauenstraining, wo wir mit verbundenen Augen über bestimmte Hindernisse geführt wurden, um das Vertrauen zu stärken. Auch da glaube ich nicht, dass das viel mit echtem Vertrauen zu tun hat. Es ist zwar schön zu sehen, dass die eigenen Kolleginnen und Kollegen einen nicht mit verbundenen Augen auf die viel befahrene Straße neben dem Übungsgelände führen, aber echtes Vertrauen kann man in so kurzer Zeit nicht aufbauen. Sind Vertrauensübungen also sinnlos? Ganz und gar nicht. Es hat nur aus meiner Sicht nichts mit Vertrauen zu tun, deshalb ist der Name auch etwas irreführend. Ich glaube, wenn wir die Arbeitswelt betrachten, ist der Begriff „Gefühl der Vertrautheit“ passender. Es gibt uns ein Gefühl der Vertrautheit, wenn wir von verlässlichen, ehrlichen und kompetenten Kolleginnen und Kollegen umgeben sind und vor allem, wenn wir uns einem Team zugehörig fühlen. Es stärkt die wahrgenommene Kompetenz, also, wie kompetent wir unsere Kolleginnen und Kollegen wahrnehmen. Es stärkt das Zugehörigkeitsgefühl und das Teamgefühl. Dieses Gefühl der Zugehörigkeit, wie eingangs beschrieben, ist und bleibt eines der am meisten gesuchten Gefühle des Menschen. Und ja, es ist ein gutes Gefühl zu wissen, dass unsere Kolleginnen und Kollegen uns nicht vor ein fahrendes Auto laufen lassen, selbst wenn sie die Möglichkeit dazu hätten. All diese Komponenten, über einen längeren Zeitraum erlebt und erfahren, können ein erster Schritt sein, um Vertrauen zu fördern.

Selbstvertrauen als persönlicher Anteil
Der persönliche Anteil, der zur Entstehung von Vertrauen beiträgt, ist in erster Linie SELBSTVERTRAUEN. Es ist das Vertrauen in die eigenen Stärken und Kompetenzen. Der Ursprung des Selbstvertrauens liegt im sogenannten Urvertrauen. Urvertrauen entsteht in den ersten Jahren der Kindheit, im Säuglingsalter. Es ist das natürliche Vertrauen eines Menschen in seine Umgebung und Umwelt und damit die Grundlage für Selbstvertrauen und Zuversicht.

Es steht dafür, wie wir die Welt als solche erleben, ob wir Vertrauen in das Leben haben und ob wir grundsätzlich Gutes vom Leben erwarten. Wenn wir in unserer Kindheit genügend gute Beziehungen hatten und wir genügend Annahme und Liebe von unseren engsten Bezugspersonen erfahren haben, dann kann dieses Urvertrauen entstehen. Es ist ein positives Lebensgefühl. Aus diesem Urvertrauen kann in weiterer Folge Selbstvertrauen entstehen. Es ist das Vertrauen in die eigenen Fähigkeiten – und somit die Basis dafür, dass man NICHT mehr auf das Vertrauen anderer angewiesen ist. Für Menschen mit hohem Selbstvertrauen ist es somit zweitrangig, vielleicht sogar vernachlässigbar, ob andere ihnen vertrauen. Sie brauchen dieses Vertrauen nicht als Bestätigung von außen. Ob andere einem „blind" vertrauen oder ob andere meinen, jeden Schritt kontrollieren zu müssen, spielt für Menschen mit gutem Selbstvertrauen eine untergeordnete Rolle.

Selbstvertrauen und Vertrauensmissbrauch

Ein starkes Selbstvertrauen hat noch einen zweiten zentralen Vorteil. Menschen mit starkem Selbstvertrauen wissen, dass sie einem Vertrauensmissbrauch durch andere standhalten können. Die Notwendigkeit, anderen zu misstrauen, ist daher weniger ausgeprägt. Dies wirkt sich auch positiv auf das Vertrauen in zwischenmenschlichen Beziehungen aus. Es fällt natürlich leichter, anderen einen „Vertrauensvorschuss" zu geben, wenn man selbst überzeugt ist, dass man auch mit einem Vertrauensmissbrauch umgehen könnte. In diesem Kontext bedeutet Selbstvertrauen: Ich kann anderen leichter „vertrauen", weil – egal was passiert – ich kann mit den Konsequenzen umgehen.

Sie sehen, wie man es auch dreht und wendet: Man landet immer wieder beim Selbstvertrauen. Ein Mensch mit starkem Selbstvertrauen ist nicht auf das Vertrauen anderer angewiesen und kann auch nicht durch einen Vertrauensmissbrauch erschüttert werden. Selbstvertrauen bedeutet zu wissen, dass man im entscheidenden Moment die richtigen Entscheidungen treffen und handeln kann, um sein Leben selbst in die Hand zu nehmen. Es wird viele Situationen geben, in denen man von anderen von seinen Zielen abgebracht wird. In diesen Momenten ist es wichtig, auf die eigenen Fähigkeiten zu vertrauen. Um unser Selbstvertrauen zu fördern, geht es darum, die eigenen Kräfte, Fähigkeiten, Stärken und Talente weiter zu stärken – und herauszufinden, welche davon wir weiterentwickeln wollen.

In den folgenden Gedanken in Kapitel 4.3 finden Sie deshalb Beispiele, wie Sie Ihr Selbstvertrauen stärken können.

4.2. Spannungsfeld: Zwischen Vertrauen und Kontrolle

Vertrauen ist ein Wert, der in jeder Hinsicht positiv besetzt zu sein scheint. Jeder wünscht sich, dass ihm Vertrauen entgegengebracht wird, und fast jeder empfindet es als wohltuend, anderen vertrauen zu können. Wie auch immer wir Vertrauen definieren – als Verletzlichkeit, Verlässlichkeit, Zutrauen, Kompetenz – es scheint ein höchst erstrebenswerter Wert zu sein. Umso wichtiger ist es zu erkennen, dass Vertrauen auch in einem gewissen Spannungsfeld steht. Zuviel Vertrauen würde zu NAIVITÄT führen. Das würde bedeuten: Wo Kontrolle und Skepsis angebracht wären, wird „blind vertraut". Wenn wir von einem angemessenen Maß an Vertrauen sprechen, dann über ein positiv empfundenes Spannungsverhältnis zwischen VERTRAUEN und KONTROLLE.

Vertrauen bedeutet nicht den Verzicht auf Kontrolle – im Gegenteil. Kontrolle – ein gewisses Maß an Skepsis und ein gesundes „Misstrauen" – hat sowohl im beruflichen als auch im alltäglichen Kontext seine Berechtigung und Notwendigkeit.

Vertrauen bedeutet, dass das Maß an Kontrolle für uns selbst und für unser Gegenüber als positiv und konstruktiv empfunden wird.

- Wenn wir zum Beispiel im Supermarkt bezahlen, stört es uns nicht, wenn das Kassenpersonal das Geld nachzählt. Im Gegenteil, es kann sogar ein gutes Gefühl vermitteln, weil wir wissen, dass auch uns ein Fehler passieren kann.

- Ebenso empfinden wir es als beruhigend, wenn bei einer Großveranstaltung kontrolliert wird, ob wir gefährliche Gegenstände in der Tasche haben. Kontrolle steht in diesem Zusammenhang für Sicherheit und wird positiv wahrgenommen.

- Genauso lassen wir uns beim Zahnarzt „kontrollieren". Auch hier hat die Kontrolle nichts Negatives an sich. Sie hilft, frühzeitig Schwachstellen zu erkennen, um nicht später von größeren Problemen überrascht zu werden.

- Das Gleiche gilt für Führungsbeziehungen. Wenn wir ein wichtiges Projekt abschließen, wollen wir, dass unsere Führungskraft das kontrolliert. Es gibt uns Sicherheit und hilft, dass wir auf etwas aufmerksam gemacht werden, was wir möglicherweise selbst nicht erkannt hätten. Umgekehrt gibt es der Führungskraft Sicherheit zu wissen, wie unser Projekt gelaufen ist.

Sie sehen – obwohl der Ruf nach Vertrauen in jeglicher Hinsicht sehr laut ist, ist es keineswegs Realität, dass wir ausnahmslos nach Vertrauen streben. Angemessene Kontrolle wird immer als positiv erlebt. Erst wenn Kontrolle übertrieben wird, wird dies als Misstrauen wahrgenommen und negativ erlebt. Es wird dann zur ZWANGHAFTEN KONTROLLE.

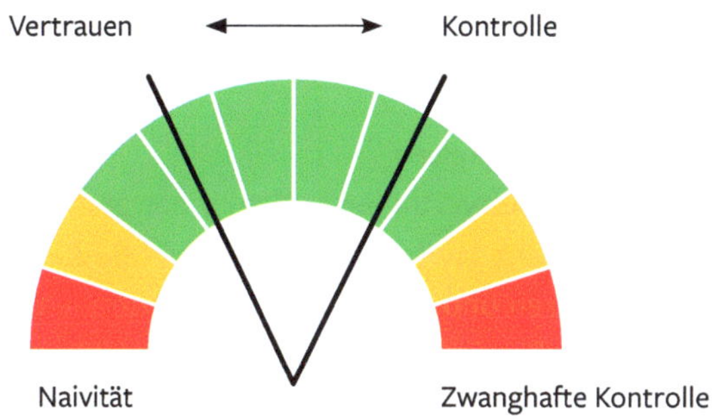

Abbildung 14: Spannungsfeld der Werte – Vertrauen (eigene Darstellung)

4.2.1. Zu viel Vertrauen: Naivität

Da Vertrauen gerade in der heutigen Zeit sehr positiv besetzt ist, erscheint es fast seltsam, dass es auch ein „Zuviel" davon geben kann. Ein Zuviel führt jedoch zu Selbstüberschätzung oder Naivität. Nachfolgende Symptome können auf ein Übermaß an Vertrauen hinweisen:

- **Symptome im persönlichen Kontext:**

  Selbstüberschätzung der eigenen Fähigkeiten
  Selbstüberschätzung, ein Zuviel an „Selbstvertrauen", wäre ein naiver Umgang mit den eigenen Fähigkeiten. Menschen, die sich zu viel zutrauen, neigen dazu, den Bezug zu ihren eigenen Fähigkeiten zu verlieren und glauben, sich alles zutrauen zu können. Dadurch werden sie zu einer Gefahr für sich selbst und andere. Es fehlt an kritischem Hinterfragen und an Kontrollmechanismen, um die eigenen Fähigkeiten einschätzen zu können. Das Internet ist voll von Videos, die Menschen bei waghalsigen Stunts und halsbrecherischen Ideen zeigen. Auch in beruflichen Situationen gibt es viele Menschen, die ihre eigenen Fähigkeiten maßlos überschätzen und sich viel anspruchsvollere, größere Aufgaben stellen, als sie bewältigen können. Hier wäre ein gewisses Maß an Selbstkontrolle statt Selbstvertrauen gefragt, um sich nicht selbst in Gefahr zu bringen.

  Naivität im Umgang mit Mitmenschen
  Im zwischenmenschlichen Bereich führt ein Übermaß an Vertrauen dazu, dass die notwendige Skepsis gegenüber anderen Menschen nicht mehr aufgebracht wird. Blindes Vertrauen in Handschlagqualitäten und das Eingehen unkalkulierbarer persönlicher Risiken sind charakteristisch für ein solches Übermaß an Vertrauen. Diese Menschen werden dann zur idealen Zielscheibe für Betrüger, weil sie in ihrer Naivität nur das Gute im Menschen sehen, ohne entsprechende Gegenmaßnahmen zu ergreifen. Sie sind gerne bereit, einem unbekannten Verwandten in der Ferne 10.000 Euro zu überweisen, damit er sein millionenschweres Erbe abholen und mit Ihnen teilen kann... und sich dann wundern, warum das Erbe nach Monaten und Jahren immer noch nicht eingetroffen ist. Dieses Beispiel ist vielleicht etwas übertrieben. Im beruflichen Kontext ist diese Naivität oft eher als Gutgläubigkeit getarnt.

- **Symptome im Unternehmenskontext:**

  Gutgläubiger Verzicht auf Kontrolle
  Sowohl privat als auch in der Arbeitswelt zeigt sich übermäßiges Vertrauen im zwischenmenschlichen Bereich eher darin, dass im guten Glauben an andere auf notwendige Maßnahmen und Kontrollmechanismen verzichtet wird. Beispielsweise werden Vereinbarungen im guten Glauben nicht schriftlich fixiert oder nicht klar genug definiert – im Vertrauen darauf, dass die andere Person schon weiß, was zu tun ist. Dies ist eine sehr häufige Ursache für Missverständnisse in zwischenmenschlichen Beziehungen. Hier bedarf es gewisser Kontrollmechanismen und Absicherungen. Vereinbarungen schriftlich festzuhalten ist keineswegs unhöflich oder ein Zeichen von Misstrauen. Letztlich profitieren beide Seiten davon, wenn das gemeinsame Übereinkommen schriftlich fixiert ist und Missverständnisse frühzeitig ausgeräumt werden können.

  Probleme werden spät erkannt/Korrekturmaßnahmen spät getroffen
  In Unternehmen führt kollektive Naivität dazu, dass offensichtliche Probleme nicht oder erst sehr spät erkannt werden. Fehlende Kontrollmechanismen, vage Aussagen (im Vertrauen darauf, dass schon alles richtig gemacht wird) und die Gutgläubigkeit von Führungskräften werden in solchen Unternehmen häufig ausgenutzt, Regeln nicht eingehalten oder eigenwillig interpretiert. Die daraus resultierenden Missstände können nur mit großem Aufwand korrigiert werden. Um hier gegensteuern zu können, muss definiert werden, wie einem möglichen (absichtlichen oder versehentlichen) Vertrauensmissbrauch gegengesteuert werden kann und welche Grenzen nicht überschritten werden dürfen. Dazu bedarf es bestimmter Kontrollmechanismen.

Sie sehen, ein Zuviel an Vertrauen führt zu Naivität und kann durchaus kritische Folgen für das eigene Leben, aber auch für das Unternehmen haben. Es braucht also Instrumente, um ein angemessenes Maß an Kontrolle zu implementieren, um mögliche Abweichungen oder einen Vertrauensmissbrauch rechtzeitig zu erkennen. Diese Kontrolle kann aber auch übertrieben werden und in einen Kontrollzwang, in Misstrauen umschlagen.

4.2.2. Zu viel Kontrolle: Zwanghafte Kontrolle

Im anderen Extrem finden wir „zu wenig Vertrauen“, das sich als Kontrollzwang äußert. Es ist eng verbunden mit dem Gefühl, von anderen ausgenutzt, hintergangen und betrogen zu werden. Der Fokus liegt also eher darauf, die schlechten Seiten des Gegenübers zu sehen. Es wird unterstellt, dass Menschen tendenziell böse sind und auf unsere Kosten leben. Dabei handelt es sich um ein Übermaß an Misstrauen. Durch diesen Mangel an (Selbst-) Vertrauen entstehen wiederum negative Symptome:

- **Symptome im persönlichen Kontext:**

Unsicherheit, Schüchternheit, Versagensangst
Auf der persönlichen Ebene wird mangelndes Selbstvertrauen oft durch Unsicherheit ausgedrückt. Übermäßige Selbstzweifel und ein vermindertes Selbstwertgefühl können mögliche Folgen sein. In krankhafter Form kann dieser Kontrollzwang so weit gehen, dass das Gefühl entsteht, sich nicht mehr auf sich selbst verlassen zu können. Betroffene müssen immer wieder kontrollieren, ob sie beispielsweise die Tür abgeschlossen, den Herd ausgeschaltet oder das Licht im Auto ausgemacht haben. Es entsteht ein „Zwang“. Derart starke Ausprägungen sind eher selten. Im normalen Berufs- und Alltagsleben äußern sich Selbstzweifel meist schwächer und zeigen sich in dem Gefühl, bestimmte Situationen nicht bewältigen zu können, in übermäßigem Stress oder in einem unsicheren, schüchternen Auftreten. Die persönliche Verunsicherung kann zu dem Gefühl der Überforderung führen. Hier sind Maßnahmen gefragt, die das Vertrauen in die eigenen Fähigkeiten stärken und die notwendigen Kompetenzen vermitteln, um die Herausforderungen des (beruflichen) Alltags zu bewältigen.

Misstrauen in zwischenmenschlichen Beziehungen
Aus zwischenmenschlicher Sicht äußert sich mangelndes Vertrauen als Misstrauen gegenüber anderen. Menschen mit mangelndem Vertrauen können keine vertrauensvollen Beziehungen aufbauen und erleben die Welt eher als feindlich, gegen sie gerichtet. Sie haben das Gefühl, alles und jeden kontrollieren zu müssen, um sofort zu erkennen, wenn jemand ihr „Vertrauen“ missbraucht. In diese Kategorie fallen beispielsweise Partnerschaften, in denen der eine den anderen regelmäßig kontrolliert, seine Nachrichten liest oder ihm bei jeder Gelegenheit nachspioniert. Eifersucht kann also ein mögliches Symptom sein. Zudem tun sich solche Menschen schwer, Verantwortung abzugeben. Sie wollen selbst am Steuer sitzen und jeden kleinen Handgriff selbst machen.

- **Symptome im Unternehmenskontext:**

  Misstrauenskultur: das Gefühl, niemandem vertrauen zu können
  In Unternehmen führt kollektiver Mangel an Vertrauen oftmals zu einer Misstrauenskultur, in der jeder Schritt überwacht wird. Daher fällt es den Menschen im Unternehmen auch schwer, Verantwortung abzugeben. Es herrscht das Gefühl vor, alles selbst machen zu müssen und sich auf niemanden verlassen zu können. Das Gefühl, von anderen übervorteilt zu werden, spiegelt sich auch in der alltäglichen Kommunikation wider. So neigen Menschen in Misstrauenskulturen dazu, ihrem Gegenüber in jedem Gespräch und in jeder Nachricht Böses zu unterstellen und in jedem Wort den Feind zu sehen.

  Unternehmen verlieren den „Blick aufs Ganze"
  Auf Unternehmensebene führt mangelndes Vertrauen dazu, dass der Blick auf das Ganze verloren geht. Unternehmen, in denen zu wenig Vertrauen vorhanden ist, verfallen häufig in Mikromanagement. Die obersten Führungsebenen verlieren dabei den Blick aufs Wesentliche und verstricken sich im operativen Geschäft mit dem Versuch, alles und jeden kontrollieren zu wollen. Kleinigkeiten und scheinbar Unwichtiges werden groß thematisiert. In der Belegschaft führt dies dazu, dass niemand mehr Verantwortung übernehmen will. Man schützt sich vor anderen und versucht, unter dem Radar zu bleiben. Schuldzuweisungen sind an der Tagesordnung, was dazu führt, dass jeder versucht, kleine Fehler zu vertuschen oder anderen in die Schuhe zu schieben. Der Fokus auf die wirklich wichtigen Dinge geht dabei verloren.

Wie Sie sehen, sind die Symptome eines Übermaßes an Kontrolle vielfältig und in unserer Alltags- und Arbeitswelt weit verbreitet. In solchen Situationen braucht es ein entsprechendes Maß an Vertrauen.

Auf den folgenden Seiten werden Denkanstöße gegeben, um das richtige Maß an Vertrauen zu finden und vertrauensfördernde Maßnahmen abzuleiten.

4.3. Gedanken, um Selbstvertrauen und Vertrauen zu leben

9. Relevante Stärken stärken, relevante Schwächen schwächen

Selbstvertrauen entsteht vor allem dann, wenn wir unsere bereits erkannten Stärken und Talente optimal einsetzen. In diesem Kapitel geht es darum, diese Geschenke des Lebens weiter auszubauen und darauf zu vertrauen, dass wir sie in entscheidenden Situationen abrufbereit haben. Wer sich seiner Stärken bewusst ist und weiß, was er kann, nutzt das auch, um schwierige Situationen zu meistern. Es wäre also durchaus sinnvoll, sich voll und ganz auf die Aspekte zu konzentrieren, in denen wir besonders gut sind. Ironischerweise geschieht in unserem Schul- und Ausbildungssystem, aber auch in vielen Unternehmen genau das Gegenteil. Der Fokus liegt oft auf den Schwächen.

Wenn ich an meine eigene Schulzeit zurückdenke, gab es Fächer, die mir wirklich leichtgefallen sind, wie Deutsch, Fremdsprachen, Wirtschaft. In diesen Fächern musste ich mich nicht anstrengen, da ging alles wie von selbst. Es gab aber auch Fächer wie Mathematik oder Technisches Zeichnen, für die ich überhaupt kein Talent zu haben schien. In den vielen Jahren, in denen ich die Schulbank drückte, habe ich einen Großteil meiner Energie und Zeit in diese Fächer gesteckt, um den Stoff so weit zu verinnerlichen, dass ich die Prüfung bestehen konnte. Dabei spielte es keine Rolle, dass wenige Tage nach der Prüfung der gesamte Stoff wieder vergessen war. Nach meiner Erfahrung habe ich ca. 80% der Schulzeit damit verbracht, zu versuchen, meine scheinbaren Schwächen auszumerzen, anstatt mich auf die Fächer zu konzentrieren, die mir offensichtlich leichtfielen.

Unvorstellbar, was Großartiges entstehen könnte, wenn wir uns in den vielen Tagen, Monaten und Jahren nicht auf unsere Schwächen, sondern auf unsere Stärken konzentrieren würden. Um ein erfolgreiches und glückliches Berufsleben zu führen, müssen wir vor allem dorthin gehen, wo wir Freude empfinden und wirklich gut sind. Das stärkt auch das Selbstbewusstsein.

Stärkenorientierung ist NATÜRLICH
Die Natur gibt uns die besten Beispiele dafür, dass es ganz natürlich ist, sich auf seine Stärken zu konzentrieren. Kein anderes Tier konzentriert sich in erster Linie auf seine Schwächen. Ein Pinguin wird nicht in die Wüste gehen, um dort möglichst schnell laufen zu lernen – im übertragenen Sinne ist das aber in unserer Gesellschaft gang und gäbe. Pinguine halten sich dort auf, wo sie ihre Stärken am besten ausspielen können. Fledermäuse trainieren nicht

80% ihres Lebens, um tagsüber jagen zu lernen – sie ruhen sich tagsüber aus und jagen dann, wenn sie ihre Stärken optimal nutzen. Solange wir uns auf unsere Schwächen konzentrieren (vor allem, wenn es Schwächen sind, die für uns „irrelevant“ sind), werden wir immer Mittelmaß bleiben.

Relevante Schwächen schwächen

Trotzdem müssen wir uns mit unseren Schwächen auseinandersetzen – vor allem, wenn sie RELEVANT sind. Relevant ist z.B. eine solide Grund- und Allgemeinbildung (auch wenn sie nicht ausschließlich im persönlichen Interessensbereich liegt). Schwächen in der GRUNDBILDUNG gilt es auszumerzen. Zudem sind Schwächen dann relevant, wenn sie Sie daran hindern, Ihre Visionen, Ziele und Wünsche zu erreichen. Ihr Traum ist es, ein großer Redner zu werden, aber Sie haben Angst, vor Menschen zu sprechen? Dann gilt es, genau hinzuschauen und Wege zu finden, diese Schwächen zu reduzieren, zu beseitigen oder zumindest so zu managen, dass sie Sie nicht daran hindern, Ihre Ziele, Visionen und Träume zu erreichen.

Erstellen Sie Ihre persönliche Stärken-Schwächen-Analyse

Zu Recht stellen Sie sich nun die Frage, welche Stärken relevant sind und welche scheinbar irrelevant. Dazu möchte ich Ihnen eine Übung vorstellen, die mir persönlich in vielerlei Hinsicht die Augen geöffnet hat – die Stärken-Schwächen-Analyse. Eine SWOT-Analyse (Strengths, Weaknesses, Opportunities, Threads) kennen Sie vielleicht schon aus der Wirtschaft. Unternehmen beurteilen damit, welche Stärken und Schwächen sie haben und welche davon als Chancen oder Risiken für ihre Zukunft und die angestrebten Märkte von Bedeutung sind. In den vorangegangenen Kapiteln haben Sie sich bereits Gedanken darüber gemacht, wohin die Reise gehen soll. Sie haben sich die Frage gestellt, was Sie beruflich erreichen wollen. Nun ist es an der Zeit, sich noch einmal mit Ihren Stärken zu beschäftigen. Um herauszufinden, welche davon für Sie wirklich relevant sind, lade ich Sie ein, die Übung in Anhang 7 zu machen.

Zum Nachdenken:

- Welche Stärken sind es wert, weiter ausgebaut zu werden?
- Welche Stärken und Schwächen sind für Ihre Vision besonders relevant?
- Gibt es Risiken/Schwächen, die Sie daran hindern könnten, Ihre Ziele, Visionen und Träume zu erreichen?

10. Angst oder Liebe? Der Weg aus der Angst führt durch die Angst

Unsere Ängste sichern uns seit Jahrtausenden das Überleben. Sie warnen uns vor Gefahren und halten uns davon ab, Risiken einzugehen, die wir nicht einschätzen können. Sie verhindern, dass wir Dummheiten begehen, mit denen wir unser Leben leichtfertig aufs Spiel setzen würden. In der Vergangenheit lebte der Mensch in einer gefährlichen Umwelt. Durch Bedrohungen aus der Natur, durch Tiere, andere Völker und Stämme war unser Leben ständig großen Gefahren ausgesetzt. Angst spielte also eine wesentliche Rolle. Sie ist dafür verantwortlich, dass wir Menschen heute noch einen Platz auf dieser Welt haben. Hier einige Beispiele:

- Wenn unsere Vorfahren zum Beispiel ein Geräusch im Gebüsch hörten, war es nur logisch, dass sie aus Angst nicht neugierig hinliefen, um zu sehen, was es sein könnte. In einer Zeit, in der die Welt von Säbelzahntigern, Bären und Wölfen bevölkert war, hatte es durchaus seine Berechtigung, bei unheimlichen Geräuschen aus Angst in der Höhle zu bleiben.

- Ebenso war es früher sinnvoll, eine gewisse Vorsicht und Angst vor einer Gruppe von Menschen zu haben. So neigen wir auch heute noch dazu, mit körperlichen Symptomen zu reagieren, wenn wir z.B. vor einer Gruppe sprechen, d. h., wenn uns mehr Menschen gegenüberstehen, als auf unserer Seite sind.

- Außerdem war es folgerichtig, Angst vor Fremden zu haben. Oft bedeutete eine Gruppe Fremder, die in den Ort kam, eine ernste Gefahr, mitunter sogar den sicheren Tod. Die Angst vor Fremden ist auch heute noch sehr präsent.

Heute haben diese Ängste zum Glück meist nicht mehr die Bedeutung, die sie damals hatten. Doch der Kopf reagiert trotzdem noch in alter Gewohnheit und daher in Leben-oder-Tod-Mechanismen. Tief verankerte Ängste sind häufig das zentrale Motiv, um zu handeln oder nicht zu handeln. Dies führt dazu, dass manche Ängste in unserem Leben so dominant sind, dass statistisch gesehen jeder vierte Deutsche einmal im Leben an einer Angststörung erkrankt.[58]

---

[58] Psychiatrie.de: Angststörungen, in: Psychiatrie.de, 2023, https://www.psychiatrie.de/psychische-erkrankungen/angststoerungen.html (abgerufen am 15.11.2023)

Wie Angstreaktionen ausgelöst werden

Angst wird im vegetativen Nervensystem ausgelöst und von bestimmten Hirnarealen und Stresshormonen gesteuert. Eine zentrale Rolle spielt dabei die Amygdala im Großhirn. Reize werden von den verschiedenen Sinnesorganen über den Thalamus zur Amygdala geleitet und dort einer schnellen Bewertung unterzogen. Wenn uns zum Beispiel jemand erschreckt, schlägt die Amygdala sofort Alarm und löst über den Hypothalamus und den Hirnstamm eine Angstreaktion aus. Das Problem: Weil das so schnell geht, kann es leicht zu Fehlern kommen. Völlig harmlose Situationen können Angst auslösen. Da eine Überreaktion für das Überleben eher förderlich war, hat sie sich bis heute erhalten. Es war evolutionär sinnvoller, einmal vor einem Frosch zu erschrecken, als einen Löwen, der aus dem Gebüsch springt, zu ignorieren.

Angst: von Symptomen zu Handlungen

Im Körper wirken Ängste vor allem auf vier verschiedenen Ebenen.

- Zum einen lösen sie körperliche Symptome (Schwitzen, Zittern, Kältegefühl, Hitzegefühl) aus.
- Auf der zweiten Ebene beeinflussen sie unsere Gefühle. Angstgefühle können sich in Hoffnungslosigkeit, Traurigkeit, Ärger, Wut, Gereiztheit, Nervosität äußern.
- Sie manifestieren sich auch in Gedanken, wodurch Angst vor zukünftigen Ereignissen entsteht. Sorgenvolle Gedanken werden durch Ängste begünstigt (z.B. Gedanken wie „Was passiert, wenn…“).
- Schließlich wirkt sie sich auf unsere Handlungen oder unser Verhalten aus – z.B. laufen wir vor einer scheinbaren Gefahr weg oder vermeiden bestimmte Situationen. Sie werden somit handlungsleitend.

Freude oder Angst – die zentralen Motive für menschliches Handeln

Betrachten wir die Auslöser für menschliches Handeln, so finden wir zwei Hauptmotive: FREUDE und ANGST. Wir tun Dinge, weil wir sie gerne tun, weil sie unserem Naturell entsprechen und uns Freunde machen. Umgekehrt tun wir Dinge, um negative Konsequenzen zu vermeiden, also aus Angst. Sehen wir uns dies anhand von Beispielen an.

- Sie fahren mit Ihren Freunden bei einem Wochenendausflug an einer Bungee-Station vorbei. Sie und Ihre Freunde entscheiden sich, stehen zu bleiben und einen Sprung zu wagen. Warum springen Sie? Sie treffen diese Entscheidung aus Freude oder aus Angst. Entweder handeln Sie aus Freude am Abenteuer und freuen sich über diese einmalige Gelegenheit oder Sie haben sich aus Angst entschieden – möglicherweise der Angst, als Feigling dazustehen.

- Ein Freund übersiedelt am Wochenende und Sie haben sich entschieden, ihm zu helfen. Warum tun Sie das? Ihre Entscheidung basiert auf Freude oder Angst. Sie helfen ihm aus Freude und Überzeugung, aus Hilfsbereitschaft und Freundschaft ODER aus Angst „Nein“ zu sagen – und damit aus Angst vor den Konsequenzen, die eine Ablehnung mit sich bringen würde.

Zum Nachdenken:
- Denken Sie an Ihre letzten großen Entscheidungen. Haben Sie diese aus Freude oder aus Angst getroffen?

Angst als Tod vieler Chancen

Es lohnt sich also zu hinterfragen, welche Ängste uns in unserem Leben begleiten und welche unsere Entscheidungen beeinflussen, ohne besonders konstruktiv zu sein. Wer sich von Ängsten leiten lässt, neigt dazu, Entscheidungen zu treffen, mit denen wir Negatives vermeiden – was aber nicht zu einem erfolgreichen und glücklichen Leben führt, sondern dazu, dass viele Menschen lieber bekanntes Leid in Kauf nehmen, als UNBEKANNTES Glück zu suchen.

In einem glücklichen und erfolgreichen Berufs- und Alltagsleben geht es vor allem darum, Schönes und Positives zu erleben. Die Freude steht im Vordergrund. Die Freude, etwas zu erleben ist größer, als die Angst zu scheitern. Das erfordert manchmal Überwindung und Mut. Mut, Dinge anzupacken. Mut bedeutet nicht, angstfrei zu sein – Mut bedeutet, dass etwas anderes wichtiger ist als die Angst. Es bedeutet, dass es Motive gibt, die uns dazu bewegen, etwas trotz Angst zu tun. Stellen Sie sich also mutig Ihren Ängsten, lernen Sie sie kennen und stellen Sie sicher, dass diese Sie nicht in dem einen oder anderen Lebensbereich behindern.

Wie lösen wir Ängste?

Ängste sind oft tief verwurzelt. Deshalb können wir sie nicht einfach wegdenken, ignorieren oder dauerhaft verbergen. Sie werden immer unbewusst unser Denken, Handeln und Fühlen bestimmen. Wir können unserem Gehirn jedoch zeigen, dass bestimmte Situationen harmlos sind. Dabei gilt: Um eine Angst zu überwinden, müssen wir durch diese HINDURCH. Wir können uns also bewusst Situationen aussetzen, die in einem überschaubaren Ausmaß Ängste auslösen. Bekannt als Exposition. Dahinter steht die Annahme, dass alle Ängste ERLERNT sind (Babys krabbeln unbekümmert auf einen Abgrund zu, während ältere Kinder bestimmte Ängste bereits erlernt haben und sich vielleicht nicht mehr auf den Kletterturm trauen).

Unter dieser Annahme können diese auch wieder verlernt werden, wenn wir uns überwinden und unser Gehirn erkennt, dass die entsprechende Situation harmlos war.

- Höhenangst überwindet man, indem man auf einen Aussichtspunkt geht, dann auf einen Berg, auf ein hohes Gebäude und schließlich mit dem Fallschirm aus einem Flugzeug springt.
- Angst vor Spinnen kann man am besten abbauen, indem man bewusst eine Spinne berührt oder z.B. in eine Höhle geht und sich mit Spinnen umgibt. Sollten Sie dies überleben, lernt Ihr Gehirn, dass die Angst unbegründet war. Falls nicht, wissen Sie zumindest, dass sie doch berechtigt war.
- Angst vor öffentlichen Auftritten überwinden Sie, indem Sie üben vor Menschen zu sprechen. Das können Sie zunächst im kleinen Rahmen üben, in einer Gruppe oder in einer Besprechung. Und dann immer einen Schritt weiter.

Darüber hinaus können bestimmte Aktivitäten auch angstreduzierend sein. So beruhigt regelmäßige sportliche Betätigung das Stresssystem des Körpers. Sport macht den Kopf frei, steigert das Gefühl, Herausforderungen meistern zu können und baut Stress ab.

Vorsicht vor Vermeidung

Gefährlich wird es, wenn Ängste Ihr Verhalten sichtbar prägen. Angenommen, Sie haben Angst, sich in einer Gruppe zu blamieren, und beginnen deshalb, Gruppen zu meiden. Da Sie dadurch aber immer weniger Kontakt zu Menschen haben, fühlen Sie sich immer unwohler – und vermeiden Menschengruppen weiter. Es entsteht ein Teufelskreis, der Sie daran hindern kann, Ihre Visionen, Ziele und Träume zu verwirklichen – schlimmer noch: der in einer krankhaften Ausprägung wie einer Soziophobie, enden kann. Wenn Ängste so weit fortgeschritten sind, dass sie das Berufs- oder Alltagsleben spürbar negativ beeinflussen, lohnt es sich, professionelle Hilfe in Anspruch zu nehmen.

Zum Nachdenken:

- Welche Ängste prägen Sie?
- Was bringen Ihnen diese Ängste? Woran hindern sie Sie?
- Was würden Sie tun, wenn Sie keine Angst hätten?
- Welchen Ängsten können Sie sich stellen? Was könnte ein erster Schritt sein?

11. Grenzen existieren nur für diejenigen, die an sie glauben

Vor einigen Jahren ging eine beeindruckende Geschichte aus Großbritannien durch die Medien. Eine Gruppe fünfjähriger Kinder spielte im Wald, die Mutter eines Kindes war nur wenige Schritte entfernt. Als die Mutter einen lauten Knall und Schreie hörte, eilte sie zu den spielenden Kindern und fand ihren Sohn am Oberschenkel unter einem großen Baumstamm eingeklemmt. Wenige Sekunden später wurde ihr Sohn bereits blass. Obwohl es eigentlich „unmöglich" schien, nahm die 33-jährige Mutter all ihre Kraft zusammen und rollte den über 250 Kilogramm schweren Baumstamm von ihrem Sohn herunter. Sie lief mit ihrem Sohn im Arm kilometerweit aus dem Wald, um Hilfe zu holen. Trotz komplizierter Oberschenkelbrüche und schwerer Operationen überlebte der Fünfjährige.[59]

Das scheinbar Unmögliche möglich machen

Wie kommt es, dass Menschen in Extremsituationen so enorme Kräfte entwickeln? Neben einem Hormoncocktail im Gehirn, der zum sofortigen Handeln animiert und die Kräfte bündelt, kommt noch eine wichtige Komponente hinzu. In solchen Situationen vergessen wir, was eigentlich NICHT GEHT. Es gibt niemanden, der einem in solchen Situationen erklärt, was alles unmöglich ist. Keiner zeigt einem die Grenzen auf – es zählt nur die volle Konzentration und der unbändige Wille, das Unmögliche möglich zu machen.

Wer bestimmt die Grenzen für uns?

Es sind die Grenzen in unserem Kopf, die uns oft glauben lassen, dass etwas nicht funktioniert. Aber was, wenn es diese Limitierungen gar nicht gibt? Oft sind dies eher psychische als physische Grenzen. Ähnlich wie die in den vorangegangenen Kapiteln erwähnten Glaubenssätze haben auch diese eine stark einschränkende Wirkung. Ein gutes Beispiel hierfür ist die „4-Minuten-pro-Meile-Grenze". Über viele Jahrzehnte herrschte der Glaube vor, dass es einem Menschen nicht möglich sei, eine Meile unter vier Minuten zu laufen. Aufzeichnungen zeigen, dass seit 1886 versucht wurde, dieses 4-Minuten-Ziel zu unterbieten. Viele Versuche scheiterten. Doch am 6. Mai 1954 war es so weit. Roger Bannister schaffte es als erster Mensch, diese Zeit unterbieten. Plötzlich fiel diese Grenze und nur 46 Tage später gelang es einem weiteren Läufer, unter dieser Zeit ins Ziel zu gelangen. Mit dem Fall dieser Grenze ist es bis heute Tausenden von Menschen, darunter auch Jugendlichen, gelungen, eine Meile in weniger als vier Minuten zu laufen.

---

[59] TheSun: Mummy Power: Mum summons strength of a super hero to shift 39 STONE tree trunk off her son, 5, after it fell on him, in: The Sun, 2017, TheSun: https://www.thesun.co.uk/news/3559185/superhero-mum-lifts-38-stone-tree-to-save-son/?CMP=Spklr-_-Editorial-_-TheSun-_-Living-_-FBLink-_-Statement-_-FBPAGE (abgerufen 15.11.2023).

Dieses Beispiel soll zeigen, wie kraftvoll das Setzen und Überwinden von Grenzen sein kann. Limitierungen, die unser persönliches Leben beeinflussen, werden oft von uns nahestehenden Menschen gesetzt und wirken wie negative Glaubenssätze. Sie schwächen unser Vertrauen in die eigenen Fähigkeiten.

Zum Nachdenken:

- Welche Grenzen limitieren Sie im Alltags- und Berufsleben?
- Wer hat Ihnen diese Grenzen gesetzt?
- Was wäre, wenn Sie nicht an diese Grenzen glauben würden? Welche neuen Möglichkeiten würden sich für Sie ergeben?

Selbstvertrauen hilft, scheinbare Grenzen infrage zu stellen

Wir alle haben scheinbare Begrenzungen in irgendeiner Form im Kopf. Wir sehen uns nicht über einen bestimmten Punkt hinaus. Hier sind einige praktische Beispiele von einschränkenden Aussagen, die ich in den letzten Jahren von Menschen gehört habe, sowohl im privaten als auch im beruflichen Umfeld:

- „Ich kann heuer im Sommer (sechs Monate vorher) nicht mit meinen Freunden in die Berge fahren, ich bin nicht fit genug“ → die Person kann sich selbst nicht sehen, wie sie diese körperliche Grenze überwindet – obwohl diese Grenze für Außenstehende nicht sichtbar ist. Warum sollte man in sechs Monaten nicht fit genug für eine Bergtour werden?

- „Ich weiß, dass mein Partner nicht mehr gut für mich ist, aber ich kann mich nicht von ihm trennen“ → die Grenze, dass erstens die Partnerschaft wieder gut werden kann UND die Grenze, dass es auch ein Leben nach dieser Partnerschaft geben könnte, scheinen beides unüberwindbare Grenzen zu sein.

- „Ich kann den Job nicht wechseln, weil ich das Geld brauche“ (→ impliziert die Grenze, dass das, was die Person verdient, nur in diesem Unternehmen möglich ist und nirgendwo sonst). Viele Menschen bleiben in einem Job, weil sie sich nicht in der Lage sehen, diese Grenze zu überschreiten.

- „Ich bin keine Führungskraft, warum sollten die Leute auf mich hören?“ → beschreibt eine Grenze, als Entschuldigung, warum keine Verantwortung übernommen wird.

Wir alle glauben an Grenzen, die in Wirklichkeit gar nicht existieren. Sie hindern uns daran, die beste Version unserer selbst zu werden. Sie untergraben unser Selbstvertrauen. Haben Sie den Mut, diese Limitierungen infrage zu stellen.

Träumen Sie ohne Rücksicht auf Grenzen

Setzen Sie sich große Ziele, haben Sie große Träume. Dann beginnen Sie mit kleinen Schritten. Definieren Sie Ihre Ziele neu und glauben Sie nicht an Begrenzungen, die Ihnen andere setzen wollen. Die Grenzen der anderen sind oft nicht mehr und nicht weniger als die Grenzen der anderen. Sie haben zunächst nichts mit Ihnen zu tun. Menschen, die Ihnen erklären, warum etwas nicht geht, erklären in erster Linie, WARUM SIE SELBST es nicht geschafft haben.

(Bitte lesen Sie diesen Satz noch einmal. Ich glaube, das ist ein sehr zentraler Satz, denn wir begegnen sehr vielen Menschen, die uns erklären, was alles nicht geht.) Nur weil die Person, der Sie gegenübersitzen, das genannte Ziel nicht erreichen kann (oder konnte), heißt das nicht, dass es niemand anderes kann – wer weiß, vielleicht können SIE es.

Bei großen Träumen geht es nicht darum, alle zu erreichen. Aber eine Funktion haben große Träume auf jeden Fall: Auch wenn wir große Träume verfehlen, sind wir oft VIEL weiter gekommen, als es unsere Grenzen zugelassen hätten. Haben Sie also Mut zum Träumen!

Zum Nachdenken:

- Welche Träume haben Sie bisher nicht gelebt, weil Sie an Grenzen glauben, die Ihnen im Weg stehen? Wer hat Ihnen diese in den Kopf gesetzt? Warum hat diese Person das getan?

12. Be Ready! Erwerben Sie Kompetenzen, bevor Sie diese benötigen

Selbstvertrauen strahlt man vor allem dann aus, wenn man weiß, dass man die Herausforderungen, die einem auf dem Weg begegnen, meistern kann. Dabei spielen unsere Kompetenzen und Fähigkeiten eine große Rolle. Bereit sein ist alles[60] – eine Aussage, die auch in der heutigen Zeit nicht treffender sein könnte.

Wir müssen ständig bereit sein – das ist gar nicht so einfach

Wir leben in einer Zeit, in der die Informationsflut enorm zunimmt. Gleichzeitig nimmt die Halbwertszeit des Wissens stark ab. „Lebenslanges Lernen" ist daher eine Schlüsseldisziplin, um nachhaltig Selbstvertrauen aufzubauen. Bewusst oder unbewusst lernen wir ohnehin ein Leben lang. Viel zielgerichteter wird es, wenn wir bewusst steuern, ob und welche Kompetenzen wir erwerben oder verbessern wollen. Die Umwelt verändert sich rasant. Wer glaubt, schon gut genug zu sein und genug gelernt zu haben, hört auf, besser zu werden. Das kann in der heutigen Zeit fatale Folgen haben. In einem Umfeld, in dem alles in Bewegung ist, ist Stillstand kein Stillstand – Stillstand bedeutet RÜCKSCHRITT. Erfolg in der heutigen Zeit ist vergleichbar mit dem Laufen auf einer Rolltreppe gegen die Fahrtrichtung. Es kostet Kraft und Mühe, ein Stück vorwärtszukommen. Jeder Meter, den man nach oben kommt, ist ein Erfolg. Aber wenn man das Gefühl hat, es ist genug und man beginnt sich auszuruhen, ist man schnell wieder unten.

Anschaulich wird dies durch die These von der Halbwertszeit des Wissens, wonach schulisches Wissen nach etwa zwei Jahrzehnten seine Halbwertszeit erreicht hat. Deutlich kürzere Halbwertszeiten werden dem berufsspezifischen Wissen sowie dem technologischen Wissen zugeschrieben. Unabhängig davon, ob diese viel diskutierte These zutrifft und empirisch belegbar ist, ist der Grundgedanke, immer am Ball zu bleiben und unser Wissen auf Aktualität zu hinterfragen und gegebenenfalls aufzufrischen, von großer Bedeutung.

---

[60] Zurückzuführen auf: „In Bereitschaft sein ist alles" (Hamlet)

Hinterfragen Sie ständig Ihre Kompetenzen

Es lohnt sich, die Augen offen zu halten und sich zu fragen, ob die eigenen Kompetenzen für die heutige Zeit noch ausreichen oder ob in Weiterbildung oder Aktualisierung der Kompetenzen investiert werden muss. Sie können und müssen sich ein Leben lang verbessern. Das sollte Ihr Anspruch sein. Man ist nie zu alt zum Lernen. Solange Sie atmen, sollten Sie immer danach streben, besser zu werden und zu lernen. Das hat die Menschheit seit Jahrtausenden angetrieben und wird auch für unsere Zukunft hochgradig relevant sein. Deshalb ist es ein gutes Gefühl, etwas Neues zu lernen und sich weiterzuentwickeln.

Fragen Sie sich somit kritisch:
- Gibt es Dinge, die Sie bereits verpasst haben und wieder aufholen sollten?
- Wohin geht der Geist der Zeit?
- Welche Kompetenzen werden in Zukunft an Bedeutung gewinnen?

Im Berufsleben treffen wir immer wieder auf die folgenden vier Arten von Kompetenzen:

Fachkompetenz fachliches Wissen, Know-how	**Methodenkompetenz** Fähigkeiten und Kenntnisse von Methoden
Sozialkompetenz Führungskompetenz Fähigkeiten im Umgang mit anderen Personen	**Selbstkompetenz** Fähigkeiten im Umgang mit sich selbst

Abbildung 15: Kompetenzen des Berufslebens (eigene Darstellung)

Wir neigen leicht zu Ausreden wie „Ich kann das nicht lernen", „Ich bin zu jung/zu alt dafür" oder „Ich habe jetzt keine Zeit dafür". Seien Sie sich darüber im Klaren: Wenn Sie klar definiert haben, was Sie erreichen wollen und welche Kompetenzen Sie dafür benötigen, dann wäre alles andere als der Erwerb dieser Kompetenzen völliger Irrsinn.

Sie erkennen, dass Sie sich für Ihren Traumberuf als Social Media Manager noch mit digitalen Medien beschäftigen müssen und fragen sich, ob Sie sich das Studium leisten können oder ob Sie ausreichend Zeit haben? Finden Sie einen Weg. Denken Sie daran: Was auch immer Sie erreichen wollen – es ist IMMER eine Frage der Prioritäten. Wenn Sie sich über Ihre Prioritäten im Klaren sind, werden Sie (fast) IMMER einen Weg finden, es zu erreichen. Lassen Sie sich also nicht von Gedanken verrückt machen, die Sie davon abhalten könnten, ein Studium zu beginnen oder die Matura am Abend über den zweiten Bildungsweg nachzuholen. Anstrengend? Ja, sicher. Aber wenn Sie sich über Ihre Richtung, Ihre Werte und Prioritäten im Klaren sind, dann macht es Sinn, einfach loszulegen. Ich bin überzeugt, wenn es einem wirklich wichtig ist, findet sich immer eine Lösung.

Zum Nachdenken:
- Welche Kompetenzen haben für Sie eine besondere Bedeutung?
- Wo sehen Sie aktuell Handlungsbedarf?
- Welche konkreten Schritte können Sie heute setzen, um die entsprechenden Kompetenzen zu erwerben?

In Momenten der Wahrheit ist es zu spät, Kompetenzen zu erwerben

„Besser, du bist bereit und hast keine Gelegenheit – als du hast eine Gelegenheit und bist dafür nicht bereit.“ Dieser übersetzte Spruch von Whitney M. Young[61] bringt es sehr klar auf den Punkt. Beruf und Alltag stellen uns immer wieder vor Situationen, die wir ergreifen können – oder auch nicht. Es sind die „Momente der Wahrheit“. Diese können darüber entscheiden, ob wir Glück und Erfolg erleben oder ob es eine verpasste Gelegenheit bleibt, über die wir uns Jahre später ärgern. Entscheidende Situationen sind meist extrem kurz. Es sind Augenblicke, in denen man keine Zeit hat, sich vorzubereiten, nachzudenken oder mit sich selbst zu hadern, sondern, in denen man sich auf sich selbst und seine Fähigkeiten verlassen und diese abrufen muss. Es sind die Momente, in denen wir unser volles Selbstvertrauen auf die Strecke bringen müssen.

Es ist wie beim Elfmeter im Fußball: Stellen Sie sich vor, Sie schießen den entscheidenden Elfmeter für Ihre Mannschaft. Ob Sie treffen oder den Ball über das Tor schießen, hängt von Tausenden von Faktoren ab. Der wohl am wenigsten relevante Faktor ist der Schuss selbst. Der „Schuss“, also der Kontakt mit dem Ball, dauert nur Bruchteile von Sekunden. Es sind nur Millisekunden des Kontakts, in denen sich entscheidet, ob man den Ball richtig trifft und für seine Mannschaft den Sieg holt oder ob man ihn falsch trifft und scheitert. Die entscheidende Frage ist: Sind Sie BEREIT für diesen Schuss? Die Vorbereitung, der Weg zum Ball, die Gedanken im Kopf – all das spielt eine große Rolle. Wie haben Sie die letzten Jahre trainiert? Haben Sie schon einmal so einen Elfmeter geschossen? Wie interpretieren

[61] Whitney, M. Young Jr.: Beyond Racism: Building an Open Society, New York: McGraw-Hill, 1969.

Sie die Reaktionen des Torwarts? Wie gehen Sie mit den Millionen unbewussten Einflüssen und Zurufen aus dem Publikum um? Glauben Sie an sich selbst? Können Sie sich vorstellen, wie der Ball im Tor landet? Oft sind es die kleinen Details, die den Unterschied ausmachen. Die kurze Zeit des Ballkontakts ist nur der Moment der Wahrheit – der Augenblick, an dem alles zusammenkommt und umgesetzt wird.

Solche Situationen gibt es in allen Lebensbereichen. Es sind Momente, in denen wir alles geben müssen, in denen wir alles gewinnen und alles verlieren können. Chancen, die nur darauf warten, von uns ergriffen zu werden und die uns die schönsten Dinge ermöglichen können. Aber wir müssen bereit sein und die Chance ergreifen, wenn sie da ist. Es sind die ergriffenen Chancen, die darüber entscheiden, ob wir ein glückliches und erfolgreiches Berufs- und Alltagsleben erleben oder nicht. Es sind jene Chancen, in denen wir unsere Kompetenzen voll einbringen und Ängste beiseiteschieben. Es sind Momente, in denen wir volles SELBSTVERTRAUEN brauchen.

Zum Nachdenken:
- Was waren bisher Ihre „Momente der Wahrheit?“
- Welche Chancen haben Sie ergriffen? Welchen trauern Sie vielleicht noch nach?
- Was haben Sie aus eventuell verpassten Gelegenheiten gelernt?

Kompetenzen zu erwerben bedeutet, HEUTE in sich selbst zu investieren, um LANGFRISTIG davon zu profitieren.

Frühzeitig investieren lohnt sich

Je früher und intensiver man in sich selbst investiert, desto früher verfügt man über die Fähigkeiten, Kenntnisse und Fertigkeiten, um Großes zu erreichen. Die Investition in sich selbst und in die eigenen Kompetenzen kann mit einer Geldanlage verglichen werden. Sie profitieren vom Zinseszinseffekt. Unterschätzen Sie dies niemals.

Deutlicher lässt sich der Zinseszinseffekt auf dem Finanzmarkt darstellen. Angenommen, Sie sparen monatlich 200 EUR (also 2.400 EUR pro Jahr) bis zu Ihrem Pensionsalter (angenommen 65 Jahre) und legen dieses Geld in einem Fonds mit 5% Verzinsung an. Wie die folgende vereinfachte Rechnung zeigt, macht es einen großen Unterschied, WANN Sie damit beginnen.

- Wenn Sie mit 65 Jahren (im letzten Jahr) starten, haben Sie 2.400 EUR gespart.
- Bei einem Start mit 50 Jahren bleiben Ihnen über 50.000 EUR für die Pension.
- Ein Start mit 35 Jahren sichert Ihnen rund 160.000 EUR für die Pension.
- Fangen Sie mit 20 Jahren an, haben Sie bei Pensionsantritt über 380.000 Euro gespart (das Erstaunliche dabei: Davon sind fast 280.000 Euro nur Zinsen!).

Dieses Beispiel soll zeigen: Je früher sinnvoll investiert wird, desto größer ist der spätere Nutzen – egal ob es sich um finanzielle oder persönliche Investitionen handelt. Wer dies früh erkennt und früh investiert, hat später einen enormen Vorteil.

Kurzfristige Belohnung vs. langfristige Zielerreichung?

Es ist eine besondere Fähigkeit, auf kurzfristiges Vergnügen zu verzichten, um langfristige Ziele zu erreichen. Dieser sogenannte „Belohnungsaufschub" kann den entscheidenden Unterschied machen. Wissenschaftlich untersucht wurde diese Fähigkeit mit dem sogenannten Marshmallow-Test. Hierbei untersuchte der Psychologe Walter Mischel in den 60er-Jahren an 500 Kindern im Alter von vier bis fünf Jahren, wie sich die Fähigkeit auswirkt, kurzfristig auf etwas zu verzichten, um langfristig davon zu profitieren. Die Aufgabe bestand darin, dass die Kinder allein in einem Raum waren und einen Marshmallow vor sich hatten. Den Kindern wurde versprochen, dass sie einen zweiten Marshmallow bekommen, wenn sie den vor ihnen liegenden nicht essen, sondern warten, bis die Versuchsleitung nach ca. 20 Minuten zurückkommt. Obwohl die meisten Kinder natürlich gerne zwei Marshmallows gehabt hätten, schafften es viele nicht, die 20 Minuten zu warten. 15 Jahre später wurden viele der damals Teilnehmenden wieder eingeladen und ihr bisheriges Leben reflektiert. Erstaunlicherweise waren diejenigen, die im Marshmallow-Test bereit waren, auf die kurzfristige Belohnung zu verzichten und dafür „langfristig" den zweiten Marshmallow zu bekommen, sozial, schulisch und auch finanziell erfolgreicher.[62]

Zum Nachdenken:
- Sind Sie bereit, auf kurzfristige Belohnungen zu verzichten, um langfristig größere Ziele zu erreichen?

[62] Mischel, Walter: The Marshmallow Test: Mastering self-control, New York: Little, Brown and Co., 2014.

Tauschen Sie kurzfristigen Spaß gegen langfristige Freude

Das oben erwähnte Experiment zeigt uns – Menschen, die bereit sind, auf kurzfristige „Belohnungen“ zu verzichten, um langfristig mehr davon zu haben, sind im Leben tendenziell erfolgreicher als Menschen, die sich auf kurzfristige Befriedigung konzentrieren. Es macht einen Unterschied, ob man jeden Abend stundenlang am Computer zockt oder ob man bewusst Zeit investiert, um sich weiterzuentwickeln und den Zielen näher zu kommen. Nennen wir es DISZIPLIN.

Pay first, play later – or play first, pay later: Sie zahlen auf jeden Fall

Egal, ob früher oder später auf etwas verzichtet wird, irgendwann im Leben zahlt man dafür einen Preis. Um beim Finanz-Beispiel zu bleiben: Sie können natürlich bis zur Pension auf nichts verzichten, dann haben Sie später auch nichts auf der Seite. Oder Sie verzichten frühzeitig – über einen langen Zeitraum – auf kleine Dinge und haben am Ende genug gespart, um später „spielen“ zu können. Zuerst zahlen – später spielen – oder zuerst spielen – später zahlen. Überlegen Sie somit frühzeitig, was Sie in Ihrem Berufs- und Alltagsleben erreichen wollen und welche Kompetenzen dafür nötig sind. Je früher Sie in sich selbst investieren, umso besser.

Zum Nachdenken:

- In welcher Art und Weise investieren Sie in sich selbst?
- Sind Sie bereit, auf kurzfristigen Spaß zu verzichten, um Ihren Zielen näher zu kommen?
- Wie diszipliniert verfolgen Sie Ihre Vorbereitungen, um Ihren Visionen, Wünschen und Zielen näherzukommen?

13. Innere Werte und Kompetenzen zählen – aber nur, wenn's überhaupt so weit kommt

Bestimmte Äußerlichkeiten wirken sich auch auf unser Selbstvertrauen aus – und darauf, ob wir Selbstvertrauen ausstrahlen. Darüber hinaus kann das äußere Erscheinungsbild entscheidend dazu beitragen, ob wir als kompetent, zuverlässig und vertrauenswürdig wahrgenommen werden.

In diesem Zusammenhang möchte ich kurz auf das Thema Auftreten, Ausdruck und Erscheinungsbild eingehen. Eines vorweg. Ich bin kein Stilberater und interessiere mich auch nicht übermäßig für solche Themen. Kleidung kaufen finde ich furchtbar. Aber je mehr ich mich mit diesem Thema beschäftige, desto mehr bin ich von der Wichtigkeit gewisser „Äußerlichkeiten" überzeugt. Vor allem, wenn es um den „ersten Eindruck" geht – denn der zählt besonders: Vor allem Gesichtszüge und Kleidung scheinen uns einen ersten Anhaltspunkt zu geben und lassen uns ein erstes Bild von einem fremden Menschen formen.

Seit Anbeginn der Menschheit war der Mensch auf schnelle Entscheidungen angewiesen. In Bruchteilen von Sekunden mussten unsere Vorfahren entscheiden, ob von deren Gegenüber eine Gefahr ausgeht oder nicht. Das ist auch heute noch so. Nach Willis und Todorov[63] benötigen wir gerade einmal eine Zehntelsekunde, um eine Person einzuschätzen und zu entscheiden, ob sie uns vertrauenswürdig erscheint oder nicht. Je mehr Zeit wir uns nehmen, desto klarer wird unser Bild. Aber gerade in der heutigen Zeit, in der wir von unzähligen Impulsen und Eindrücken überflutet werden, ist eine schnelle Einordnung besonders wichtig.

Äußerlichkeiten transportieren innere Werte und Kompetenzen

Ich selbst war lange Zeit der Meinung, dass es nicht darauf ankommt, wie man sich kleidet, sondern dass es vor allem auf die inneren Werte ankommt. Bei mir kam diese Einstellung schon aus dem Elternhaus – bis auf wenige Anlässe konnte ich anziehen, was ich wollte, solange die Leistungen und Noten in der Schule stimmten. Es war für mich normal, in Jogginghose und Fußballtrikot in der Schule zu sitzen. Erst nach langer Zeit konnte ich mich davon lösen. Um es vorwegzunehmen – ich bin nach wie vor von der hohen Bedeutung innerer Werte und Kompetenzen überzeugt. Aber je mehr ich mich in den letzten Jahren mit Auftreten und Erscheinungsbild beschäftigt habe, desto mehr habe ich auch die Notwendigkeit

---

[63] Willis, Janine/Alexander Todorov: First Impressions: Making Up Your Mind After a 100-Ms Exposure to a Face, in: Psychological Science, 17(7), 2006, S. 592–598.

erkannt, bewusst Zeit zu investieren, um darüber nachzudenken, ob das „innere Bild" durch das „äußere Bild" unterstützt wird. Klarer wird dies anhand nachfolgender Beispiele:

- Angenommen, Sie fliegen in den Urlaub nach Mallorca. Zuvor treffen Sie den Piloten in der Abfertigungshalle. Natürlich trägt der Pilot seine Uniform. Das vermittelt Kompetenz und Sicherheit. Wenn Sie vor dem Boarding einen Linienpiloten sehen, grüßen diese, wenn überhaupt, mit einem strengen Blick. Sie vermitteln in jeder Hinsicht Kompetenz und Konzentration. Ähnlich verhält es sich mit den Durchsagen im Flugzeug. Wenn der Pilot spricht, geht es meist um Fakten. Jeder weiß, dass es um etwas Wichtiges geht. Auch das vermittelt Kompetenz. Piloten werden also in jeder Hinsicht als professionell wahrgenommen – wohl wissend, dass dies wichtig ist, um den Passagieren ein Gefühl der Sicherheit zu geben. Man stelle sich das Gegenteil vor. Stellen Sie sich vor, Sie fliegen nach Mallorca und es ist nicht erkennbar, wer der Pilot und wer die feiernden Passagiere sind. Der Pilot wäre vielleicht schon mit Shorts und Partyhut für die Party am Abend gekleidet und würde unqualifizierte, halbseidene Durchsagen durch das Flugzeug jagen. Wenn man selbst schon genug Tequila an der überteuerten Bar in der Abflughalle konsumiert hat, findet man das vielleicht lustig – in allen anderen Fällen wäre es wahrscheinlich ein äußerst befremdliches Gefühl. Der Mensch, der mit uns die größten physikalischen Kräfte der Erde überwindet, sollte ein kompetenter, erfahrener und zuverlässiger Mensch sein – und dies in allem, was er trägt, tut und sagt, widerspiegeln.

- Dasselbe gilt für den Arzt. Angenommen, Sie müssten sich einer größeren Behandlung unterziehen – wem würden Sie eher „vertrauen"? Einem Arzt, der elegant und sauber in weiß gekleidet ist, gepflegt aussieht und klar und kompetent kommuniziert – oder einem Arzt, der in Shorts und T-Shirt zur Arbeit kommt, bereits einen leichten Schweißgeruch im Raum verbreitet und so unsicher wirkt, dass er kaum einen Satz herausbringt? Die Antwort liegt auf der Hand. Natürlich könnte man den zweiten Arzt jetzt besser kennenlernen, nach seinen Abschlüssen und seinen Erfahrungen fragen. Vielleicht ist er um ein Vielfaches besser qualifiziert als Arzt Nummer eins. Möglicherweise wirkt er aus einem erklärlichen Grund heute so unprofessionell. Aber so funktioniert es in der Regel nicht. Denn diese zweite Chance gibt es oft nicht mehr.

Der erste Eindruck zählt besonders – weil es möglicherweise nie zu einem zweiten Eindruck kommt.

Zum Nachdenken:
- Wie möchten Sie in Ihrem Umfeld wahrgenommen werden?
- Welche Kompetenzen möchten Sie Ihrem Gegenüber vermitteln?

Viele Informationen formen ein Bild

Die Menschen machen sich unweigerlich ein Bild von Ihnen. Je mehr Informationen Menschen sammeln können, desto leichter fällt es ihnen, sich ein Bild zu machen. Da dies über Jahrtausende lebensnotwendig war, sind wir Menschen sehr, sehr gut darin, schnell zu urteilen und verschiedene Informationen zu kombinieren.

Fragen Sie sich daher regelmäßig, ob Ihr äußeres Erscheinungsbild und Ihr Verhalten das widerspiegeln, was Ihnen wirklich wichtig ist.

- **Kleidung:** Wie die zuvor genannten Beispiele zeigen: Unsere Kleidung kann ein erster Hinweis sein. Sie verkaufen hochwertige Kleidung, tragen aber selbst zerrissene Klamotten? Ihr Gegenüber wird (zumindest unbewusst) sofort erkennen, dass dies nicht stimmig ist.

- **Händedruck:** Sie wollen Sicherheit, Selbstvertrauen und Standfestigkeit ausstrahlen, haben aber einen laschen Händedruck, der zögerlich und unsicher wirkt? Das passt nicht zusammen.

- **Körperpflege:** Spiegelt Ihre Körperpflege das Bild wider, das Sie anderen vermitteln möchten? Sie verkaufen Hygieneartikel, riechen aber, als wären Sie gerade in den Käsetopf gefallen? Egal, was Sie Ihrem Kunden erklären, es kommt nicht glaubwürdig rüber.

- **Haltung:** Wie gehen Sie durchs Leben? Gehen Sie aufrecht durchs Leben oder eher so, dass Ihre Nase gerade nicht den Boden berührt? Achten Sie einmal bewusst darauf. Welche Botschaft wollen Sie senden?

- **Stimme:** Drückt Ihre Stimme das aus, was Sie ausdrücken wollen?

- **Mimik:** Eine besondere Bedeutung kam in früher Menschheitsgeschichte den Gesichtsausdrücken, der Gestik und Mimik zu. Historisch gesehen konnten die Menschen schon vor der Entwicklung der Sprache schnell erkennen, ob Gefahr, Schmerz oder Angst ausgedrückt wurde. So konnte das Überleben des anderen gesichert werden. Was sagt Ihre Mimik über Sie aus? Sind Sie selbst von der Botschaft, die Sie übermitteln, überzeugt? Ihr Gegenüber erkennt blitzschnell, was los ist.

Über viele dieser Dinge machen wir uns selten Gedanken. Dies ist nur ein kleiner Ausschnitt. Wenn Sie merken, dass Sie in einigen Punkten noch nicht so kommunizieren, wie Sie es eigentlich möchten, dann lohnt es sich, hier noch einmal bewusst darauf zu achten. Es gibt viele Ratgeber und Möglichkeiten, sich im Internet kostenlos zu informieren, wie Sie selbstbewusst und sicher auftreten können. Das stärkt unter anderem Ihr Selbstbewusstsein und wirkt sich positiv aufs Selbstvertrauen aus.

Zum Nachdenken:
- Transportieren Ihr Auftreten und Ihr Erscheinungsbild das, was Sie vermitteln wollen?
- Wo sehen Sie noch Bedarf und welche Maßnahmen treffen Sie?
- Wie könnten Sie Ihr Erscheinungsbild so beeinflussen, dass Sie sich noch besser und selbstsicherer fühlen?

14. Das Sparschwein des Vertrauens muss regelmäßig gefüttert werden

Das Vertrauen anderer ist hart verdient

Wir haben es bereits in der Einleitung erwähnt – echtes Vertrauen ist etwas, das man sich über viele Jahre erarbeitet. Denken Sie an einen guten Freund oder eine gute Freundin. Sie werden feststellen, wenn Sie dieser Person wirklich vertrauen, dass sich dieses Vertrauen sehr lange aufgebaut hat. Es ist vergleichbar mit einem Sparschwein. Jeder zahlt ein und so wird das „Sparschwein des Vertrauens“ immer voller. Natürlich kann es dann zu Situationen kommen, die dem gegenseitigen Vertrauen nicht zuträglich sind. Ein gut gefülltes Sparschwein kann auch das verkraften und das Vertrauen bleibt bestehen. Dann braucht es gemeinsame Energie, um den Sparer wieder zu füllen. Hierfür braucht es zum einen Vertrauenswürdigkeit, also eine Vielzahl von Erfahrungen, die uns immer wieder bestätigen, dass wir dem anderen vertrauen können – und es braucht Zeit.

In Unternehmen wird oft suggeriert, dass dieses mühsam und gemeinsam aufgebaute Vertrauen im Zeitraffer erreicht werden kann. Führungskräfte, die häufig ohnehin öfter gewechselt werden als die Reifen an einem Fahrzeug, scheinen tatsächlich zu glauben, sie könnten sich das Vertrauen ihrer Mitarbeiterinnen und Mitarbeiter durch einzelne Events und Veranstaltungen erkaufen. Machen wir uns nichts vor – weder gegenüber der Führungskraft (zumindest in den allerwenigsten Fällen) noch unter den Kolleginnen und Kollegen (auch hier – Ausnahmen bestätigen die Regel, aber immerhin in den allerwenigsten Fällen) gibt es echtes Vertrauen. Erzwingen lässt sich schon gar nichts. Es braucht viele gemeinsame kleine Momente, die das Vertrauen fördern. Möglichkeiten gibt es dafür zahlreiche:

Zeigen Sie sich verletzlich

Wir haben eingangs erfahren, dass Vertrauen eng mit Verletzlichkeit verbunden ist. Dementsprechend erleben wir es auch als vertrauenswürdig, wenn sich jemand uns gegenüber verletzlich und nahbar zeigt. Wir erleben dies als eine Art „Vertrauensvorschuss“. Sich bewusst und freiwillig verletzlich zu machen, spielt also eine große Rolle bei der zwischenmenschlichen Vertrauensbildung. Dazu muss man keine großen Familiengeheimnisse ausplaudern oder Peinliches von sich erzählen. Es reicht zum Beispiel, Gefühle (z.B.: Ängste) offen anzusprechen und anderen Persönliches anzuvertrauen. Vor allem im Berufsleben gibt es dafür viele Möglichkeiten. Kleine Einblicke ins Privatleben, Geschichten, in denen man auch Ängste und Sorgen ausdrückt – all das zahlt in das Sparschwein des Vertrauens ein.

Verlässlichkeit: Treffen und Halten von Vereinbarungen fördert Vertrauen

Wenn wir das Gefühl haben, dass wir uns auf jemanden verlassen können, ist das für die Entstehung von Vertrauen sehr förderlich. Vereinbarungen sind die Spielregeln im Berufs- und Alltagsleben. Überlegen Sie sich gut, welche Vereinbarungen Sie treffen. Sie sind eine gute Möglichkeit, sich als glaubwürdig, verlässlich und kompetent zu positionieren. Wenn Sie in Projekten versprechen, einen bestimmten Termin einzuhalten, dann tun Sie alles dafür, dass Sie das auch schaffen. Das ist zum einen wertschätzend gegenüber Ihrem Team und es fördert Vertrauen. Gerade wenn sich andere auf Sie verlassen und von Ihnen abhängig sind, ist es besonders wichtig, dass Sie zeigen, dass Ihnen Vereinbarungen wichtig sind.

Verlässlichkeit zeigt sich oft in kleinen Details: Wenn Sie sich mit jemandem zu einer bestimmten Zeit an einem bestimmten Ort verabredet haben, halten Sie sich daran. Achten Sie darauf, dass Sie alle möglichen Vorkehrungen treffen, um dies zu gewährleisten. Eines ist klar. Zu spät kommen bedeutet: Mir war etwas anderes wichtiger. Das ist zum einen nicht wertschätzend, zum anderen wirkt es sich negativ auf das Vertrauen aus. Scheinbar eine Kleinigkeit? Nicht ganz – in unserer unbewussten Wahrnehmung bleibt, dass auf Menschen, die im KLEINEN nicht verlässlich sind, auch im GROSSEN kein Verlass ist. Im beruflichen Kontext ist das leider alltäglich. Zu Besprechungen kommen Vorgesetzte oft viel zu spät, weil sie noch durch einen anderen wichtigen Termin aufgehalten wurden. Aber egal welche Ausreden, Entschuldigungen oder Erklärungen – die Botschaft ist klar. Wer zu spät kommt, signalisiert: Jemand anderes war mir wichtiger. Negativ für Wertschätzung. Negativ für Verlässlichkeit. Negativ für Vertrauen. Im praktischen Berufsleben heißt das: Lieber einmal einen Termin nicht annehmen, als zu spät kommen. Planen Sie ausreichend Puffer zwischen Ihren Terminen ein. Und wenn schon absehbar ist, dass sich ein Termin nicht ausgeht, lieber rechtzeitig absagen – und deutlich machen, dass man gerade einen anderen Termin hat, der einem sehr wichtig ist – und dass man sich für beide Termine ausreichend Zeit nehmen möchte.

Seien Sie vorsichtig mit dem, was Sie versprechen – und brechen Sie niemals Versprechen.

Ein Versprechen ist immer noch eine der höchsten Vereinbarungen zwischen zwei Menschen. Versprechen, die Sie anderen geben, sollten Sie niemals brechen. Sie fragen sich, wie das geht? Ganz einfach: indem Sie etwas versprechen, was Sie auch halten können und wollen. Heben Sie sich Versprechen für absolute Ausnahmesituationen auf und tun Sie alles, um einmal gegebene Versprechen zu halten. Alles.

Sozial positives Verhalten fördert Vertrauen

Wenn wir eine Person beobachten, die sich anderen gegenüber sozial positiv verhält, neigen wir eher dazu, zu dieser Person Vertrauen aufzubauen. Wir schließen daraus, dass jemand, der sich anderen gegenüber positiv verhält, sich auch uns gegenüber positiv verhält. Wenn Sie selbst als vertrauenswürdig wahrgenommen werden wollen, ist es daher sinnvoll, sich zu fragen, ob Sie sich anderen gegenüber sozial positiv verhalten. Kleine Gesten können hier eine große Wirkung haben. Hier spielen auch Begriffe wie Hilfsbereitschaft und respektvoller zwischenmenschlicher Umgang eine wichtige Rolle. Vorsicht: Gleiches gilt auch für die andere Richtung. Menschen, die sich gegenüber anderen negativ verhalten oder schlecht über andere sprechen, werden als weniger vertrauenswürdig eingeschätzt.

Gemeinsamkeit in fremdem Umfeld schafft ein vertrautes Gefühl

Wenn wir für uns selbst und für die Menschen in unserer Umgebung ein Gefühl der Vertrautheit schaffen wollen, geht das oft über Gemeinsamkeiten. Da das Gefühl der Zugehörigkeit für uns Menschen besonders wichtig ist, schaffen Gemeinsamkeiten ein Gefühl der Vertrautheit. Stellen Sie sich vor, Sie sind im Urlaub im Ausland und hören jemanden, der in Ihrer Sprache spricht. Sie spüren sofort ein Gefühl der Zugehörigkeit. Es fällt Ihnen sicher leichter, diese Person anzusprechen, weil Sie in fremder Umgebung etwas gemeinsam haben. Zu Hause hätten Sie diese Person vielleicht nicht angesprochen. Es ist natürlich in der Fremde nach Verbündeten zu suchen. Das ist einer der Gründe, warum Urlaubsfreundschaften oft lange halten.

Gemeinsamkeiten führen zu Vertrauen und Kooperation. Aktivitäten, die Gemeinsamkeiten implizieren, wie z.B. gemeinsames Singen oder Marschieren, fördern also Zusammenhalt und Vertrauen. Dies bestätigt eine Studie des Stanford-Wissenschaftlers Scott Wiltermuth, der dies bei Cheerleadern, Fußballfans und Soldaten untersucht hat. Menschen, die einander vertrauen und Gemeinsamkeiten erleben, sind eher bereit, miteinander zu kooperieren, auch wenn dies bedeutet, persönliche Opfer in Kauf zu nehmen.[64]

---

[64] Wiltermuth, Scott/Chip Heath: Synchrony and Cooperation. Psychological science. 20, 2009, S. 1–5.

Wenn das Gefühl der Zugehörigkeit eng mit dem Gefühl des Vertrauens verbunden ist, dann ist es sinnvoll, möglichst viele Aktivitäten und Maßnahmen zu ergreifen, die das Gefühl der Zugehörigkeit stärken. So stehen GEMEINSAME Aktivitäten, gemeinsame Rituale, gemeinsame Symbole in einem positiven Zusammenhang mit Vertrauen. Sie vermitteln das Gefühl, dass der andere uns ähnlich ist – ein Gefühl, das für uns in der Vergangenheit überlebensnotwendig war. Wir Menschen sind deshalb darauf gepolt, möglichst ähnliche Menschen um uns zu scharen, in der Annahme, dass sie uns nicht schaden.

Sprechen Sie Missverständnisse umgehend an

Wenn wir anderen unser Vertrauen schenken, machen wir uns ein Stück weit verletzlich. Jeder Vertrauensmissbrauch tut weh. Wir erleben Enttäuschung. So wird auch das beste Selbstvertrauen verletzt, wenn andere Menschen uns verletzen und unser Vertrauen missbrauchen. Das ist ganz natürlich. Es gehört zum sozialen Miteinander. Umgekehrt werden auch andere manchmal das Gefühl haben, dass Sie ihr Vertrauen missbraucht haben – auch wenn Sie es gut gemeint haben. Lassen Sie sich davon nicht verrückt machen. Sprechen Sie an, wenn Sie etwas nicht verstanden haben oder sich missverstanden fühlen. Lassen Sie nicht zu, dass das Sparschwein des Vertrauens unnötig beschädigt wird.

Zum Nachdenken:

- Denken Sie an Menschen, von denen Sie sagen würden, dass Sie ihnen vertrauen. Was macht Vertrauen aus? Was sind Ihrer Meinung nach die wichtigsten Kriterien, damit Vertrauen entsteht?
- Was können Sie dazu beitragen, damit in Ihrem Umfeld Vertrauen gefördert wird? Welche vertrauensfördernden Maßnahmen könnten Sie in Ihrem Berufs- und Alltagsleben sofort umsetzen?
- Welche Vereinbarungen und Versprechen sind Sie eingegangen und wie stellen Sie sicher, dass Sie diese einhalten?

15. Glauben Sie tendenziell eher an das Gute im Menschen

Sie werden sicher ein glücklicheres Alltags- und Berufsleben haben, wenn Sie mehr an das Gute im Menschen glauben, auch wenn Sie sich manchmal irren. Das ist immer noch besser, als immer nur das Schlechte zu sehen und manchmal recht zu haben. Evolutionsbedingt sind wir sehr schnell in der Beurteilung von Menschen. Wie bereits erwähnt, entsteht der erste Eindruck innerhalb einer Zehntelsekunde.[65]
Damit unser Gehirn das verarbeiten kann, stecken wir Menschen in Schubladen. Damit vereinfachen wir eine komplexe Umwelt. Dies führt dazu, dass der erste Eindruck oftmals falsch ist. Oft geben wir Menschen keine Chance, ohne wirklichen Grund. Oft kleben wir Menschen ein negatives Etikett auf, ohne dass sie es „verdient" haben. Wir urteilen vorschnell. Nachfolgende Geschichte, angelehnt an einen Vortrag von Slatco Sterzenbach,[66] veranschaulicht dies sehr gut:

- Stellen Sie sich vor, neben Ihnen hält ein Auto an der Ampel. Der Motor brummt laut. Sie schauen hin und sehen einen roten Ferrari. Darin sitzt ein Mann, etwa Mitte 60, kräftig gebaut, Lederjacke und grinst Sie mit einem breiten Lächeln an. Auf den ersten Blick fragt man sich, wie er in dieses Auto gekommen ist. Neben ihm auf dem Beifahrersitz sitzt eine junge Frau, vielleicht Mitte 20. Der Mann schaut noch einmal zu Ihnen herüber und drückt langsam ein paar Mal aufs Gaspedal. Der Motor heult auf. Die Ampel springt auf Grün. Mit quietschenden Reifen fahren der ältere Herr und seine junge Begleiterin davon, sodass man durch den Staub kaum die Rücklichter des Ferraris erkennen kann. Was denken Sie?
  Die Auflösung: Es geht um einen schwerkranken Vater, dessen größter Wunsch es war, einmal mit einem Ferrari zu fahren. Seine Tochter, Mitte 20, erfüllt ihm an diesem Tag diesen Wunsch und fährt mit ihm durch die Stadt.

  Für alle, die nicht zu diesem Ergebnis gekommen sind und vielleicht negative Gedanken hatten – sehen Sie dies als Aufforderung, nicht so vorschnell über andere zu urteilen. Sie wissen nicht, was dahintersteckt. Wir wissen nie, was passiert ist, dass ein Mensch so geworden ist, wie er ist oder warum er sich so verhält, wie er sich verhält. Wie auch immer wir urteilen, wir urteilen immer OBERFLÄCHLICH.

---

65 Willis, Janine/Alexander Todorov: First Impressions: Making Up Your Mind After a 100-Ms Exposure to a Face, in: Psychological Science, 17(7), 2006, S. 592–598.

66 Sterzenbach, Slatco: Sieger denken anders, in: Iron Mind, 2020, https://www.youtube.com/watch?v=Zw_rM6Tpg4g (abgerufen am 15.11.2023).

Sie sind auf dem Weg zur Arbeit und jemand nimmt Ihnen die Vorfahrt? Natürlich kann man sich ärgern, hupen, schimpfen. Die Frage, die bleibt: Ist es das wert – und kennen Sie die Geschichte? Vielleicht muss der Fahrer schnell ins Krankenhaus, vielleicht hat er einen wichtigen Termin verpasst, vielleicht hat er ein krankes Kind zu Hause und kommt deshalb zu spät. Gut, lassen wir diese Möglichkeit offen: Vielleicht ist er einfach nur ein rücksichtsloser Fahrer. Fakt ist: Sie kennen die Hintergründe nicht. Wenn man davon ausgeht, dass der andere es gut meint, kann man sich viel Ärger ersparen. Mit dem nötigen Selbstvertrauen können Sie es wahrscheinlich auch verkraften, wenn Ihnen jemand die Vorfahrt nimmt und Sie heute zwei Sekunden zu spät zur Arbeit kommen. Mit der Energie, die Sie gespart haben, weil Sie sich nicht geärgert haben, holen Sie im Laufe des Tages vielleicht sogar drei Sekunden auf – dann war es auch in dieser Hinsicht ein Gewinn.

Versuchen Sie, die Hintergründe zu verstehen

Die genannten Beispiele zeigen auf eindringliche Weise, was uns auch im Arbeitsleben täglich passiert. Wir urteilen schnell über andere, ohne zu verstehen, was sie wirklich meinen. Man könnte sich auch einfach die Zeit nehmen und versuchen, die Geschichte zu verstehen. Anstatt sich über eine abweisende Meldung zu ärgern, könnten Sie einfach nachfragen, was los ist, ob alles in Ordnung ist oder ob Sie irgendwie helfen können. Sie werden sehen – das Vertrauen zu Ihren Kolleginnen und Kollegen wird dadurch wachsen. Echtes Interesse an den anderen und das Gefühl, für sie da zu sein, zahlt auf lange Sicht absolut auf das Vertrauenskonto ein.

Ans Gute glauben JA – Naivität NEIN

Es erspart Ihnen viel Ärger und Sorgen, wenn Sie den Leuten zunächst gute Absichten unterstellen. Und doch braucht es ein angemessenes Maß an Skepsis. Es gilt also sehr genau abzuwägen, in welchen Situationen ein Vertrauensvorschuss angebracht ist und wann nicht. Gerade wenn Ihnen Vertrauen besonders wichtig ist, muss der Gegenpol, die Kontrolle, ihren Platz haben, um nicht in Naivität und blindem Vertrauen zu enden. Naivität kann sehr teuer werden. Hier gilt es klare Grenzen zu setzen.

Zum Nachdenken:

- Wo haben Sie in den letzten Tagen geurteilt, ohne die Hintergründe zu kennen?
- In welchen Situationen ertappen Sie sich häufig dabei, vorschnell zu urteilen?
- Haben Sie eine positive Einstellung zu den Menschen in Ihrer Umgebung?
- Gibt es Situationen, in denen Sie zu Naivität und blindem Vertrauen neigen?

5. Gelassenheit

Unsere Arbeitswelt braucht Menschen, die mit sich und anderen gelassen und humorvoll umgehen. Menschen, die bereit sind, Stress und Hektik abzubauen und Entscheidungen ruhig und überlegt zu treffen.

5.1. Begriff Gelassenheit, Heiterkeit und Ausgeglichenheit

Wir leben heute in einer sehr stressigen Welt. Stress gehört seit jeher zum Menschen und hat in der Evolution für das Überleben der Menschen eine wichtige Rolle gespielt. Vor allem in gefährlichen und kritischen Situationen schüttet der Körper die Botenstoffe Adrenalin und Noradrenalin aus, die den Blutdruck erhöhen und die Atmung beschleunigen. Die Nebennieren schütten zusätzlich Cortisol aus, das ebenfalls mobilisierend wirkt und die Wachheit und Aufmerksamkeit erhöht. Damit ist der Mensch bereit für den Kampf-Flucht-Mechanismus. Es hilft, dass die ganze Energie, alle Ressourcen auf eine Sache konzentriert sind. Wären unsere Vorfahren vor einem Bären stehend von einem bunten Schmetterling abgelenkt worden, hätte das wahrscheinlich das Ende der Fortpflanzung bedeutet. Das wäre nicht im Sinne der Evolution gewesen. Stress führt also dazu, dass wir uns auf eine bestimmte Situation konzentrieren. Das ist an sich nichts Negatives. Ganz im Gegenteil.

Stress steigert kurzzeitig die Leistungsfähigkeit
In vielen Situationen können wir auch heute noch von einem erhöhten Stresslevel profitieren. Wir erleben dies als Nervosität. Zum Beispiel in einem Bewerbungsgespräch ist die Anspannung, das Stressempfinden sehr nützlich, um die beste Leistung zu erbringen und voll konzentriert zu sein. Dies gilt für alle Situationen, in denen die Stressursache GLEICHZEITIG die Tätigkeit ist, auf die wir unsere Aufmerksamkeit richten wollen. In der Regel dauern solche Situationen nur eine überschaubare Zeit an, der Stresspegel sinkt wieder und der Körper entspannt sich. Diese Form von Stress scheint eher positiv zu sein und uns nicht zu schaden. In unserer heutigen Gesellschaft ist Stress jedoch selten auf eine konkrete Situation gerichtet. Häufig wirkt dieser diffus auf uns, es handelt sich also eher um Dauerstress als um eine gezielte, fokussierte Leistungssteigerung.

Dauerstress schadet nachweislich

Wenn wir von Dauerstress sprechen, dann meinen wir eher eine Stressform, die über einen längeren Zeitraum anhält und meist nicht auf eine konkrete Situation ausgerichtet ist. Diese Form von Stress scheint im heutigen Berufs- und Alltagsleben sehr häufig zu sein. Laut DAK-Präventionsradar geben bereits 30–40% der 10- bis 13-jährigen Schülerinnen und Schüler in Deutschland an, „häufig" bis „sehr häufig" unter Stress und Überforderung zu leiden.[67] Es scheint sich also um eine Volkskrankheit zu handeln, die von den Kleinsten bis zu den Ältesten keine Ausnahme macht. Der Terminkalender ist meist voll und die Uhr ein ständiger Begleiter im Leben. In vielen Berufen ist es nicht mehr ungewöhnlich, fast Tag und Nacht erreichbar zu sein oder zumindest regelmäßig Mails und Nachrichten auf dem Smartphone abzurufen.

Dieser Dauerstress ist alles andere als gesund – weder für den Einzelnen noch für Unternehmen. Während kurzfristiger Stress uns noch zu Höchstleistungen anspornen kann, ist eindeutig erwiesen, dass langfristige psychische Belastung gesundheitlich problematisch ist. Auf der körperlichen Ebene sind Menschen mit hohem Stresslevel anfälliger für Entzündungen, Erschöpfung und erhöhtes Schmerzempfinden. Zudem scheinen Menschen, die unter Stress stehen, schlechtere Entscheidungen zu treffen.

Stress macht risikofreudig

Das hat ein Forscherteam um Katrin Starcke von der Universität Bielefeld herausgefunden. Sie setzten Teilnehmer unter Stress und überprüften anschließend, ob sie sich in einem Spiel risikofreudig oder eher risikoavers verhielten. Auffällig war, dass die Teilnehmer, die zuvor unter Stress gesetzt worden waren, schlechtere und risikoreichere Entscheidungen trafen.[68] Warum ist es in vielen Unternehmen immer noch üblich, Menschen vorsätzlich unter Druck und Stress zu setzen? Unabhängig vom moralischen Fehlverhalten ist es auch ökonomisch mehr als fragwürdig. Bessere Leistungen und Entscheidungen scheinen daraus jedenfalls nicht zu resultieren.

Gelassenheit – zwischen Anspannung und Erholung

Wir brauchen also einen Gegenpol – Aktivitäten, die uns helfen, nicht alles zu ernst, zu stressig und zu angespannt zu nehmen. In der Natur ist dieses Wechselspiel zwischen Stress und

---

[67] Hanewinkel, Reiner/Julia Hansen/Jana Janßen/Matthis Morgenstern: Präventionsradar. Erhebung Schuljahr 18/19. Kinder- und Jugendgesundheit in Schulen. Ergebnisbericht der Welle 3. Institut für Therapie- und Gesundheitsforschung, in: IFT-Nord, 2019, http://www.dak.de/dak/download/praeventionsradar-2019-2266684.pdf (abgerufen am 15.11.2023).

[68] Starcke, Katrin/Matthias Brand: Decision making under stress: a selective review, in: Neuroscience and biobehavioral reviews, 36(4), 2012, S. 1228–1248.

Erholung ganz normal. Beobachtet man zum Beispiel einen Löwen bei der Jagd, sieht man, dass er mit Leidenschaft, Anspannung und vollem Einsatz jagt. Im Kampfmodus wird er von Hormonen überschwemmt. Jeder Muskel scheint angespannt zu sein. Nach der Jagd genießt er das „Festmahl“ und erholt sich danach vollständig. Er lässt alle Gliedmaßen hängen und befindet sich in völliger Ruhe. Bei uns Menschen ist das meist anders. Wir sind durch Hunderte von Aktivitäten so getrieben, dass diese natürlichen Ruhephasen, die unser Körper so dringend bräuchte, kaum vorkommen. Wir müssen also bewusst Zeit einplanen, um zu dieser Erholung zu kommen.

Gelassenheit und Ausgeglichenheit

Der Begriff Gelassenheit steht für einen besonnenen Umgang mit allen Situationen im Berufs- und Alltagsleben, sowohl mit sich selbst als auch mit anderen. Gelassenheit bedeutet nicht, völlig stressfrei zu leben, sondern Stress zu „managen“. Oder noch direkter: Stress als wertvolle Ressource zu sehen, die uns in bestimmten Situationen zu Höchstleistungen anspornen kann. Gleichzeitig aber die Dinge nicht zu verkrampft, sondern souverän und gelassen zu betrachten. Das bedeutet, ohne unnötige Dramatisierung entsprechende Maßnahmen abzuleiten. Dabei spielen vor allem die beiden Komponenten Heiterkeit (im Sinne von Humor) und Gelassenheit eine wesentliche Rolle. Es ist kein Zufall, dass diese scheinbar unterschiedlichen Begriffe in diesem Kapitel zusammenfinden.

Der persönliche Beitrag zum Thema Gelassenheit ist eine gewisse innere Ausgeglichenheit, eine innere heitere Gelassenheit. Es geht nicht darum, die Dinge zu locker zu sehen, sondern vielmehr darum, die Dinge mit dem nötigen Abstand zu betrachten und den Humor nicht zu verlieren. Humor ist der Knopf, der verhindert, dass einem der Kragen platzt“, sagte Joachim Ringelnatz zu Recht.[69]

Heitere Gelassenheit und Ausgeglichenheit vergrößern den Handlungsspielraum

Wir Menschen funktionieren nicht so „linear“, wie es manchmal den Anschein hat. Zwar versprechen das viele Ratgeber, indem sie suggerieren, dass, wenn man A tut, B passiert. Mit der realen Welt hat das meist wenig zu tun. Wir Lebewesen (egal ob Mensch oder Tier) sind nicht mit trivialen Maschinen vergleichbar. Bei einer Maschine sind diese Zusammenhänge klarer. Man drückt Knopf A und die Maschine macht B. Wenn die Maschine nicht B macht, gibt es dafür eine klare, rationale Erklärung. Bei komplexen, nicht-trivialen Objekten ist das anders. Hier hängt das Ergebnis von vielen unberechenbaren Faktoren ab, dem individuellen Handlungsspielraum.

---

[69] Ringelnatz, Joachim, in: Ronner, Markus: Die treffende Pointe, Bern: Ott Verlag, 1979.

Betrachten wir ein anderes Beispiel. Angenommen, man wirft einen Ball vom Beckenrand ins Wasser. Aus dem Winkel und der Geschwindigkeit des Wurfes, den Windverhältnissen und dem Gewicht des Balles kann man genau berechnen, wo der Ball im Wasser aufschlagen wird. Wenn man das Gleiche z. B. mit einem Huhn macht, wird es schon schwieriger (bitte nicht versuchen, dies ist nur ein Beispiel). Ein Huhn ist kein triviales Objekt. So hängt die Flugbahn neben den berechenbaren Faktoren auch vom Verhalten des Huhns ab. Lebewesen verhalten sich komplex. Es ist insbesondere für den Werfenden nicht vorhersehbar, wie das Huhn reagiert. Das Ergebnis hängt nicht nur vom Verhalten des Werfenden ab, sondern auch von der Reaktion des Wurfobjekts (in diesem Fall des Huhns).

Ähnlich verhält es sich beim Menschen. Ein Reiz, der von außen kommt, löst nicht unbedingt eine vorhersehbare Reaktion aus.[70] Wir haben hier einen gewissen Spielraum, einen Bereich, der zwischen Reiz und Reaktion liegt. Je ausgeglichener wir sind, desto größer ist dieser Spielraum.

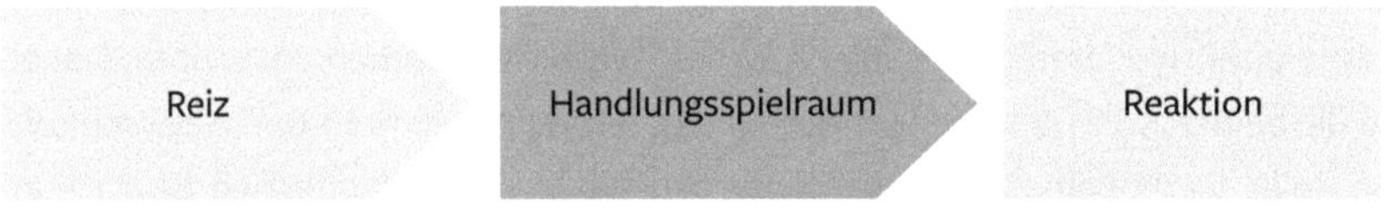

Abbildung 16: Handlungsspielraum zwischen Reiz und Reaktion (eigene Darstellung)

Es gibt viele Wege, dieses innere Gleichgewicht zu erreichen. Das ist sehr individuell. Die Frage, wo wir Entspannung und Erholung finden, kann jeder nur für sich selbst beantworten. Für viele Menschen sind es die Momente der Ruhe. Für andere sind es die Momente der Konzentration oder der vollen Fokussierung. Wieder andere finden sie im Humor und im Lachen. Letztlich geht es darum, auch unter Stressbedingungen Freude am Leben zu haben und sich nicht von Kleinigkeiten aus der Bahn werfen zu lassen, sondern gute und überlegte Entscheidungen zu treffen.

[70] Das Reiz-Reaktions-Modell ist ein Modell aus der behavioristischen Psychologie.

5.2. Spannungsfeld: Heitere Gelassenheit und Ernsthaftigkeit

Heitere Gelassenheit ist eine gute Eigenschaft für ein humorvolles und ausgeglichenes Berufs- und Alltagsleben. Aber was wäre, wenn wir Gelassenheit idealisieren würden? Wahrscheinlich kämen wir als Menschheit keinen Schritt weiter, wenn wir alles immer „gelassen" sehen würden. Es braucht also auch hier einen Ausgleich. Zeiten, in denen wir die Dinge sehr ernst nehmen, in denen wir angespannt sind und in denen wir ein gewisses Maß an Stress erleben.

- Sie stehen vor einer wichtigen Abschlussprüfung? Es wäre wahrscheinlich nicht sehr hilfreich, wenn Sie das mit übertriebenem Humor und extremer Gelassenheit angehen würden.
- Ein Arzt, der eine schlechte Diagnose mitteilen muss? Wahrscheinlich nicht sehr hilfreich, wenn er dies mit einem Übermaß an Humor und Gelassenheit tut.
- Ein Auto kommt Ihnen auf der falschen Spur entgegen? Vielleicht nicht der beste Moment, um sich in Gelassenheit zu üben.

Bei allem Streben nach Gelassenheit ist zu beachten: Positive Gelassenheit bedeutet ein angemessen wahrgenommenes Spannungsfeld zwischen GELASSENHEIT und ERNSTHAFTIGKEIT.

Es braucht immer beides. Momente der Heiterkeit und Momente der Ernsthaftigkeit. Um es noch komplizierter zu machen: Es braucht in jeder Situation Aspekte von Gelassenheit und Ernsthaftigkeit. Der Arzt, der eine schlechte Diagnose mitteilen muss, sollte dies einerseits so ernsthaft tun, dass der Patient sich ernst genommen fühlt, andererseits aber auch so gelassen, dass er nicht zusätzlich Ängste oder Hoffnungslosigkeit schürt. Sie sehen – es ist also eine Kunst, das richtige Maß zu finden. Wie bei jedem Wert landen wir sonst in der Überreaktion. Ein Übermaß an Gelassenheit würde zur GLEICHGÜLTIGKEIT führen.

Andererseits würde zu viel Ernsthaftigkeit zu VERKRAMPFTHEIT und Dramatisierung führen. Um beim Beispiel des Arztes zu bleiben: Nehmen wir an, Sie kommen mit einer Erkältung zum Arzt. Natürlich wollen Sie – trotz einer scheinbar harmlosen Erkrankung – ernst genommen werden. Aber nicht überernst. Wenn der Arzt nun aufzählt, wie viele Menschen schon an den gleichen Symptomen gestorben sind und übermäßig nervös wirkt, ist das weder für Ihr Wohlbefinden noch für Ihre Genesung hilfreich.
Wie immer gilt – das rechte Maß ist entscheidend – wir bewegen uns bei diesem Begriff somit zwischen Gelassenheit und Ernsthaftigkeit.

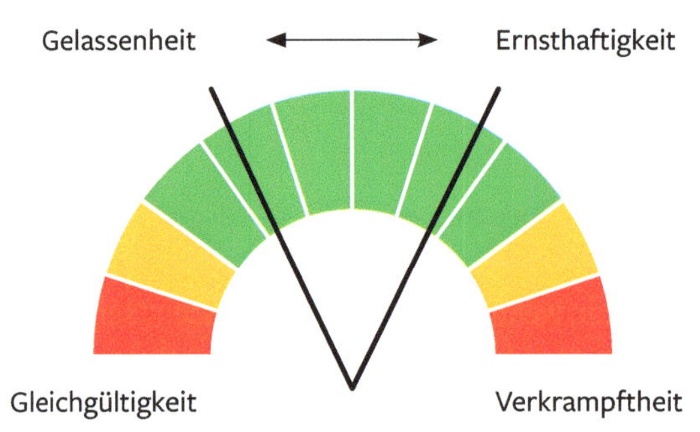

Abbildung 17: Spannungsfeld der Werte – Gelassenheit (eigene Darstellung)

5.2.1. Zu viel Gelassenheit: Gleichgültigkeit

Ein Übermaß an Gelassenheit führt zur Gleichgültigkeit. Nachfolgend sind Symptome dargestellt, die daraus resultieren können:

- **Symptome im persönlichen Kontext:**

Gleichgültigkeit – der „Drive" persönlich vorwärtszukommen geht verloren
Auf der persönlichen Ebene führt zu viel Gelassenheit dazu, den Fokus zu verlieren und Dinge, die ernst genommen werden müssen, sehr locker zu sehen. Der „Drive" geht verloren und ein Gefühl der Gleichgültigkeit stellt sich ein. Es gelingt nicht mehr, die persönlichen Ziele und Visionen voranzutreiben. In weiterer Folge kann Gleichgültigkeit dazu führen, dass die Suche nach Sinn in den Hintergrund tritt und sich eine gewisse Sinnlosigkeit einstellt. Das Gefühl der Sinnlosigkeit steht in Widerspruch zu Glück und Erfolg im Berufsleben und ist ein optimaler Nährboden für Depression und Burn-out. Es braucht somit eine gewisse Ernsthaftigkeit, um die eigenen Wünsche, Ziele und Visionen umzusetzen.

Humor zur falschen Zeit
In zwischenmenschlichen Beziehungen führt ein Zuviel an Heiterkeit und Gelassenheit dazu, dass sich das Gegenüber nicht ernst genug genommen fühlt. Heiterkeit und Humor haben in zwischenmenschlichen Beziehungen einerseits eine erleichternde und entlastende Funktion, können aber unter Umständen auch kontraproduktiv wirken. Eine Kollegin oder ein Kollege mit einem ernsten Problem wird sich unwohl fühlen, wenn Sie heiter oder humorvoll mit einem unsensiblen Spruch reagieren. Es ist also Fingerspitzengefühl gefragt, um Humor angemessen einzusetzen.

Herunterspielen von Problemen und wichtigen Situationen
Sowohl im persönlichen, zwischenmenschlichen als auch im beruflichen Kontext kann es ein Zeichen von Gleichgültigkeit sein, wenn Probleme nicht ernst genommen werden. Tritt ein ernsthaftes Problem auf und wird nur halbherzig damit umgegangen, kann dies in allen Lebensbereichen schwerwiegende Folgen haben. Gerade in kritischen Situationen ist es daher wichtig, das richtige Maß an Ernsthaftigkeit zu finden. Ein guter Indikator dafür, ob wir wichtige Situationen ernst genug nehmen, kann unsere Nervosität sein. Nervosität ist ein Zeichen von Ernsthaftigkeit und zeigt, dass uns die Sache nicht „egal" ist. Es ist also ein gutes Zeichen, wenn man zum Beispiel vor wichtigen Terminen nervös ist. Das steigert Ihre Leistungsfähigkeit und hilft Ihnen, Ihr Bestes zu geben. Wenn Ihnen

etwas wirklich „egal“ ist, können Sie nicht nervös sein. Achten Sie kritisch darauf, ob Sie in wichtigen Situationen „ausreichend nervös“ sind. An Ihrer Nervosität erkennen Sie, dass Ihnen etwas wichtig ist.

- **Symptome im Unternehmenskontext:**

  Leichtfertiger Umgang mit Ressourcen des Unternehmens
  Sprechen wir im Unternehmenskontext von zu viel Gelassenheit (sei es auf Führungs- oder Mitarbeiterebene), so finden wir Symptome wie unüberlegte, leichtfertige Entscheidungen, leichtfertiges Handeln, mangelnde Aufmerksamkeit für Ressourcen. Wichtige Themen werden nicht ernst genommen, Probleme nicht angesprochen, Konflikte nicht ausgetragen. Es entsteht eine gewisse Unverbindlichkeit in allen Bereichen, die dazu führen kann, dass Chancen nicht mehr genutzt werden und sich Unternehmen auf den Lorbeeren der Vergangenheit ausruhen – oftmals auf Kosten der Zukunft.

  Drive im Unternehmen – die gesunde Spannung geht verloren
  Ein weiteres Symptom, das auf Gleichgültigkeit in einem Unternehmen hinweisen kann, ist der Verlust der Verbundenheit mit dem Unternehmen. Ein ausreichendes Maß an Ernsthaftigkeit erzeugt in Unternehmen immer ein gesundes Spannungsfeld. Mitarbeiterinnen und Mitarbeiter wollen gute Ergebnisse erzielen und stehen daher unter einem gesunden Stresslevel. So will der Vertrieb gute Verkaufszahlen liefern, der Einkauf dazu beitragen, die Kosten niedrig zu halten, die Entwicklung neue Produkte fertigstellen. Die Spannung zwischen den Abteilungen treibt die Mitarbeitenden zu Höchstleistungen an und erzeugt einen gesunden Druck untereinander, um das Unternehmen voranzubringen. Leidenschaftliche interne Diskussionen stehen in gesunden Unternehmen an der Tagesordnung. In einer Kultur der Gleichgültigkeit geht dies verloren. Hier sind die Menschen nicht mehr bereit, füreinander und miteinander zu kämpfen, sondern lehnen sich zurück. Dies kann die Vorstufe zur inneren Kündigung sein.

Viele Situationen im Leben verlangen, dass wir ihnen mit entsprechender Ernsthaftigkeit begegnen. Alles nur locker und leicht zu sehen hätte fatale Folgen. Diese Ernsthaftigkeit kann auch übertrieben werden und zur Verkrampftheit führen.

5.2.2. Zu viel Ernsthaftigkeit: Verkrampftheit

Wenn die Ernsthaftigkeit überhandnimmt, wird sie zur Verkrampftheit. Mögliche Symptome, die auf ein Übermaß an Ernsthaftigkeit hinweisen, sind im Folgenden aufgeführt:

- **Symptome im persönlichen Kontext:**

Kleinigkeiten bringen einen auf die Palme
Auf der persönlichen Ebene gehen bei fehlender Gelassenheit Spaß und Freude verloren. Dinge werden übertrieben ernst genommen, man steigert sich in scheinbar unwichtige Dinge hinein. Dies führt dazu, dass man sich nicht mehr auf die wirklich wichtigen Aspekte konzentrieren kann, sondern sich in Kleinigkeiten so aufreibt, dass keine Energie mehr für das Wesentliche übrigbleibt. Eine übertriebene Ernsthaftigkeit gegenüber verschiedenen Situationen fördert Ängste und Unsicherheiten. Wenn z. B. jeder Pickel mit dem sicheren Tod in Verbindung gebracht wird, kann man sich vorstellen, dass dies nicht zu Glück und Erfolg, sondern eher zu einem sorgenvollen Leben führt. Hier braucht es die Fähigkeit zur Distanz und eine gewisse Lockerheit.

Drama in scheinbar harmlosen zwischenmenschlichen Interaktionen
In zwischenmenschlichen Beziehungen fühlen sich Menschen mit wenig Gelassenheit oft durch Kleinigkeiten angegriffen und aus der Fassung gebracht. Scheinbar harmlose Äußerungen führen zu großer Aufregung. Humorvolle Äußerungen des Gegenübers werden persönlich genommen – es fehlt die Fähigkeit, über sich selbst zu lachen. So entstehen oft ärgerliche, aber auch peinliche Situationen. Kleinigkeiten können zu massiven Konflikten führen, die in zwischenmenschlichen Beziehungen ernsthaften Schaden anrichten. Menschen, die in zwischenmenschlichen Interaktionen schnell „explodieren", haben oft einen geringen Handlungsspielraum. Zentrale Aufgabe für diese Menschen könnte es sein, diesen Handlungsspielraum zu erweitern. Hier braucht es mehr Ausgeglichenheit und Gelassenheit, um zwischenmenschliche Situationen mit einer gewissen Distanz zu betrachten, ohne dass alle Sicherungen durchbrennen.

Verbissenheit, Vergleiche und Gewinner-Mentalität
Ein Übermaß an Ernsthaftigkeit kann sich auch in den „täglichen Spielen des Lebens" zeigen – nämlich dann, wenn Menschen diesen mit übertriebener Verbissenheit begegnen. Sehr häufig sind dies Menschen, die im ständigen Vergleich mit anderen stehen und ein starkes Sieger-Verlierer-Denken haben. Sie wollen verbissen „besser

sein“ als andere und als Sieger vom Platz gehen. Hier braucht es eine gewisse Gelassenheit, um zu erkennen, dass für jeden Gewinn ein Preis fällig ist – und gewisse Spiele im Leben nicht gewonnen werden können.

- **Symptome im Unternehmenskontext:**

  Schlechte Stimmung/schlechte Fehlerkultur:
  Ein Mangel an Gelassenheit im kollektiven Kontext würde in den Unternehmen zu einer Kultur der übertriebenen Ernsthaftigkeit führen. Dies führt zu häufigen Dramen und Übertreibungen. Humor findet wenig Platz. Entscheidungen werden viel diskutiert, weil jede kleine Abweichung sofort mit übertriebener Dringlichkeit behandelt wird. Um sich vor den explosiven Strukturen und Charakteren zu schützen, die solche Unternehmen oft kennzeichnen, ist ein Übermaß an Bürokratie und langen Entscheidungswegen notwendig. Die Arbeitsatmosphäre wird angespannt und humorlos, geprägt von Sorge und Hektik. Aufgrund der überzogenen Reaktionen bei kleinen Abweichungen entsteht eine katastrophale Fehlerkultur. Fehler werden vertuscht und die Schuld wird hin- und hergeschoben. Die Mitarbeitenden scheuen sich, Missstände anzusprechen, aus Angst vor verärgerten Reaktionen der Vorgesetzten. Aufgrund mangelnder Fehlertoleranz sind die Risikobereitschaft und die Veränderungsbereitschaft in solchen Unternehmen gering.

Dieser kleine Auszug aus möglichen Symptomen zeigt: Gerade dort, wo Ernsthaftigkeit überhandnimmt, braucht es als Ausgleich eine gewisse Gelassenheit. Gelassenheit gegenüber sich selbst, um Handlungsspielräume zu schaffen und nicht alles überernst zu sehen. Humor als Ventil, um sich nicht von Kleinigkeiten aus der Ruhe bringen zu lassen, eine gewisse Fehlerbereitschaft sowie das Bewusstsein, dass nicht „jedes Spiel“ um jeden Preis gewonnen werden muss. Man darf Situationen mit angemessener Leichtigkeit und Abstand sehen.

Im nächsten Kapitel finden Sie Gedanken, wie Sie Gelassenheit und Ausgeglichenheit im Berufs- und Arbeitsalltag zum Leben erwecken können.

5.3. Gedanken, um Ausgeglichenheit und Heitere Gelassenheit zu leben

16. Schaffen Sie sich bewusst humorvolle Momente

Jeder von uns kennt sie, die humorvollen Momente, manchmal die schönsten Momente im Leben. Wir lachen gerne und teilen unseren Humor. Als besonders lustig empfinden wir Momente, die uns überraschen und in denen unser Gehirn einen anderen Zusammenhang erwartet.

Trainieren Sie Ihren Humor
Wenn wir an Humor denken, verbinden wir ihn daher meist mit Überraschungen und spontanen Situationen. Doch Humor muss nicht spontan entstehen. Ein Forscherteam um Prof. Dr. Willibald Ruch hat herausgefunden, dass sich Humor und Gelassenheit trainieren lassen.[71] Zum Beispiel durch einfache Übungen – wie jeden Abend an drei lustige Dinge des Tages zu denken. Es zeigte sich, dass die Teilnehmenden, die diese Übung täglich durchführten, nach einem achtwöchigen Programm glücklicher und zufriedener waren. Eine einfache Übung mit großer Wirkung – und dem Vorteil, die drei lustigsten Momente des Tages im Kopf ein zweites Mal zu erleben.

Eine andere Möglichkeit besteht darin, bewusst Gelegenheiten zum Lachen zu schaffen. Dazu gibt es viele Möglichkeiten – hier ein paar Ideen:
- Umgeben Sie sich mit Menschen, mit denen Sie lachen können.
- Lesen Sie unterhaltsame, witzige Bücher.
- Abonnieren Sie lustige Zeitschriften.
- Besuchen Sie Veranstaltungen, bei denen Sie lachen können (Kabarett).

Das mag auf den ersten Blick zu einfach und oberflächlich erscheinen, aber es kann Wunder bewirken. Wir neigen oft dazu, das Lachen zu unterschätzen. Neben den eingangs erwähnten psychologischen Aspekten hat Lachen auch physiologische Auswirkungen. So sind beim Lachen mehr als 100 Muskeln aktiv. Forscher der Universität Standford um Professor Fry haben herausgefunden, dass 20 Sekunden Lachen den Körper ähnlich beanspruchen wie drei Minuten Joggen.[72]

---

[71] Ruch, Willibald/Jennifer Hofmann/Sandra Rusch/Heidi Stolz: Training the sense of humor with the 7 Humor Habits Program and satisfaction with life, in: Humor, 31(2), 2018, S. 287–309.
[72] Fry, William: The biology of humor, in: International Journal of Humor Research, 7(2), 1994, S. 111–126.

Humor ist Medizin – nicht nur für Sie, sondern auch für andere

Ein gelungener Witz und Schlagfertigkeit zur rechten Zeit erheitert und entspannt die Umgebung ungemein. So können angespannte Situationen entschärft werden. Die Betonung liegt hier auf „zur rechten Zeit". Der Zeitpunkt scheint entscheidend zu sein. Nicht jeder Moment ist der richtige für Humor.[73] „Humor ist Tragik plus Zeit"[74] dieser Spruch bringt es auf den Punkt. Mit etwas Abstand lassen sich auch die schlimmsten Situationen mit einer angemessenen Portion Humor verarbeiten. Deutlicher gesagt: Um Schlimmes zu verarbeiten, BRAUCHT es oft sogar den Humor als Ventil. Es ist daher kein Zufall, dass Humor und Lachtherapien auch im medizinischen Bereich ihren Platz haben. Auch zahlreiche Initiativen setzen auf Humor in belastenden Situationen, wie z.B. die Organisation „Rote Nasen", die Kindern in Krankenhäusern den Aufenthalt durch Humor erträglicher macht und nachweislich in jeder Hinsicht Erfolge erzielt.[75]

Humor: ein Schlüssel zu mehr Gelassenheit

Humor macht vieles leichter und lässt uns neue Blickwinkel einnehmen. Er hilft uns, die Dinge nicht zu verkrampft, sondern mit einer gewissen Distanz zu betrachten. Humor hat auch die Funktion, dass unser Gehirn aus dem Überlebensmodus herauskommt und wieder klarer denken kann. Die aus dem 17. Jahrhundert stammende „Relief-Theorie" ist eine der am weitesten verbreiteten und zugleich ältesten Theorien.[76] Sie wurde vielfach weiterentwickelt und geht in ihrer Grundannahme davon aus, dass durch Lachen eine Erleichterung entsteht, die psychische Spannungen auflöst. Menschen bewahren sich durch Lachen und Humor eine gewisse innere Stärke.

Außerdem ist Lachen nachweislich gesund. So belegen Studien, dass die Schmerzempfindlichkeit durch Lachen deutlich abnimmt.[77] Eindeutig belegt ist auch, dass sich Lachen positiv auf den Hormonspiegel auswirkt. Bereits wenige Minuten nach dem Lachen nimmt das Stresshormon Cortisol im Blut ab, während das Glückshormon Endorphin nachweislich ansteigt. Ebenso steigt das Bindungshormon Oxytocin.

---

[73] May, Cindy: When Are Jokes about a Tragedy Funny? Humor is tragedy plus time – but how much time? in: Scientific American, 2014, https://www.scientificamerican.com/article/when-are-jokes-about-a-tragedy-funny/ (abgerufen am 15.6.2023).

[74] Zitat von Mark Twain.

[75] Rote Nasen – Klinikclowns. Nähere Informationen unter: http://rote-nasen.de

[76] Shaftesbury, Lord: Sensus Communis: An Essay on the Freedom of Wit and Humour," in: Characteristics of Men, Manners, Opinions, Times, 1. Aufl., London, 1709.

[77] Dunbar, R. I. M./Rebecca Baron/Anna Frangou/Eiluned Pearce/Edwin van Leeuwen Edwin/Julie Stow/Giselle Partridge/Ian MacDonald/Vincent Barra/Mark van Vugt: Social laughter is correlated with an elevated pain threshold, in: Proceedings. Biological sciences, 279(1731), 2012, S. 1161–1167.

Zum Nachdenken:
- Wann haben Sie das letzte Mal herzhaft gelacht? Worüber? Erinnern Sie sich noch mal an die Situation.
- Was könnten Sie heute tun, um Ihren Humor zu trainieren?
- Wo bräuchte es in Ihrem Leben mehr Humor? Wo mehr Ernsthaftigkeit?
- Wie könnten Sie Humor in Ihrem Umfeld fördern?

Humor im Berufsleben

Wie aus den obigen Ausführungen hervorgeht, gehen die Funktionen von Humor weit über „Spaß haben“ hinaus. Wenn Sie ein positives Arbeitsumfeld schaffen wollen, spielt Humor eine zentrale Rolle. Gerade in Zeiten, in denen Druck, Stress und psychische Belastung enorm hoch sind, kann es für Sie und Ihr Umfeld befreiend wirken, wenn Humor seinen Platz findet.

Zum Nachdenken:
- Was können Sie tun, um Ihr berufliches Umfeld humorvoller und unterhaltsamer zu gestalten?

Grenzen des Humors

Man darf nicht vergessen, dass es auch hier Grenzen gibt. Der Zeitpunkt wurde bereits erwähnt – Humor zur falschen Zeit wird als sehr unpassend empfunden. Darüber hinaus ist jede Form von Humor, die andere Menschen verletzt, inakzeptabel. Hier ist Achtsamkeit gefragt, um die Grenzen des Humors nicht zu überschreiten.

17. Manche Spiele können nicht gewonnen, sondern nur mit Freude gespielt werden

Sei es in der Arbeitswelt, in der Schule, im Sportverein oder im Familienleben: Die meisten Menschen haben gelernt, sich an einem bestimmten Ergebnis zu orientieren. Das Setzen von Zielen spielt dabei eine wesentliche Rolle. Wir wollen immer als Sieger vom Platz gehen. Aber bei welchem Spiel? Es gibt Spiele, die können NICHT GEWONNEN werden. Sehr treffend wird diese Unterscheidung in dem Bestseller „The Infinite Game“ von Simon Sinek dargestellt. Er unterteilt darin die „Spiele des Lebens“ in Finite und Infinite Games.[78] Eine ähnliche Darstellung findet sich in Dieter Langes Werk „Sieger erkennt man am Start – Verlierer auch“.[79] Dieses Dilemma wird in beiden Werken, aber auch von vielen anderen Autorinnen und Autoren, Psychologinnen und Psychologen angesprochen. Viele Menschen jagen einem Ziel hinterher und wollen das Spiel gewinnen – dabei spielen sie ein Spiel, das nicht zu gewinnen ist. Schauen wir uns das basierend auf oben genannten Werken genauer an:

Was braucht ein Spiel, um gewonnen zu werden?
Um ein Spiel zu gewinnen, muss klar sein, wer spielt und welche Regeln gelten. Nehmen wir das Beispiel Fußball:
- Es ist bekannt, wer spielt, wie viele Personen spielen und unter welchen Bedingungen sie spielen dürfen.
- Die Spielerinnen und Spieler kennen die Regeln und haben sich darauf geeinigt, sie einzuhalten. Die Regeln sind für alle gleich.
- Wer beim Schlusspfiff mehr gültige Tore erzielt hat, hat das Spiel gewonnen.
- Mit dem Schlusspfiff steht der Sieger fest.

Nicht jedes Spiel kann gewonnen werden...
... beispielsweise das Berufs- und Alltagsleben. Zwar bezeichnen sich auch hier Menschen als Sieger, weil sie vielleicht größere Autos fahren, mehr Geld auf dem Konto haben. Sie scheinen ERFOLG zu haben. Aber sind sie wirklich „Sieger“? Schauen wir uns das anhand der oben gestellten Fragen an.
- Nach welchen Maßstäben haben sie das Spiel „gewonnen“?
- Nach welchen Regeln?
- Wer hat mitgespielt und sich auf die Regeln geeinigt?

---

[78] Sinek, Simon: The infinite game, Portfolio Penguin, 2020.
[79] Lange, Dieter: Sieger erkennt man am Start – Verlierer auch, Berlin: Ullstein Buchverlage, 2021.

Sie sehen, so einfach ist es nicht. Für unser Leben geht es vor allem darum, möglichst lange gesund, glücklich und mit Freude im Spiel zu bleiben und einen Beitrag zur Menschheit zu leisten. Wir können Etappenziele erreichen, aber das große „Spiel" können wir nicht gewinnen. Es bedarf einem gesunden Maß an Gelassenheit, um das zu erkennen und zu akzeptieren – andernfalls ist möglicherweise für Siege ein hoher Preis zu zahlen.

Für jeden scheinbaren „Sieg" ist ein Preis fällig

Jeder „Sieg" in einem Spiel, das eigentlich nicht zu gewinnen ist, hat seinen Preis. Wenn wir uns als scheinbare „Sieger" in einem Lebensbereich oder einer Situation sehen, müssen wir daher auch die „Kehrseite" betrachten. Oft wird ein „Sieg" in einem Lebensbereich mit HOHEN KOSTEN in anderen Lebensbereichen erkauft. Der Millionär ohne Familienleben, das Model ohne Genussmomente, der Frauenschwarm ohne „echte" Beziehung, der Spitzensportler, dessen Gesundheit leidet. Bleibt die Frage, ob man unter diesen Umständen überhaupt von einem „Sieg" sprechen kann? Sie sehen, worauf ich hinaus will. Unsere weitverbreitete Gewinner-Verlierer-Haltung führt dazu, dass wir nicht erkennen, wie unsinnig Vergleiche in solchen „Spielen" sind.

Das Problem mit dem Vergleich

Wir Menschen neigen dazu, uns mit anderen zu vergleichen. Wenn wir besser sind als andere, führt dies zu einer gefühlten Erhöhung unseres Status in der Gruppe (aus anthropologischer Sicht: höherer Status, bessere Nahrung, bessere Fortpflanzungschancen – also evolutionär sehr sinnvoll). Es ist also ein tiefes menschliches Bedürfnis, besser sein zu wollen als andere. Dabei muss klar sein: Ein Vergleich zeigt uns immer nur eine Seite der Medaille. Erinnern wir uns – es gibt Spiele, die man nicht gewinnen kann (weil es keine Regeln, keine definierten Spieler und kein „Ende" gibt). In solchen Spielen machen Vergleiche keinen Sinn. Wir sehen nur einen Aspekt, aber nicht das ganze Bild. Wir sehen nicht, welchen Preis die Person bezahlt hat. Wir sehen nicht, welche Prioritäten, Ziele, Werte, Visionen und Wünsche diese Person hat. Wir wissen nicht, ob sie mit unseren vergleichbar sind. Was wollen Sie also vergleichen? Was Ihnen persönlich wichtig ist, lässt sich nicht vergleichen – unter anderem, weil es nicht in Zahlen messbar ist. Was ist mehr wert? Ein teures Essen im Haubenlokal oder ein Pizza-Abend zu Hause mit Freunden? Das halb vertrocknete Sandwich zu zweit bei Sonnenuntergang am Meer oder das teure Steak allein am Hoteltisch?

Im Spiel bleiben, jeden Tag besser werden und mit Freude spielen

Bei Spielen, die man nicht gewinnen kann, muss es also um etwas anderes gehen als am Ende „Sieger zu sein“. Es geht nicht darum, möglichst schnell ein bestimmtes Ziel zu erreichen, sondern möglichst lange im Spiel zu bleiben und es zu genießen. Vergleichen wir uns mit anderen, so vergleichen wir immer „Äpfel mit Birnen“. Daher ist nur ein Vergleich zulässig, der mit uns SELBST. Es lohnt sich zu fragen, wie ich mich persönlich entwickelt habe. Zu hinterfragen, was ich heute besser kann als gestern. Mich selbst herauszufordern und den Anspruch zu haben, morgen besser zu sein als heute. Und nicht zuletzt die zentrale Frage für ein glückliches und erfolgreich erlebtes Leben: Habe ich FREUDE am Spiel? Am Ende wird es darum gehen, wie wir das „Spiel“ gespielt haben, wie auch eines meiner Lieblingszitate von Grantland Rice schön beschreibt:

For when the One Great Scorer comes – to mark against your name,
He writes not that you won or lost – but how you played the game!
(Grantland Rice)

Übersetzt heißt das so viel wie: Wenn am Ende des Lebens das Leben in irgendeiner Form bewertet wird, geht es nicht darum, ob das Spiel des Lebens gewonnen wurde, sondern WIE wir es gespielt haben.

Haben Sie mit Freude gespielt und dazu beigetragen, dass auch andere Freude erfahren? Haben Sie dazu beigetragen, die Welt ein wenig besser zu machen? Waren Sie eine Bereicherung für Ihr Umfeld, für Ihre Familie, für Ihre Kolleginnen und Kollegen, für die Welt? Nehmen Sie es gelassen, wenn Sie das Gefühl haben, ein Spiel „verloren“ zu haben – es geht um die Freude am Spiel. Es erspart Ihnen viel Stress und Druck, wenn Sie erkennen, dass sich das ständige „Gewinnen-Wollen“ und das ewige Vergleichen nicht lohnt. Sie dürfen es gelassen sehen.

Zum Nachdenken:

- Welche Spiele spielen Sie in Ihrem Berufs- und Alltagsleben?
- Haben Sie Freude an den Spielen, die Sie spielen?
- Können die Spiele, die Sie gewinnen wollen, überhaupt gewonnen werden? Woran erkennen Sie den Sieg? Wer hat sich auf die Regeln geeinigt?
- Welche Vergleiche ziehen Sie regelmäßig? Sind diese Vergleiche hilfreich oder eher destruktiv?

18. Gedanken kommen und gehen – glauben Sie nicht jeden davon

Tausende von Gedanken schwirren uns täglich durch den Kopf. Eine aktuelle Studie der Queens University geht von durchschnittlich 6 200 Gedanken pro Tag aus.[80] Bei dieser Fülle von Gedanken liegt es auf der Hand, dass nicht jeder davon besonders sinnvoll, konstruktiv oder positiv ist. Ganz im Gegenteil. Viele machen uns das Leben schwer, verunsichern uns oder lösen negative Emotionen aus. Zunächst muss man sich bewusst machen, dass es wenig hilfreich ist, alles zu glauben, was einem durch den Kopf geht. Gedanken kommen und gehen. Viele davon sind so unbrauchbar, dass es überhaupt keinen Sinn macht, weiter darüber nachzudenken. Nehmen Sie es gelassen.

Sie haben immer nur Ihre eigenen Gedanken am Schirm

Wir kennen nur die Gedanken in unserem eigenen Kopf, aber sehen nicht, was andere Menschen denken. Man kann davon ausgehen, dass auch andere Menschen viele chaotische Bilder im Kopf haben, die für uns (zum Glück) unsichtbar bleiben. Dennoch führt dies schnell zu dem Gefühl, dass alle Menschen normal sind, nur im eigenen Kopf herrscht immer das totale Chaos. Andere scheinen alles im Griff zu haben. Aber eigentlich sind wir alle gleich.

Überprüfen Sie Ihre Gedanken

Viele Denkprozesse in Ihrem Kopf laufen unbewusst ab. Je bewusster Sie auf diese achten, desto besser können Sie sie kontrollieren. Finden Sie heraus, welche Gedanken für Sie nützlich sind und welche nicht. Sie können viel daraus lernen – denn hinter dem einen oder anderen wiederkehrenden Gedanken steckt ein Glaubenssatz, den es zu beleuchten lohnt. Byron Katie hat in ihrem Werk *The Work* ein mögliches Modell für die Überprüfung von Gedanken (und Glaubenssätzen) vorgestellt.[81] Ein mehrstufiger Fragenkomplex soll herausfinden, was hinter den Gedanken steckt und wie Sie diesen für sich brauchbar umformulieren können.

Die Fragen daraus lauten:
- Ist der Gedanke wahr?
- Können Sie mit absoluter Sicherheit wissen, dass der Gedanke wahr ist?
- Wie reagieren Sie, wenn Sie diesen Gedanken denken?
- Wer wären Sie ohne diesen Gedanken?
- Könnte auch das Gegenteil wahr sein?

---

[80] Tseng, Julie/Jordan Poppenk: Brain meta-state transitions demarcate thoughts across task contexts exposing the mental noise of trait neuroticism, in: Nature Communications 11 (3480), 2020.

[81] Byron, Katie: The Work, in: Byron Katie, 2023, https://thework.com/sites/de/the-work/ (abgerufen am 15.6.2023)

Sehen wir uns das an einem Beispiel an. Nehmen wir an, Ihr Partner hat wieder einmal Ihren Geburtstag vergessen. Nun könnte der Gedanke aufkommen: „Mein Freund nimmt mich nicht wichtig." Durch die Beantwortung der oben genannten Fragen kann dieser Gedanke nun überprüft werden.

- Frage 1: Stimmt der Gedanke? In dieser Situation und in Ihrem Ärger werden Sie wahrscheinlich zu dem Schluss kommen, dass dieser Gedanke natürlich wahr ist. Machen wir also weiter.

- Frage 2: Können Sie 100% sicher sein, dass dieser Gedanke wahr ist? Oder anders gefragt: Hat es in Ihrer Beziehung auch nur eine einzige Situation gegeben, in der Ihr Freund Sie wichtig genommen hat? Sie sehen, allein durch das Durchspielen der Gedanken wird hier viel Emotion herausgenommen. Natürlich werden Ihnen viele Situationen einfallen, sonst wären Sie ja nicht zusammen. Sie werden also diese Frage mit „Nein" beantworten.

- Frage 3: Wie reagieren Sie auf diesen Gedanken? Bei der Beantwortung dieser Frage werden Sie feststellen, dass der Gedanke nicht besonders hilfreich oder förderlich ist. Sie werden sich nicht gut fühlen, sondern traurig oder wütend sein, wenn Sie diesen Gedanken denken. Dann sind Sie bereit für Frage 4.

- Frage 4: Wer wären Sie ohne diesen Gedanken? Angenommen, Sie hätten diesen Gedanken nicht: Wie anders oder wie viel besser wäre Ihre Situation? Wahrscheinlich um ein Vielfaches. Sie müssten nicht immer nach Beweisen dafür suchen, dass Ihr Partner Sie nicht wichtig nimmt, sondern könnten einfach darüberstehen und denken, dass er wahrscheinlich gerade viele andere Dinge im Kopf hatte und es deshalb vergessen hat. Und schließlich die Königsdisziplin – das Gegenteil.

- Die Umkehrung: Aus dem Gedanken „Mein Partner nimmt mich nicht wichtig" wird nun umgekehrt die Frage, ob das Gegenteil, bezogen auf sich selbst, auch wahr sein könnte. In dieser Situation also die Frage „Nehme ich mich selbst wichtig?" oder „Wo nehme ich mich selbst nicht wichtig genug?" Durch diese Umkehrung kommen Sie nun direkt auf die Handlungsebene und können Maßnahmen für sich ableiten. Sie kommen also aus der Opferrolle in die Gestalterrolle.

Ich persönlich finde dieses Modell sehr hilfreich und nützlich. Wir werden täglich mit vielen Gedanken und Überzeugungen konfrontiert. Wenn wir diese überprüfen, lernen wir viel über uns selbst und erkennen neue Perspektiven und damit neue Handlungsspielräume.

In Anhang 10 finden Sie eine Vorlage, die Sie verwenden können, um eine solche Situation durchzuspielen.

Zum Nachdenken:
- Welche Ihrer Überzeugungen und Gedanken sind es wert, überprüft zu werden?

19. Glück lässt sich nicht erzwingen – lassen Sie es sich „zufallen“

Jagen Sie dem Glück nicht verkrampft hinterher, sondern nehmen Sie es gelassen. Mit den richtigen Zutaten kommt das Glück zu Ihnen, aber Sie müssen ihm eine Chance geben. Es gibt Menschen, denen fällt das Glück buchstäblich in den Schoß. Es gibt Menschen, bei denen hat man das Gefühl, egal was sie tun, es klappt immer. Auf der anderen Seite gibt es Menschen, bei denen scheint immer alles schief zu gehen. Ob Beziehung, Job, Freundschaften … alles eine einzige Katastrophe. Im Volksmund sagt man dazu ganz einfach: Die einen haben mehr Glück, die anderen weniger.

Die erste Komponente: Vorbereitung – der Ausgangspunkt für Glück
Glück ist Zufall. Zumindest auf den ersten Blick und für den Außenstehenden. Wer in Beruf und Alltag oft „Glück hat“, weiß jedoch meist selbst, dass Glück im wahrsten Sinne des Wortes „Zufall“ ist. Etwas, das einem zufällt, wenn man bereit dafür ist. Wenn wir von Zufällen sprechen, können wir unterscheiden, ob etwas objektiv zufällig ist (also keine Ursache hat) oder ob etwas subjektiv zufällig ist (also wir keine Erklärung dafür haben). In unserem Berufs- und Alltagsleben sprechen wir wohl fast ausschließlich davon, dass wir für etwas keine Erklärung haben → also von subjektiven Zufällen. In fast allen Fällen gibt es eine „Ursache“ für diese Zufälle – eine Ursache, die selbst geschaffen wurde. Denn meistens steckt eine lange VORBEREITUNG dahinter. Erinnern Sie sich an das vorangegangene Kapitel, in dem wir im Zusammenhang mit Selbstvertrauen von Kompetenzen gesprochen haben? Dieses ist die Basis für die nächsten Zeilen. Es ist die Basis für Glück. In unserer Sprache sind wir hier oft sehr deutlich: „Das Glück des Tüchtigen“. Daraus geht klar hervor: Glück ist nicht reiner Zufall, aber zugleich lässt es sich nicht verkrampft erzwingen.

Die zweite Komponente: die Gelegenheit
Die Vorbereitung allein reicht nicht aus, um von einem Glücksmoment zu sprechen. Sie können noch so gut vorbereitet sein, eine weitere Komponente fehlt Ihnen für einen „glücklichen ZUFALL“ noch → die Gelegenheit.

Zufall und Glück nennen wir somit jenen Moment, in dem die Vorbereitung (persönlich vorbereitet zu sein) auf die Gelegenheit (die Gelegenheit ergibt sich) trifft. Wenn diese Aspekte aufeinandertreffen – und wir die Chance erkennen – dann sprechen wir von einem GLÜCKSFALL. Menschen, die scheinbar aus heiterem Himmel „Glück“ haben, haben sich oft jahrelang vorbereitet. Sie sind also für diesen Moment bereit. Sie wissen klar, wonach sie suchen und was sie wollen und treffen nun endlich auf die Gelegenheit. Jeder Tag bietet uns unzählige Gelegenheiten, die wir nur erkennen können, wenn wir dafür bereit sind.

Viele erfolgreiche Menschen beschreiben persönliche Erfolgserlebnisse mit den Worten „und dann hatte ich einfach Glück". Zufällig den richtigen Menschen getroffen, zufällig die richtige Entscheidung getroffen, zufällig im richtigen Moment richtig gehandelt. „Richtig handeln" – diese Komponente fehlt uns noch:

Die dritte Komponente: Nehmen Sie den Glücksfall an – die Entschlossenheit.
Um unseren Glücksfall nun tatsächlich zu realisieren, braucht es noch die letzte Komponente. Die Entschlossenheit. Ähnlich beschreibt dies Reinhard K. Sprenger in seinem Werk *Die Entscheidung liegt bei dir* mit der Aussage: „Glück folgt der Entschiedenheit."[82] Es braucht die Fähigkeit, den Moment zu ergreifen. Es braucht die Handlung.

Wenn wir nun aus diesen Zutaten eine Formel für Glück (im Sinne von „Zufall") zusammenstellen, könnte sie folgendermaßen aussehen:

Glücksfall = Vorbereitung (Kompetenz) + Gelegenheit + Entschlossenheit
Lassen Sie uns dies am Beispiel des Kennenlernens Ihres Traumpartners durchspielen. Nehmen wir an, Sie haben Ihren Traumpartner wie aus heiterem Himmel zufällig auf dem Heimweg im öffentlichen Bus kennengelernt – und führen nun ein glückliches Leben zusammen. Nun könnte man meinen, Sie hätten einfach „Glück gehabt", dass Sie sich hier getroffen haben. Aber das stimmt nur zum Teil. Es gab immer drei Komponenten. Zum einen waren Sie bereit. Sie waren bereit für die Partnerschaft und Sie wussten, was Sie wollten. Vielleicht hatten Sie schon ein Bild im Kopf, wie Ihr Traumpartner aussehen könnte. Sie haben sozusagen Ihre „Hausaufgaben" gemacht. Nun plötzlich hat sich die Gelegenheit ergeben, dass gerade eine Person in den Bus eingestiegen ist, die genau auf das Profil Ihres Traumpartners passt – weil Sie wissen, was Sie wollen, haben Sie diese Gelegenheit erkannt. Aber zu wissen, was man will und dass diese Person in der Nähe ist, reicht nicht aus. Es braucht auch die Entschlossenheit, die Handlung. In diesem Fall könnte es das erste Ansprechen gewesen sein. Erst die Kombination dieser Faktoren führt zu einem „Glücksfall" – die Komponenten, die es dem Glück ermöglichen, Ihnen zu begegnen, sind erfüllt.

---

82 Sprenger, Reinhard: Die Entscheidung liegt bei dir. Wege aus der alltäglichen Unzufriedenheit, Frankfurt: Campus Verlag, 2016.

Ähnliche Glücksfälle finden sich auch im Berufsleben – hier sogar in besonders hohem Ausmaß. Wir haben jeden Tag die Chance, neue, interessante Menschen kennenzulernen, die uns neue Chancen eröffnen. Täglich bieten neue Herausforderungen die Möglichkeit zu wachsen und Chancen daraus entstehen zu lassen. Wir müssen sie nur ergreifen. Ich bin davon überzeugt, dass das Leben uns unendlich viele Möglichkeiten bietet, wenn wir bereit sind und wissen, wonach wir suchen.

Wenn die Gelegenheit nicht da ist → sehen Sie es gelassen. Wenn die Zeit reif ist, werden sich die Gelegenheiten ergeben.

Zum Nachdenken:
- Geben Sie dem Glück eine Chance, Ihnen zuzufallen?
- Besitzen Sie die Gelassenheit, um den richtigen Moment zu erwarten?

Positives Denken und Glaube – eine Abgrenzung

Ich möchte das an dieser Stelle deutlich von „positivem Denken“ oder „beim Universum etwas bestellen“ abgrenzen. Inwieweit es hilft, einfach „fest an etwas zu glauben“, kann ich persönlich nicht beurteilen. Ich persönlich glaube nicht, dass wir alles erreichen können, wenn wir nur daran glauben und uns das fest vorstellen. Ich kann wahrscheinlich noch so fest daran glauben, Olympiasieger werde ich in diesem Leben wahrscheinlich nicht mehr. Ich glaube auch nicht, dass mir das Universum schönes Wetter für die Gartenparty schickt, wenn ich nur fest daran glaube. Das wäre zu einfach. Und was wäre, wenn mein Nachbar sich Regenwetter wünscht, damit sein neu gepflanzter Rasen gut wächst? Wie sollte das Universum da entscheiden? Wenn wir in diesem Buch davon sprechen, dass Möglichkeiten vom „Leben“ aufgezeigt werden, dann geht es um RESONANZ. Wenn wir von Resonanz sprechen, sind wir nahe am Thema der Vorstellungskraft, aber es unterscheidet sich deutlich von einem Wunder.

Glück folgt dem Gesetz der Resonanz – wir sehen, worauf unser Fokus liegt

Die Vorstellungskraft und die Vision der Zukunft sind definitiv von großer Bedeutung, denn sie erzeugen Resonanz. Das bedeutet, dass wir Möglichkeiten leichter erkennen, weil wir sie uns bewusster machen. Um beim Beispiel der Partnerwahl zu bleiben: Sie erkennen Ihren Traumpartner nur deshalb, weil Sie vorher ein Bild von dieser Person im Kopf hatten. Noch deutlicher wird dies am Beispiel des Autokaufs. Ist Ihnen schon einmal aufgefallen, dass in dem Moment, in dem Sie sich ein neues Auto gekauft haben, gefühlt Hunderte gleiche Autos herumfahren? Das ist Resonanz. Erst nachdem wir uns für etwas entschieden haben, wird es uns bewusst. Unser Gehirn bringt nun Dinge in unser Bewusstsein, mit denen wir in Resonanz sind – in diesem Fall gleiche Automodelle. Am Tag zuvor wäre Ihnen das möglicherweise nicht aufgefallen.

Dies gilt auch für andere Bereiche des Lebens. Mit dem richtigen Job kann es ganz ähnlich sein. Solange man planlos umherirrt und nicht weiß, was man wirklich will, kann es schwierig sein, „genau das Richtige" zu finden. Wenn wir eine klare Richtung, einen klaren Plan und eine klare Vorstellung von unserer Zukunft haben und uns entsprechend darauf vorbereiten, werden wir bewusst neue Möglichkeiten sehen. Plötzlich finden Sie eine Stellenanzeige Ihres Traumunternehmens in einer Zeitschrift, in der Sie es nie erwartet hätten. Plötzlich treffen Sie zufällig jemanden, der Ihnen genau die Türen öffnet, von denen Sie schon immer geträumt haben. Ganz einfach, weil Sie bereit und offen dafür sind. Wir sprechen hier also von subjektiven Zufällen – denn eigentlich haben wir die Ursache selbst geschaffen: Ein klares Bild im Kopf, vorher die eigenen Hausaufgaben gemacht, um auf das Ziel vorbereitet zu sein – und wenn die Chance kommt, dann zugreifen.

Entscheidende Momente kommen meist unverhofft

Es scheint ein großer Irrglaube zu sein, dass wir Glück und Erfolg planen können. Wenn wir über die wirklich wichtigen und entscheidenden Situationen im Leben sprechen, stellen wir fest, dass sie oft nicht planbar sind. Rückblickend gilt dies für fast alle einschneidenden Ereignisse im Leben. Das Kennenlernen großartiger Menschen, von Freundinnen und Freunden, von Partnerinnen und Partnern – das geschieht fast immer ungeplant. Große Einschnitte, Schicksalsschläge und Tragödien, die dem Leben oft eine neue Richtung geben – sie passieren fast immer ungeplant.

Ich war mit meiner Frau schon lange auf der Suche nach einem Haus oder Grundstück, um für uns und unsere (damals) zwei Kinder ein eigenes Zuhause zu schaffen. Viele Monate haben wir nichts gefunden und schon fast aufgegeben. Als dann Anfang 2020 Corona alles abriegelte und Grundstücke und Häuser eine deutliche Wertsteigerung erfuhren, schien es ohnehin nicht mehr wirklich machbar. Nach dem ersten strengen Lockdown hatten wir die ersten kinderfreien Stunden seit Monaten und sind, um mal aus dem Ort rauszukommen, zu einem Grundstück meiner Eltern gefahren, das etwa drei Kilometer außerhalb des unseres Wohnortes lag. Es war ein verwildertes Grundstück, auf dem ein altes, eingestürztes Haus stand. Wir waren nur alle paar Jahre dort. An diesem Tag hatten wir nur eine Decke und ein Getränk mitgenommen und uns auf die Wiese gelegt. Und dann ist es passiert... Am steilen Hang ist unser einziges Getränk umgekippt und fast vollständig ausgeronnen. Ich denke, man kann sich die Enttäuschung vorstellen, nach fast zwei Monaten eingesperrt. Wir sagten uns – „wenn es hier nur ein ordentliches Haus gäbe, wäre das sicher nicht passiert". In diesem Moment war die Idee geboren und noch am selben Abend begannen wir zu prüfen, ob es möglich wäre, dieses Grundstück so umzugestalten, dass es zu uns passt. Nur 12 Monate später zogen wir in unser neues Haus auf genau diesem Grundstück. Ein Grundstück, an das wir vorher nie gedacht hatten, obwohl es so nah lag. Ohne diesen „Zufall" hätten wir es sicher auch nicht in Betracht gezogen.

Für uns war das ein sehr treffendes Beispiel dafür, dass sich die wirklich einschneidenden Ereignisse nicht planen lassen, sondern dass ein bewusstes, aufmerksames Beobachten sogenannter Zufälle oft die besten Botschaften im Leben mit sich bringt. Glück lässt sich nicht erzwingen. Seien Sie achtsam und gelassen – Sie werden sehen: Wenn Sie Ihre Hausaufgaben gemacht haben, wird das Glück sich von selbst präsentieren.

Zum Nachdenken:

- Sind Sie bereit für die Zufälle und Glücksfälle, die Beruf und Alltag für Sie bereithalten?
- Haben Sie Ihre Hausaufgaben gemacht?
- Wissen Sie, was Sie vom Leben erwarten?
- Womit gehen Sie in Resonanz? Richten Sie Ihre Aufmerksamkeit auf positive Dinge oder gehen Sie in Resonanz mit negativen Dingen? Überlegen Sie dies gut – das Leben wird Ihnen präsentieren, womit Sie in Resonanz sind.

20. Vieles kann erst im Nachhinein verstanden werden

Auf dem Büchermarkt finden sich zahlreiche Autobiografien großer Macher, die ihr Leben geplant haben und ihren Weg gegangen sind. Sie haben ihren Erfolg sozusagen vorprogrammiert. Wirklich? Ich glaube, es ist menschlich, dass wir dazu neigen, zu glauben, dass alles Gute, was uns passiert, von uns selbst gemacht wurde und alles Schlechte die Schuld der anderen oder der Umstände ist.

Was aber macht es so schwer, das Leben so zu sehen, wie es wirklich ist? Nun, zum einen, weil es keine Wirklichkeit gibt. Wie wir in Watzlawicks *Wie wirklich ist die Wirklichkeit*[83] lesen, kreiert jeder Mensch seine eigene Wirklichkeit. So sieht jeder eine andere Realität, abhängig von seinem eigenen Standpunkt. Es geht also darum, wie bestimmte (neutrale) Ereignisse auf uns WIRKEN. Die Wirklichkeit der Menschen ist von verschiedenen Faktoren geprägt, unter anderem von Hoffnungen, Ängsten und Erwartungen. Was den einen ärgert, ist für den anderen völlig belanglos. Was für den einen ein großes Problem ist, sieht der andere als Chance.

Jeder handelt zu jedem Zeitpunkt so gut er/sie kann

Alles, was wir tun, aber auch alles, was wir nicht tun, hat Auswirkungen. Wir wissen nur nicht, welche. Jedenfalls nicht genau. Wir können nur ahnen, hoffen oder erwarten, was passiert, wenn wir dieses oder jenes tun. Dementsprechend ist auch klar, dass es sinnlos ist, sich Vorwürfe zu machen, wenn wir nach BESTEM Wissen und Gewissen gehandelt haben, aber das gewünschte Ergebnis nicht eingetreten ist. Die Frage, was schiefgelaufen ist, hilft uns natürlich, neue komplexe Zusammenhänge zu sehen und zu erkennen. Aber daran zu zerbrechen und sich Vorwürfe zu machen, bringt niemanden weiter. Wir kommen viel besser durchs Leben, wenn wir akzeptieren, dass die Folgen nicht immer vorhersehbar sind, aber unser Anspruch immer ist, das Beste zu geben.

Das Gleiche gilt für andere Menschen. Wenn wir davon ausgehen, dass auch die anderen (egal ob Eltern, Partnerinnen und Partner, Kolleginnen und Kollegen, Freunde oder auch Menschen, mit denen wir uns nicht so gut verstehen) jederzeit versuchen, ihr Bestes zu geben, machen wir uns das Leben leichter und können Situationen viel gelassener begegnen. So schwer das auch manchmal sein mag.

---

[83] Watzlawick, Paul: Wie wirklich ist die Wirklichkeit?: Wahn, Täuschung, Verstehen., München: Piper Verlag, 2005.

- Der Alkoholiker, der jeden Abend eine Flasche Wein trinkt, sieht dies in dem Moment als die beste, brauchbarste Lösung. Sonst würde er es nicht machen.
- Der Kunde, der sich über eine Reklamation aufregt und lautstark beschwert: Er kann in diesem Moment nicht anders – es ist seine beste und sinnvollste Lösung.
- Menschen, die schlagen oder zerstören: Keine Entschuldigung für Gewalt, aber es scheint für diese Person in der gegebenen Situation die beste verfügbare Lösung zu sein. Diese Person kann in dieser Situation nicht anders oder besser handeln, sonst würde sie es tun.

Zum Nachdenken:
- In welchen Situationen fällt es Ihnen besonders schwer, dem anderen „gute Absichten" zu unterstellen?

Ich weiß, dass diese Haltung sehr schwierig und oft schwer nachvollziehbar ist. Aber es macht viele Situationen leichter, wenn wir davon ausgehen, dass unser Gegenüber in der aktuellen Situation einfach nicht besser handeln kann. Dahinter steht die Annahme, dass der Mensch an sich gut ist und sich „richtig" verhalten will. Aber was ist gut und richtig? Auch das ist nicht so klar, wie wir zunächst glauben.

Gut oder schlecht? Bleiben Sie Ihren Werten treu – und sehen Sie's gelassen

Streng genommen wissen wir nie, ob wir „gut" oder „schlecht" handeln. Wie wir Situationen beWERTen, hat somit wieder eher mit unseren persönlichen Werten und Überzeugungen zu tun. Es spiegelt unsere eigene WIRKLICHKEIT wider.

Wenn jene Werte, die Ihren Entscheidungen zugrunde liegen, gut durchdacht und für Sie und Ihr Umfeld förderlich sind, sind diese somit ein guter Wegweiser für Entscheidungen, von denen Sie im Nachhinein sagen können, diese nach bestem Wissen und Gewissen getroffen zu haben.
- Was glaube ich, dass das Beste ist?
- Wonach kann ich mich orientieren?
- Was tue ich, wenn ich ohnehin nicht weiß, ob es im Chaos endet oder nicht?

Wir Menschen suchen nach „einfachen Orientierungshilfen", beispielsweise nach übergeordnet gültigen Regelwerken, die wir z.B. in Religionen oder Institutionen finden (z.B. im Christentum die zehn Gebote). Letztlich läuft es aber darauf hinaus, dass wir Handlungen dann als „richtig" empfinden, wenn sie UNSEREN Werten entsprechen, wie auch immer diese aussehen mögen.

Etwas praktischer. Angenommen, Sie sehen, dass eine Katze neben Ihnen in eine Regentonne gefallen ist und sich aus eigener Kraft nicht mehr befreien kann. Ohne Ihre Hilfe hat sie keine Überlebenschance. Ist es nun richtig oder falsch, der Katze zu helfen? Natürlich wird die Antwort der allermeisten Menschen lauten, dass sie der Katze selbstverständlich helfen werden. Die Motivation für dieses Verhalten entspricht ihren Werten (den Werten Hilfsbereitschaft, Tierliebe oder was auch immer dahintersteckt). Diese Werte sind für Sie also handlungsleitend und motivieren Sie, das hilflose Tier zu retten. Ohne Probleme können Sie die Katze herausheben und ihr damit das Überleben sichern. Sie gehen weiter. Was Sie nicht wissen: Die Katze läuft den Berg hinunter auf eine viel befahrene Straße und läuft direkt vor ein Auto. Der Fahrer erschrickt, verreißt das Lenkrad und verursacht einen Unfall. Ihre Rettungsaktion endet also katastrophal. Haben Sie sich trotzdem richtig verhalten? Zerbrechen Sie sich nicht den Kopf. Aber ich hoffe, Sie verstehen, worauf ich hinauswill. Machen wir uns nichts vor: Wir wissen sehr oft nicht, ob das, was wir tun, gut oder schlecht ist. Außerdem hat jede Sonnenseite auch eine Schattenseite – vielleicht schaffen wir also in guter Absicht Schlechtes. Wenn wir aber klare Werte für uns haben und diese soweit überprüft haben, dass sie für uns, unsere Mitmenschen und unsere Umwelt verträglich und positiv sind, dann können wir mit gutem Gewissen sagen, dass wir uns richtig verhalten haben. Das schafft Gelassenheit. Und darauf kommt es an. Wenn jeder Mensch den Anspruch hat, besser zu werden und sein Bestes zu geben, dann werden wir unsere Welt verbessern, auch wenn unser Handeln nicht immer zum gewünschten oder besten Ergebnis führt.

Gelassenheit im Umgang mit anderen – Beziehungsarbeit als besondere Herausforderung

Eine besondere Herausforderung stellt der Umgang mit anderen Menschen dar. Denn neben der ohnehin schon großen Unsicherheit, ob unser Handeln zum gewünschten Ergebnis führt, hat zwischenmenschliche Beziehungsarbeit noch einen weiteren großen Haken: Ob wir in die richtige Richtung steuern, erkennen wir meist viel, viel später – mitunter nach Jahren. Ob im Alltag oder im Berufsleben – das gilt für fast jede zwischenmenschliche Interaktion. Ergebnisse sind kurzfristig kaum messbar. Beziehungsarbeit besteht immer aus kleinen Schritten. Erst in bestimmten Situationen, oft erst in ferner Zukunft, lässt sich beurteilen, ob die Arbeit erfolgreich war. Eine dritte Herausforderung kommt hinzu: Es gibt keine valide Methode, um zu messen, ob unsere Beziehungsarbeit erfolgreich ist. Nachfolgende Beispiele veranschaulichen das:

- Beispiel Beziehung zu den eigenen Kindern:
  Woran erkennt man, ob man seine Kinder erfolgreich erzogen hat oder nicht? Sie sehen, es gibt keinen Zeitpunkt, an dem man das messen kann. Man kann auch nicht sagen, Aktivität XY führt zu Ergebnis XY. Außerdem ist nicht jeder Tag gleich. Manchmal funktioniert Elternarbeit besser, manchmal schlechter, manchmal gar nicht. Ob es insgesamt in die richtige Richtung geht, kann man weder messen noch wirklich erkennen. Aber Sie können langfristig im NACHHINEIN erkennen, ob es funktioniert hat. An den Entscheidungen, die Ihre Kinder später im Leben treffen – oder an ihrem Verhalten in bestimmten Schlüsselsituationen. In der Beziehungsarbeit können wir also nur erahnen, ob unsere Arbeit Früchte trägt.

- Beispiel Führungsarbeit:
  Gleiches gilt für Führungsaufgaben im beruflichen Kontext. Inwieweit die eigene Arbeit gut oder schlecht funktioniert, ist kurzfristig nicht erkennbar. In Unternehmen wird versucht, solche Ambitionen sichtbar zu machen. Zum Beispiel durch 100-Tage-Pläne und Zielvereinbarungen. Aber auch hier wird gemessen, was nicht messbar ist. Man weiß nicht, ob die Entscheidungen der ersten 100 Tage (so beeindruckend sie auch sein mögen) dem Unternehmen auf Sicht von zehn Jahren dienen. Dasselbe gilt für die vielen Quartals- und Jahresergebnisse. Es kann durchaus sein, dass in einem Quartal gute Zahlen geschrieben werden, die auf Maßnahmen zurückzuführen sind, die dem Unternehmen langfristig schaden. Umgekehrt kann ein Quartal katastrophale Zahlen aufweisen, obwohl Maßnahmen ergriffen wurden, die dem Unternehmen langfristig sehr guttun. Ob sich das Team in einer Art entwickelt, die langfristig dem Unternehmen dient, ist meist erst im Nachhinein erkennbar. Es lohnt sich, nach klaren Prinzipien und Werten kontinuierlich Verbesserungen anzustreben – auch wenn kurzfristige Ergebnisse der Beziehungsarbeit nicht dem eigenen Anspruch entsprechen.

Nehmen Sie es gelassen – und bleiben Sie geduldig

Zusammenfassend gibt es also drei zentrale Probleme, wenn wir den Erfolg unserer Beziehungsarbeit bewerten wollen:

- Wir wissen in der Regel nicht, ob unser Handeln zu „guten“ oder „schlechten“ Ergebnissen führt.
- Die Ergebnisse der Beziehungsarbeit sind oft erst in ferner Zukunft sichtbar.
- Wir haben keine Messmethode, um unsere Beziehungsarbeit zu bewerten – weder kurz- noch langfristig.

Kurzfristig werden Sie bei der Beziehungsarbeit kaum Ergebnisse sehen. Langfristig kann Ihre Arbeit jedoch einen großen Unterschied machen. Es geht also um Kontinuität – um die stabile Vermittlung von Werten und die konsequente Einhaltung von Regeln. Bleiben Sie somit gelassen und seien Sie mit Ihren Mitmenschen geduldig. Verfolgen Sie Ihren Weg weiter und arbeiten Sie jeden Tag daran, indem Sie dazu beitragen, Menschen auf ihrem Weg zur bestmöglichen Version von sich selbst zu unterstützen. Auch wenn Ihre Ergebnisse kurzfristig mal schlecht aussehen oder es scheinbar nur kleinste Schritte vorwärtsgeht – lassen Sie sich davon nicht aus der Ruhe bringen.

Zum Nachdenken:

- Denken Sie an Beziehungssituationen aus Ihren Berufs- und Alltagsleben: Welche der oben genannten Aspekte finden Sie darin wieder? Welche Werte sind Ihnen in Ihren Beziehungssituationen besonders wichtig?

21. Regen Sie sich nicht groß über die kleinen Dinge auf

Die meisten Dinge, über die wir uns aufregen, sind in Wirklichkeit unwichtig. Der Autofahrer, der uns die Vorfahrt nimmt. Der Drängler an der Supermarktkasse. Keines dieser Beispiele ist es wert, sich übermäßig darüber aufzuregen.

Zum Nachdenken:
- Welche Situationen fallen Ihnen spontan ein, über die Sie sich in Ihrem Berufs- und Alltagsleben (häufig) ärgern?

Überlegen Sie also, ob es wert ist, sich zu ärgern. Folgende Fragen können helfen, eine Situation mit etwas Abstand zu betrachten:

- Ärgere ich mich gerade über diese Situation oder ärgere ich mich eigentlich über etwas ganz anderes und benutze diese Situation nur als Ventil?
- Warum ärgere ich mich über diese Situation? Kann ich genau benennen, was mich daran ärgert?
- Ist es die Situation wirklich wert, Energie in einen Konflikt zu stecken? Lohnt es sich, diesen Konflikt auszutragen?
- Wie sieht die gemeinsame Zukunft mit dem Kontrahenten aus?
- Macht es langfristig einen Unterschied, wie ich reagiere?

Sich selbst nicht zu wichtig nehmen

Wir Menschen haben das Gefühl, etwas Besonderes sein zu müssen. Wir sollten aber nicht vergessen, dass nicht alles so wichtig ist, wie es scheint. Aus der Perspektive des Universums ist unser Leben nicht einmal ein Wimpernschlag. Ein Beispiel, das viel Aufregung relativiert und uns auf das Wesentliche zurückführt, ist, wenn wir die rund 4,5 Milliarden Jahre Evolution auf 24 Stunden herunterbrechen.
- Angenommen, der Urknall hätte um 00:00 Uhr stattgefunden. Den größten Teil des Tages gäbe es kein Leben.
- Erst gegen 16 Uhr tauchen die ersten mehrzelligen Organismen auf.
- Es dauert bis 21:00 Uhr, bis komplexe Lebewesen die Meere besiedeln.
- Um 22:00 Uhr wachsen Pflanzen auf dem feuchten Boden, erste Landlebewesen wie Urinsekten tauchen auf.
- Um 22:45 Uhr ist die Zeit der Dinosaurier, sie leben nach dieser Rechnung etwa sechs Minuten auf der Erde.

- Um ca. 23:00 Uhr, begünstigt durch das Aussterben der Dinosaurier, breiten sich nun die Säugetiere flächendeckend auf der Erde aus.
- Um 23:59 Uhr erscheinen die ersten Primaten mit aufrechtem Gang.
- Der moderne Mensch wäre demnach erst ca. drei Sekunden vor Mitternacht auf der Welt.

Sie sehen, das Leben hat schon lange vor uns existiert, und sofern wir unseren Planeten nicht völlig zerstören, wird es auch noch lange nach uns existieren. Was auch immer Sie tun, welchen Beitrag Sie auch immer leisten, wie groß auch immer Ihre Probleme sein mögen, sie sind im Großen und Ganzen nicht so groß, wie Sie denken. Diese Darstellung soll uns helfen, manche Dinge mit etwas Abstand zu betrachten. Wie oft haben wir das Gefühl, dass unsere Probleme die Welt zum Stillstand bringen. Aber die Welt dreht sich weiter. Vieles, was uns so schrecklich ärgert, aufregt oder frustriert, macht aus der Vogelperspektive wenig Sinn. Nehmen Sie die VOGELPERSPEKTIVE ein. Wenn wir davon ausgehen, dass unser Leben nur Millisekunden dauert, dann lohnt es sich, darüber nachzudenken, wie wir diese Zeit, die wir hier haben, besonders schön, wertvoll und lebenswert gestalten können. Lassen wir uns von den scheinbar wichtigen, negativen Dingen nicht den Blick dafür verstellen. Am Ende ist vieles viel unbedeutender, als wir es uns vorstellen.

Der 5-Jahres-Check

Wir dürfen also gewisse Dinge entspannt sehen. Der 5-Jahres-Check kann dabei helfen. Bevor man sich über etwas aufregt, ist es wert zu fragen, welche Auswirkungen das Ereignis in fünf Jahren haben wird. Hat es irgendeinen Einfluss? Wenn Sie abwägen, was in ein paar Jahren noch wichtig sein wird, werden Sie feststellen, dass weit über 99% der Dinge, die Sie beschäftigen, keine langfristige Bedeutung haben. Halten Sie sich also nicht damit auf. Natürlich ist es unser Anspruch, immer eine Win-win-Lösung zu finden – aber wenn das Thema für die andere Person von besonderer Bedeutung ist (oder sie sich einfach nur streiten will), dann können Sie das ruhig entspannt sehen und der anderen Person das größere Stück vom Kuchen überlassen. Schonen Sie Ihre Energie lieber für Konflikte und Ereignisse, die in fünf Jahren Einfluss haben. Das sind die Schlachten, die gewonnen werden müssen. Sie werden feststellen, dass es Themen gibt, bei denen Sie es sich nicht leisten können, nachzugeben. Themen, die für Sie persönlich von großer Bedeutung sind und auch in einigen Jahren noch relevant sein werden. Hier gilt es, Lösungen zu finden, die für alle Beteiligten ein Gewinn sind. Es gibt keine Win-win-Lösung? Dann heißt es kämpfen und Durchsetzungsvermögen zeigen, damit Ihre Interessen ausreichend berücksichtigt werden.

Zum Nachdenken:

- Welche Situationen fallen Ihnen ein, in denen Sie in den letzten Tagen überreagiert haben? Was können Sie daraus lernen?
- In welchen Situationen haben Sie möglicherweise zu leichtfertig nachgegeben? Ist es wert, diese nochmals aufzurollen?

Konflikte sagen mehr über Sie selbst aus als über den anderen

Wir hatten dieses Thema schon einmal, aber weil es so wichtig ist, möchte ich es hier noch einmal erwähnen. Wenn Sie etwas so sehr aufregt, machen Sie sich zunächst klar, dass es mehr mit Ihnen selbst als mit dem anderen zu tun hat. Fragen Sie sich also, WARUM es Sie so aufregt, woran es Sie erinnert und wo Sie vergleichbare Situationen in Ihrem Leben finden.

Der folgende Satz ist ein gutes Beispiel, um emotionale Situationen zu verdeutlichen:
WARUM ÄRGERT MICH DIESE SITUATION GERADE JETZT SO?

Je nach unterschiedlicher Betonung können Sie die Situation gut hinterfragen.

- WARUM ärgert mich diese Situation gerade jetzt so? (Was steckt dahinter?)
- Warum ÄRGERT mich diese Situation gerade jetzt so? (Ist es Ärger, Wut, Angst?)
- Warum ärgert MICH diese Situation gerade jetzt so? (Möglicherweise ärgert sie andere Leute in Ihrer Umgebung nicht. Warum ärgern gerade Sie sich darüber? Haben Sie ähnliche Situationen schon einmal erlebt?)
- Warum ärgert mich DIESE SITUATION gerade jetzt so? (Ist es wirklich diese Situation oder ärgern Sie sich eigentlich über etwas ganz anderes?)
- Warum ärgert mich diese Situation GERADE JETZT so? (Welche Bedeutung hat der gegenwärtige Moment? Würde Sie die gleiche Situation zu einem anderen Zeitpunkt auch ärgern? Vielleicht sind Sie gerade jetzt gestresst, nervös etc.).

Zum Nachdenken:

- Denken Sie an eine Situation der vergangenen Wochen, die Sie richtig geärgert hat. Spielen Sie anhand dieser Situation die oben genannten Fragen durch.

Das Leben ist nicht fair oder gerecht – hat auch niemand versprochen…
Sehr häufig ärgern uns Situationen, in denen wir uns oder andere als ungerecht behandelt oder als benachteiligt empfinden. Im Berufs- und Alltagsleben treffen wir auf viele Situationen, die unserem Grundempfinden von „Fairness" widersprechen. Fairness wird in unserer Kultur großgeschrieben. Zumindest in der Theorie. Jeder möchte fair (oft im Sinne von gleich gut bzw. wenn wir ehrlich sind „besser als andere") behandelt werden. Daraus entsteht der Glaube, dass das Leben fair sein könnte. Obwohl vieles im Leben sehr sinnvoll und logisch ist, heißt das noch lange nicht, dass es (in unserer Wahrnehmung) FAIR ist. Ganz im Gegenteil.

Viele Menschen nehmen die scheinbare Ungerechtigkeit des Lebens als Entschuldigung. Wie unfair, dass der Kollege befördert wurde, wie unfair, dass die Bewerberin genommen wurde, die zufällig den Geschäftsführer auch privat kennt. Ist das fair? Nein, das ist natürlich nicht fair. Aber es hat ja auch niemand gesagt, dass das Arbeits- und Alltagsleben fair ist.

Es ist auch nicht fair, dass die Schlange eine Maus frisst. Sie tut es trotzdem. Ebenso ist es nicht gerecht, dass Faultiere so langsam sind, dass der Gang zur Toilette für viele Faultiere zur tödlichen Falle wird. Es ist unfair, dass das Butterbrot immer auf die Butterseite fällt. Und es ist nicht fair, dass im Drive-in des Fast food-Restaurants der Wagen vor einem für eine ganze Fußballmannschaft bestellt. All das ist NICHT FAIR.

Aber es ist, wie es ist. Es ist daher sinnvoll, sich zu einem gewissen Maße von der Idee der Fairness zu verabschieden und sich hier in Gelassenheit und Akzeptanz zu üben. Vieles ist einfach so, wie es ist. Natürlich sollte man versuchen, Dinge zu ändern, die einem nicht gefallen. Aber bei vielem wird man feststellen, dass es im Leben einfach nicht „gerecht" zugeht. Auch wir sind nicht „gerecht". Natürlich werden auch Sie als Vorgesetzter denjenigen bevorzugen, den Sie bereits kennen. Sie werden Ihren Freunden einen Platz im Stadion freihalten, obwohl es andere gibt, die diesen Platz auch gerne hätten. Sie werden auch die Gehaltserhöhung annehmen, obwohl Ihr Kollege Sie möglicherweise mehr verdient hätte. So ist das Leben. Das Leben war nie gerecht und wird es auch nie sein… Lernen Sie damit zu leben.

Zum Nachdenken:
- In welchen Situationen haben Sie sich zuletzt unfair behandelt gefühlt? Beleuchten Sie die Situationen unter oben angeführten Aspekten noch einmal. Waren diese Situationen wirklich „unfair"?

22. Momente der Ruhe – Kraftquellen in einer schnelllebigen Zeit

Erinnern Sie sich an das einleitende Beispiel des jagenden Löwen? Von voller Energie zur Ruhe? Auch wir Menschen brauchen diese Ruhe. Es ist wichtig, sich von Zeit zu Zeit eine Pause zu gönnen. Wir laufen ständig im Hamsterrad, eine Deadline jagt die nächste, der Urlaub ist kaum Erholung, sondern meist noch stressiger und enger getaktet als der Berufsalltag. Da bleibt kaum Zeit, um zur Ruhe zu kommen.

Jeder findet seine Ruhe auf individuelle Weise

So individuell wie jeder Mensch ist, so individuell findet er auch seine Ruhe. Um den Kopf freizubekommen, ist das Erleben einer Form von Leere – also von Momenten, in denen der Kopf nicht denken muss – von zentraler Bedeutung. Diese Leere kann auf unterschiedliche Weise erlebt werden. Für die einen ist Meditation die geeignete Methode, für andere sind es sportliche Aktivitäten wie Joggen oder Nordic Walking, die helfen, den Kopf freizubekommen. Wieder andere finden Ruhe in entspannten Momenten in eintöniger Umgebung – zum Beispiel am Berg, am See, mit Blick auf das Meer, mit Blick auf den Sonnenuntergang. Diese Ruhe, diese Distanz ist notwendig, um zu sich selbst zu finden. Klarheit kann man nur in sich selbst finden, wenn die Wellen der Umgebung zur Ruhe kommen.

Nur in ruhigem Wasser erkennen wir uns selbst

Stellen Sie sich vor, Sie werfen einen Stein in einen Teich. Das Wasser wird unruhig, wellig und undurchsichtig. Was passiert, wenn sich die Wellen im Teich gelegt haben? Plötzlich ist das Wasser wieder klar und ruhig. So klar, dass wir sogar unser Spiegelbild im Wasser sehen. Wir erkennen uns selbst nur im RUHIGEN Wasser. So ist es auch in unserem Berufs- und Alltagsleben. Unser Umfeld ist so unruhig, vielseitig und fordernd, dass wir diese Momente der Ruhe brauchen, um uns selbst zu erkennen.

Finden Sie Momente der Ruhe

Für fast alle Menschen (außer für die wenigen, die an Orten der Stille wie in einem Kloster leben) ist es eine Herausforderung, im stressigen Alltag Momente der Stille zu finden. Möglichkeiten gibt es immer, auch wenn man scheinbar keine Minute für sich hat. Dann ist es sinnvoll, bestimmte Alltagssituationen zu nutzen, um Ruhe für sich zu finden. Dazu gibt es viele einfache, manchmal auch lustige Tricks, um sich ein wenig Luft zu verschaffen. Hier ein kleiner Auszug möglicher Ideen:

- **Blöd schauen hilft**
  Klingt komisch, kann aber Wunder wirken. Wenn wir unsere Augen defokussieren und zum Beispiel aus dem Fenster schauen, kann sich das Gehirn entspannen. Alle paar Stunden ein paar Minuten defokussieren ist also eine echte Bereicherung und hilft uns, ein wenig zur Ruhe zu kommen. Achten Sie nur darauf, dass Ihre Kolleginnen und Kollegen Sie dabei nicht sehen, sonst könnten Sie sich schnell den Ruf einhandeln, „blöd aus dem Fenster zu schauen" – was ja auch irgendwie stimmen würde.

- **WC-Pausen**
  WC-Pausen gehören zu den wenigen Momenten in der heutigen Zeit, in denen die meisten Menschen allein und im besten Fall ohne Smartphone sind. Es ist also eine Zeit der Ruhe und eine Zeit, um die eigenen Gedanken zu sortieren – so komisch das auch klingen mag. Zumindest diese Zeit zu nutzen, um die eigenen Gedanken zu ordnen, hilft schon ungemein. Übrigens: Wer auch dort nicht allein oder mit dem Smartphone sitzt, sollte sich generell überlegen, ob nicht etwas aus dem Ruder läuft.

- **Schalten Sie nachts das Smartphone aus**
  Da uns das Smartphone heute überall begleitet, haben wir auch das Gefühl, immer und überall erreichbar sein zu müssen. Gönnen Sie sich vor allem nachts eine Auszeit vom Smartphone. Zeiten ohne Mobiltelefon sind absolut notwendig. Vor allem auch im Berufsleben, denn gerade in Unternehmen mit internationalen Beziehungen gibt es oft rund um die Uhr keine Pause. Setzen Sie sich klare Zeiten, in denen Ihr Mobiltelefon ausgeschaltet ist. Wenn Sie im Notfall für Ihre Kinder oder Ihre Familie erreichbar sein wollen, legen Sie sich ein Haustelefon oder ein separates Telefon zu oder nutzen Sie die auf den meisten Smartphones vorinstallierte Funktion „Nicht stören".

- **Fernsehen und soziale Medien sind keine Erholung**
  Viele Menschen sitzen abends stundenlang vor dem Fernseher, um sich scheinbar vom Tag zu erholen. Der durchschnittliche Österreicher verbringt mehr als drei Stunden pro Tag vor dem Fernseher.[84] Natürlich soll man seine Zeit so verbringen, wie es einem gefällt (oder zumindest Spaß macht) – und wenn dafür Fernsehen und digitale Medien wichtig sind, kein Problem. Aber stundenlanges Fernsehen unter dem Deckmantel der Entspannung ist Unsinn. Fernsehen ist eine enorme Belastung für unser Gehirn. Die Fülle an Informationen ist kaum zu verarbeiten. Echte Erholung findet man vor dem Fernseher also kaum.

---

[84] ORS.AT: Fernsehen in Österreich, in: ORS, 2023, http://www.ors.at/news/artikel/neue-studie-lineares-fernsehen-in-oesterreich-weiterhin-auf-platz-1-bei-der-bewegtbildnutzung/ (abgerufen am 15.6.2023).

- **Erholung ist dort, wo dem Kopf langweilig ist**
  Wirkliche Erholung findet man in Momenten der Stille. Besonders wenn wir eine monotone Landschaft sehen (z. B. Winterlandschaft, Sonnenuntergang, Meer, Wald und Wiesen), kann unser Gehirn abschalten. Überall dort, wo unser Gehirn nicht gefordert wird und Leere erfährt, haben wir eine gute Chance, uns zu erholen.

Ich bin sicher, dass Ihnen noch viele weitere Situationen einfallen. Nutzen Sie dazu die Vorlage in Anlage 11, um für sich selbst Alltagssituationen zu finden, in denen Sie sich etwas Ruhe gönnen können.

Ruhephasen sind keine Schwäche

Ein Auto, das immer mit Vollgas fährt, kann zwar das ein oder andere Etappenziel schneller erreichen, doch steigt die Gefahr, dass etwas kaputtgeht, ein Unfall passiert oder zu viel Energie verschwendet wird. Auf der anderen Seite wird ein Auto, das ständig nur Pausen macht und länger auf Rastplätzen steht als auf der Straße fährt, kaum das nächste Etappenziel erreichen. Es gilt also ABZUWÄGEN, in welchen Situationen es Sinn macht, schneller zu fahren und in welchen Situationen es besser ist, eine Pause einzulegen. Ähnlich verhält es sich im Beruf und im Alltag. Überlegen Sie genau, in welchen Situationen Sie Vollgas geben müssen und in welchen Situationen Sie etwas langsamer „fahren" können. Pausen sind ein wesentlicher Bestandteil und sorgen dafür, dass Sie die nötige Energie haben, um wieder Vollgas zu geben, wenn es darauf ankommt. Bedenken Sie: Unsere Welt wird immer schneller. Es lohnt sich, mit der eigenen Energie gut zu haushalten.

Zum Nachdenken:
- Haben Sie das Gefühl, dass Sie ausreichend Ruhezeiten haben?
- In welchen Situationen würden Sie sich mehr Ruhe wünschen?
- Wie könnten Sie Alltagssituationen nutzen, um Ruhephasen zu schaffen? Welche kreativen Lösungen fallen Ihnen ein?

23. Machen Sie sich und anderen das Leben so einfach wie möglich, aber nicht einfacher

Der Begriff Einfachheit wird heutzutage so häufig verwendet und mit so vielen Bedeutungen belegt, dass es schon alles andere als „einfach" ist. Dabei könnten wir aus diesem Begriff viel für uns und unser Berufs- und Alltagsleben herausholen. Denn gerade in der Komplexität, die wir durch unser Leben schaffen, machen wir uns vieles schwerer, als es sein müsste.

Natürlich ist Widerstände möglichst zu vermeiden

Ich erinnere mich an einen Kommilitonen, der zur gleichen Zeit wie ich mit seiner Abschlussarbeit begonnen hatte. Ich hatte für meine Arbeit ein Thema gewählt, das mir relativ leichtfiel und von dem ich wusste, dass ich es in absehbarer Zeit lösen konnte. Mein Kollege hatte ein viel schwierigeres Thema gewählt. Er hatte mir lange erklärt, dass dies eine großartige Möglichkeit sei, sich selbst herauszufordern und dass es so viele Möglichkeiten gäbe, dabei zu lernen. Kurzzeitig hatte ich sogar ein schlechtes Gewissen. Würde ich mich wirklich unter Wert verkaufen, wenn ich ein Thema wähle, in dem ich eigentlich gut bin? Verpasse ich die Chance, etwas ganz Neues zu lernen und mich neuen Herausforderungen zu stellen? Die Antwort auf diese Fragen kam ein paar Monate später. Ich hatte meine Arbeit nach einem halben Jahr abgegeben, hatte trotzdem viel gelernt und das Gefühl, dies gut gemeistert zu haben. Und das Beste: Ich konnte mich ab sofort auf neue, spannende Herausforderungen konzentrieren. Mein Kollege gab seine Arbeit gut zwei Jahre später ab und war kurz davor, sie gar nicht erst abzuschließen. Vielleicht hat er das ein oder andere dazugelernt. Aber die Erfahrungen, die ich in der Zwischenzeit sammeln konnte, haben das um ein Vielfaches übertroffen.

Dies hat mich in meiner Überzeugung bestärkt. Es muss nicht immer der schwierigere Weg sein. Ganz im Gegenteil. Wenn man ein klares Ziel vor Augen hat, ist es völlig legitim, den einfachsten Weg dorthin zu suchen. Ist das unfair? Schwach? Minimalistisch? Nein, ich würde es eher „natürlich" nennen. Die Natur macht es uns am besten vor. Wenn ein Vogelschwarm vor dem Winter in den Süden fliegt, dann geschieht das in einer Formation, die möglichst wenig Kraft kostet. Natürlich könnten die Vögel auch einfach nebeneinander fliegen. Das wäre eine größere Herausforderung. Aber darum geht es der Natur nicht. Sie hat ein klares Ziel und sucht den besten Weg dorthin. Viele andere Beispiele aus der Natur zeigen ebenfalls, dass es durchaus sinnvoll sein kann, den Weg mit dem geringsten Widerstand zu suchen. Feuer, Wasser, Luft, all diese Elemente tun dies. Achtung – dies ist also kein Aufruf zum „mit dem Strom schwimmen". Es ist vielmehr ein Appell, sich bewusst zu machen, wohin die

Reise geht – und dann zu entscheiden – „MUSS ich dafür gegen den Strom schwimmen oder komme ich auch mit geringem Widerstand ans Ziel?“ Wenn Sie Energie sparen, können Sie immer noch etwas Großartiges, Neues daraus machen.

Menschen unter Druck setzen

Ich bin davon überzeugt, dass wir uns das Leben „leicht“ machen dürfen, ja müssen. Das gilt auch für den Umgang mit anderen Menschen. Man darf auch anderen das Leben leicht machen – oder zumindest nicht unnötig schwer. Oft gilt es als Macht- oder Statusmerkmal, wenn man andere Menschen künstlich unter Stress oder Druck setzt. Dass dies nicht von Stärke, sondern von großer Schwäche zeugt, sollte an dieser Stelle des Buches bereits klar geworden sein.

Andere Menschen wegen Kleinigkeiten unter Druck und Stress zu setzen, ist eine äußerst schädliche und unangenehme Angewohnheit, die sich in den Führungsetagen vieler Unternehmen eingenistet hat. Natürlich kann es kurzfristig Situationen geben, in denen es notwendig ist, unter Druck zu arbeiten und diesen gegebenenfalls auch an andere weiterzugeben. Druck als reines Machtspiel ist aber nicht nur unsympathisch, sondern macht auf Dauer krank. Es ist somit völlig verantwortungsloses Verhalten.

Es ist keine Führungsqualität, Menschen unter Druck zu setzen – ganz im Gegenteil. Es ist eine Führungsqualität, den Druck, der aus dem Umfeld kommt, von den Menschen fernzuhalten, um ihnen die Möglichkeit zu geben, in einem SICHEREN und produktiven Umfeld die beste Version ihrer selbst zu leben. Es ist eine Führungseigenschaft, Druck und Stress zu managen – das bedeutet abzuwägen, in welchen Situationen Druck notwendig ist und in welchen Situationen Druck reduziert werden kann. Bringen Sie anderen die gleiche Geduld entgegen, die Sie selbst von anderen erwarten und helfen Sie anderen, mit Druck umzugehen, anstatt künstlich Druck aufzubauen. Machen Sie es anderen „so leicht wie möglich und nur so schwer wie nötig“. Dies gilt nicht nur für formelle Führungskräfte. Jeder, unabhängig von Status und Position, kann dazu beitragen, Stress und Druck für andere zu reduzieren. Achten Sie einfach auf die Menschen neben Ihnen.

Zum Nachdenken:

- In welchen Situationen üben Sie unnötig Druck auf andere aus?
- In welchen Situationen setzen Sie sich selbst unter mehr Druck als nötig?

Nach Perfektionismus zu streben, wird auf Dauer frustrieren

Machen Sie sich frühzeitig klar, dass es im menschlichen Leben keine perfekten Ergebnisse gibt. Wir verfallen oft der Falle des Perfektionismus. So, beschäftigen wir uns viel länger mit Dingen, als es eigentlich nötig wäre. So wie Sie selbst nicht nach Perfektionismus streben sollten, sollten Sie dies auch bei anderen tun.

Pareto – oftmals ein guter Grundsatz

Das Pareto-Prinzip beschreibt ein 80:20-Prinzip. Das bedeutet: Angenommen, wir streben ein Ergebnis von 100% an. Die ersten 80% des Ergebnisses werden mit 20% Aufwand erreicht. Um die restlichen 20% zu erreichen, ist ein Aufwand von 80% erforderlich. Nehmen wir ein praktisches Beispiel. Es ist Winter, über Nacht hat es viel geschneit und Sie wollen Ihre Einfahrt schneefrei halten. Normalerweise würden Sie jetzt die Schneeschaufel nehmen und so viel schaufeln, dass Sie mit Ihrem Auto gut aus der Einfahrt kommen. So können Sie mit relativ wenig Aufwand 80% des Schnees entfernen. Wenn Sie allerdings Ihre Einfahrt zu 100% schneefrei haben wollen, wird's deutlich schwieriger. Sie müssen viel Zeit und Energie aufwenden. Es reicht nicht mehr aus, mit der Schaufel zu arbeiten. Sie brauchen zusätzliche Werkzeuge, Geräte und Chemikalien, um dieses Ziel zu erreichen. In solchen Situationen fragt uns der gesunde Menschenverstand: „Sind 100% notwendig"? Natürlich nicht. Die Frage ist eher, wie viel ist notwendig, um ein AUSREICHEND gutes Ergebnis zu erzielen – der Rest der Zeit kann anders besser genutzt werden. In diesem Beispiel ist uns allen klar, dass kaum jemand 100% anstreben wird. Gerade in vielen beruflichen Situationen hilft der gesunde Menschenverstand hier nicht so eindeutig weiter. Hier fordern wir oft 100% von uns selbst – und übersehen dabei, wie viel Zeit und Energie wir eigentlich unnötig verbrennen.

In Situationen, in denen eine 80%ige Lösung gut genug ist, sollte man weder von sich selbst noch von anderen 100% verlangen. Das erspart viel Ärger, Nerven und enttäuschte Erwartungen.

Zum Nachdenken:

- Streben Sie nach Perfektion? In welchen Situationen könnte eine 80%ige Lösung ausreichend sein?

24. Wer aus Fehlern anderer lernt, muss nicht alle selbst machen

Erinnern Sie sich noch, als Sie Fahrrad fahren gelernt haben? Wahrscheinlich sind Sie das ein oder andere Mal hingefallen, aber immer wieder aufgestanden. Sie haben es so lange versucht, bis es endlich geklappt hat. Genauso ist es mit Kindern, die laufen lernen und immer wieder hinfallen. Das ist kein Drama. Im Gegenteil, wir ermutigen unsere Kinder und freuen uns über jeden halben Schritt. Auch wenn es Hunderte von Versuchen braucht, bis endlich die ersten aufeinanderfolgenden Schritte gelingen. Im Erwachsenenalter sind wir mit uns selbst viel strenger. Wenn wir zum Beispiel etwas Neues lernen, haben wir oft den Anspruch, dass es auf Anhieb klappt. Viele Führungskräfte stellen diesen Anspruch auch an ihre Mitarbeiterinnen und Mitarbeiter, ohne zu berücksichtigen, dass es für jeden eine Herausforderung ist, etwas Neues zu lernen. Das führt dazu, dass wir uns oft nicht besonders gerne auf Neues einlassen, sondern lieber bei Bekanntem bleiben. Dabei könnte man gerade durch neue Erfahrungen Glück und Erfolg erleben. Wir sollten also nicht zu streng mit uns und anderen sein, wenn etwas schief geht.

Manchmal gehen Dinge nun mal schief …

Vielleicht ist es Ihnen auch schon passiert: Sie wollen die Straße überqueren, schauen kurz nach rechts und links – alles frei – und als Sie den ersten Schritt auf die Straße machen, merken Sie plötzlich, dass doch ein Auto auf Sie zukommt. Fast wäre Ihnen ein „Fehler“ unterlaufen. Glück gehabt. Solche Situationen passieren. Unser Bewusstsein kann nicht alle Impulse (oder nur einen kleinen Bruchteil der eintreffenden Impulse) wahrnehmen. So ist es ganz natürlich, dass der ein oder andere Aspekt an unserem Bewusstsein „vorbeiläuft“ – und sozusagen ein Fehler passiert.

Dies führt dazu, dass wir uns immer wieder in Situationen finden, in denen wir ein anderes Ergebnis erzielen, als wir uns erhofft haben. Es gibt Situationen, in denen wir andere Menschen verletzt haben oder Situationen, die wir bei einer zweiten Chance ganz anders gemacht hätten. So findet Lernen statt, auch wenn es manchmal schmerzhaft ist. Gehen Sie also nicht zu hart mit sich ins Gericht. Vieles, was wir im Nachhinein als Fehler bezeichnen, sind Erfahrungen, Lektionen oder einfach Situationen, die wir mit unserem damaligen Wissen, unseren Methoden und Kompetenzen nicht besser hätten lösen können.

Es werden Dinge schiefgehen, solange Sie leben

Machen wir uns nichts vor. Jeder, der etwas tut, „macht" Fehler. Wenn man keine Fehler mehr machen will, kann man natürlich aufhören, sich herausfordernden Situationen auszusetzen oder einfach viel weniger tun. Aber darum kann es im Leben nicht gehen. Ich glaube, es ist viel besser zu akzeptieren, dass Fehler zum Leben dazugehören. Lernen Sie damit umzugehen und ziehen Sie Ihre Schlüsse daraus. Lernen Sie aus den Dingen, die nicht so laufen, wie Sie es sich vorgestellt haben, damit Sie nicht immer wieder auf die gleichen „Fehler" stoßen.

Zum Nachdenken:

- Welche „Fehler" sind noch in Ihrem Bewusstsein? Was könnte ein erster Schritt sein, sich davon zu befreien?

Wir sind gut im Lernen aus Fehlern – vor allem aus jenen anderer

Wir Menschen sind von Natur aus so gepolt, dass wir genau hinschauen, wenn etwas schiefläuft. Das hat unser Gehirn über Jahrtausende gelernt, weil es für das EIGENE Überleben immer hilfreich war, aus den Fehlern anderer zu lernen. Das ist auch einer der Gründe, warum wir bei einem Verkehrsunfall oder einem vergleichbaren Unglücksfall kaum wegsehen können. Unser Gehirn ist alarmiert und will sehen, was passiert ist, damit es uns nicht auch passiert. Das können wir uns zunutze machen. Wer aus den Fehlern anderer lernt, muss nicht alle Fehler selbst machen. Nehmen Sie sich die Zeit, über Fehler anderer nachzudenken, diese zu analysieren und Ihre persönlichen Schlüsse daraus zu ziehen.

Gestehen Sie auch anderen zu, Fehler zu machen

So wie man mit sich selbst nicht zu streng sein sollte, wenn etwas nicht so klappt, wie man es sich wünscht, so sollte man auch mit anderen umgehen. Nehmen Sie es gelassen, wenn bei anderen mal etwas nicht so klappt. Überall, wo Menschen zusammenarbeiten und interagieren, geht auch mal etwas schief. Sehen Sie eher die Chance als die Krise und nehmen Sie es gelassen. Vieles lässt sich sowieso nicht ändern.

- Ihr Flug wurde versehentlich überbucht und Sie sitzen am Flughafen fest? Man kann sich furchtbar ärgern – oder man nimmt es gelassen hin, weil man es sowieso nicht ändern kann. Wer weiß, vielleicht ist dies eine Gelegenheit, interessante, neue Menschen kennenzulernen?

- Der Kellner hat Ihnen das falsche Essen gebracht – wenn Sie es nicht völlig ungenießbar finden, ist das vielleicht eine Chance, etwas Neues auszuprobieren?

- Ihr Vorgesetzter kann Ihren wichtigen Kundentermin plötzlich nicht wahrnehmen, weil er eine Terminkollision übersehen hat? Vielleicht eine Chance für Sie, Verantwortung zu übernehmen und sich zu beweisen.

Das bedeutet nicht, dass Sie sich alles gefallen lassen müssen. Sie erinnern sich: Wir brauchen ein angemessenes Maß an Gelassenheit UND Ernsthaftigkeit. Aber es hilft ungemein, in den Fehlern anderer CHANCEN zu sehen.

Ein gewisses Verständnis, dass Dinge schief gehen können und wir lernen, damit umzugehen, ist auch die Voraussetzung für das nächste Kapitel. Hier geht es um Risikobereitschaft und Offenheit – also um das bewusst eingegangene Risiko, dass Dinge unsicher sind und schief gehen können.

6. Offenheit und Risikobereitschaft

Unsere Arbeitswelt braucht Menschen, die Offenheit und kalkulierte Risikobereitschaft leben. Menschen, die bereit sind, über gewohnte Grenzen hinauszublicken, Veränderungen anzustoßen und zu neuen, unbekannten Ufern aufzubrechen. Menschen, die bereit sind, Sicherheiten und Altbekanntes aufzugeben, um sich und andere voranzubringen.

6.1. Begriff Risikobereitschaft und Offenheit

Sobald wir uns neuen Gedanken und Aufgaben widmen, wir neue Menschen kennenlernen und uns auf andere Meinungen einlassen, gehen wir ein gewisses Risiko ein. Wer Neuland betritt, macht sich ein Stück weit angreifbar und riskiert, dass Dinge schiefgehen können. Ein gewisses Risiko gehört zum Leben, sonst verpassen wir neue Chancen. Ohne Risiko zu leben bedeutet, Wachstumschancen verfliegen zu lassen. Um es mit den Worten des amerikanischen Schriftstellers John Augustus Shedd zu sagen: „Ein Schiff im Hafen ist sicher, aber dafür werden Schiffe nicht gebaut."

Langweilige Wiederholungsschleifen und Gewohnheiten
Leben findet vor allem dort statt, wo wir noch nicht waren. Dennoch neigen wir Menschen oft dazu, in endlosen Wiederholungsschleifen jeden Tag auf die gleiche Weise zu leben. Wir essen mit den gleichen Leuten, gehen in die gleichen Restaurants, sehen die gleichen Sendungen im Fernsehen. Wir leben Tag für Tag dasselbe Leben. Der Mensch ist ein Gewohnheitstier. Besonders Wiederholungsschleifen und gewohnte Routinen lassen die Zeit wie im Flug vergehen. Sicher kennen Sie das. Kaum hat das Jahr begonnen, sind die ersten Wochen schon wieder vorbei. Kaum sind die ersten Wochen vorbei, ist schon wieder Sommer. Nach dem Sommerurlaub geht es direkt in den Herbst und schon ist wieder Winter. So ist das Jahr vergangen – ein gleiches Jahr wie das Jahr zuvor. Wie schnell die Zeit vergeht, erleben wir vor allem dann, wenn wir immer wieder ähnliche Dinge tun. Vielleicht erinnern Sie sich an einen zweiwöchigen Sommerurlaub, zum Beispiel in einer großen Hotelanlage. In der ersten Woche ist alles neu und aufregend. Die ersten Tage kommen uns relativ lang vor. In der zweiten Urlaubswoche, in der die Umgebung bereits bekannt ist und der Tag nach gewissen Routinen abläuft, vergeht die Zeit gefühlt sehr schnell. Vergleichbar ist dies mit fast allen Bereichen des

Berufs- und Alltagslebens. Die Jahre vergehen wie im Flug, ebenso wie viele Chancen ungenutzt, ungelebt oder unversucht bleiben. Wenn wir Glück und Erfolg im Berufs- und Alltagsleben erleben wollen, brauchen wir eine gewisse Risikobereitschaft – oder anders gesagt: MUT.

Risikobereitschaft und Mut

Mut ist die Basis, um sich auf Neues einzulassen:

- Es braucht Mut, Entscheidungen zu treffen und umzusetzen.
- Es braucht Mut, alte Sicherheiten loszulassen, um Neues zu erfahren.
- Es braucht Mut, sich auf andere Meinungen, fremde Menschen und unbekannte Kulturen einzulassen.

Mut bedeutet nicht, dass wir keine Angst vor Erfahrungen und Veränderungen haben. Ganz im Gegenteil. Mutige Menschen haben in der Regel sowohl Angst als auch Respekt vor bestimmten Situationen – aber sie tun es trotzdem. Sie haben ein Motiv, das stärker ist als die Angst.

Manchmal zwingt uns das Leben „mutig" zu sein

Die Motive, die uns zum Handeln bewegen, können vielfältig sein. Oft verharren wir so lange in einer Situation, dass es erst eines stärkeren Anstoßes bedarf, um uns wachzurütteln. Das können zum Beispiel Schicksalsschläge oder radikale Einschnitte von außen sein, die uns darauf aufmerksam machen, dass es Zeit für Veränderungen ist. Doch das muss nicht sein. Wer weiß, was er will und bereit ist, gewisse Risiken einzugehen, kann durchaus HANDELN, bevor das Wasser bis zum Hals steht. Wir könnten bewusst das ein oder andere Risiko wählen und proaktiv darauf achten, wann die Zeit für Veränderungen gekommen ist. Dazu soll dieses Kapitel ermutigen.

Offenheit und Diversität

Es braucht auch Mut und kalkulierte Risikobereitschaft, um anderen Menschen gegenüber offen zu sein. Dies hat den wunderbaren Vorteil, dass wir dadurch Diversität erleben. Die Wissenschaft lässt kaum noch Zweifel zu: Diversität ist eines der Erfolgsrezepte unserer Zeit. Teams, die sich aus unterschiedlichen Persönlichkeiten, Geschlechtern, Herkunftsländern, Betriebszugehörigkeiten oder Altersgruppen (im angemessenen Ausmaß) zusammensetzen, sind produktiver. Außerdem ist es spannend, andere Sichtweisen kennenzulernen. Wir Menschen profitieren davon, wenn wir uns nicht nur mit Gleichgesinnten umgeben. Vor allem, wenn wir offen für neue Menschen sind und das Risiko eingehen, uns auf neue Meinungen und die Andersartigkeit von Menschen einzulassen, können wir wachsen und Großartiges erleben.

6.2. Spannungsfeld: Risiko und Sicherheit

Wenn wir in diesem Buch von Risikobereitschaft sprechen, dann ist damit immer eine kalkulierte Risikobereitschaft gemeint. Also eine Risikobereitschaft, die uns ermutigt, die ein oder andere Grenze zu überschreiten und über den Tellerrand zu schauen, aber immer unter Berücksichtigung von Sicherheitsaspekten. Dabei sind die Grenzen, die wir uns setzen, meist subjektiv. Was für den einen eine Herausforderung darstellt, ist für den anderen eine leichte Übung – und umgekehrt. Wenn wir aber neue Erfahrungen machen wollen, führt kein Weg daran vorbei, das ein oder andere Risiko einzugehen.

Wir bewegen uns also in einem Spannungsfeld zwischen RISIKO und SICHERHEIT. Eine einseitige Risikobereitschaft ohne entsprechende Sicherheitsaspekte würde unser Leben leichtfertig aufs Spiel setzen. Dies würde in die FAHRLÄSSIGKEIT führen.

Andererseits würde ein Übermaß an Sicherheit zu ÜBERVORSICHTIGKEIT und Überängstlichkeit führen.

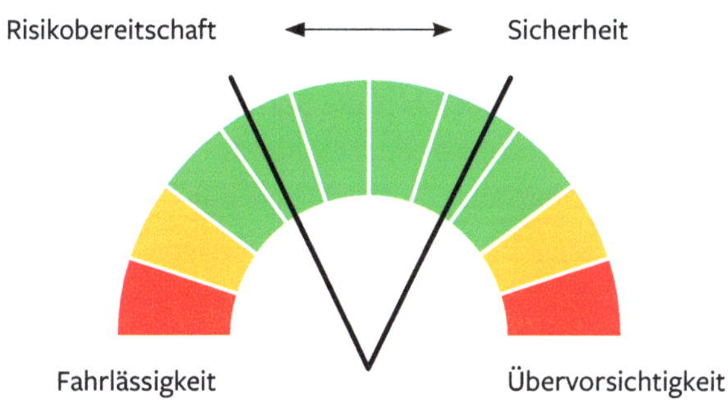

Abbildung 18: Spannungsfeld der Werte – Risikobereitschaft (eigene Darstellung)

Wir brauchen also eine Balance zwischen Risiko und Sicherheit. Auf der einen Seite braucht es Mut und Offenheit für neue Situationen. Auf der anderen Seite aber auch eine gewisse Vorsicht, Sicherheit und Skepsis. Einseitigkeit führt wiederum zu Symptomen, wie sie im Folgenden beschrieben werden.

6.2.1. Zu viel Risikobereitschaft – Fahrlässigkeit

Eine übermäßige Risikobereitschaft würde zu Fahrlässigkeit führen. Nachfolgend sind Symptome aufgeführt, die auf eine übermäßige Risikobereitschaft hinweisen können:

- Symptome im persönlichen Kontext:

Unkalkulierbare persönliche Risiken
Auf der persönlichen Ebene bedeutet übermäßige Risikobereitschaft, dass unüberlegte, waghalsige Entscheidungen getroffen und unkalkulierbare Risiken eingegangen werden. Begriffe, die mit exzessiver Risikobereitschaft in Verbindung gebracht werden, sind z.B. Fahrlässigkeit, Leichtsinn oder Unvorsichtigkeit. Dabei kann es sich einerseits um eine konkrete Bedrohung des eigenen Lebens handeln (z.B. Menschen, die ungesichert auf Berge klettern, um das Risiko zu erleben), – andererseits kann es sich auch um wirtschaftliche Aspekte handeln (z.B. risikobehaftete Investitionen). Menschen, die ein Übermaß an Risikobereitschaft leben, sind auch im unternehmerischen Kontext gefährdet, Entscheidungen zu treffen ohne entsprechende Sicherheitsaspekte. Unüberlegte Entscheidungen deuten oft auf eine übermäßige Risikobereitschaft hin. Sehr oft ist Risikobereitschaft mit Veränderungen verbunden. Wie in den vorangegangenen Kapiteln finden wir daher auch hier die Sprunghaftigkeit. Schnelle und einschneidende Veränderungen ohne ausreichende Abwägung von Sicherheitsaspekten können symptomatisch für Menschen mit übertriebenem Risikobedürfnis sein.

Übertriebene Offenheit gegenüber Fremden
In zwischenmenschlichen Beziehungen würde sich die übertriebene Risikobereitschaft in einem Übermaß an Offenheit gegenüber anderen äußern. Menschen, die zu viel Offenheit leben, begeben sich in die Naivität und riskieren fahrlässig, dass ihre Offenheit ausgenutzt wird. Sie umgeben sich z.B. mit Fremden ohne Distanz und Skepsis. Ein gewisses Maß an Skepsis ist aber notwendig, um nicht ausgenutzt oder geschädigt zu werden und einen möglichen Missbrauch unserer Offenheit rechtzeitig zu erkennen.

- **Symptome im Unternehmenskontext:**

  Unvorbereitete, unüberlegte unternehmerische Entscheidungen
  Wenn übermäßige Risikobereitschaft zu einem kollektiven Symptom wird, kann dies ganze Unternehmen betreffen. Kennzeichnend ist dann eine zu hohe Risikobereitschaft. Dies kann sich z.B. in zu schnellen Entscheidungen (unvorbereitetes Handeln) äußern. Weitere Symptome sind z.B. nicht nachvollziehbare Entscheidungen, Aktionismus ohne Rücksicht auf Ressourcen und Konsequenzen, waghalsige Geschäftsmanöver, die die „Gesundheit des Unternehmens" gefährden. Mitarbeitende oder Führungskräfte achten nicht mehr auf mögliche Sicherungsmechanismen und Auffangnetze, sondern sind bereit, unverhältnismäßig hohe Risiken einzugehen.

  Dauerhafter Zustand der Veränderung
  In der Regel ist der Hauptprozess einer Veränderung im Unternehmen zeitlich begrenzt. Nach dieser Zeit laufen die Prozesse wieder in gewohnten Bahnen und es kehrt zunehmend Ruhe ein. Unternehmen, die in übertriebener Risikobereitschaft leben und ständig Neues ausprobieren, kommen aus der Phase der Veränderung nicht mehr in die Phase der normalen Arbeit. Sie sind geprägt von permanenter Veränderung. Dies führt zunehmend zu Druck, Chaos und Stress, vor allem bei den Mitarbeiterinnen und Mitarbeitern, denn für den Menschen (wir wissen, der Mensch ist ein Gewohnheitstier) bedeutet jede Veränderung Unsicherheit.

Ein Übermaß an Risikobereitschaft führt somit in die Fahrlässigkeit und kann sowohl unser eigenes Leben, aber auch die Gesundheit und das Überleben der Unternehmen gefährden.

Es braucht somit ein entsprechendes Maß an Sicherheit. Doch auch die Sicherheit im übertriebenen Ausmaß führt zu negativen Symptomen. Es führt in die Überängstlichkeit bzw. Übervorsichtigkeit.

6.2.2. Zu viel Sicherheit – Übervorsichtigkeit

Auch die Übervorsichtigkeit kann sich im persönlichen, zwischenmenschlichen und unternehmerischen Kontext wiederfinden. Nachfolgend finden Sie mögliche Symptome, die auf ein Übermaß an Sicherheit hinweisen könnten.

- **Symptome im persönlichen Kontext:**

  Übermäßige Ängstlichkeit – immer das Schlimmste erwarten
  Auf die Person bezogen bedeutet ein zu hohes Sicherheitsbedürfnis Überängstlichkeit. Jeder Mensch hat gewisse Ängste. In übertriebenem Ausmaß können diese allerdings hinderlich werden. Überängstlichkeit hat ihren Ursprung oft in einem geringen Urvertrauen, das sich in einem geringen Selbstvertrauen (der Angst, etwas nicht bewältigen zu können, wenn es schief geht) oder auch in einem geringen Selbstwertgefühl (dem Gefühl, alles falsch zu machen) äußert. Überängstliche Menschen sehen in allem das Schlimmste. Sie neigen dazu, Entscheidungen eher aus Angst als aus Freude zu treffen. Sie sehen in jeder Situation eher eine Gefahr als eine Chance. Das führt dazu, dass diese Menschen lieber im bekannten Leid verharren, als sich auf die Suche nach neuem Glück zu machen. Die Gefahr ist groß, dass dadurch viele Chancen ungenutzt bleiben, viele Stärken und Talente nicht gelebt werden und somit ein Leben geführt wird, das nicht zur besten Version der Person führt.

  Anderen Menschen Angst einreden
  In zwischenmenschlichen Beziehungen kann dies eine besondere Herausforderung darstellen. Menschen, die ein übermäßiges Sicherheitsbedürfnis haben, neigen oft dazu, dieses auch anderen aufzwingen zu wollen und versuchen, anderen in den unterschiedlichsten Situationen Angst einzureden. Damit bremsen sie nicht nur ihren eigenen Erfolg, sondern hindern – in durchaus guter Absicht – auch andere daran, ihr Bestes zu geben. Sie schüren Unsicherheiten und Ängste. Eine Auseinandersetzung mit dem eigenen Selbstvertrauen, den eigenen Stärken und den eigenen Ängsten ist daher notwendig, um realistisch einschätzen zu können, in welchen Bereichen etwas mehr Risiko gelebt werden kann.

- **Symptome im Unternehmenskontext:**

Endlose Diskussionen aus Angst vor Fehlentscheidungen
Im Unternehmenskontext würde dies bedeuten, dass beispielsweise Entscheidungen endlos diskutiert werden und am Ende aus Angst vor einer Fehlentscheidung gar keine Entscheidung getroffen wird. Ähnlich wie ein übermäßiges Kontrollbedürfnis kann auch ein Übermaß an Angst und Unsicherheit zu einem hohen bürokratischen Aufwand, komplizierten internen Strukturen und langen Entscheidungswegen führen. Viele Führungskräfte sichern sich gegenseitig ab, um Risiken zu verteilen.

Schwammige Entscheidungen und unklare Aussagen
Ein weiteres Symptom können schwammige Entscheidungen sein – Entscheidungen, die keine klare Richtung vorgeben, sondern eher unverbindlich sind und viele Ersatzpläne, Ausreden, Auswege und Alternativen zulassen. Dies führt dazu, dass viel Energie in mögliche Auswege gesteckt wird und der eigentliche Weg nicht mit voller Kraft verfolgt werden kann. Oft wird so viel Energie in Plan B gesteckt, dass für Plan A kaum noch Energie übrig bleibt. Unternehmen, in denen solche Symptome zu finden sind, sollten einen Blick auf die interne Kultur werfen und sich fragen, wie den Mitarbeiterinnen und Mitarbeitern so viel Sicherheit vermittelt werden kann, dass sie bereit sind, in einem kalkulierbaren Rahmen Risiken einzugehen, die dem Unternehmen nützen. Hier lohnt sich ein Blick auf den aktuellen Umgang mit Fehlern (Fehlerkultur) und generell auf die Unternehmenskultur (Schaffen die Handlungen von Eigentümern, Führungskräften und Schlüsselpersonen eine Kultur, die eher zu Angst oder eher zu Sicherheit beiträgt?)

Wie Sie aus den obigen Ausführungen erkennen können, braucht es ein angemessenes Spannungsfeld zwischen Risikobereitschaft und Sicherheit. Überreaktionen in die ein oder andere Richtung führen zu negativen Symptomen und sind somit hinderlich für Glück und Erfolg. Es braucht die richtige Mischung.

Im nächsten Kapitel finden Sie Überlegungen, wie Sie ein angemessenes Maß an Risikobereitschaft leben können.

6.3. Gedanken, um Risikobereitschaft und Offenheit zu leben

25. Bewusstes Wählen kalkulierter Risiken

Wir Menschen befinden uns in einem gewissen Dilemma. Einerseits streben wir danach, einzigartige Erfahrungen zu machen und individuell zu leben. Andererseits sind unsere Gewohnheiten so tief verwurzelt, dass wir dazu neigen, immer wieder die gleichen ausgetretenen Pfade zu beschreiten. Das hat zur Folge, dass unsere Tage meist sehr ähnlich verlaufen, die Urlaubsorte, wenn nicht die gleichen, sich zumindest optisch kaum vom Vorjahr unterscheiden und die Zeit wie im Flug vergeht. Oft verpassen wir dadurch die Gelegenheit, Neues zu lernen und Neues zu tun.

Wer immer das Gleiche tut, darf sich nicht wundern, wenn das Ergebnis immer sehr ähnlich ist. Henry Ford hat dies treffend formuliert:

If you do what you always did – you will get what you always got.
(Henry Ford)

Wir leben oft in Endlosschleifen, die immer wieder zum gleichen Ergebnis führen, und wundern uns andererseits, dass wir immer wieder zum gleichen Ergebnis kommen.

Machen Sie einen Unterschied

Jeder Mensch wird als Original geboren, die meisten sterben als Kopie. Das liegt vor allem daran, dass wir stark danach streben, den Erwartungen anderer zu entsprechen und uns damit gesellschaftlichen Normen unterwerfen. Diese Normen, die oft schon in der Kindheit geprägt werden, führen dazu, dass die meisten Lebensläufe in unseren Breitengraden sehr ÄHNLICH sind. Trotz unendlicher Wahlmöglichkeiten ähneln die meisten Lebensläufe denen der Eltern oder der Freunde. Wir sind hier stark von gesellschaftlichen Einflüssen abhängig. Wenn wir uns bewusst dafür entscheiden, ist das kein Problem. Die Frage, die sich jeder stellen kann, ist, ob WIR das so wollen und ob wir wirklich UNSER Berufs- und Alltagsleben leben.

Zum Nachdenken:
- Leben Sie ein Berufs- und Alltagsleben, das Ihren Wünschen entspricht?
- Wenn nicht, wessen Leben leben Sie?
- Welche Risiken müssten Sie eingehen, um Ihrem eigenen Leben näher zu kommen und einen „Unterschied“ zu machen?

Lösen Sie sich mutig aus alten Ketten – riskieren Sie IHR Leben zu leben

Die Entscheidung für den eigenen Weg bedeutet Risiko. Es erfordert Mut, den eigenen Weg zu finden und zu gehen. Möglicherweise enttäuscht man damit andere. Besonders enttäuscht sind meist jene, die auch gerne ihren eigenen Weg gegangen wären, aber diesen Schritt nicht gewagt haben. Diese werden immer wieder versuchen, auch Sie in ihren Fesseln zu halten. Meistens ist das weder „böse" gemeint noch bewusst. Machen Sie sich klar: Sie sind nicht auf der Welt, um die Erwartungen anderer zu erfüllen. Sie haben dieses Leben bekommen, um Erfahrungen zu machen, Herausforderungen anzunehmen und Probleme zu lösen. Diese Herausforderungen können Sie nur meistern, wenn Sie bereit sind, über den Tellerrand hinauszublicken. Tun Sie dies mit Mut und Selbstvertrauen. Finden Sie Ihre Bestimmung und gehen Sie bewusst kalkulierbare Risiken ein.

Zum Nachdenken:

- Was hindert Sie daran, Ihre Träume zu leben?
- Welche Fesseln halten Sie noch zurück? Was könnte ein erster Schritt sein, um sich von diesen Fesseln zu befreien?
- In welchen Situationen haben Sie das Gefühl, es nicht riskieren zu können, Ihren Träumen zu folgen? Wenn Sie an diese Situation denken, welches Gesicht sagt Ihnen, dass Sie es nicht riskieren können? Welche Person steht dahinter? Welche Kette hält Sie fest?

Wer im Leben nichts riskiert, der riskiert sein Leben

Oft sind Menschen nur dann zu Veränderungen bereit, wenn es keinen anderen Weg mehr gibt. Wir Menschen verharren in bekannten Situationen, weil jede Veränderung ein Risiko darstellt. Das Bedürfnis nach Sicherheit hält uns zurück. Es bleibt die Frage, ob es tatsächlich sicherer ist, risikoavers zu leben, wie auch nachfolgendes Zitat von Helen Keller beschreibt.

„Sicherheit ist größtenteils Aberglaube. Sie existiert weder in der Natur, noch wird sie von den Menschenkindern insgesamt erfahren. Gefahr zu meiden ist auf Dauer nicht sicherer als sich ihr uneingeschränkt auszusetzen. Das Leben ist entweder ein tollkühnes Abenteuer oder nichts."[85]

---

[85] Keller, Helen: The Open Door, 1957, in: Zitateheft 2018

Kalkulierbare Risiken vs. Leichtsinn

Eine Abgrenzung, die an dieser Stelle noch notwendig ist, ist die Unterscheidung zwischen kalkulierbaren Risiken und Leichtsinn. Dieses Kapitel soll in keiner Weise eine Rechtfertigung oder gar Ermutigung für leichtsinnige Handlungen sein, die Ihnen oder Ihrer Umwelt schaden können. Wenn wir hier von Risiken sprechen, sind damit immer kalkulierbare Risiken gemeint. Risiken, deren Folgen Sie weitgehend abschätzen können und von denen Sie überzeugt sind, dass Sie selbst den schlimmsten Fall so abfangen könnten, dass für niemanden dauerhafter Schaden entsteht.

Nehmen wir ein berufliches Beispiel: Sie haben kaum Ersparnisse, müssen ein Haus abbezahlen und eine Familie ernähren. Sie haben einen sicheren Job bei einer Bank, der Ihnen zwar nicht gefällt, aber mit dem Sie genug verdienen, um Ihr Leben sicher zu finanzieren. Sie entdecken für sich, dass Sie sich verändern wollen und Masseur werden wollen.

- Szenario 1 – Unkalkulierbares Risiko: Es wäre ein unkalkulierbares Risiko, alles hinzuschmeißen und zu hoffen, dass Sie als erfolgreicher Masseur durchstarten. Das wäre leichtsinnig und könnte Ihre Zukunft ruinieren. Möglicherweise würden Sie in kurzer Zeit Ihr Haus verlieren und sich und Ihrer Familie dauerhaft schaden.

- Szenario 2 – Kalkulierbares Risiko: Sie könnten aber auch ein „kalkulierbares Risiko" eingehen. Hierzu möchte ich Sie ermutigen. Sie könnten sich entscheiden, den Weg zu beginnen und zum Beispiel einen bestimmten Betrag in eine Weiterbildung investieren. Sie könnten sich berufsbegleitend weiterbilden und jeden Tag eine definierte Zeit aufwenden, um Ihrem Ziel näher zu kommen. Wenn Sie dann einen gewissen Kundenstamm aufgebaut haben, könnten Sie die kalkulierbare Entscheidung treffen, ganz in die Selbstständigkeit zu wechseln.

Diese Unterscheidung ist sehr wichtig. Klar ist es wichtig zu wissen, was man will und den eigenen Weg zu gehen – aber die Art und Weise, wie man die Dinge umsetzt, sollte immer mit Mut, aber nicht mit Fahrlässigkeit verbunden sein.

Zum Nachdenken:

- Gibt es (kalkulierbare) Risiken, die Sie eigentlich eingehen sollten? Oder – im Gegenteil – gibt es Risiken in Ihrem Berufs- und Alltagsleben, die nicht kalkulierbar sind – und die Sie deshalb absichern sollten?

26. Lernen findet an den Grenzen zur Überforderung statt

In den vorangegangenen Kapiteln haben wir uns intensiv damit beschäftigt, wo unsere Stärken liegen und in welchem Umfeld wir diese einsetzen können. Wenn man seine Stärken gut einsetzt, fühlt man sich in seiner Komfortzone sehr wohl.

Neues lernen können wir nur außerhalb der Komfortzone
Ein weiterer wichtiger Aspekt kommt an dieser Stelle hinzu. Wer sich NUR mit Dingen beschäftigt, die er schon gut kann, verpasst viele Chancen, Neues zu lernen und neue Erfahrungen zu machen. Aber genau das macht unser Leben aus. Leben ist Lernen – und Lernen findet hinter den Grenzen der Komfortzone statt. Lernen ist dort spannend und gewinnbringend, wo wir gefordert werden und wo wir Herausforderungen oft nicht allein lösen können und voneinander lernen.[86]

Komfortzone:
Hier sind wir sicher und wissen genau, was wir tun und was wir gut können.

Lernzone:
In diesem Bereich sind wir nicht mehr sicher. Wir fühlen uns ängstlich und unsicher. Hier findet Lernen statt. Wir können dies oft nicht mehr allein bewältigen.

Panikzone:
Dies wäre die Zone der totalen Überforderung, der Panik, der Lähmung.

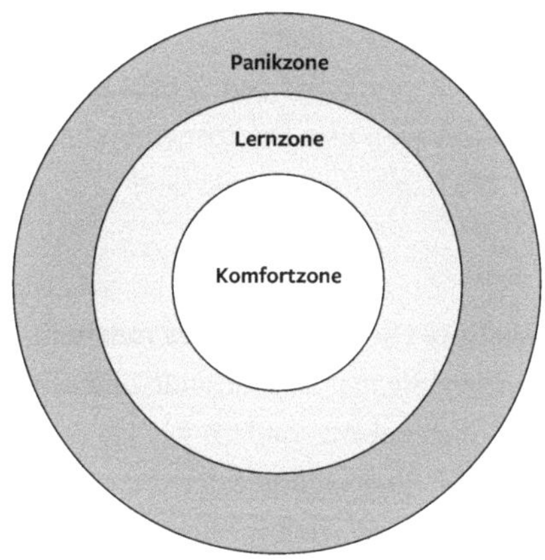

Abbildung 19: Das Zonenmodell (eigene Darstellung)

Dieses Modell ist sehr hilfreich, um herauszufinden, in welcher Zone wir uns gerade befinden. Instinktiv fühlen wir uns in der Zone am sichersten, in der wir uns bereits am besten auskennen (Komfortzone). Wenn immer wieder gezielt nach Möglichkeiten gesucht wird, die Grenzen zur Lernzone zu überschreiten, kann Wachstum stattfinden. Durch diese persönliche Herausforderung gelingt es, die Komfortzone zu erweitern.

---

[86] Vygotsky, Lev: Mind and society: The development of higher psychological processes. Cambridge, MA: Harvard University Press, 1978.

Nehmen wir ein Beispiel. Anna spricht nicht gut Englisch. Sie hat Angst, irgendwo im Ausland zu sein und nicht verstanden zu werden. Deshalb beschränkt sie ihre Urlaubsziele auf deutschsprachige Länder. So bleibt sie in ihrer Komfortzone. Ihre Möglichkeiten, neue, aufregende Erfahrungen zu machen, sind dadurch sehr begrenzt. Sie könnte jedoch einen Schritt in die Lernzone wagen und ihren Radius etwas erweitern. Zum Beispiel in ein Land, in dem sie sich vorrangig auf Englisch verständigen muss, aber notfalls auch mit Deutsch zurechtkommt. Wenn sie das geschafft hat, fühlt sie sich auch in diesen Bereichen wohl – nach und nach wird das ihre neue Komfortzone. Die Lernzone verschiebt sich. Vielleicht kann sie jetzt in ein Land gehen, in dem sie sich nur auf Englisch verständigen kann (was früher eindeutig die Panikzone gewesen wäre, wird jetzt zur Lernzone). Das eröffnet Anna viele neue Möglichkeiten, an denen sie wachsen kann.

Zum Nachdenken:
- Was haben Sie in letzter Zeit zum ersten Mal gemacht? Wo haben Sie sich herausgefordert?
- Wo könnten Sie den Schritt aus der Komfortzone in die Lernzone wagen?
- Wo liegen Ihre Lernzonen in den verschiedenen Lebensbereichen? Wo beginnt die Panikzone?

Gewohnte Dinge mal anders machen

Klatschen Sie mal in die Hände und achten Sie darauf, welche Hand oben ist (wenn Sie keine Hand oben haben, sondern wie ein Seehund patschen, ist das auch kein Problem). Und jetzt versuchen Sie mal, die andere Hand bzw. Ihre schwächere Hand nach oben zu bringen. Fühlt sich komisch an, richtig? Schließlich haben Sie ein Leben lang gelernt, so zu klatschen, wie Sie heute klatschen. Viele Gewohnheiten wiederholen wir unbewusst, bis sie uns so in Fleisch und Blut übergegangen sind, dass wir sie nicht mehr hinterfragen. Dabei gibt es jeden Tag viele kleine Möglichkeiten, Dinge anders zu machen und damit mehr Spannung ins Leben zu bringen und unser Gehirn zu fordern. In Anhang 12 finden Sie einige Ideen, was Sie in Ihrem Leben anders machen könnten. Ich bin sicher, dass Sie selbst noch Tausende Möglichkeiten finden, Neues zu tun oder Gewohntes anders zu machen. Haben Sie also den Mut, bewusst Ihre Komfortzone zu verlassen und dorthin zu gehen, wo es etwas Neues zu erleben gibt.

Zum Nachdenken:
- Welche Routinen können Sie durchbrechen, indem Sie Dinge einfach mal anders machen?

27. Erkennen Sie, wenn die Zeichen auf Veränderung stehen

Auf Ihrer Reise werden Sie immer wieder auf Momente stoßen, in denen Sie erkennen, dass es Zeit für Veränderungen ist. Momente, in denen es nicht mehr möglich ist, die Komfortzone langsam zu verlassen, sondern die radikale Veränderungen erfordern. Meist dann, wenn der Schmerz so groß ist, dass jede Veränderung besser ist als keine.

Veränderungen kommen meist langsam – seien Sie achtsam

Die Momente, die radikale Veränderungen erfordern, sind in der Regel nicht kurzfristig entstanden. Meist haben sie sich schon lange abgezeichnet und langsam entwickelt. Sie wurden nur nicht beachtet oder nicht ernst genug genommen. Es ist daher ratsam, das eigene Radar immer so auszurichten, dass wir frühzeitig erkennen, wenn Veränderungen auf uns zukommen.

Das Phänomen, dass Veränderungen schleichend und schwer zu erkennen sind, wird als „Boiling Frog Syndrome" bezeichnet.[87] Es beschreibt dabei eine Metapher aus Tierversuchen, die auf das Ende des 19. Jahrhunderts zurückgeht.[88] In Experimenten mit Fröschen wurde beobachtet, wie diese auf Temperaturänderungen im Wasser reagieren. Ein Ergebnis war, dass Frösche, die in heißes Wasser gesetzt wurden, sofort wieder heraussprangen. Soweit keine bahnbrechende Beobachtung. In einem zweiten Experiment wurden Frösche in warmes Wasser gesetzt, das langsam weiter erwärmt wurde. Die Frösche bemerkten die schleichende Veränderung nicht rechtzeitig und passten ihren Körper immer wieder an die höhere Temperatur an. Plötzlich war das Wasser so heiß, dass sie nicht mehr fliehen konnten. Sie bemerkten die Veränderung erst, als es zu spät war (Bitte sehen Sie dies als Metapher, ich positioniere mich klar gegen Tierversuche – also bitte nicht nachmachen; aber das Beispiel zeigt die Tragik nicht erkannter Veränderungen deutlich).

Uns Menschen geht es häufig ähnlich. Wir merken, dass es Zeit ist zu reagieren, aber wir warten ab. Schleichend merken wir nicht, dass eine größere Bedrohung auf uns zukommt. Wir warten ab, halten durch, wollen stark sein. Erst wenn etwas Schlimmes passiert, merken wir, dass es längst an der Zeit gewesen wäre, etwas zu ändern. Dann ist es oft zu spät.

---

[87] Farlex Dictionary of Idoms: Boiling frog syndrome, in: Farlex Dictionary of Idioms, 2015, https://idioms.thefreedictionary.com/boiling+frog+syndrome (abgerufen am 15.11.2023).

[88] Sedgwick, William: On the variation of reflex excitability in the frog induced by changes of temperature, in: Studies from the Biological Laboratory of the Johns Hopkins University, 1888, Baltimore, Maryland: N. Murray, Johns Hopkins University, S. 385–410.

Eine wunderschöne Geschichte, die dies beschreibt, ist die *Mäusestrategie für Manager.*[89] In diesem Buch erzählt der Autor Spencer Johnson die Geschichte von zwei Mäusen und zwei Zwergen, die in einem Labyrinth ein Käselager voller Käse fanden. Sie ließen sich dort nieder. Die Zwerge wurden immer fauler und machten es sich im Käselager gemütlich. Auch den Mäusen gefiel das Lager sehr gut, aber sie waren immer darauf vorbereitet, dass irgendwann etwas passieren könnte und sie sich wieder auf die Suche nach neuem Käse machen müssten. Eines Tages war der Käse verschwunden. Während die Mäuse, sobald sie die Veränderung bemerkten, wussten, dass es Zeit war, aufzubrechen, waren die Zwerge schwer getroffen und wussten nicht, wie sie mit der Situation umgehen sollten. Die Zwerge waren frustriert und verärgert. Sie klagten, dass es unfair wäre, dass der Käse weg ist. Bis auch sie zur Erkenntnis kamen, dass es sinnvoller ist, sich auf die Suche nach neuem Käse zu machen, als frustriert zurückzubleiben. Diese Geschichte soll ein Beispiel dafür sein, dass wir immer wieder „am Käse riechen" und kritisch hinterfragen sollten, ob wir auf eine mögliche Veränderung ausreichend vorbereitet sind. Auf der Suche nach neuem Käse schrieb einer der Zwerge immer wieder Leitsätze an die Wand des Labyrinths wie z.B. „Es ist sicherer, im Labyrinth nach neuem Käse zu suchen, als in einer käselosen Situation zu verharren" oder „Wenn man die kleinen Veränderungen rechtzeitig bemerkt, kann man sich besser auf die großen Veränderungen einstellen". Viele dieser Prinzipien passen sehr gut zum Thema Veränderung.

Behalten Sie immer Ihre Lebensbereiche am Radar

Auch Sie sind eingeladen, Ihre Lebensbereiche im Auge zu behalten und zu prüfen, ob hier bereits Veränderungen stattfinden, die Sie bewusst oder unbewusst nicht wahrnehmen. Partnerschaft? Beruf? Finanzen? Freundeskreis? Persönliche Entwicklung? Gesundheit? Alles auf Kurs? Oder tauchen Symptome auf, die Sie genauer unter die Lupe nehmen sollten?

Wenn Sie erkennen, dass es Zeit für Veränderungen sein könnte, dann gilt es, diese ruhig, klar und strukturiert zu hinterfragen und dann klare Entscheidungen zu treffen.

Zum Nachdenken:

- Sehen Sie Veränderungsbedarf in Ihren Lebensbereichen?
- Wie dringend schätzen Sie den Veränderungsbedarf ein?
- Erkennen Sie in bestimmten Bereichen, dass „das Wasser schon am Kochen ist"?

[89] Johnson, Spencer: Die Mäusestrategie für Manager: Veränderungen erfolgreich begegnen, München: Ariston-Verlag, 2020.

Love it – Leave it – Change it

Ein Prinzip, das mir bei Veränderungen und vor allem bei der Frage, ob eine Veränderung überhaupt notwendig ist, geholfen hat, war das Prinzip „Love it, Leave it, Change it“. Dieses Prinzip besagt, dass es in jeder veränderungsbedürftigen Situation immer drei Möglichkeiten gibt.

- **Change it: Verändern Sie die Spielregeln**

  Prüfen Sie, ob Sie Ihre Situation aus eigener Kraft so verändern können, dass Sie wieder mit Freude am Spiel teilnehmen können. Wenn Sie z.B. mit Ihrer Arbeit unzufrieden sind, weil Sie das Gefühl haben, dass Ihnen zu wenig Verantwortung übertragen wird, versuchen Sie, dies zu ändern. Sprechen Sie mit Ihrer Führungskraft über Möglichkeiten, Verantwortung zu übernehmen und finden Sie gemeinsam Lösungen, die für beide Seiten passen (Win-Win). Versuchen Sie auf jeden Fall, die Regeln so zu ändern, dass es Ihnen wieder Spaß macht. Oft freut sich Ihr Gegenüber, wenn Sie diese Themen ansprechen. Möglicherweise ist Ihre Führungskraft gerade auf der Suche nach jemandem, der Verantwortung für ein größeres Projekt übernehmen kann.

  Gerade im beruflichen Kontext wird der Versuch, die Spielregeln zu verändern, nicht ausgeschöpft. Ich habe viele Mitarbeiterinnen und Mitarbeiter kennengelernt, die ihr Unternehmen verlassen haben, weil sie scheinbar keine Möglichkeit zur Veränderung sahen, ohne jemals versucht zu haben, die Spielregeln zu ändern. Das ist nicht nur an sich sinnlos, weil es ein Weglaufen vor den Problemen ist und sich somit in gleicher oder ähnlicher Form beim nächsten Job wiederholt, sondern auch unfair gegenüber den Vorgesetzten und dem Unternehmen. In einem gemeinsamen Spiel muss es möglich sein, Probleme anzusprechen und nach Lösungen zu suchen, damit das Spiel allen Beteiligten Freude macht. Ganz nach dem Motto – „Gehen ist immer die letzte Option – erst einmal alle Möglichkeiten ausreizen“. Das gilt für fast alle Bereiche. Bevor Sie gehen, vergewissern Sie sich, dass Sie alles versucht haben, um das Beste aus der bestehenden Situation zu machen.

- **Leave it: Verlassen Sie das Spiel**

  Erst wenn Sie alle Möglichkeiten ausgeschöpft haben und immer noch nicht weiterkommen, gibt es die Variante „Leave it“. Verlassen Sie es. Bevor Sie jeden Tag nach Auswegen und Entschuldigungen suchen, bleiben Sie konsequent und treffen Sie die notwendigen Entscheidungen. Vielleicht sind Sie an einem Punkt angelangt, an dem Gehen die beste Option ist. Gehen Sie das Risiko ein, etwas Neues zu beginnen.

- **Love it: spielen Sie mit vollem Engagement**
  Wenn Sie weder in der Lage sind, die Spielregeln zu ändern, noch das Spielfeld verlassen wollen, bleibt Ihnen noch ein dritter Weg. Akzeptieren Sie, dass Sie die Spielregeln nicht ändern können – und spielen Sie mit. Das bedeutet AKZEPTANZ. Wenn Sie sich entschieden haben zu bleiben, dann müssen Sie sich auch an die Spielregeln halten. Das heißt, kein Jammern, kein Schlechtreden, kein „andere mit runterziehen". Sie haben sich entschieden – also stehen Sie dazu.

Nehmen wir das Beispiel eines jungen Paares, das gemeinsam in Wien arbeitet. Die Frau bekommt ein Jobangebot in Zürich und möchte unbedingt in die Schweiz ziehen. Ihr Freund kann sich das aber nicht vorstellen und will auch keine Fernbeziehung. Die Beziehung steht also auf der Kippe. Es bleiben drei Optionen für beide Seiten:

- Change it: Der erste Versuch muss sein, die Spielregeln so zu ändern, dass das Spiel noch Freude macht. Es gilt herauszufinden, ob es in der Partnerschaft oder am Arbeitsplatz eine Möglichkeit gibt, die Regeln so zu ändern, dass sie noch passen. Win-win-Lösung möglich? Notfalls ein Kompromiss für den Anfang? Zum Beispiel drei Tage in der Schweiz, zwei Tage von zu Hause aus arbeiten? Oder eine gewisse Zeit vereinbaren, um die neue Herausforderung anzunehmen und dann wieder zusammenzuziehen? Gibt es Spielregeln, unter denen der Mann mitziehen würde? Gibt es Möglichkeiten für die Frau, die gleiche Erfahrung nicht in der Schweiz, sondern in der Nähe von Wien zu machen? Erst wenn alle Möglichkeiten ausgeschöpft sind und das Paar keine Lösung findet, erst dann darf die Leave-it-Option auf den Tisch kommen.

- Leave it: Ist es vielleicht wirklich für beide besser, getrennte Wege zu gehen, damit jeder unabhängig vom anderen seine Träume verwirklichen kann? Oder ist es der dritte Weg?

- Love-it: Es könnte auch sein, dass eine Person beschließt, ihre Position aufzugeben. Zum Beispiel könnte die Frau doch in Wien weiterarbeiten oder der Mann nach Zürich kommen. Aber es muss klar sein: Wer eigenverantwortlich entscheidet, muss auch voll mitspielen. Keine Schuldzuweisungen, keine Vorwürfe – volles Engagement.

Egal wie aussichtslos eine Situation erscheint: Fast immer gibt es diese drei Möglichkeiten. Das bedeutet auch, dass wir selbst in der ausweglosesten Situation noch wählen können – wir sind also nie nur Opfer. Das Mindeste, das in jeder bewusst erlebbaren Situation wählbar ist, ist die eigene Einstellung. Darüber hinaus ist es wichtig, sich immer vor Augen zu halten: Primär ist immer das Ziel, Win-win-Lösungen zu finden.

Abwarten verringert den Handlungsspielraum

- Stellen Sie sich vor, Sie rauchen jeden Tag zu viel und wissen, dass die Zeit zum Aufhören reif ist. Sie können sich jetzt entscheiden – oder Sie können warten, aber eines ist klar: Je länger Sie eine notwendige Entscheidung hinauszögern, desto geringer wird Ihr Handlungsspielraum. Solange Sie gesund sind, wäre es vielleicht ein Kinderspiel, das Rauchen zu reduzieren und im nächsten Schritt ganz aufzuhören. Sie könnten sich sogar den einen oder anderen Rückfall leisten und hätten immer noch eine zweite Chance. Wenn Sie jedoch warten, bis bereits eine Krankheit diagnostiziert wurde, ist der Handlungsspielraum schlagartig gering.

- Ähnlich ist es im Berufsleben, beispielsweise bei einem Jobwechsel. Sie erkennen, dass Ihre Arbeit Sie nicht erfüllt und Sie haben mit der Change it-Methode keine Lösung gefunden. Sie haben alle Möglichkeiten ausgeschöpft und wissen genau, was Sie wollen? Sie wissen, dass es Zeit ist zu gehen? Wenn Sie die Entscheidung jetzt treffen, haben Sie vielleicht noch genügend Spielraum, um etwas Neues zu finden. Sie könnten also JETZT die ersten Schritte unternehmen, Ihren Lebenslauf aktualisieren, Ihre Social-Media-Profile auf den neuesten Stand bringen und Ihre Entscheidung konsequent in kleinen Schritten umsetzen. Wenn Sie abwarten, Ihre Leistung möglicherweise nachlässt und das Unternehmen sich von Ihnen trennt, wird Ihr Handlungsspielraum rapide kleiner. Sie müssen schnell etwas Neues finden und sofort Entscheidungen treffen, die auf einem geringen Handlungsspielraum basieren.

Wenn Sie wissen, dass Sie handeln MÜSSEN, dann tun Sie dies lieber, solange die Handlungsspielräume noch groß genug sind – es geht dann um Entscheiden und Umsetzen.

Zum Nachdenken:

- In welchen Bereichen oder Situationen zögern Sie notwendige Veränderungen noch hinaus?
- Warum zögern Sie diese Entscheidungen hinaus? Gibt es dafür vielleicht einen guten Grund? Schauen Sie genau hin.
- Welche Veränderungen wollen Sie angehen und was sind Ihre ersten Schritte?
- Wie schätzen Sie Ihren Handlungsspielraum für Veränderungen ein?

28. Mutig entscheiden und selbstbestimmt umsetzen

Im Leben geht sehr viel Zeit und Energie verloren, wenn keine klaren Entscheidungen getroffen werden. Wie oft verharren wir Menschen in einer Situation, von der wir nicht wissen, ob sie sich in diese oder jene Richtung entwickeln wird. Jede Entscheidung, jede Handlung birgt ein gewisses Risiko in sich. Es braucht also ein ausreichendes Maß an Risikobereitschaft, um Dinge selbstbestimmt umzusetzen.

Wenn wir von selbstbestimmter Umsetzung sprechen, lohnt es sich, einen Blick auf die menschlichen Bedürfnisse zu werfen, die uns zum Handeln motivieren. Die Selbstbestimmungstheorie[90], die auf die amerikanischen Forscher Richard Ryan und Edward Deci zurückgeht, besagt, dass Menschen das Bedürfnis haben, sich selbst als URHEBER ihrer Handlungen zu sehen. Wir sind insbesondere dann bereit zu handeln, wenn folgende Aspekte berücksichtigt werden:

- Zugehörigkeit (Teil einer sozialen Gemeinschaft – Menschen wollen dazugehören und sich als Teil der Gesellschaft sehen)
- Autonomie (Möglichkeit zu eigenständigem Handeln – Menschen wollen sich als Verursacher von Handlungen und Umständen sehen)
- Fähigkeiten (Fertigkeiten und Kompetenzen – Menschen wollen ihre Kompetenzen leben und sich herausfordern)

Sie können IMMER entscheiden
Das Gute zuerst. Auch wenn wir oft das Gefühl haben, in einer Opferrolle zu stecken und keinen Einfluss darauf zu haben, was als Nächstes passiert. Machen Sie sich klar: Sie haben immer die Wahl. Vielleicht haben Sie nicht immer die Wahl, die Sie sich wünschen oder erwarten würden. Aber am Ende des Tages haben Sie immer die Wahl. Zumindest können Sie immer Ihre persönliche Einstellung wählen.

Jedes JA ist zugleich ein NEIN
Entscheidungen zu treffen, wird immer wichtiger. Noch nie in der Geschichte der Menschheit gab es so viele Wahlmöglichkeiten. Früher wählte man den gleichen Beruf wie die Eltern, machte die Ausbildung, die im Ort angeboten wurde – der Wohnort wurde über Generationen nicht gewechselt. Heute ist das anders. Die ganze Welt ist vernetzt. Der Arbeitsplatz ist oft

---

[90] Ryan, Richard/Eduard Deci: Self-determination theory and the facilitation of intrinsic motivation, social development, and well-being, in: American Psychologist, 55 (1), 2000, S. 68–78.

kein fester Ort mehr – viele Berufe können ortsunabhängig ausgeübt werden. Es gibt kaum noch Einschränkungen bei der Ausbildung. Die Herausforderung besteht also nicht mehr „nur" darin, zu entscheiden, was man machen will – sondern auch klar zu entscheiden, welche Türen geschlossen werden. Entscheiden bedeutet immer, sich nicht nur FÜR etwas zu entscheiden, sondern gleichzeitig auch GEGEN zahlreiche andere Alternativen. Mit jedem JA sagen wir automatisch NEIN zu vielen anderen Möglichkeiten.

Entscheiden bedeutet, Preise zu vergleichen

Wenn Sie Entscheidungen treffen, vergleichen Sie unbewusst immer den Nutzen mit den Kosten der Auswahl und stellen dies anderen Alternativen gegenüber. In der Regel entscheiden Sie sich für die Alternative, die Ihnen insgesamt am besten erscheint, oder anders ausgedrückt, von der Sie annehmen, dass sie Ihnen den größten Nutzen bringt.

Wenn Sie sich beispielsweise für einen Arbeitgeber entscheiden, vergleichen Sie wahrscheinlich zunächst die von Ihnen wahrgenommenen positiven Eigenschaften des Unternehmens mit den negativen Eigenschaften. Gleichzeitig prüfen Sie unbewusst, welche Möglichkeiten es auf dem „Markt" noch gibt. Wenn Sie sich für ein Unternehmen entscheiden, gehen Sie davon aus, dass es für Sie das beste Angebot auf dem Markt ist. Sonst würden Sie nicht so entscheiden. Das Gleiche gilt für viele andere Bereiche des Lebens. Zum Beispiel bei der Partnerwahl, bei der Wahl des Urlaubsortes, bei der Wahl des Frühstücksgebäcks ... Die Liste ist endlos. Der Preisvergleich hat allerdings einen Haken. Er kann durch bestimmte Einflussfaktoren verwässert werden. Besonders kritisch ist, wenn wir uns in einem emotional aufgeladenen Zustand befinden.

Treffen Sie Entscheidungen nie emotional hochgeladen

Insbesondere wichtige Lebensentscheidungen sollten immer in Ruhe getroffen werden. In einem emotional aufgeladenen Zustand ist es unmöglich, klare Entscheidungen zu treffen. Das menschliche Gehirn kann emotional hochgeladen nur einen kleinen Teil der notwendigen Ressourcen nutzen. Überstürzte Entscheidungen in diesem Zustand führen selten zum gewünschten Ergebnis. Deshalb ist es besser, etwas Zeit verstreichen zu lassen, als in Panik unüberlegte Entscheidungen zu treffen. Gerade in emotional belastenden Situationen ist es wichtig, einen Schritt zurückzutreten und erst dann strukturiert und klar die erforderlichen Handlungen zu setzen. In Branchen und Unternehmen, die mit hochemotionalen Situationen zu tun haben, ist es daher üblich, wesentliche Entscheidungen durch strukturierte Prozesse zu „entemotionalisieren".

- Piloten trainieren jahrelang Situationen, die in der Regel nicht eintreten – mit dem Ziel, im Ernstfall in Ruhe die richtigen Schritte einzuleiten und handlungsfähig zu bleiben. Wenn zum Beispiel alle Triebwerke ausfallen, ist jeder Handgriff der Piloten klar definiert. Diese Struktur soll Chaos und Panik verhindern und von emotionsgeleitetem Aktionismus hin zu weitgehend strukturiertem, rationalem Handeln führen.

- Im Rettungsdienst werden vor allem Situationen trainiert, die eine starke emotionale Reaktion auslösen können. Damit soll verhindert werden, dass Rettungskräfte und Notfallsanitäter in Extremsituationen in Panik geraten. Insbesondere für schwerste Notfälle ist ein klares Ablaufschema definiert, sodass Entscheidungen ohne übermäßige emotionale Beteiligung getroffen werden können.

Obwohl es unumstritten ist, dass wir selten die besten Entscheidungen treffen, wenn wir emotional geladen sind, so kommt es immer wieder vor, dass richtungsweisende Entscheidungen unter hoher emotionaler Beteiligung getroffen werden. Dies führt dazu, dass in Konfliktsituationen Dinge gesagt werden, die Beziehungen oder Arbeitsverhältnisse zerstören, ohne vorher alle Möglichkeiten auszuschöpfen, oft mit einem irreparablen Schaden.

Achten Sie für sich selbst darauf, dass Sie in Ihrem Berufs- und Alltagsleben den bestmöglichen Rahmen für Ihre Entscheidungen schaffen und diese mit Bedacht und Ruhe treffen.

Simulieren Sie mögliche Folgen

Benutzen Sie Ihren Kopf. Wir haben ein großartiges Gehirn – vor allem, wenn es in emotionalen Momenten nicht von Hormonen überschwemmt wird. Wir können Situationen im Kopf durchspielen und über mögliche Konsequenzen nachdenken. Nutzen Sie diese Fähigkeit. Spielen Sie Situationen vor dem Handeln im Kopf durch und überlegen Sie, was Sie sich davon versprechen. Welche Personen werden Ihr Vorhaben unterstützen? Wer könnte Sie behindern? Erst wenn Sie ein klares Bild vor Augen haben, starten Sie – oder entscheiden Sie sich noch nicht zu starten.

Die Entscheidung „nicht zu entscheiden"

Natürlich haben Sie fast immer die Möglichkeit, NICHT zu entscheiden. Abwarten kann verschiedene Vorteile haben. Es kann Situationen geben, in denen es sinnvoll ist, abzuwarten. Vielleicht ist die Zeit für eine Veränderung noch nicht reif oder der Nutzen des Abwartens so groß, dass es Sinn macht, ihn in Kauf zu nehmen. Auch wenn Sie sich nicht entscheiden, ist es eine Entscheidung → nämlich die Entscheidung, sich nicht zu entscheiden.

Sie müssen sich darüber im Klaren sein, dass auch das Nicht-Entscheiden seinen Preis hat. Entscheidungen nicht zu treffen, die eigentlich längst überfällig sind, kostet Energie, Lebenszeit und kann Sie daran hindern, neue, großartige Dinge zu erleben. Irgendwann kommt der Punkt, an dem eine Entscheidung getroffen werden MUSS.

An einem gewissen Punkt ist jede Entscheidung besser als keine Entscheidung

Eine Entscheidung ist dann stark, wenn sie gut durchdacht ist und ihre Zeit gekommen ist. Irgendwann macht es keinen Sinn mehr, zum hundertsten Mal über das gleiche Thema nachzudenken. Dies ist der Zeitpunkt, an dem JEDE Entscheidung besser ist als KEINE Entscheidung. Treffen Sie diese und stehen Sie dazu. Stehen Sie auch dazu, dass Sie sich geirrt haben könnten. Ob Sie richtig entschieden haben, wissen Sie ohnehin erst im Nachhinein. Es ist keine Schande, eine Entscheidung zu revidieren, wenn Sie aufgrund neuer, aktuellerer Informationen doch eine Richtungsänderung für sinnvoll halten.

Zum Nachdenken:

- Welche Entscheidungen sind für Sie bereits überfällig?
- Was hindert Sie daran, diese zu treffen? Welchen Preis würden Sie für diese Entscheidung zahlen?

Wenn Sie entschieden haben, dann starten Sie JETZT

Es ist richtig, sich für Entscheidungen Zeit zu nehmen. Doch sobald Sie sich für eine Alternative entschieden haben, ist es sinnvoll, sofort mit der Umsetzung zu beginnen. In Unternehmen, Projekten, aber auch im persönlichen Leben erleben wir oft Situationen, in denen zunächst entschieden wird, dann wieder revidiert wird, dann doch wieder in abgeschwächter Form gehandelt wird und so weiter. Das sind keine Entscheidungen! Entscheiden bedeutet, sich bewusst zu sein, dass damit Alternativen ausgeschlossen werden – und trotzdem dazu zu stehen. Also JETZT mit der Umsetzung beginnen. Wenn Sie sich entschieden haben, dann gehen Sie den Weg.

- Sie haben sich nach reiflicher Überlegung für eine berufliche Veränderung entschieden? Dann machen Sie JETZT den ersten Schritt.
- Sie haben nach Ausschöpfung aller Möglichkeiten beschlossen, sich von Ihrem Partner zu trennen? Auch wenn es schwerfällt – wenn Sie diese Entscheidung gut überlegt, nach ausreichend Zeit und möglichst emotionslos getroffen haben, dann handeln Sie JETZT.
- Sie haben sich für die Selbstständigkeit entschieden? Machen Sie JETZT den ersten Schritt.
- Sie haben sich entschieden, von der Stadt aufs Land zu ziehen? Handeln Sie JETZT.

Wenn Sie nicht sofort anfangen, laufen Sie Gefahr, viel Zeit zu verlieren, obwohl Sie bereits genau wissen, was zu tun ist. Als Faustregel im Zeitmanagement wird oft die 72-Stunden-Regel verwendet. Diese besagt, dass Entscheidungen, deren Umsetzung nicht innerhalb von 72 Stunden beginnt, mit hoher Wahrscheinlichkeit (über 90%) scheitern. Unabhängig davon, ob diese Regel auf wissenschaftlich validen Annahmen beruht[91], lässt sich festhalten: Je FRÜHER wir etwas beginnen, desto leichter fällt uns die Umsetzung. Wenn Sie eine Entscheidung getroffen haben, macht es keinen Sinn, auf später zu warten. Leiten Sie jetzt die nächsten Schritte ein. Erstens wissen Sie nicht, ob es ein „später" überhaupt gibt – und zweitens wird der Anfang definitiv nicht leichter. Haben Sie also den Mut aufzubrechen, sich auf Neues einzulassen und Altes loszulassen.

[91] Quelle, Ursprung und wissenschaftliche Belege der 72-Stunden-Regel sind nicht bekannt.

Merkmale von Menschen, die JETZT starten

In seinem Buch *The Now Habit* beschreibt Neil Fiore, was JETZT-Handelnde von Aufschiebern unterscheidet:[92]

- Menschen, die „jetzt" anfangen, denken nicht, dass sie es tun müssen, sondern sie sagen ganz klar, dass sie es tun WOLLEN.
- Sie fragen sich nicht, wann sie die Aufgabe beenden können, sondern wann sie anfangen können.
- Weitere wichtige Unterschiede sind, dass sich „Jetzt"-Starter nicht im Großen verlieren, sondern in kleinen Schritten beginnen. Sie streben nicht nach Perfektionismus.
- Als weiteren Punkt nennt Neil Fiore, dass sich die „Jetzt"-Starter Zeit zum Spielen nehmen. Sie nehmen nicht alles zu ernst, sondern schaffen sich bewusst Freiräume und Freizeit.

Vorsicht vor der Aktionismus-Falle

Auch wenn Sie viele Ideen und gute Gedanken haben, was Sie alles verändern wollen, vergessen Sie nicht, das große Ganze im Auge zu behalten. Gerade in der Euphorie der Veränderung ist es wichtig, die Richtung und das Ziel nicht aus den Augen zu verlieren, um nicht vor lauter Aktionismus etwas Wesentliches zu vergessen.

Es nützt nichts, ein neues Auto zu kaufen, es jeden Tag zu polieren, es weiterzuentwickeln, es schneller, moderner, schöner zu machen und kurz vor der ersten Fahrt festzustellen, dass man gar keinen Führerschein hat.

Zum Nachdenken:

- Zu welcher Gruppe gehören Sie? Zauderer oder „Jetzt"-Starter?
- Welche Entscheidungen haben Sie getroffen, aber noch nicht mit der Umsetzung begonnen? Warum?
- Was hält Sie davon ab, jetzt zu starten?

---

92 Fiore, Neil: The now habit: a strategic program for overcoming procrastination and enjoying guilt-free play, New York: Tarcher/Penguin, 2007, S. 70 ff.

29. Nur wer Altes loslässt, kann Neues erleben

Etwas Gewohntes, Bekanntes und Vertrautes loszulassen bedeutet immer auch, eine scheinbare Sicherheit aufzugeben und einen Schritt ins Risiko zu wagen. Wenn Sie an diesem Punkt des Buches angelangt sind, haben Sie sicher schon einige Aha-Erlebnisse gehabt (zumindest wünsche ich es Ihnen). So diszipliniert, wie Sie wahrscheinlich schon einige Entscheidungen getroffen haben, geht es jetzt darum, diszipliniert loslassen zu lernen. Jede Entscheidung für etwas Neues beinhaltet auch die Entscheidung, sich von Altem zu trennen.

Wenn wir vom Loslassen sprechen, kann sich das auf viele Aspekte des Lebens beziehen. Beginnen wir mit den materiellen Aspekten:

Loslassen – im materiellen Sinne: Räumen Sie auf und trennen Sie sich von Dingen
Sie fragen sich, warum wir jetzt plötzlich über Aufräumen und Ausmisten sprechen? Nun, im Kleinen lässt sich das gut üben – zum Beispiel beim Aufräumen von Dachböden oder Kellern, die in den meisten Haushalten noch vollgestopft sind. Wer im Kleinen nicht loslassen kann und sich nicht von dem halbverwesten Teppich, der seit Jahrzehnten im Dachgeschoss langsam verfault, trennen kann, wird dies auch bei größeren persönlichen Aspekten nicht schaffen. Lösen wir uns also zunächst mal von unnötigen materiellen Dingen – davon dürfte es in den meisten Familien genug geben. Aus durchaus gutem Grund. Wenn wir einige Jahrzehnte zurückblicken, lag unser Land in Schutt und Asche. In den Jahren der Weltkriege ging es für unsere Großeltern und Urgroßeltern um das nackte Überleben. Es gab, wenn überhaupt, gerade genug zu essen. Die Frage nach dem Überfluss stellte sich da kaum. Auch die nächste Generation, die Babyboomer (Nachkriegsgeneration), war noch stark von diesen Themen geprägt. Hier wurde vor allem die Sicherheit noch wichtiger. Der Übergang zur Konsumgesellschaft war dann fließend. Plötzlich rückte der Konsum durch Globalisierung, Wirtschaftsaufschwung, Vernetzung immer mehr in den Mittelpunkt. Die jüngeren Generationen leben nun ein Leben im Überfluss.

Die Auswirkungen dieser explosiven Generationenmischung vom Überlebensbedürfnis zum Konsumbedürfnis und Überfluss sehen wir heute noch in vielen Kellern, Dachböden und Garagen. Besonders viele Menschen der älteren Generation klammern an „Besitztümern“ fest und es fällt vielen schwer, sich von diesen Dingen zu trennen. Vielleicht finden Sie auch in Ihrer Umgebung das ein oder andere Beispiel. Sei es der nur noch dreibeinige Stuhl auf dem Dachboden, dessen Zeit sicher noch kommen wird und der doch aus so gutem Holz ist – oder im täglichen Leben der Weichkäse, der auf keinen Fall weggeworfen werden darf, nur weil das Mindesthaltbarkeitsdatum um vier Monate überschritten wurde.

Das Festhalten am Alten hindert uns daran, Neues zu entdecken. Im direkten wie im übertragenen Sinne. Prüfen Sie, was Sie in Ihrem Leben wirklich BRAUCHEN. Ganz nach dem Motto „So wenig wie möglich – so viel wie nötig". In unserer Konsumgesellschaft ist es normal, dass die Kisten überquellen und sich in jeder Ecke Dinge stapeln, die wir eigentlich gar nicht brauchen. Machen Sie sich bewusst, dass jedes Objekt, das wir besitzen, Zeit kostet. Regelmäßiges Putzen, Umräumen und das ständige Suchen nach verlegten Teilen, die unter einem Stapel alter Zeitungen oder Werbeanzeigen versteckt sind. All das kostet Zeit. IHRE Lebenszeit.

Einfachheit – Werte und Motive bestimmen, was wir besitzen

Dank früherer Generationen haben wir heute ein Leben im Überfluss. In unserer Konsumgesellschaft können wir uns fast alles jederzeit kaufen. Da ist es nur logisch, dass es eine kritische Gegenbewegung gibt, die sich mit Einfachheit auseinandersetzt. Es geht also mehr um die Frage: Was brauche ich wirklich? Das ist eine Frage, die uns wieder direkt in die Wertediskussion führt. Wenn wir fast alles haben können, geht es nicht mehr darum, möglichst viel zu haben, sondern GEZIELT Dinge zu besitzen, die mit den persönlichen Werten, Zielen und Visionen des Lebens übereinstimmen. Vieles von dem, was wir besitzen, brauchen wir nicht – es ist somit wertloser Besitz. Wenn wir von sinnvollem Besitz sprechen, könnte dies Besitz sein, der uns beispielsweise hilft, schneller oder besser zu werden; der unser Leben, unsere Umgebung einfacher oder sicherer macht; der eine Wertanlage oder wirtschaftlich sinnvolle Investition ist oder weil er für uns einen persönlichen Wert darstellt und wir einfach nur Freude daran haben.

Ist es sinnvoll, einen teuren BMW zu fahren? – Das kommt drauf an ...

- Sie fahren einen teuren BMW, weil Sie das Fahrgefühl lieben und jeden Tag mit Freude ins Auto steigen? Sie lieben den Klang des Motors und freuen sich jedes Mal, wenn Sie das Auto starten? Sie haben sich mit diesem Auto einen persönlichen Traum erfüllt? Dann kann dieser Besitz für Sie sinnvoll sein.

- Sie besitzen einen teuren BMW, weil Ihr Bruder einen schweren Wagen fährt und Sie ihm nicht nachstehen wollen, obwohl Sie persönlich keinen großen Wert auf das Fahrzeug legen, in der Tiefgarage Ihrer Wohnanlage kaum Platz zum Parken finden und Sie sich das Benzin kaum leisten können? Dann sollten Sie sich fragen, ob dieser Besitz wirklich IHREN Zielen, Visionen, Werten und Wünschen entspricht oder ob es ein fremdgesteuertes Motiv ist (um anderen etwas zu beweisen). In diesem Fall könnte es sich um einen für Sie fragwürdigen Besitz handeln.

Sie sehen, das Motiv dahinter entscheidet, ob Besitz Sinn macht und zu Glück und Erfolg im Berufs- und Alltagsleben beiträgt oder nicht. Jeder Mensch bewertet dies individuell. Der eine hat Freude an einem großen Haus mit Garten, der andere wohnt lieber in einer Mietwohnung und freut sich, dass er sich dafür spannende Urlaube leisten kann. Der eine freut sich, wenn er eine mehrere Zehntausend Euro teure Uhr tragen kann, für den anderen hat sie keinen Wert. Entscheidend dafür, ob Besitz für Sie persönlich sinnvoll ist, bleibt, ob er tatsächlich IHREN Motiven entspricht und Ihnen Freude bereitet.

Hier lohnt sich ein kritischer Blick. Wir Menschen neigen dazu, uns mit anderen zu vergleichen – und sind deshalb bereit, Geld für Gegenstände auszugeben, um andere Menschen zu beeindrucken. Überlegen Sie, WARUM Sie Dinge besitzen und warum Sie an ihnen festhalten.

Es macht wenig Sinn, sich etwas zu kaufen, das man nicht braucht und das einem keine Freude bereitet. In einer Welt, in der wir fast alles kaufen können, ist es ebenso nicht sinnvoll, Dinge nicht zu kaufen, die uns das Leben erleichtern, die unseren Werten entsprechen und uns dadurch als Person weiterbringen können oder die uns Freude bereiten. Es gilt hier also genau abzuwägen und individuell zu entscheiden.

Zum Nachdenken:
- Prüfen Sie Ihre Besitztümer. Was ist das eigentliche Motiv, weshalb Sie dies besitzen? Welche Werte, Ziele und Visionen stehen dahinter?
- Wovon wissen Sie, dass Sie sich trennen müssen, haben es aber noch nicht getan? Was hält Sie davon ab?
- Wo haben Sie „Chaos“ im materiellen Sinne? Was könnte ein erster Schritt sein, um Ordnung in das materielle „Chaos“ zu bringen?

Loslassen – im immateriellen Sinne: Anhaftung und Abhängigkeit

Im materiellen Sinne können wir mit etwas Nachdenken recht gut erkennen, wann Handlungsbedarf besteht. Wenn Ihr Haus so voll ist, dass Sie Ihren Hund unter den Bergen von Kleidungsstücken, die sich bis unter die Decke stapeln, nicht mehr finden können, könnte dies ein Hinweis darauf sein, dass es an der Zeit ist, sich von einigen Dingen zu trennen.

Schwieriger wird es im immateriellen Bereich. Auch hier haben wir es mit vielfältigen Abhängigkeiten zu tun. Seien es Menschen und Beziehungen, die uns wie Ketten umgeben. Seien es Überzeugungen, Einstellungen und Verhaltensweisen. All dies können Ketten sein, die uns festhalten und uns daran hindern, die beste Version unserer selbst zu werden. Stellen Sie sich auch hier die Frage, wo es sich lohnt, das RISIKO einzugehen, sich von bestimmten Fesseln zu befreien.

Die Kunst loszulassen – ein Weg in die Freiheit?

Ja, es ist eine Kunst, sich materiell und immateriell von Fesseln und Bindungen zu befreien. Eine Kunst, die uns neue Perspektiven eröffnet. Loslassen fällt schwer. Nicht nur uns Menschen, sondern auch gewisse Affenarten handeln ähnlich:

- **Affenjagd in Indien**

  In Indien werden bei der Affenjagd Kisten mit Löchern vorbereitet, in die Bananen gelegt werden. Die Löcher sind gerade so groß, dass die Affen mit den Händen in die Kiste greifen können – mit der Banane in der Hand kommen sie aber nicht mehr heraus. Aus Angst, die Banane zu verlieren, lassen die meisten Affen nicht mehr los und können leicht gefangen werden. Dabei hätten sie sich sehr einfach befreien können – sie hätten nur loslassen müssen.

Wie oft geht es uns ähnlich? Wir wissen, dass wir loslassen müssten. Es ist offensichtlich, dass es Dinge, „Ketten" und Verstrickungen gibt, die uns einfach nicht guttun. Und doch können wir es nicht. Wir wollen an dem festhalten, was wir haben, mit Tausenden Ausreden und Begründungen – und sehen nicht, welchen Preis wir dafür zahlen.

Zum Nachdenken:

- Welche Ketten halten Sie fest? Welche „Bananen" können Sie nicht loslassen?
- Welche Möglichkeiten ergeben sich, wenn Sie Altes loslassen?
- Was müssen Sie loslassen, haben es aber noch nicht getan? Was hält Sie davon ab?

30. Genießen Sie Magic Moments und den Zauber des Anfangs

Wenn Sie sich entschieden haben, loszulassen und aufzubrechen, um etwas Neues zu erleben, dann haben Sie es sich verdient, es in vollen Zügen zu genießen.

Sie haben in Ihrem Leben Tausende Dinge erlebt, Tausende Menschen getroffen, Tausende Gespräche geführt. Unser Gehirn ist einer enormen Anzahl von Reizen ausgesetzt. Es ist davon auszugehen, dass wir unbewusst etwa 11 Millionen Bits pro Sekunde über unsere Sinnesorgane aufnehmen. Davon gelangt nur ein minimaler Bruchteil in unser Bewusstsein. Und doch bleiben gewisse Momente ein Leben lang in Erinnerung. Momente, an die man sich noch Jahre später mit Gänsehaut erinnert. Kennen Sie dies? Obwohl sie schon Jahre zurückliegen, erinnern Sie sich noch genau an die Situation, an die Farben, die Sie gesehen haben, an die Gerüche, die das Ereignis begleitet haben. Solche Augenblicke können dem Leben eine neue Qualität geben. Sehr oft sind es Momente des Neubeginns und neuer Erfahrungen. Es sind Momente, die im wahrsten Sinne des Wortes magisch sind. Momente, die alles andere in den Schatten stellen. Was haben diese Situationen gemeinsam, dass sie uns so gut in Erinnerung bleiben? Was brauchen Momente, um sich in unserem Gehirn einzubrennen? EMOTIONEN! Magic Moments sind hochemotional.

Dies können große Erlebnisse oder Erfolge sein. Vielleicht die Präsentation vor einem großen Publikum, auf die man so lange hingearbeitet hat. Der Applaus für eine besondere Leistung. Die letzte Frage einer großen Abschlussprüfung, bei der man weiß, dass man die Prüfung bestehen wird. Vielleicht auch eine Abschlussfeier, ein Festakt. In vielen Fällen sind solche Situationen aber mit einem gewissen Risiko verbunden – denn Magic Moments finden sich nicht in Wiederholungsschleifen, sondern meist dann, wenn wir etwas Neues oder Unerwartetes erleben – oft auf Pfaden, die noch nicht ausgetreten sind. Machen Sie sich bewusst auf die Suche nach solchen magischen Momenten.

Zum Nachdenken:
- Was waren bisher Ihre Magic Moments?
- Wie können Sie noch mehr dieser Magic Moments in Ihrem Beruf und Alltag erleben?
- Was haben Sie im letzten Jahr neu begonnen?

Der Zauber des Anfangs

Sie haben sich entschlossen, etwas Neues zu beginnen? Sie haben Ihre Hausaufgaben gemacht und sich vergewissert, dass es Sie Ihren Zielen näherbringt und Ihren Werten entspricht? Dann ist es an der Zeit, voll durchzustarten. Genießen Sie die Magie des Anfangs. Sie werden eine enorme Kraft spüren, die Sie Ihren Zielen näherbringt. Vielleicht liegen Sie abends wach und freuen sich auf den nächsten Tag, um endlich an Ihren neuen Aktivitäten, Zielen und Erkenntnissen weiterarbeiten zu können. Besonders der Anfang ist von großer Bedeutung.

Im täglichen Leben gibt es viele Sprichwörter, die auf die Bedeutung der ersten Momente hinweisen. Sprichwörter wie „Im Anfang liegt das Ende“ oder „Liebe auf den ersten Blick“. Lassen Sie sich vom Anfang verzaubern und erleben Sie Augenblicke, die Sie so noch nie erlebt haben. Hermann Hesse schreibt in seinem berühmten Gedicht *Stufen:*[93] „Und jedem Anfang wohnt ein Zauber inne.“ Genießen Sie diesen Zauber. Vielleicht erinnern Sie sich an den ersten Tag in einer neuen Schule, an den ersten Kuss, die erste Freundin, den ersten Arbeitstag, den ersten Vorgesetzten. All das sind einzigartige Erlebnisse. An Dinge, die wir zum ersten Mal erleben, erinnern wir uns immer besonders gut, vor allem, wenn diese emotional hochbeladen waren.

Zum Nachdenken:

- Womit haben Sie in letzter Zeit „neu begonnen“?

Ermutigen Sie auch andere zu neuen Herausforderungen

Für jeden Menschen ist es eine Herausforderung, etwas zum ersten Mal zu tun. Für den einen mag das leichter sein, für den anderen nicht. Aber machen wir uns nichts vor. Etwas Neues zu tun, bedeutet für jeden die Gefahr zu scheitern oder sich vor der Gruppe zu blamieren. Diese Urangst steckt in jedem von uns. Für den einen ist es vielleicht die Lernzone, für den anderen die Panikzone – aber für alle ist es eine Herausforderung.

---

[93] Hesse, Hermann: Stufen, in: http://www.hhesse.de (abgerufen am 15.11.2023).

Geben Sie Menschen die Chance, Neues zu erleben

Es gibt Dinge, in denen Sie schon richtig gut sind? Dann ist das die perfekte Gelegenheit, anderen die Chance zu geben, es auch zu lernen. Unterstützen Sie Menschen, die bereit sind, neue Risiken einzugehen und ihre Komfortzone zu verlassen. Lassen Sie sie ihre Erfahrungen machen und geben Sie ihnen die Sicherheit, dass Sie da sind, wenn etwas schief geht.

Gerade im Berufsleben gibt es dafür tausend Möglichkeiten.

- Lassen Sie jemanden aus Ihrem Team die gemeinsam vorbereitete Präsentation halten.
- Geben Sie Ihren noch unerfahrenen Kolleginnen und Kollegen die Möglichkeit, gemeinsam mit Ihnen eine Preisverhandlung mit einem wichtigen Kunden zu führen.
- Lassen Sie Ihre jüngeren Kolleginnen und Kollegen Erfahrungen sammeln, indem sie verantwortungsvolle Aufgaben erledigen und wichtige Projekte leiten dürfen.

Leben bedeutet, neue Erfahrungen zu machen – helfen Sie anderen dabei

Es braucht viel Geduld, Willenskraft und die Fähigkeit, mit Rückschlägen umzugehen. Helfen Sie anderen, diese Schritte zu gehen und einzigartige Erfahrungen zu machen. Ähnlich wie im Zirkus: Wenn zum Beispiel ein Akrobat eine neue, gefährliche Nummer übt, gibt es fast immer ein Sicherheitsnetz. Es gibt Sicherheit zu wissen, dass es ein „Back-up" gibt, wenn alles schiefgehen würde – auch wenn das so gut wie nie Verwendung findet. Seien Sie das SICHERHEITSNETZ für diejenigen, die etwas Neues ausprobieren. Seien Sie das Sicherheitsnetz für Ihre Kolleginnen und Kollegen. Motivieren Sie andere dabei, mutig neue Erfahrungen zu machen.

Zum Nachdenken:

- Wann haben Sie das letzte Mal jemanden ermutigt, etwas Neues auszuprobieren?
- Wer wartet auf Ihre Unterstützung, um etwas Neues zu beginnen?
- Wie können Sie Ihre Erfahrungen einbringen, um andere zu ermutigen?

31. Offenheit fürs Neue, Fremde und Interkulturelle

Alles Neue, Unbekannte wird zunächst als Bedrohung empfunden. Dieses Kapitel soll eine Einladung sein, die Unterschiede zwischen den Menschen zu schätzen und offen zu sein für neue Gedanken und Kulturen.

Lernen Sie die Welt durch andere Brillen zu sehen

Wie Sie bereits in den vorangegangenen Kapiteln erfahren haben, haben unsere Prägungen, das Umfeld, in dem wir aufgewachsen sind, unsere Traditionen und unsere Kultur einen entscheidenden Einfluss darauf, wie wir uns verhalten und wie wir die Welt sehen. Umso spannender ist es, neue Kulturen und Menschen kennenzulernen. Das Arbeitsleben ist dafür eine gute Gelegenheit. Gerade in der heutigen Zeit der Globalisierung arbeiten viele Unternehmen grenzüberschreitend und international. Dies bietet die Chance, neuen Menschen zu begegnen. Erfreuen Sie sich an den Unterschieden der Menschen und an der Vielfalt. Haben Sie Freude daran, herauszufinden, was andere Kulturen anders machen – und was dahintersteckt. Versuchen Sie, sich in andere Menschen hineinzuversetzen und zu verstehen, wie sie die Welt sehen. Das hilft, Vorurteile zu vermeiden und vieles besser und empathischer zu sehen. Zudem macht es Ihr Berufs- und Alltagsleben um ein Vielfaches spannender.

Zum Nachdenken:

- Welche Erfahrungen und Erlebnisse verbinden Sie mit fremden Kulturen?
- Welche Möglichkeiten haben Sie in Ihrem heutigen Umfeld, um mit fremden Kulturen in Kontakt zu kommen?

Nutzen Sie Chancen auf Erfahrungen – leben Sie Diversität

Im Berufs- und Alltagsleben gibt es viele Gelegenheiten, Diversität zu erleben. Sei es eine Dienstreise, ein Auslandsaufenthalt während des Studiums oder eine längere Auszeit, die Sie sich persönlich nehmen. Nutzen Sie solche Gelegenheiten. Genießen Sie es, in einem anderen Land zu sein, die Kultur zu erkunden und das „Fremde" zu spüren. Solche Erfahrungen sind eine große Bereicherung für Sie persönlich und für Ihre zwischenmenschlichen Interaktionen – ein Leben lang.

Aber nicht nur in Bezug auf fremde Kulturen – es gibt viele weitere Möglichkeiten, Vielfalt zu leben. Machen Sie es sich zum Hobby, herauszufinden, wie andere Menschen ticken. Nutzen Sie jede Gelegenheit, um Unterschiede wertzuschätzen und herauszufinden, wie unterschiedliche Personen unterschiedliche Situationen wahrnehmen.
Vielfalt ist überall:

- Frauen und Männer
- Jung und Alt
- Stadt und Land
- Politische Ansichten
- Verschiedene Religionen
- Verschiedene Generationen

Und viele mehr!

Im beruflichen Kontext ist es offensichtlich: Ein angemessenes Maß an Diversität in Teams führt nachweislich zu mehr Produktivität und letztlich mehr „Erfolg". Unterschiedliche Sichtweisen ermöglichen es, Themen aus verschiedenen Blickwinkeln zu betrachten und Lösungen zu erkennen, die für Gleichgesinnte nicht sichtbar sind. Profitieren auch Sie von der Vielfalt, die auf unserer Welt existiert.

Offenheit und Interesse für andere Meinungen

Gerade in der heutigen, von Social Media geprägten und von Meinungsführern dominierten Zeit rückt die Frage, ob es die eine RICHTIGE Meinung gibt, stark in den Vordergrund. Jeder vertritt seine Meinung und findet viele Gründe, warum er „recht hat". Da wir in der Online-Welt häufig Bestätigung für unsere Meinungen finden, wird dies immer ausgeprägter. Egal wie verrückt eine Meinung auch sein mag, durch die milliardenfache Vernetzung wird es viele Menschen geben, die GENAUSO denken. Das nimmt uns viele Möglichkeiten zu diskutieren und damit auch viele Chancen, als Mensch und als Gesellschaft zu wachsen. Wir haben mehr und mehr gelernt, in Schubladen zu denken. Dabei wären ein offener Diskurs und offene Meinungen sehr bereichernd.

Diskurs – die Basis, um zu wachsen

Kommen wir noch einmal auf das Wertequadrat zurück. Es ist eine gute Grundlage, um diese Entwicklung darzustellen. Sie erinnern sich, im Wertequadrat sehen wir einen Wert und den entsprechenden Gegenwert. Der Anspruch ist, dass wir uns in einem positiven Spannungsfeld zwischen zwei Werten bewegen. Sparsamkeit versus Großzügigkeit, Sicherheit versus Risikobereitschaft, Heiterkeit versus Ernsthaftigkeit. Sobald wir uns nur auf einen Wert konzentrieren, kommt es zu Überreaktionen und negativen Symptomen.

Genau das scheint heute zu passieren, wenn es um andere Meinungen geht. Wir gehen nicht mehr in den Diskurs und fragen, ob die Gegenseite auch in einigen Punkten recht haben könnte – im Gegenteil. Wir suchen (und finden) tausend Beweise dafür, dass unsere Meinung richtig ist – und werten die Meinung der Gegenseite ab.

- **Diskurs: Hängebrücke zwischen Vorsicht und Risiko**

  Herbert steht vor einer schwankenden Hängebrücke. Er möchte die Brücke überqueren, aber je näher er der Brücke kommt, desto stärker zittern seine Beine. Herbert hat Angst und beschließt, die Brücke vorerst nicht zu überqueren. Plötzlich sieht er auf der anderen Seite Anna, die waghalsig, ohne sich festzuhalten, über die Brücke springt. Es sieht beinahe aus, als würde sie abstürzen. Herbert stockt der Atem. Er kann nicht verstehen, warum sich jemand einem solchen Risiko aussetzt.

  Wir befinden uns hier zwischen zwei Extremen: Anna, die extrem risikobereit ist, fast schon fahrlässig – und Herbert, der so sicherheitsorientiert ist, dass es fast in Überängstlichkeit umschlägt.

  Szenario 1 Diskurs – Unterschiede als Chance zu wachsen

  Herbert könnte nun zu Anna gehen und ihr sagen, dass er ihr Verhalten als sehr gefährlich wahrgenommen hat. Anna könnte ihm im Gespräch erklären, dass er hier überängstlich reagiert und die Brücke sicher ist. Sie könnten weiter diskutieren. Am Ende käme vielleicht heraus, dass die Brücke sicher ist und gut kontrolliert wird. Herbert könnte sie vorsichtig überqueren und hätte die Chance, daran zu wachsen. Vielleicht würde auch Anna durch das Gespräch erkennen, dass sie etwas zu risikofreudig war und beim nächsten Mal nicht über die Brücke springen, sondern etwas vorsichtiger über die Brücke gehen. Das Gespräch wäre für beide Seiten eine Bereicherung.

Szenario 2 Diskurs vermeiden – Verbündete und Gleichgesinnte suchen
Im zweiten Szenario wird – wie heute oft üblich – der Diskurs vermieden. Herbert sucht sich Leute, die seiner Meinung sind. Kurt und Helmut stehen nur wenige Schritte hinter ihm. Sie sehen das genau wie er. Wie kann man nur über so eine gefährliche Brücke gehen und dann auch noch so unachtsam wie Anna? Sie werfen Anna vor, wie leichtsinnig sie sich verhalten hat. Nebenan stehen Christian und Elisabeth. Sie sehen es genauso wie Anna und mischen sich ein. Sie werfen den anderen dreien vor, Angsthasen zu sein und überängstlich zu reagieren. Jeder wird in seiner Meinung bestärkt – es gibt keinen Diskurs. Die beiden Seiten trennen sich und vertun damit jede Chance auf Wachstum. Statt eines gesunden Spannungsfeldes endet die Diskussion in Schuldzuweisungen. Die Vorsichtigen werfen den Risikobereiten vor, fahrlässig zu handeln. Die Risikobereiten werfen den Vorsichtigen vor, überängstlich zu sein. Das Gespräch ist beendet – das Erlebnis für beide Seiten ein Verlust.

In solchen Situationen verschenken wir viele Chancen, an uns selbst zu wachsen. Gerade im Gespräch, im Diskurs oder im Konflikt gibt es hervorragende Möglichkeiten, neue Seiten an sich zu entdecken. Deshalb eine klare Empfehlung: Gerade wenn jemand eine völlig andere Meinung hat, genau hinschauen. Geht man davon aus, dass der andere uns mit seiner Meinung nicht absichtlich irritieren oder ärgern will, hat jede Meinung einen (zumindest für diese Person) klar begründeten Hintergrund. Ist es nicht spannend, diesen zu verstehen – ganz besonders, wenn sich diese Meinung von Ihrer Sichtweise unterscheidet? Vielleicht steckt etwas dahinter, das man selbst noch nicht gesehen hat und von dem man ein Leben lang profitieren könnte.

Zum Nachdenken:

- Können Sie sich an Situationen erinnern, in denen Sie den Diskurs vermieden haben? Wenn ja, was waren die Gründe dafür? Welche Chancen haben Sie dadurch vielleicht verpasst?
- Wie reagieren Sie normalerweise, wenn Sie mit anderen Meinungen konfrontiert werden?
- Welche Situationen fallen Ihnen ein, in denen Sie überraschenderweise von anderen Meinungen profitiert haben? Welche Meinungsverschiedenheiten haben Ihnen in Ihrem bisherigen Berufs- und Alltagsleben die Augen geöffnet?

Jeder Diskurs und jede menschliche Interaktion sollte immer wertschätzend geführt werden. Die Bedeutung von Wertschätzung wird im nächsten Kapitel erläutert.

7. Wertschätzung

Unsere Arbeitswelt braucht Menschen, die wertschätzend mit sich und anderen umgehen. Menschen, die den Wert des Erlebten erkennen und den Augenblick zu schätzen wissen. Es braucht Menschen, die dankbar sind und die richtige Balance zwischen Zufriedenheit (um Momente zu genießen) und Unzufriedenheit (um Neues zu erreichen) finden.

7.1. Begriff Wertschätzung und Selbstwert

Jeder Mensch will wertgeschätzt werden – doch was bedeutet das eigentlich?
Im klassischen Arbeitsleben sowie in vielen Ausbildungen und Führungskräftetrainings wird der wertschätzende Umgang miteinander vermittelt. Professionalität, Freundlichkeit und Höflichkeit werden oft eng mit Wertschätzung verbunden. Auch Begriffe wie Lob und Anerkennung fallen in diesem Zusammenhang häufig. Zu recht? Vielleicht nicht immer.

Wertschätzung und Lob
Leistungsanreize wie Prämien, Belohnungen und Goodies haben selten etwas mit echter Wertschätzung zu tun. Natürlich ist es schön, etwas Unerwartetes zu bekommen, aber der besondere Reiz liegt in der „Überraschung". Das hat zunächst nicht unbedingt etwas mit Wertschätzung zu tun. Leistungsanreize sind das, was sie sind – Anreize zur Leistung. Also zu einem gewissen Grad manipulativ. Nicht der Mensch wird wertgeschätzt, sondern es ist eine Art Tausch. Leistung gegen Gegenleistung. Dagegen ist nichts einzuwenden, solange es nicht als Wertschätzung des Menschen getarnt wird. Echte Wertschätzung des Menschen muss anders aussehen. Lob, Anerkennung und Anreize können eine „wertschätzende" Funktion haben, scheinen aber nicht der Ursprung von Wertschätzung zu sein.

Auch der positive Gegenwert, Feedback und Kritikfähigkeit werden oftmals mit Wertschätzung in Verbindung gebracht. Auch hier lohnt sich ein Blick.

Wertschätzung und Feedback

Gewaltfreie Kommunikation und eine angenehme, positive Feedbackkultur gehen oft Hand in Hand und werden mit Wertschätzung in Verbindung gebracht. Kurz gesagt, verbirgt sich dahinter oft die Frage, wie man Sch**** so verpackt, dass der andere es als Geschenk empfindet. Verstehen Sie mich nicht falsch, ich bin absolut davon überzeugt, dass Feedback eine wichtige Funktion hat, um sich selbst besser kennenzulernen. Mit Wertschätzung hat dieses Feedback im Arbeitsalltag meist wenig zu tun. Im Berufsalltag wird Feedback oft gegeben, um das Ego des Feedbackgebers zu befriedigen, um sich selbst größer und andere kleiner zu machen oder um hierarchische Verhältnisse klarzustellen. Es ist also eher ein Instrument, um Macht auszudrücken und den eigenen Willen durchzusetzen, als eine echte „Bereicherung", ein echter „Wert" für den anderen. Keine Frage: In hierarchischen Beziehungen ist es völlig in Ordnung, wenn Vorgesetzte ausdrücken, was erwartet wird und auch Rückmeldung geben, ob das so umgesetzt wurde, wie SIE sich das vorgestellt haben. Dies aber als „wertschätzendes Geschenk" zu tarnen, ist in vielen Fällen fragwürdig. Zum einen, weil es oft nichts mit dem Wert des Menschen zu tun hat – zum anderen, weil auch nicht gesagt ist, dass die Vorstellung des Vorgesetzten zwangsläufig auch der RICHTIGE Weg für den Betroffenen ist.

Aufmerksamkeit und Zeit – Nährboden für echte Wertschätzung

Die meisten Menschen haben das Spiel von Feedback, Lob und Anerkennung als scheinbare Wertschätzung längst durchschaut. Meist hat dies mehr mit dem „Feedback-Gebenden" als mit dem „Empfangenden" zu tun. Wenn wir von ECHTER zwischenmenschlicher Wertschätzung sprechen, muss es um etwas anderes gehen. Es muss etwas sein, das mehr mit dem „Empfangenden" als mit dem „Gebenden" zu tun hat, also für den EMPFÄNGER von WERT ist.

Wie könnte nun echte Wertschätzung aussehen? Wenn wir jemanden wertschätzen wollen, geht es darum, diesem Menschen etwas Wertvolles, vielleicht sogar das Wertvollste, was wir haben, zur Verfügung zu stellen. Für uns Menschen ist das zum einen AUFMERKSAMKEIT und zum anderen ZEIT. Diese beiden Dinge sind in der heutigen Zeit von besonderer Bedeutung, da wir gefühlt sehr wenig davon zur Verfügung haben.

- Aufmerksamkeit ist der absolute Wille, die Wirklichkeit und den Standpunkt des anderen zu verstehen. Grundlage dafür ist ein echtes persönliches Interesse am anderen. Es spiegelt sich in Empathie und Achtsamkeit wider. Achtsamkeit bedeutet also, physisch und psychisch ganz im Hier und Jetzt zu sein und sich ganz auf den anderen einzulassen. Es bedeutet, achtsam zu kommunizieren und eine wertschätzende Umgebung für den anderen zu schaffen.

- Zeit ist ohnehin knapp. Wir Menschen hetzen von einem Ort zum anderen. Ein Termin jagt den nächsten. Im Büro wird der nächste Urlaub geplant und im Urlaub die Büroarbeit erledigt. Alle klagen, wie wenig Zeit sie haben und wie schnell sie vergeht. Unserer Zeit kommt noch eine weitere besondere Eigenschaft zu, die entscheidend für ihren besonderen Wert beiträgt: Wir können Zeit nicht „vermehren" wie Geld. Zeit kann man weder kaufen noch verkaufen. Einmal verloren ist sie für jeden gleichermaßen und endgültig weg. Ob für den Milliardär oder den Auszubildenden. Eine Sekunde Leben ist für jeden eine Sekunde Leben.

Wenn wir von echter Wertschätzung sprechen, dann ist Zeit für andere wahrscheinlich das wertvollste Geschenk. Zeit, die sich Menschen für UNS nehmen.

- Es sind die Freunde, die sich für uns stundenlang ins Auto setzen, um gemeinsam unseren Geburtstag zu feiern.
- Es sind die Vorgesetzten, die sich trotz des stressigen Alltags Zeit nehmen, um uns bei einem Problem zu helfen.
- Es sind die Mentorinnen und Mentoren, die sich extra für uns Zeit nehmen, um uns voranzubringen. Menschen, die sich die Zeit nehmen, uns ein wirklich wertschätzendes Feedback zu geben, das uns weiterbringt, ohne dass sie selbst einen primären Nutzen davon haben (Sie sehen, hier unterscheidet sich die Qualität des Feedbacks).
- Es sind die Kolleginnen und Kollegen, die sich für uns Zeit nehmen, wenn wir jemanden zum Zuhören oder Unterstützen brauchen, auch wenn sie selbst keinen Nutzen davon haben.

Selbstwert – der Ursprung von Wertschätzung

Um anderen Menschen Wertschätzung entgegenbringen zu können, bedarf es auch hier einer Basis in uns selbst – das ist in Bezug auf Wertschätzung der SELBSTWERT. Dazu gehört unter anderem die Wertschätzung des eigenen Berufs- und Alltagslebens, des gegenwärtigen Augenblicks und der Vergangenheit mit all den damit verbundenen Menschen und Erlebnissen. Insbesondere wer sich selbst wertschätzt, kann sich auch anderen Menschen gegenüber wertschätzend verhalten und somit für andere Menschen von echtem WERT sein.

Selbstwertgefühl im Verlauf des Lebens

Die Ausprägung des persönlichen Selbstwertgefühls hat ihren Ursprung zu einem großen Teil in der Vergangenheit und ist eng mit dem Weltbild verbunden, das sich in der frühen Kindheit herausgebildet hat. Das Gefühl, als Kind wertvoll zu sein, am richtigen Platz zu stehen und von den Bezugspersonen wertgeschätzt zu werden, stärkt das spätere Selbstwertgefühl. Im negativen Sinne spielen übermäßige (wenn nicht konstruktive) Kritik der Bezugspersonen, Schuldgefühle und das Gefühl, Fehler gemacht zu haben, eine zentrale Rolle.

Das Selbstwertgefühl an sich ist im Laufe des Lebens relativ stabil, unterliegt aber natürlichen Schwankungen je nach Lebensphase. Forscher haben herausgefunden, dass das Selbstwertgefühl vor allem in der Jugend eher niedrig ist, während es in der Lebensphase zwischen 50 und 60 Jahren am höchsten ist.[94]

Bedeutung von Selbstwert im Erwachsenenleben

Das Selbstwertgefühl ist das Bild, das eine Person von sich selbst hat. Es steht in engem Zusammenhang mit der Fähigkeit, das Leben und seine Herausforderungen zu meistern und spielt eine zentrale Rolle dabei, wie wir verschiedene Situationen erleben. Können wir Situationen voll und ganz genießen? Halten wir uns für gut genug, nur weil wir da sind – unabhängig von Erfolg oder Misserfolg? Menschen mit einem geringen Selbstwertgefühl neigen dazu, selbstkritischer zu sein und Fehler und Misserfolge stärker auf sich selbst zu beziehen. Durch ausreichendes Selbstvertrauen, Selbstakzeptanz und soziale Beziehungen kann das Selbstwertgefühl im Erwachsenenalter gestärkt werden.

Die Wertschätzung sich selbst gegenüber scheint in engem Zusammenhang mit dem Erleben von Glück und Erfolg im Berufs- und Alltagsleben zu stehen, insbesondere mit dem Gefühl, WERTVOLL zu sein und das Leben selbst in der Hand zu haben. Auch hier ist das richtige Maß entscheidend. Ein übertrieben hohes Selbstwertgefühl kann durchaus unerwünschte Folgen haben. So neigen Menschen mit überhöhtem Selbstwertgefühl dazu, die Ursachen für mögliche Misserfolge bei anderen zu suchen und den eigenen Anteil auszublenden. Dadurch gehen viele Lern- und persönliche Wachstumschancen verloren.

---

94 Orth, Ulrich/Richard Robins/Keith Widaman: Life-span development of self-esteem and its effects on important life outcomes, in: Journal of personality and social psychology, 102(6), 2012, S. 1271–1288.

Vorsicht: Der Schein von hohem Selbstwert kann trügen ...
Nicht jeder, der ein hohes Selbstwertgefühl zu haben scheint, hat es auch. Das Gegenteil ist der Fall. Viele Eigenschaften, die auf ein hohes Selbstwertgefühl schließen lassen, stehen eigentlich eher für geringes Selbstwertgefühl. Vor allem bei Menschen, die ein besonderes Bedürfnis haben, sich besser darzustellen als andere. Angeberei, Arroganz oder Überheblichkeit wären Begriffe dafür. Dies mag auf den ein oder anderen wie ein hohes Selbstwertgefühl wirken, ist aber eher ein Hinweis auf das Gegenteil.

Menschen mit einem hohen Selbstwertgefühl haben nicht das Bedürfnis, besser zu sein als andere. Zumindest nicht um jeden Preis. Sie sind grundsätzlich MIT SICH ZUFRIEDEN, so wie sie sind, freuen sich über die Erfolge anderer und unterstützen sie dabei.

Machen Sie den Selbstwert-Selbsttest
Ein Test zur Ermittlung des Selbstwertes, der in der Psychologie häufig eingesetzt wird, ist die Skala von Morris Rosenberg[95], einem US-Soziologen. Eine übersetzte Variante dieses Tests finden Sie im Anhang 13.

[95] Rosenberg, Morris: Society and the adolescent selfimage. Princeton, NJ: Princeton University Press, 1965.

7.2. Spannungsfeld: Anerkennung und Konstruktive Kritik

Betrachtet man Wertschätzung nach der oben genannten Definition, so ist der zugrunde liegende Wert im beruflichen Kontext die echte ANERKENNUNG. Dabei geht es sowohl um die Anerkennung und Wertschätzung der Person an sich als auch um die Anerkennung von deren Leistungen. Während die Wertschätzung der Person ohnehin jederzeit gewährleistet sein muss, steht die Anerkennung von Leistungen in einem gewissen Spannungsfeld. Würde nämlich jede Leistung zu jeder Zeit und mit jedem Ergebnis anerkannt, gewürdigt und vielleicht sogar belohnt, würde jede Anerkennung an Bedeutung verlieren. Es käme zu einer ÜBERBEWERTUNG.

Wir Menschen sind in dieser Hinsicht sehr sensibel. So erkennen wir meist sehr schnell, ob die Anerkennung von anderen Menschen und Vorgesetzten ernst gemeint ist, ob sie wertvoll oder wertlos ist oder ob eine manipulative Absicht dahintersteckt. Die Anerkennung von Leistungen macht nur dann Sinn, wenn auch der positive Gegenpol einen angemessenen Platz findet. Dies ist die KONSTRUKTIVE KRITIK. Damit ist eine Rückmeldung zu Leistungen oder Verhalten gemeint, die für den Empfangenden wertschätzend und bedeutsam ist. Sie trägt dazu bei, seine Chance zu erhöhen, die beste Version seiner selbst zu werden.

In einer extremen Ausprägung, als Überreaktion auf die Kritik findet man die „ENTWERTUNG“. Entwertung bedeutet Schlechtreden, Pessimismus und ständige Kritik. Es ist eine Abwertung des anderen.

Nachfolgende Darstellung stellt das Wertequadrat der Anerkennung gegenüber.

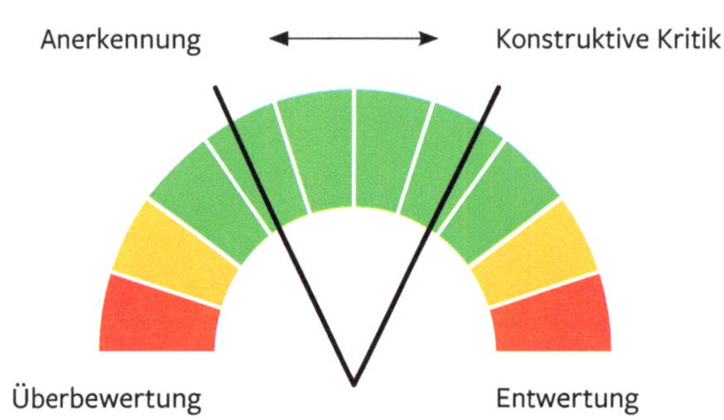

Abbildung 20: Spannungsfeld der Werte – Wertschätzung (eigene Darstellung)

Besonders in der heutigen Zeit, in der Selbstdarstellung scheinbar immer höhere Bedeutung bekommt, darf durchaus kritisch betrachtet werden, wie viel Selbstliebe noch gut ist – und wo es zum Überschlag kommt.

7.2.1. Zu viel Anerkennung – Überbewertung

Übermäßige Anerkennung kann sich in Selbstverliebtheit, bedeutungslosem Lob und dem Vermeiden von Kritik äußern. Nachfolgend sind einige Symptome aufgeführt, wie sich Überbewertung in verschiedenen Bereichen äußern kann:

- Symptome im persönlichen Kontext:

  Ein Übermaß an Selbstliebe
  Auf der persönlichen Ebene führt ein überhöhtes Maß an Wertschätzung (Selbstwertgefühl) und Anerkennung der eigenen Person zu übertriebener Selbstliebe. Erfolge werden ausschließlich sich selbst, Misserfolge ausschließlich anderen zugeschrieben. Dadurch gehen viele Wachstumschancen auf der persönlichen Ebene verloren. Übersteigertes Selbstwertgefühl würde also dazu führen, dass Menschen das Gefühl haben, die Welt drehe sich nur noch um sie selbst. Hier gerade entsteht ein zentraler Widerspruch zur Menschheitsgeschichte – Sie erinnern sich – unser Erfolgsrezept ist unsere soziale Stärke. Es bedarf somit einer angemessenen Fähigkeit zur gesunden Selbstkritik, um den eigenen Beitrag und Anteil zu erkennen.

  Schuldzuweisungen – an allem sind die anderen schuld
  In zwischenmenschlichen Beziehungen ist ein Übermaß an Selbstliebe ebenso hinderlich. Hier kommt besonders der Aspekt zum Tragen, dass Menschen mit einem Übermaß an Selbstliebe die Fehler immer beim anderen sehen. Ein vergessener Autoschlüssel, ein angebranntes Abendessen und vieles mehr bieten so ein hohes Konfliktpotenzial und enden schnell in gegenseitigen Schuldzuweisungen. Gerade im zwischenmenschlichen Kontext spielt es also auch eine Rolle, wie stark die „Selbstliebe“ beim Gegenüber ausgeprägt ist. Treffen zwei Partner mit einer hohen Selbstliebe aufeinander, kann dies in einem endlosen Streit enden. Hat hingegen einer der Partner ein niedriges Selbstwertgefühl, so kann es sein, dass er die Schuld und die Verantwortung bei sich selbst sieht – wodurch sein Selbstwertgefühl noch weiter sinkt.

- **Symptome im Unternehmenskontext:**

  Übermäßiges Lob für mittelmäßige Leistungen
  Im betrieblichen Kontext erleben wir ein Übermaß an Wertschätzung, wenn z.B. Leistungen überbewertet werden. Das wäre dann ein wertloses Loben und Schönreden von Leistungen, unabhängig vom tatsächlich erreichten Ergebnis. Die Leistung verliert dadurch an Bedeutung. Sehr häufig finden sich solche Symptome vor allem dort, wo kritische Aspekte nicht gern angesprochen werden. Dies ist häufig von der Unternehmenskultur abhängig. Es braucht somit eine gewisse Kritikfähigkeit im Unternehmen.

  Konfliktvermeidende Unternehmenskultur
  Eine konfliktscheue Unternehmenskultur kann soweit gehen, dass eigentlich negative Dinge beschönigt werden, um Konflikte zu vermeiden. Dahinter kann Angst vor Konflikten stehen. Probleme werden kaum angesprochen und Menschen verlieren die Chance, aus einem wertschätzenden Diskurs zu lernen. Für Unternehmen hat dies zur Folge, dass Missstände kaum oder erst spät sichtbar werden. Das Schönreden von Problemen führt dazu, dass Vorgesetzte diese kaum als „Problem" erkennen und mögliche Gegenmaßnahmen erst sehr spät einleiten. Auch für die Mitarbeiterinnen und Mitarbeiter hat dies viele Nachteile. Neben der abnehmenden Bedeutung von Lob fehlt es auch an wertschätzender, konstruktiver Kritik und damit an Möglichkeiten, sich weiterzuentwickeln und aus möglichen Fehlern und Misserfolgen zu lernen.

Ein Übermaß an Wertschätzung im Sinne von Selbstliebe oder Überbewertung von Ergebnissen ist somit nicht zielführend. Es braucht ein entsprechendes Maß an Kritikfähigkeit und konstruktivem Diskurs, um zu wachsen. Ein Übermaß an Kritik ist allerdings ebenfalls nicht zielführend und führt zur Entwertung des Gegenübers.

7.2.2. Zu viel Kritik: Entwertung

Auf der anderen Seite steht die mangelnde Wertschätzung, die Entwertung. Auch hier finden sich Symptome auf allen Ebenen – hier einige Beispiele:

- Symptome im persönlichen Kontext:

Übermaß an Selbstkritik als Zeichen geringen Selbstwerts
Bezogen auf die eigene Person wären wir hier im Bereich des geringen Selbstwertgefühls bzw. der Selbstkritik. Übermäßige Selbstkritik führt dazu, dass alle Misserfolge auf die eigene Person bezogen werden – alle Erfolge ausschließlich auf andere Personen. Sehr häufig leiden diese Personen unter massiven Schuldgefühlen, da sie die Verantwortung für Misserfolge vor allem bei sich selbst sehen. Menschen mit einem geringen Selbstwertgefühl haben das Gefühl, ihr Leben nicht selbst in der Hand zu haben. Dies steht in engem Zusammenhang mit geringem Selbstvertrauen und geringer Selbstakzeptanz. Sie finden sich häufig in der Opferrolle.

Eigene Bedürfnisse werden nicht zum Ausdruck gebracht
In zwischenmenschlichen Beziehungen fällt es diesen Menschen oft schwer, ihre eigenen Bedürfnisse auszudrücken und zu verfolgen. Da ihr inneres Selbstwertgefühl schwach ausgeprägt ist, suchen sie vor allem Wertschätzung von außen. Geliebt werden hat daher eine große Bedeutung. Mögliche Symptome, die sich daraus ergeben, sind z. B.: Ja sagen, aber Nein meinen, es allen recht machen, sich für andere aufopfern. Solange diese Menschen für ihr Verhalten, ihr bedingungsloses Einverständnis und ihre Aufopferung die entsprechende Anerkennung erhalten, ist dies für sie unproblematisch. Bekommen sie diese Anerkennung allerdings nicht, schlägt ihr Verhalten schnell ins Gegenteil um – in ständige Kritik und Abwertung ihrer Mitmenschen. Sie rutschen von der Opferrolle in die Täterrolle und vergiften ihr Umfeld.

Ständige Kritik an Mitmenschen
Wenn die Anerkennung weder innen noch von außen zu finden ist, führt es oft zu großer Unzufriedenheit und ständiger Kritik an anderen Menschen und Umständen. Sie sehen somit in ihren Mitmenschen häufig das Negative, das sie in sich selbst herumtragen. Es herrscht massives Opferbewusstsein vor, das in Kombination mit höchster Unzufriedenheit häufig in Wut umschlägt. Nicht selten sind lautstarke, entwertende und beleidigende Äußerungen dann die Folge als Ausdruck der eigenen Hilflosigkeit.

Für die Betroffenen besteht die Herausforderung vor allem darin, den eigenen Selbstwert zu steigern und zu lernen, sich selbst wertzuschätzen und die vielen Aspekte des Lebens und der Mitmenschen schätzen zu lernen. So können sie wieder das Gute im Menschen sehen und auch ihren Mitmenschen die entsprechende Wertschätzung entgegenbringen.

- **Symptome im Unternehmenskontext:**

  Nicht geschimpft ist gelobt genug – entwertende Unternehmenskulturen
  Im Unternehmenskontext wäre es ähnlich. Was auch immer erreicht wird, es ist nie genug. Klassisches Motto solcher Unternehmenskulturen: „Nicht geschimpft ist gelobt genug". Dies führt zu einer Unternehmenskultur, in der Erfolge nicht gefeiert werden und es damit indirekt zweitrangig wird, ob eine Leistung erbracht wird oder nicht – zumindest aus Sicht der Belegschaft. Diese verlieren die Bindung zum Unternehmen und sind nicht mehr mit ganzem Herzen dabei. Sie empfinden Erfolge nicht als „ihre" Erfolge. Fehler werden möglichst vertuscht, eigene Meinungen nicht geäußert (weil die Vorgesetzten ohnehin in allem das Schlechte sehen). Man beginnt sich voreinander zu schützen und hält es für wichtiger, unter dem Radar zu bleiben, als an Erfolgen teilzuhaben. Die Angst und nicht mehr die Freude ist das bestimmende Motiv des Handelns.

Wie Sie daraus erkennen – es braucht immer ein angemessenes Maß an Anerkennung und Kritikfähigkeit. Anregungen, wie Sie den Wert „Wertschätzung" zum Leben erwecken können und in Ihren Alltag integrieren können, finden Sie in den nachfolgenden Gedanken.

7.3. Gedanken, um (Selbst-) Wertschätzung zu leben

32. Jeder Moment ist wertvoll und erlebenswert

Bei aller Klarheit, bei allen Zielen, Visionen, Wünschen und Träumen muss eines klar sein: Freude und Glück können nicht in der Zukunft liegen, auch nicht in der Vergangenheit. Es ist der Moment in der GEGENWART, in dem wir Glück erfahren können. Es ist der einzige Moment im Leben, der den Begriff „Erleben" verdient. Alles andere sind Erinnerungen der Vergangenheit oder Träume von der Zukunft.

Der Wert des Augenblicks
Ich möchte Ihnen die Geschichte eines meiner persönlichen Helden erzählen, die mich immer wieder daran erinnert, was es heißt, im Hier und Jetzt zu leben. Ich war 19 Jahre alt und arbeitete beim Roten Kreuz im Rettungsdienst. Ein Frühlingstag ist mir besonders in Erinnerung geblieben und steht für mich noch heute, Jahrzehnte später, für das „Leben im Augenblick". Zusammen mit einem langjährigen, erfahrenen Kollegen hatte ich einen 12-Stunden-Dienst. Es war kurz vor Mittag, als wir den Auftrag erhielten, ins örtliche Krankenhaus zu fahren, um einen Patienten in die Hauptstadt zu verlegen. Intensivtransport. Soweit Routine. Als wir aus der Garage in Richtung Krankenhaus fuhren, um unseren Patienten abzuholen, meldete sich unser Disponent. Er teilte uns mit, dass wir unseren Patienten auf der Kinderintensivstation des Krankenhauses abholen sollen. Es handele sich um einen 7-jährigen Jungen, Julian, den wir so schnell wie möglich in die Hauptstadt bringen müssen. Unser Disponent gab uns auch die Information, dass Julian an einer schweren Herzkrankheit leidet. Wir müssten Beatmungsgeräte und einen speziellen Defibrillator mitnehmen. Ein Arzt würde uns begleiten, da die Gefahr bestehe, dass Julians Herz während des Transports aufhört zu schlagen. Kurze Zeit später kamen wir auf der Kinderintensivstation des Krankenhauses an. Schon beim Betreten der Station war deutlich zu spüren – trotz aller Erfahrung und Routine gehen solche Situationen auch erfahrenen Mitarbeitern nahe. Auf der Station angekommen, sagte uns eine freundliche Krankenpflegerin, dass Julian schon auf uns warte und wir ihn in Zimmer 12 abholen könnten. Sie gab uns die notwendigen Utensilien und bat uns, Julian abzuholen. Seine Mutter würde uns auch begleiten. Wir näherten uns Zimmer 12, klopften leise an, öffneten langsam die Tür – und waren zunächst etwas verwirrt. Im Zimmer saßen eine freundliche Frau und ein fröhlicher kleiner Junge mit einer gepackten Tasche.
„Guten Tag", sagten wir vorsichtig. „Wir suchen Julian, sind wir hier richtig?"

„Ja, ich bin Julian“, sagte der kleine Mann mit fröhlicher Stimme. „Darf ich mit euch im Rettungswagen mitfahren?“
Erstaunt sahen wir uns an. Auch seine Mutter wirkte nicht traurig. Sie sagte nur: „Julian ist ein richtiger Fan von Rettungsautos.“
Wir blickten kurz zum Arzt, der ebenfalls freundlich nickte und uns von nun an Schritt für Schritt begleitete. Er sagte nur: „Lass uns gehen, damit Julian nicht zu spät zu seiner Untersuchung kommt.“
Ich fragte Julian noch, ob er zu Fuß zum Auto gehen wolle.
„Klar“, sagte er selbstbewusst, „meine Füße funktionieren gut.“
Während der ganzen Fahrt hatte ich nicht einen Moment das Gefühl, dass Julian in irgendeiner Weise traurig war. Ganz im Gegenteil. Wir haben uns Bücher angesehen, unser Rettungsauto auseinandergenommen, weil er sich für jedes Detail interessierte, und Karten gespielt. Es war wohl eine der lustigsten und unterhaltsamsten Fahrten meiner gesamten Rettungszeit. Am Ziel angekommen, übergaben wir Julian an die Kinderintensivstation des Zielkrankenhauses. Auch dort hatte ich keine Sekunde das Gefühl, dass ihm etwas fehlen würde. Er interessierte sich für die Station, die Menschen, die Geräte.
Zum Abschied sagte er, dass es ein schöner Ausflug war, und meinte: „Wenn alles gut geht, freue ich mich, wenn ihr mich wieder abholt, dann können wir weiter Karten spielen.“

Als wir wieder im Auto saßen und nach Hause fuhren, waren wir sprachlos. Obwohl uns die Worte fehlten, hatten wir in diesem Moment verstanden, was es heißt, im Augenblick zu leben und jeden Moment als Geschenk zu erleben. Was für eine großartige Art von Julian, mit diesem schweren Schicksal umzugehen. Was für eine großartige Leistung der Eltern, die ihre eigenen Sorgen zurückstellen, um Julian das Erleben solcher Augenblicke zu ermöglichen. Und welch großartige Leistung des medizinischen Personals im Krankenhaus, das es über viele Wochen geschafft hat, Julian und seinen Eltern schöne und lebenswerte Momente zu schenken, die bis zu dieser Reise anhielten. Dieses Erlebnis steht für mich sinnbildlich dafür: Es kommt im Leben nicht darauf an, wie viel Zeit wir noch haben – sondern, wie INTENSIV wir die einzelnen Momente leben.

Everything matters

Im Alltag gibt es immer wieder Momente, in denen uns der Wert des Lebens unmittelbar vor Augen geführt wird. Seien Sie dankbar für diese Augenblicke, die Sie erleben dürfen. Jeder Augenblick, den Sie nicht gelebt haben, kommt nie wieder. Nutzen Sie möglichst viele Momente, um sie intensiv zu erleben. Es ist nicht selbstverständlich, dass wir Morgen noch erleben dürfen. Bewusstes Erleben hat somit eine große Bedeutung. Es ist die Wertschätzung des Augenblicks: Sei es beim Genuss eines guten Essens oder in Momenten der Stille. Momente, in denen wir ganz bei der Sache sind. Hier können wir wieder erkennen, welche Geschenke wir im Alltag finden.

Wir haben oft das Gefühl, dass das, was wir tun, nicht wichtig ist oder keine Bedeutung hat, aber das stimmt nicht. Alles, was wir tun, hat Bedeutung. Jede Sekunde, die wir leben, ist eine Sekunde, die nicht wiederkommt. Schenken Sie ihr also die Bedeutung, die sie verdient. Dabei spielt es keine Rolle, ob Sie gerade bügeln, eine Hausarbeit schreiben, lesen, lernen oder in der Arbeit sind. Es spielt keine Rolle, ob Sie administrative Arbeiten machen oder sich auf die große Kundenpräsentation vorbereiten. Aus Sicht unseres Lebens hat jede gelebte Sekunde den Wert einer Sekunde – und die ist enorm wertvoll. Jeder Moment, den wir für unwichtig halten oder den wir nicht leben, ist verlorene Zeit. Machen Sie – was immer Sie tun – mit voller Hingabe – immer mit dem Bewusstsein, dass Ihre Lebenszeit unendlich wertvoll ist. Wählen Sie bewusst, WAS Sie tun und mit WEM Sie sich umgeben.

Gehen Sie achtsam mit Ihrer Zeit um

Angenommen, Sie erhalten die Diagnose, dass Sie nur noch sechs Monate zu leben haben. Was würden Sie anders machen? Mit welchen Menschen würden Sie sich umgeben? Mit welchen nicht mehr? Womit würden Sie Ihre Zeit verbringen? Würden Sie Ihren Beruf weiter ausüben, weil er Sie erfüllt? Oder würden Sie etwas ganz Neues ausprobieren? Wie würden Sie Ihre Freizeit gestalten? Würden Sie Ihre Abende vor dem Fernseher verbringen? Oder würden Sie die Zeit lieber mit Menschen verbringen, die Ihnen wichtig sind? Nehmen Sie sich etwas Zeit, um über diese Fragen nachzudenken. Ich bin mir sicher, dass Sie vieles anders machen würden, wenn Sie nur noch ein halbes Jahr Zeit hätten. Doch MOMENT! Wer verspricht Ihnen, dass Sie ÜBERHAUPT noch sechs Monate zu leben haben? Dieses Versprechen gibt es nicht. Nicht einmal der nächste Tag oder die nächste Minute sind uns sicher. Das Leben ist völlig unberechenbar. Bestimmt erinnern Sie sich an viele Situationen in Ihrem Leben, in denen Ihnen das unmittelbar bewusst wurde. Leider (oder zum Glück) verdrängen wir solche Situationen sehr schnell. Egal wie alt Sie sind, egal wie gesund Sie sind. Es gibt keine Garantie, dass es in ein paar Augenblicken noch so sein wird. Worauf also warten? Viele Menschen brauchen erst einen Schicksalsschlag, um wach zu werden. Leben

Sie heute das Leben, das Sie leben wollen – machen Sie Ihren Alltag und Ihr Berufsleben zu einem Erlebnis, das Sie so erfüllt, dass Sie es bis zur letzten Minute genießen wollen. Dies ist wahre Wertschätzung des Lebens.

Zum Nachdenken:

- In welchen Situationen stehen Sie voll im Leben? Wann leben Sie voll im Augenblick? Wann nicht?
- Welche konkreten Schritte könnten Sie setzen, um den Augenblick bewusster zu erleben?

33. Nur ein Mensch kann Ihren Wert bestimmen – Sie selbst

Niemand hat die Macht, Ihren Wert zu verringern
Nehmen wir an, ich halte einen 50-Euro-Schein in der Hand. Sie werden mir zustimmen, dass er zunächst einmal 50 EUR wert ist. Was aber, wenn ich diesen Schein nun auf den Boden werfe? Wie viel ist er dann wert? 50 Euro? Und wenn ich mit beiden Füßen darauf trete? Immer noch 50 Euro. Und wenn ich ihn zerknülle und an die Wand werfe? Richtig, immer noch 50 EUR. Alles, was mit dem Schein geschieht, hat keinen Einfluss auf seinen Wert – solange er nicht zerstört wird.

Jeder Rückschlag macht Sie reicher
Ähnlich könnte es auch mit unserem Selbstwert sein. Ja, wir werden Niederlagen erleben, Menschen verlieren, Fehler machen. Möglicherweise werden wir einen geliebten Job verlieren oder Projekte in den Sand setzen. Es wird Menschen geben, die es nicht gut mit uns meinen. Menschen, die uns „kleinmachen" wollen. Aber all das ändert nichts an unserem Wert – im Gegenteil – es gehört zum Leben dazu und bereichert uns. Es sind solche Erfahrungen, die unseren Wert steigern. Lassen wir uns durch Rückschläge nicht „entwerten", sondern nutzen wir die Chance, daraus zu lernen und aus jedem Rückschlag STÄRKER hervorzugehen, als wir vorher waren.

Zum Nachdenken:
- Von wem lassen Sie Ihren Wert bestimmen?
- In welchen Situationen haben Sie sich „abgewertet" gefühlt? Was haben Sie daraus gelernt?

Im Leben gehen Dinge schief, das ist unvermeidlich. Beziehungen gehen in die Brüche, wir verletzen Menschen, ohne es zu wollen. Wir werden an Zielen scheitern, die wir uns gesetzt haben, und wir werden Situationen erleben oder herbeiführen, die wir am liebsten ungeschehen machen würden. Das gehört zum Leben. Nur weil wir etwas GETAN haben, das zu einem schlechten Ergebnis geführt hat, SIND wir nicht weniger wert. Dies ist ein zentraler Unterschied, auf den wir noch mehrmals in diesem Buch treffen werden.

Der Unterschied zwischen Tun und Sein
Was wir TUN oder was uns widerfährt, hat nicht unbedingt Einfluss darauf, wer wir SIND. Es ist daher unbedingt ratsam, immer klar zwischen TUN und SEIN zu unterscheiden. Wenn wir diese Unterscheidung treffen, können wir mit Niederlagen und unangenehmen

Situationen professionell umgehen und sie als Teil des Lebens betrachten, ohne dass sie unseren Selbstwert schmälern. Nicht zuletzt brauchen wir ein starkes Selbstwertgefühl, um aus Niederlagen gestärkt hervorzugehen. Es geht dabei nicht um Rhetorik. Etwas zu SEIN hat eine ganz andere Kraft als etwas zu TUN.

So wie wir uns selbst als wertvoll behandeln und zwischen TUN und SEIN unterscheiden müssen, so sollen wir dies auch mit anderen Menschen tun. Mit den Etiketten, die wir anderen bewusst oder unbewusst anheften, bestimmen wir ihren Wert. Wer etwas IST, kann nicht viel dagegen tun. Er ist einfach so – bei negativen Eigenschaften würde das seinen Wert infrage stellen. Anders ist es, wenn jemand etwas TUT. Wer heute etwas tut, kann morgen etwas ANDERES tun. Nicht nur sprachlich. „Tun" eröffnet Handlungsspielräume, „Sein" verschließt Türen. Wir sollten daher in unserer Sprache immer darauf achten, wie wir mit unserem Wert sowie dem Wert anderer Menschen umgehen, besonders wenn es um negative Aspekte und scheinbare Niederlagen geht.

- Es ist etwas ganz anderes, ob jemand Alkoholiker IST oder ob jemand jeden Abend zu viel trinkt. Der Alkoholiker ist abgestempelt – er ist eben Alkoholiker. Jemand, der „jeden Abend zu viel trinkt", hat einen Handlungsspielraum. Er könnte zum Beispiel nicht JEDEN Abend zu viel trinken. Oder er könnte zwar jeden Abend trinken, aber nicht täglich ZU VIEL. Es ist nicht endgültig.

Der Unterschied zwischen TUN und SEIN ist seit Langem ein zentrales Thema in der Erziehung oder in Ratgebern für professionelles Feedback. Der Gedanke ist also nicht neu, sondern wurde schon tausendfach gelehrt. Obwohl wir uns dieses Themas durchaus bewusst sind, neigen wir im alltäglichen Sprachgebrauch dennoch dazu, die beiden Begriffe zu verwechseln oder gleichzusetzen. Am strengsten sind wir immer mit uns selbst. Schon ein verlegter Schlüssel führt zu Gedanken wie: „Ich bin ein Idiot, ich habe den Schlüssel vergessen." Wir denken also fahrlässig schlecht über uns und stellen unseren eigenen Wert infrage. Ich rate Ihnen daher, hier genau auf Ihre Wortwahl (auch die unausgesprochenen Worte) zu achten.

Zum Nachdenken:

- Welche Situationen kommen Ihnen in den Sinn, wenn Sie die oben genannten Zeilen lesen?

34. Halten Sie sich nicht für besser – aber auch niemals für schlechter als andere

Sie erinnern sich, wir Menschen neigen instinktiv dazu, uns mit anderen zu vergleichen. Allerdings zahlen wir einen hohen Preis dafür. Zum einen, weil wir ohnehin immer Unvergleichbares vergleichen, zum anderen, weil wir aus Vergleichen oft schlecht herauskommen. Um dieses negative Gefühl zu vermeiden, greifen viele Menschen zu einem Trick: Wenn wir merken, dass es uns schlecht geht, wenn wir uns mit besseren Menschen vergleichen, machen wir es einfach umgekehrt. Wir vergleichen uns mit Personen, denen es in der aktuellen Lebensphase schlechter geht. Wir rechtfertigen also unsere eigene Unzufriedenheit damit, dass es uns gut geht, solange es anderen Menschen noch SCHLECHTER geht. Klingt verrückt? Ist es auch. Es ist eine Abwärtsspirale, die Glück, Erfolg und Selbstwert zerstört, aber das ist die Realität. Man muss nur den Fernseher einschalten und die zahllosen Reality Soaps anschauen. Bis auf wenige Ausnahmen werden fast immer Menschen gezeigt, denen es schlecht geht. Das will die Mehrheit sehen. Kaum jemand interessiert sich dafür, wie Menschen es schaffen, neben Beruf, Familie und Ausbildung noch gemeinnützige Tätigkeiten unter einen Hut zu bringen. Dabei wäre gerade das zeigenswert. Stattdessen flimmern Bilder über unsere Bildschirme, in denen Menschen erklären, warum sie nicht zur Arbeit gehen wollen und warum das Dosenbier zum Mittagessen fix auf dem Speiseplan stehen muss. Mit Unterhaltung hat diese Art des Medienkonsums nichts zu tun. Unterhalten Sie sich lieber mit Menschen, die das erreicht haben, was auch Sie erreichen wollen. Lassen Sie sich von Sendungen und Filmen inspirieren, die eine Botschaft haben, die Sie persönlich weiterbringt. Lachen Sie MIT den Menschen, die etwas erreicht haben, nicht ÜBER die Menschen, die in ihrem Leben an der ein oder anderen Stelle gescheitert sind. Sie werten sonst sich selbst und andere ab.

Seien Sie sich auch umgekehrt bewusst, dass Menschen, die bereits Dinge erreicht haben, die Sie sich auch wünschen, Ihnen vielleicht schon einen Schritt voraus sind. Das schmälert nicht Ihren Wert. Genauso wie es verhängnisvoll ist, sich für etwas Besseres zu halten, ist es ebenso sinnlos, sich für etwas Schlechteres zu halten. Wie im einleitenden Teil beschrieben, brauchen Menschen mit einem guten, gesunden Selbstwertgefühl nicht besser zu sein als andere. Sie erkennen den Wert in anderen und in sich selbst und können dem neutral gegenüberstehen.

Zum Nachdenken:

- Benutzen auch Sie diesen Trick – den Vergleich mit den Schlechteren? In welchen Situationen könnte das auf Sie zutreffen? Welche Funktion hat das für Sie?

Machtspiele: Vergleichsspiel im Unternehmen

Im Arbeitsleben äußern sich diese Vergleiche mit anderen Menschen oft in Machtspielen. Machtspiele und Machtdynamiken finden wir in unseren Unternehmen ständig und in fast allen Bereichen, sichtbar oder unsichtbar. Vor dem Hintergrund, dass der Mensch als Herdentier seit Jahrtausenden an Hierarchien gewöhnt ist, erscheint es naheliegend, dass diese Machtspiele zum „normalen" menschlichen Leben gehören. Zu tief sitzt das Bedürfnis, Macht über andere Menschen zu haben. So werden seit Jahrtausenden viele Kriege vor allem deshalb geführt, um noch größer, noch besser, noch mächtiger zu werden. Im beruflichen Kontext geht es also weniger darum, diese Machtspiele zu vermeiden als vielmehr darum, sich der Machtspiele bewusst zu sein und sie zu „managen".

Besonders wenn Sie in Machtkämpfe involviert sind, lohnt es sich, sich die primäre Aufgabe vor Augen zu führen. Denken Sie daran, dass Sie trotz aller Machtdynamiken und Machtspiele dafür verantwortlich sind, Ihre „PRIMÄRE Aufgabe" bestmöglich zu erfüllen. Sich darauf zu konzentrieren, kann Ihnen helfen, die richtige Distanz zu solchen unternehmensinternen Dynamiken zu finden. Wenn wir von der primären Aufgabe sprechen, geht es um das, wofür Sie EIGENTLICH im Unternehmen sind. Es ist die Aufgabe, die Ihre eigentliche Bestimmung im Unternehmen ist. Meistens ist die Hauptaufgabe kundenorientiert. Das Gute daran ist, dass Ihre Kunden sich in der Regel nicht für die Machtspiele im Unternehmen interessieren. Die Kunden erwarten Ihre beste Leistung. Als Friseur ist es zum Beispiel Ihre primäre Aufgabe, die Haare des Kunden nach seinen Wünschen zu schneiden und Ihr Können so einzusetzen, dass die Erwartungen des Kunden übertroffen werden. Wenn Sie sich darauf konzentrieren, distanzieren Sie sich automatisch ein Stück weit vom Machtspiel. Ihr Kunde wird es Ihnen danken, denn ihm ist es egal, in welcher Position, Rolle, Hierarchie oder Beziehung Sie zu Ihren Kolleginnen und Kollegen stehen. Ihren Kunden geht es um das Ergebnis, welches das gesamte Bild des Unternehmens nach außen widerspiegelt.

Zum Nachdenken:

- Was ist Ihre primäre Aufgabe? Benennen Sie diese in wenigen Sätzen.
- In welchen Situationen haben Sie den Fokus auf die primäre Aufgabe verloren – und wie könnten Sie dieser Aufgabe wieder näherkommen?
- Welche Machtspiele spielen Sie, die möglicherweise Ihrer primären Aufgabe schaden?

35. Zufriedenheit und Unzufriedenheit – zwei Seiten einer Medaille

Zufriedenheit und Unzufriedenheit wirken wie zwei scheinbare Gegensätze und doch stammen sie von der gleichen Wurzel.

Zufriedenheit – der Zustand, nach dem wir streben
Zufriedenheit steht hoch im Kurs. Zufriedene Menschen scheinen Schicksalsschläge besser zu verkraften und ihnen wird oftmals eine höhere Lebenserwartung zugesprochen. Es sind oft die vielen kleinen Dinge im Leben, die zur Zufriedenheit beitragen.

Dabei hilft es, sich bewusst zu machen, was bereits erreicht wurde und wofür wir in diesem Moment dankbar sind. Es gibt tausend Dinge, für die wir dankbar sein können. Für dieses Leben, für die vielen großartigen Menschen in unserem Leben, für all die Erfahrungen und Erlebnisse. Und nicht zuletzt können wir dankbar sein für unser Arbeitsleben. Wie auch immer Ihre Arbeitswelt aussieht, Sie können davon ausgehen, dass es Millionen, vielleicht Milliarden von Menschen gibt, die ohne eine Sekunde zu überlegen mit Ihnen tauschen würden. Oft sehen wir das nicht so – wir konzentrieren uns meist auf das Negative. Wenig überraschend steht Jammern somit bei uns auf der Tagesordnung. Das Wetter, das Kantinenessen, der Verkehr. Wir fokussieren uns meist stark auf das Negative. Für das Überleben der Menschheit war es über Jahrtausende sinnvoller, sich auf das Negative zu konzentrieren. Ob das heute noch so ist, wage ich zu bezweifeln. Lassen Sie uns also Schritte setzen, um uns auf das Positive zu konzentrieren. Dankbarkeit spielt dabei eine zentrale Rolle.

Üben Sie sich in Dankbarkeit
Eine wichtige und sinnvolle Übung, um Dankbarkeit bewusst zu erleben, ist das tägliche Festhalten von Momenten, für die wir dankbar sind – und davon gibt es Tausende. Sei es für Menschen, mit denen wir ein gutes Gespräch hatten, für das nette Lächeln eines Fremden, für den schönen Sonnenuntergang, für unsere Gesundheit. Vieles nehmen wir als selbstverständlich hin, bis wir es nicht mehr haben.

- Wenn wir die Gelegenheit verpasst haben, ein letztes Mal mit einem Menschen zu sprechen, dann erkennen wir den Wert früherer Gespräche.
- Wenn wir krank sind, erkennen wir den Wert der Gesundheit.
- Wenn wir im Regen stehen, erkennen wir den Wert eines warmen Zuhauses.

Das Aufschreiben von Momenten, Personen und Gegenständen, für die wir dankbar sind, hilft uns, uns dieser bewusst zu werden. Nicht zuletzt ist es auch wertvoll, in Situationen, in denen wir unglücklich, traurig oder niedergeschlagen sind, einen Blick in diese Aufzeichnungen werfen zu können. Es hilft also auch in dunklen Stunden. Sie werden erstaunt sein, wie viele schöne Situationen Sie täglich sammeln können, wenn Sie gezielt darauf achten.

In welcher Form dies geschieht, ist nicht wichtig. Es geht vor allem darum, die positiven Momente im Leben bewusst wahrzunehmen. Ob dies in Form eines Tagebuchs, eines Kalendereintrags oder einer Notiz auf dem Handy geschieht, ist dabei zweitrangig. In Anhang 14 finden Sie eine Idee, wie ein solches Dankbarkeitstagebuch aussehen könnte. Sie werden erkennen, dass Ihnen diese Übung guttut und Sie zufriedener durchs Leben gehen. Übertreiben Sie es aber nicht mit der Zufriedenheit – auch der Gegenpol braucht Platz:

Unzufriedenheit ist der Treiber für Veränderung

Zufriedenheit allein wäre einseitig und würde den Fortschritt behindern. Deshalb ist Zufriedenheit vor allem rückblickend sinnvoll.

- Abends im Bett ist es schön, wenn Sie zufrieden auf den Tag zurückblicken – Sie können ihn ohnehin nicht mehr ändern.
- Sonntags ist es gut, wenn Sie zufrieden auf die Woche zurückblicken – auch diese können Sie nicht mehr ändern.
- Am Ende des Lebens ist es wunderbar, wenn Sie zufrieden zurückblicken können.

Mit Blick nach vorn sollten wir nicht unbedingt ausschließlich nach Zufriedenheit streben. Egal in welchem Alter – ob 20, 30 oder 80 – sich mit dem Leben „zufriedenzugeben" wäre am Ziel vorbei. Wer zufrieden ist, hat aufgehört, sich weiterzuentwickeln – das sollte nicht unser Anspruch sein.

- Stellen Sie sich vor, unsere Vorfahren wären „zufrieden" gewesen, jeden Tag in ihrer Höhle zu sitzen und die Höhlenmalereien anzustarren.
- Stellen Sie sich vor, die Menschheit hätte sich damit begnügt, 30 Jahre lang gesund zu leben und dann an einer minimalen Infektion zu sterben, die heute leicht behandelt werden kann.

Nahezu jede Erfindung, jeder Fortschritt, jede gesellschaftliche Entwicklung, die die Menschheit durchlaufen hat, hatte genau eine Ursache: UNZUFRIEDENHEIT. Sie ist der Grund dafür, dass die Menschheit heute da steht, wo sie steht, und sie wird der Grund dafür sein, dass wir uns auch in Zukunft weiterentwickeln werden. Unzufriedenheit ist ein wesentlicher Antrieb, der uns bis zur letzten Sekunde unseres Lebens begleiten wird.

Das Gleiche gilt auch im Berufsleben. Nur Unzufriedenheit schafft Verbesserung. Wer mit seinen Arbeitsbedingungen unzufrieden ist (und damit meine ich nicht das Jammern, sondern das Gefühl, dass es gut ist, aber trotzdem besser sein könnte), wird auch in der Lage sein, Verbesserungen anzustoßen. Wer mit seinen Produkten unzufrieden ist, wird in der Lage sein, immer bessere Produkte auf den Markt zu bringen. Lassen Sie also auch der Unzufriedenheit einen Platz in Ihrem Leben.

Zum Nachdenken:

- Wofür sind Sie im Alltag dankbar, womit sind Sie zufrieden?
- Wie machen Sie sich die vielen Dinge bewusst, für die Sie dankbar sein können?
- Womit sind Sie derzeit unzufrieden? Ist es eine „konstruktive“ Unzufriedenheit? Was könnten Sie daraus machen?
- In welchen Situationen würde Sie ein wenig „Unzufriedenheit“ weiterbringen?

36. Achtsamer Umgang mit Körper und Gesundheit

Alle Anstrengungen, Zielklarheit und Orientierung sind wertlos, wenn die Gesundheit nicht mitspielt. Jeder, der schon einmal einen Schicksalsschlag in Form einer Krankheit erleben musste, wird dem zustimmen. Schnell wird man wieder auf den Boden der Tatsachen zurückgeholt und konzentriert sich auf das Wesentliche im Leben.

Bei allen Bemühungen im Leben zu lernen, in sich zu investieren und vorwärtszukommen, darf eines auf keinen Fall auf der Strecke bleiben: die eigene Gesundheit. Ein achtsamer Umgang mit Körper und Geist sollte daher oberste Priorität haben. Überlegen Sie sich bewusst, wie Sie mit Ihrem Körper umgehen wollen und worauf Sie besonders achten möchten. Körper und Geist begleiten Sie ein Leben lang. Es lohnt sich, mit ihnen sehr wertschätzend umzugehen.

Vorab – Sie erhalten in diesem Buch keine Ernährungs- oder Fitnesstipps. Betrachten Sie die folgenden Punkte einfach als Anregungen, worauf Sie achten könnten. Wenn Sie ein Thema vertiefen möchten, wenden Sie sich am besten an einen Experten auf diesem Gebiet oder an einen Arzt.

- **Halten Sie sich physisch fit**
  Sportliche Aktivitäten gehören zu den Grundpfeilern eines gesunden Lebens. Nehmen Sie sich Zeit, um herauszufinden, welche Sportarten für Sie geeignet sind, um Muskelaufbau und Ausdauer optimal zu fördern. Sie können z.B. einen Termin bei einem Sportmediziner vereinbaren oder Ihren Hausarzt um Rat fragen.

- **Verwenden Sie Genussmittel nur als Mittel zum Genuss**
  Überlegen Sie sich auch genau, ob, wann und wie oft Sie Genussmittel zu sich nehmen. Und vor allem – nutzen Sie sie als „Genussmittel“. Das ein oder andere Genuss- oder Rauschmittel gehört durchaus zu unserer Kultur. Gefährlich wird es, wenn aus einem Genussmittel ein Suchtmittel wird. Bleiben Sie selbstkritisch und prüfen Sie, welche Genussmittel Ihnen guttun.

- **Achten Sie auf Ihre Ernährung**
  Die Ernährung ist der Energielieferant, der dafür sorgt, dass unser Motor richtig läuft. Klären Sie für sich selbst, wie Sie sich ernähren möchten. Welche Nahrungsmittel sind gut für Sie? Welche sollten Sie eher meiden? Finden Sie heraus, welcher Ernährungsstil Ihnen guttut und zu Ihnen passt. Es gibt hierfür zahlreiche Experten und Ratgeber, die darauf spezialisiert sind. Nicht zuletzt kann auch eine medizinische Vertrauensperson oder Ihr Hausarzt hier wertvolle Tipps geben.

- **Machen Sie regelmäßig Ihren Service**
  Jedes Jahr fahren Sie mit Ihrem Fahrzeug zum Service, um sicherzustellen, dass der Motor einigermaßen läuft und das Fahrzeug keine Gefahr für Sie oder andere darstellt. Beim eigenen Körper sind wir da oft etwas nachlässiger. Dabei wäre es ganz einfach. Regelmäßige Routineuntersuchungen, wie sie auch von unseren Ärztinnen und Ärzten empfohlen werden, sollten zum Standardprogramm gehören. So können Sie Risiken frühzeitig erkennen und gegebenenfalls früher gegensteuern. So wie beim Auto ein regelmäßiger Check dazugehört, um einen plötzlichen Totalschaden zu vermeiden, so gehört dies auch beim Menschen dazu. Ihr Hausarzt kann Sie dazu beraten und mit Ihnen gemeinsam festlegen, welche Untersuchungen für Sie sinnvoll sind und in welchen Abständen sie durchgeführt werden sollten, um Ihre Gesundheit bestmöglich zu sichern.

Zum Nachdenken:
- Welche Aspekte zum Thema Gesundheit sind für Sie besonders relevant?
- Was könnten Sie heute beginnen, damit Ihre Gesundheit auch in vielen Jahren noch sichergestellt ist?

Krankheit als Hinweis, dass etwas nicht passt

Es lohnt sich immer, nach der Ursache körperlicher Symptome zu fragen. Oft drückt der Körper durch Krankheit auf der körperlichen Ebene etwas aus, das auf der seelischen Ebene nicht gelöst wurde. Krankheit ist also nicht als Problem zu sehen, sondern ist grundsätzlich für uns „nützlich“. Jede Krankheit hat einen Nutzen, den sogenannten „sekundären Krankheitsnutzen“. Finden Sie heraus, welchen Nutzen die Krankheit für Sie hat. Auf diese Weise können Sie vielleicht eine bessere Lösung finden, die Ihnen das Krankheitsbild oder eine verstärkte Form davon in Zukunft erspart.

Achten Sie darauf, was Ihr Körper mit gewissen Symptomen sagen will. Oft bekämpfen wir die Symptome, vernachlässigen aber den Blick auf die Ursache. Kopfschmerzen? Schnell eine Tablette – weiter geht's. Magenschmerzen – irgendein Mittel hilft. Es lohnt sich, genauer hinzuschauen, ob man die Symptome bekämpft oder an der Ursache arbeitet. Fragen, die dabei helfen können:

Zum Nachdenken:
- Welche Symptome und Krankheitsbilder hat Ihr Körper entwickelt?
- Was könnte dahinterstecken?
- Wann ist das Krankheitsbild zum ersten Mal aufgetreten?
- Warum genau zu diesem Zeitpunkt? Warum gerade bei Ihnen?
- Woran hindert es Sie? Wohin führt es Sie?
- Was bringt Ihnen diese Krankheit?

Unser Körper als Radar

Wenn es Ihnen gelingt, bewusst und gezielt auf mögliche Symptome Ihres Körpers zu achten, können Sie diese gewissermaßen als Radar nutzen. Ihr Körper, Ihre Gefühle und Empfindungen zeigen Ihnen sehr genau, was für Sie stimmig ist und was nicht. Er gibt Ihnen klare Impulse, welche Menschen Ihnen guttun und welche nicht. Sie können klar erkennen, welche Tätigkeiten und welche Aktivitäten Ihnen guttun und welche nicht. Schauen Sie genau hin.

37. Achtsamer Umgang mit allem, was wir in unseren Kopf lassen

Rory Curtis – ein Unfall und eine außergewöhnliche Entdeckung

Eine beeindruckende Geschichte über die Leistungsfähigkeit unseres Gehirns ist die von Rory Curtis. Rory Curtis ist ein ehemaliger Amateurfußballer aus England. Im Jahr 2012 geriet er mit seinem Auto ins Schleudern und prallte gegen einen Sattelschlepper. Er wurde von den Rettungskräften schwer verletzt geborgen und ins Krankenhaus eingeliefert. Die ersten Tage lag Rory im Koma, doch am sechsten Tag kam er wieder zu sich. Zum Erstaunen des Pflegepersonals sprach er plötzlich fließend Französisch, obwohl er es nie gelernt hatte. Sein Vater begann daraufhin mit Nachforschungen, die ergaben, dass er französische Vorfahren um 1800 hatte. Diese Geschichte bestätigt die Vermutungen verschiedener Wissenschaftler, dass unser Gehirn in der Lage ist, Informationen über Generationen hinweg zu speichern. Nach einigen Tagen verlor er diese Fähigkeit jedoch wieder und sprach wieder in gewohnter Sprache.[96]

Diese Geschichte zeigt uns, dass das menschliche Gehirn zu unglaublichen, anscheinend generationenübergreifenden Leistungen fähig ist. Allein aus diesem Grund hat es unser Gehirn verdient, dass wir zumindest darüber nachdenken, womit wir es füttern. Wir beschäftigen uns oft fahrlässig mit Dingen, die unserem Gehirn schaden. Wir füttern es mit Informationen, die eigentlich nicht relevant sind, die uns nicht guttun und ohne die wir eigentlich besser dran wären.

Unser Gehirn ist vielen Reizen ausgesetzt. Noch nie gab es so viele Informationen in so kurzer Zeit. Durch die Medien, insbesondere die sozialen Medien, sind wir mit der ganzen Welt verbunden. Wir können mit Menschen weltweit kommunizieren und hören Nachrichten in Echtzeit aus den entlegensten Winkeln der Erde. Neben all den Vorteilen der Kommunikation birgt dies auch einige Nachteile. Das Hauptproblem besteht darin, dass unser Gehirn nicht ausreichend unterscheiden kann, ob eine Nachricht uns direkt betrifft oder nicht. Das führt dazu, dass wir auch auf für uns unwichtige Nachrichten mit Stress reagieren. Während noch vor wenigen Hundert Jahren (aus Sicht der Menschheit eine kurze Zeitspanne) der Dorfplatz der einzige Ort war, an dem Informationen und Nachrichten ausgehängt wurden, geschieht dies heute zu jeder Zeit und an jedem Ort.

---

[96] Sport1: Fußballer kann plötzlich Französisch, in: Sport1.de, 2012, https://www.sport1.de/news/internationaler-fussball/2020/06/frueheres-manunited-talent-rory-curtis-kann-nach-koma-franzoesisch (abgerufen am 15.11.2023).

Wir müssen daher klar entscheiden, welche Informationen wir an uns heranlassen und welche nicht. Überlassen Sie Ihre Meinungsbildung nicht dem Zufall, den Medien oder Meinungsführenden. Sie sind selbst dafür verantwortlich, wie WERTschätzend Sie mit sich und Ihrem Gehirn umgehen.

Zum Nachdenken:
- Welche Informationen lassen Sie in Ihren Kopf?
- Wie informieren Sie sich über wichtige Ereignisse (Weltgeschehen, Wirtschaft, innerhalb Ihres Unternehmens, innerhalb Ihres Freundeskreises etc.)
- Welche Möglichkeiten hätten Sie, um die Qualität der Informationen, die auf Sie einprasseln, zu steuern?

Mein Experiment – ein Jahr ohne Nachrichten

Ich habe lange Zeit Nachrichten in einem enormen Ausmaß konsumiert. Das erste am Morgen und das letzte am Abend waren für mich die Nachrichten im Internet. Tagsüber habe ich regelmäßig Apps wie ORF.at oder CNN verwendet, damit ich immer auf dem Laufenden war. Schon damals war mir klar, dass mir die Nachrichten nicht besonders guttun, aber zumindest habe ich nie etwas verpasst. Im Frühjahr 2022 kam dann der Russland-Ukraine-Krieg und mit ihm eine Vielzahl von Nachrichten und Spekulationen, die sich über die verschiedensten Plattformen verteilten. Zu den ohnehin schon katastrophalen und schrecklichen Umständen, die in den Nachrichten gezeigt wurden, kam ein enormes Schüren von Ängsten hinzu. Angefangen von Drohungen verschiedenster Personen aus der Politik weltweit, Spekulationen über Explosionen von Atomkraftwerken, nukleare Bedrohungen wurden die Nachrichten immer belastender. Gleichzeitig befand ich mich wegen einer Corona-Infektion in Quarantäne, mehr oder weniger auf ein Zimmer beschränkt – und wir erwarteten zum dritten Mal Nachwuchs. Mit großer Sorge verfolgte ich daher die weltweiten Bedrohungen. Der Newsticker, den ich mir alle paar Minuten ansah, machte die Sache nicht besser, im Gegenteil. Am letzten Tag der Quarantäne habe ich dann eine Entscheidung getroffen. Die Entscheidung, ab sofort keine Nachrichten mehr zu lesen oder zu hören. Ich löschte alle Nachrichten-Apps, ging nicht mehr auf Nachrichtenseiten online, stellte das Radio immer kurz vor den Nachrichten auf lautlos und schaltete den Fernseher immer um, wenn Nachrichten liefen. So hatte ich nur noch Berührungspunkte mit Nachrichten, wenn in meinem Umfeld darüber gesprochen wurde (so bekommt man die wirklich relevanten Themen gut mit) oder wenn ich mich zufällig an einem öffentlichen Ort aufhielt, an dem ich die Nachrichten nicht abschalten konnte. Ich bin mir sicher, dass ich auf diese Weise die Menge der negativen Nachrichten aus aller Welt um 95% reduzieren konnte. Mehr und mehr wurde es sogar zu einem Hobby, Wege zu finden, den Nachrichten zu entgehen. Ich ging zum Beispiel lieber in Geschäfte, in denen kein Radio lief, sondern gute, ausgewählte Musik. Ich suchte nach Möglichkeiten der Nachrichtenflut an öffentlichen Orten zu entgehen und umgab mich mehr mit Menschen, die konstruktiv und qualitativ über die Entwicklungen in der Welt sprachen und mied Menschen, die auf die Angstthemen der Medienlandschaft aufsprangen. Für mich war das eine der wertvollsten Erfahrungen meines Lebens, die ich heute, rund zwei Jahre später immer noch praktiziere. Sie werden es nicht glauben: Die Weltpolitik hat mich bis heute nicht vermisst. Zudem habe ich Wege gefunden, trotzdem nicht ganz von der Welt abgeschnitten zu sein. Um im Katastrophenfall trotzdem informiert zu sein, verwende ich die offiziellen Warn-Apps der Regierung. Um gezielt Nachrichten zu erhalten, habe ich spezielle Apps heruntergeladen. Da ich mich für Unternehmensentwicklung und Wirtschaft interessiere, habe ich eine Finanz-App. Außerdem benutze ich noch eine Fußball-App, damit ich meinem Hobby, den Fußballabenden mit Freunden, nachgehen kann, ohne die Spiele zu verpassen.

Ich glaube, es ist von großer Bedeutung, was wir in unser Gehirn hineinlassen. Wir sollten auf jeden Fall achtsam und behutsam damit umgehen. Für uns, aber vor allem auch für die Generationen, die nach uns kommen. Ebenso lohnt es sich bewusst zu hinterfragen, welche Informationen andere Menschen von uns bekommen. Worüber sprechen wir mit anderen Menschen und was bezwecken wir damit? Ist es WERTvoll für den anderen?

Die drei Siebe

Eine schon etwas ältere Geschichte bringt es auf den Punkt – die Geschichte von den drei Sieben des Sokrates.

Ein Mann läuft zu Sokrates und ruft: „Großer Meister, ich muss dir etwas sagen!"

Sokrates antwortet: „Bevor du es mir sagst, lass mich bitte wissen – hast du das, was du mir sagen willst, durch die drei Siebe gesiebt?"

Der Mann blickt ihn verwirrt an. „Durch welche drei Siebe?"

Sokrates antwortet: „Lass uns gemeinsam herausfinden, ob das, was du mir sagen willst, durch die drei Siebe hindurchgeht. Das erste Sieb ist das Sieb der Wahrheit. Ist das, was du mir sagen willst, wahr? Hast du es geprüft?"

Der Mann gibt zu: „Nun, eigentlich habe ich es nicht geprüft, ich habe es von jemandem gehört."

„Gut", sagt Sokrates, „dann wollen wir uns das zweite Sieb ansehen. Es ist das Sieb der Güte. Ist das, was du mir sagen willst, etwas Gutes?"

Etwas kleinlaut antwortet der Mann: „Nein, es ist eher das Gegenteil."

„Gut“, sagt Sokrates, „dann wollen wir uns das dritte Sieb ansehen. Ist das, was du mir sagen willst, eine Information, die ich unbedingt wissen muss, die für mich wichtig oder notwendig ist?“
Etwas verlegen antwortet der Mann: „Also, als wichtig oder notwendig würde ich es jetzt nicht bezeichnen.“
Sokrates lächelt: „Wenn das, was du mir sagen willst, weder sicher wahr, noch gut, noch wichtig für mich ist, dann tue uns beiden einen Gefallen und belaste uns nicht damit. Lass die Geschichte das Thema derer sein, die sie betrifft.“

Zum Nachdenken:
- Womit füttern Sie täglich Ihr Gehirn?
- Sind die Dinge, mit denen Sie sich beschäftigen, wirklich relevant?
- „Sieben“ Sie Informationen, bevor Sie diese weitergeben?

38. Das wertvollste Geschenk für Ihre Mitmenschen: Zeit

Wenn wir von Zeit für andere sprechen, sind zwei Dinge gleichermaßen gemeint:
- Erstens geht es darum, anderen Zeit zu schenken.
- Zweitens geht es darum, anderen nicht unnötig Zeit zu stehlen.

Wir Menschen wissen instinktiv, dass Zeit das wertvollste Gut ist, das wir von anderen erhalten und anderen geben können. Wir neigen daher dazu, Zeit einen besonderen Stellenwert zukommen zu lassen.

Zeit steht weit über Geld

Angenommen, eine bekannte Schauspielerin spendet 50.000 Euro für ein Hilfsprojekt in Afrika. Sie sehen im Fernsehen einen Bericht darüber und sehen, was vor Ort mit der Spende gemacht wird. Finden Sie das beeindruckend? Bis zu einem gewissen Grad vielleicht. Aber vielleicht fragen Sie sich, warum das überhaupt in den Medien gebracht wird oder warum sie „nur" 50.000 Euro spendet, wenn sie doch so viel verdient. Nehmen wir ein zweites Beispiel. Nehmen wir an, die Schauspielerin reist selbst dorthin, arbeitet in ihrer Freizeit in dem Dorf in Afrika, unterstützt vor Ort Familien und Kinder. Was dann? Die zweite Möglichkeit wird in vielen Fällen als deutlich positiver empfunden. Möglicherweise motiviert sie sogar Menschen, das Projekt ebenfalls zu unterstützen oder sich karitativ zu engagieren. Warum ist das so? Rein wertmäßig kann es nicht sein. Die Arbeitsleistung unserer Schauspielerin liegt weit unter den oben genannten 50.000 Euro – für dieses Geld könnten mehrere Menschen ein ganzes Jahr an dem Projekt arbeiten. Es geht also offensichtlich nicht darum, WIE VIEL wir geben, sondern WOVON wir geben. Geld kann schnell wieder verdient werden, aber Zeit ist ein für alle Mal weg – und zwar für alle gleich. Unbewusst geben wir also den Menschen, die Zeit investieren, einen „Extra-Bonus".

Kleine Gesten – große Wirkung

Unbewusst erkennen wir, wie wertvoll es ist, wenn Menschen etwas von ihrer Zeit verschenken. Es wird als sehr wertschätzend empfunden. Im Alltag gibt es viele Möglichkeiten, wie Sie ohne großen Aufwand anderen Zeit schenken können. Die Menschen werden sich bewusst oder unbewusst bedanken und sich Zeit für Sie nehmen, wenn es nötig ist. Einige Beispiele für solche kleinen Gesten – gelebte Wertschätzung:

- Machen Sie für andere einen Kaffee oder Tee mit. Wenn Sie sowieso in der Kaffeeküche sind, ist es für Sie keine große Mühe, aber Sie zeigen den anderen, dass sie Ihnen wichtig sind.
- Halten Sie anderen die Tür auf, auch wenn diese noch ein paar Schritte hinter Ihnen gehen oder warten Sie mit dem Aufzug, wenn jemand gerade ebenfalls kurz davor ist.
- Lassen Sie jemanden an der Supermarktkasse überholen, wenn Sie merken, dass Sie ohnehin Zeit haben und die Person hinter Ihnen im Stress ist.
- Zeit gibt Sicherheit: Nehmen Sie sich ungestört Zeit, wenn jemand Sorgen mit Ihnen teilt. Vielleicht kennen Sie das vom Arztbesuch. Auch wenn der Arzt eigentlich schon nach drei Sekunden weiß, dass Sie einen grippalen Infekt haben, weil Sie der Hundertste an diesem Tag mit gleichen Beschwerden sind, tut es trotzdem gut, wenn er noch fünf Minuten Fragen stellt und alle möglichen Parameter misst. Auch wenn diese Infos für den Arzt und die Diagnose eigentlich nicht mehr relevant sind. Trotzdem vermittelt es Sicherheit und Wertschätzung, wenn sich jemand für unsere Sorgen Zeit nimmt.

Zum Nachdenken:
- Welche täglichen Möglichkeiten fallen Ihnen ein, anderen von Ihrer Zeit abzugeben?

Echte Wertschätzung bedeutet, voll und ganz HIER zu sein

Vielleicht haben Sie den Auftritt von Robbie Williams 2022 bei *Wetten, dass..?* gesehen. Unerwartet ging er bei seinem zweiten Lied direkt ins Publikum, umarmte Fans und klatschte mit ihnen ab. Es war eine unglaubliche Stimmung. Die Leute waren begeistert. Viele waren Hunderte, vielleicht sogar Tausende Kilometer angereist, um ihr Idol zu sehen – und jetzt hatten sie die große Chance, dass er direkt zu ihnen kam, sie sogar berührte. Doch was taten die meisten? Sie hielten ihm ihr Smartphone vors Gesicht, um ihn zu filmen! Das ist die Chance ihres Lebens, ihr Idol so nah wie nie zuvor und wahrscheinlich auch nie wieder zu sehen, und die Leute schauen sich das ernsthaft durch ihr Smartphone an? Ist das nicht unglaublich? Jeder kann jederzeit Robbie Williams auf seinem Smartphone sehen. Wer Robbie Williams durch sein Smartphone sehen will, kann das jederzeit tun, im Zug, im Auto, wenn es sein muss auf der Toilette – aber nicht in genau diesem Moment im Leben, wenn das große Idol live vor einem steht.

Digitale Medien: häufig eine hochgradige Entwertung Ihres Gegenübers
Dieses sicherlich etwas provokante Beispiel zeigt, wie sehr uns die digitalen Medien im Griff haben, denn sie machen hochgradig abhängig. Die Hormone, die ausgeschüttet werden, wenn wir Likes und scheinbare „Anerkennung" von anderen bekommen, werden ständig gesucht. Meist handelt es sich dabei um Dopamin. Es ist derselbe Botenstoff, der in Verbindung mit zahlreichen Suchterkrankungen steht.

Stellen Sie sich vor, Sie treffen sich mit einer Freundin, die Sie lange nicht gesehen haben. Diese Freundin setzt sich zu Ihnen an den Tisch und noch bevor Sie richtig ins Gespräch kommen, trinkt sie einen kräftigen Schluck Schnaps aus ihrem Flachmann. Das käme Ihnen sicher komisch vor (und wenn das für Sie normal ist, dann sollten Sie generell Ihren Freundeskreis mal hinterfragen). Wahrscheinlich würden Sie irritiert reagieren. Die gesellschaftliche Norm sanktioniert bis zu einem gewissen Grad jemanden, der an einer Alkoholabhängigkeit leidet. Deshalb werden Suchterkrankungen oft geheim gehalten oder anonym und vertraulich behandelt.

Bei den digitalen Medien scheint das anders zu sein. Zumindest noch. So ist es völlig normal, dass Menschen zuerst auf ihr Smartphone schauen, oft noch bevor sie ihr Gegenüber begrüßen. Es ist völlig normal, dass Paare beim romantischen Abendessen gemeinsam auf ihren Handys herumtippen. Ebenso normal ist es, dass morgens zuerst aufs Handy geschaut wird. Kurzum: Die Sucht nach digitalen Medien ist in unserer Gesellschaft noch nicht präsent und wird nach gesellschaftlichen Normen noch nicht sanktioniert. Doch auch das wird kommen, denn der Suchtcharakter ist enorm: Laut Untersuchungen der Ruhr-Universität Bochum sind unsere Smartphones täglich mehr als drei Stunden in Verwendung.[97] Deutlich höher sind die Nutzerzahlen, wenn wir auf die jungen Generationen blicken. Laut einer Studie im Auftrag von B2X in Kooperation mit der Ludwig-Maximilians-Universität München[98] verwenden Mitglieder der Generation Y ihr Smartphone bis zu fünf Stunden täglich. Ein Viertel der Generation Y schaut mehr als 100-mal am Tag auf das Handy. Vier Prozent der Befragten gaben sogar an, lieber einen Monat ins Gefängnis zu gehen, als einen Monat auf ihr Smartphone zu verzichten.

---

[97] Ruhr-Universität Bochum: Weniger Smartphone – mehr Wohlbefinden, in: iwd, Informationsdienst Wissenschaft, 2022, https://idw-online.de/de/news792100 (abgerufen am 15.11.2023).

[98] B2X: Fünf Stunden am Tag: Handy-Sucht packt Millennials, in: Presseportal, 2017, https://www.pressetext.com/news/20170519020 (abgerufen am 15.11.2023).

Wie jede Sucht hat auch die Sucht nach digitalen Medien einen hohen Preis. Wenn man mit jemandem zusammensitzt und nebenbei mit jemand anderem schreibt, sagt man dem anderen (unbewusst) ins Gesicht: Ich bin zwar hier, aber eigentlich wäre ich lieber mit jemand anderem zusammen. Jemand anderes ist mir eigentlich WICHTIGER.
Können Sie sich vorstellen, was diese Botschaft mit Ihren Mitmenschen macht?

- Wie gut ist diese Botschaft Ihrer Meinung nach für das Verhältnis zu Ihren Kolleginnen und Kollegen? Oder für die Beziehung zwischen Vorgesetzten und Mitarbeitern? Glauben Sie, dass sie dadurch gestärkt wird?
- Wie gut ist diese Botschaft Ihrer Meinung nach in Ihrem Privatleben für Ihre Partnerschaft oder für Ihre Kinder? Glauben Sie, dass diese Botschaft Ihre Beziehung stärken kann?
- Wie gut kommt diese Botschaft in Ihrem Freundes- oder Bekanntenkreis an?

Ihr Gegenüber ist im Moment die wertvollste Person in Ihrem Leben
Menschen wissen instinktiv, wie wertvoll Zeit und Aufmerksamkeit sind – und unbewusst ist JEDE INTERAKTION mit einem Smartphone, während Sie sich mit jemandem von Angesicht zu Angesicht unterhalten, sehr abwertend. Machen Sie es sich zur Regel, Ihr Smartphone in der Tasche zu lassen, wenn Sie mit anderen Menschen sprechen. Auch wenn Sie dadurch erst eine halbe Stunde später sehen, was Ihr Onkel am anderen Ende der Welt gerade am Teller hat. Genießen Sie lieber persönliche Momente und Gemeinschaft. Das können Ihnen digitale Medien ohnehin nicht bieten.

Zum Nachdenken:

- Wie sieht Ihre Nutzung des Smartphones aus? Ertappen Sie sich an dem ein oder anderen Punkt selbst?
- Können Sie von sich behaupten, dass die Person, die Ihnen gegenübersitzt, tatsächlich die aktuell wertvollste Person ist?

Doch nicht nur, dass wir unser Smartphone nutzen – sondern auch WIE wir es nutzen, hat oftmals mit WERTSCHÄTZUNG der Zeit anderer Menschen zu tun:

Wenn Sie etwas veröffentlichen – dann überlegen Sie vorab, was von WERT ist
Kennen Sie das? Jedes Jahr wieder. In Whatsapp-Gruppen beginnt eine Person mit „Frohes neues Jahr" und dann kommen 40 Nachrichten, in denen jeder die gefühlt gleichen Neujahrswünsche schreibt. Solche Massennachrichten haben nichts mit Wertschätzung zu tun. Ganz im Gegenteil. Sie kosten Lebenszeit. Für jeden wertlosen Neujahrsgruß klingelt bei 40 Leuten das Telefon. Jeder Einzelne unterbricht, was er gerade tut – könnte ja eine

wichtige Nachricht sein – und sieht, dass es wieder umsonst war. Zehn angehängte Emojis machen es übrigens auch nicht besser. Solche Gruppen können ihren Sinn haben, wenn man sie nutzt, um Informationen oder Inhalte zu teilen, die für andere wichtig sind. Wenn es schon Glückwünsche zu Feiertagen sein müssen, sollte man sich wenigstens die Zeit nehmen, darüber nachzudenken, was andere lustig oder bereichernd finden könnten, damit andere einen WERT aus dem Post ziehen können. Das Gleiche gilt für alle Social Media Plattformen: Posten Sie Dinge, die für andere einen Wert haben, dann hat es absolut seine Berechtigung. Stellen Sie an sich den Anspruch, für andere WERTVOLL zu sein.

Zum Nachdenken:

- Leisten Sie einen WERTvollen Beitrag durch Ihre Posts, Veröffentlichungen und persönlichen Nachrichten?

Neben Smartphones und digitalen Medien gibt es natürlich zahlreiche weitere „Zeitfresser". Auch – oder besonders – im Beruf verschwenden wir oft maßlos die Lebenszeit unserer Mitmenschen. Hier ein kleiner Auszug:

Präsentationen – meist eine maßlose Verschwendung von Lebenszeit

Immer noch der Klassiker im Geschäftsleben – PowerPoint. Nicht selten werden Meetings tagelang vorbereitet, Hunderte von Folien zusammengestellt. Stundenlang wird eine nach der anderen präsentiert, nur um am Ende festzustellen, dass die meisten Zuhörerinnen und Zuhörer nach den ersten zehn Folien sowieso schon abgeschaltet haben, Mails nacharbeiten oder bereits mit offenen Augen schlafen. Am Ende wird das Thema, um das es eigentlich gehen sollte, gar nicht mehr diskutiert. Endlos lange Meetings mit Hunderten von PowerPoint-Folien, ohne auf den Punkt zu kommen. Die Strategie oft: Möglichst viel Inhalt reinpacken, damit keiner sagen kann, er sei nicht informiert worden. Irrsinniger Aufwand für wenig Ertrag. Seien Sie auch hier kritisch. Fragen Sie sich vorher – was ist für die Zuhörer wirklich WERTvoll? Was ist die wichtigste Botschaft, die Sie vermitteln wollen? Kennen Sie selbst diese Botschaft überhaupt? Das Erstaunliche an vielen Präsentationen, die ich miterlebt habe – meist weiß nicht einmal der Vortragende selbst, was seine Botschaft sein soll. Eine Richtlinie, die mir persönlich hilft, ist die Frage: Kann ich meine Kernbotschaft auf EINE Folie reduzieren? Wer es nicht schafft, seine Kernaussage auf eine Folie zu bringen, hat seinen eigenen Vortrag NICHT VERSTANDEN. Natürlich braucht man dann auch Herleitung und Show, Bilder und Farben → aber die Botschaft muss so klar sein, dass sie auf einer Folie dargestellt werden kann.

E-Mail-Flut: große Verteiler – großer Zeitverlust

Natürlich darf an dieser Stelle der Punkt „E-Mails“ nicht fehlen. Vor allem die Mails, die an 20 Leute im Verteiler gehen, aber meistens nicht an die, die es wirklich betrifft. Hauptsache, es entsteht der Eindruck, man würde „arbeiten“. So kommt es zum klassischen E-Mail-Ping-Pong. Ein Hin und Her, das keine produktiven Ergebnisse bringt, sondern nur viele Leute beschäftigt. Vor allem die CC-Funktion wird heutzutage exzessiv genutzt. Diese Funktion, die im Grunde sagt: „Du brauchst diese Mail nicht. Sie wird dich auch nicht interessieren, aber ich schicke sie dir trotzdem.“ Sie verursacht Milliarden von Nachrichten pro Tag, verschwendet unendlich viel Zeit, die Menschen mit Lesen, Archivieren und Löschen verbringen.

Noch interessanter und verschwenderischer wird die BCC-Funktion genutzt, also das unsichtbare Versenden von Nachrichten. Leute, die als BCC eingetragen sind, bekommen nämlich nur den einen Status und wissen dann gar nicht, wie es weitergeht. Sie laufen dann also mit halben Informationen durch die Firmen, verunsichern ihre Mitmenschen und kosten ihnen noch mehr Lebenszeit.

Überlegen Sie, ob die Nachrichten, die Sie schreiben, wirklich geschrieben werden müssen. Es ist viel wertschätzender, weniger, aber dafür persönlichen Kontakt zu haben. Oft würde schon ein kurzer Griff zum Telefonhörer genügen, allein die Stimme zu hören wirkt viel persönlicher. Auch Jour-Fix-Termine bieten sich an. Kurze gemeinsame Treffen und anschließend die wichtigsten Punkte in einer Mail zusammenzufassen hilft, den zwischenmenschlichen Kontakt zu pflegen und alle auf den gleichen Stand zu bringen. Zudem können neue Inputs gleich diskutiert werden und es wird sichergestellt, dass alle über das Gleiche sprechen.

Meetings: oft planlos – unstrukturiert – ergebnislos – wertlos …

Auch das ist trauriger Alltag. Wie oft gibt es im Berufsleben endlose Sitzungen, von denen weder die Teilnehmenden noch die Organisatoren wissen, worum es geht. Meist ohne Plan und Ziel – und am Ende erwartungsgemäß auch ohne Ergebnis. Inhaltlich wird viel diskutiert, aber meist nicht über das Thema, das auf der Tagesordnung steht, sondern über irgendeinen anderen Punkt, der ohnehin schon oft diskutiert wurde und von dem jeder weiß, dass er zu keinem Ergebnis führen wird.

Wenn Sie selbst die Möglichkeit haben, Besprechungen zu organisieren, stellen Sie sicher, dass klar ist, worum es geht, wer welche Vorbereitungen zu treffen hat, um allen anderen Zeit zu ersparen, und halten Sie die vereinbarten Schritte schriftlich fest. Achten Sie darauf, dass Zeitpläne eingehalten werden und dass die Leute bei der Sache bleiben. Sie empfinden es als unhöflich, aus dem Ruder laufende Diskussionen zu unterbrechen? Keine Sorge. Fast alle Teilnehmenden werden es Ihnen danken, wenn Sie bitten, beim Thema zu bleiben. Betrachten Sie es als Privileg, eine Veranstaltung zu organisieren und damit verantwortlich zu sein für das Wertvollste, was Ihre Teilnehmerinnen und Teilnehmer zur Verfügung haben (→ deren Lebenszeit).

Zum Nachdenken:

- Wo laufen Sie Gefahr, anderen unnötig Zeit zu stehlen? Wie könnten Sie beitragen, um wertschätzend mit der Zeit anderer umzugehen?

39. Wertschätzende Kommunikation – Sprechen, Zuhören und Rückmeldung geben

Steven Covey beschreibt in seinem Bestseller *7 habits of highly effective people* als die fünfte Eigenschaft „Seek first to understand, then to be understood".[99] Dieser Satz trifft es auf den Punkt. Beides fällt uns heute schwer. Einerseits zu verstehen, andererseits verstanden werden.

Aktives Zuhören

Beginnen wir mit dem Verstehen – dem Zuhören. Der Begriff „Aktives Zuhören" geht vermutlich auf C. Rogers zurück, der diesen Begriff erstmals im Zusammenhang mit non-direktiver Beratung verwendete.[100] Nach Rogers geht es beim aktiven Zuhören vor allem um eine EMPATHISCHE und OFFENE GRUNDHALTUNG, ein authentisches und kongruentes Verhalten sowie eine positive Sicht des Gegenübers.

Aktives Zuhören bedeutet viel mehr als zu warten, bis wir wieder sprechen können. Unser Gegenüber muss merken, dass wir noch am Leben sind. Deutlicher gesagt: Unser Gegenüber muss spüren, dass wir voll bei der Sache sind und uns wirklich für ihn interessieren.

Aktives Zuhören bedeutet Zuhören mit allen Sinnen. Dazu gehört zum Beispiel:
- Fragen stellen
- Gesagtes zusammenfassen oder Rückmeldung zum Gesagten geben
- Nonverbale Signale geben (Nicken, Lächeln, Körperhaltung)
- Blickkontakt halten (und vor allem das Smartphone weg!)

Die Fähigkeit, wirklich aufmerksam zuzuhören, wird oft unterschätzt. Aber gerade weil es so selten vorkommt, dass sich jemand wirklich ZEIT nimmt und versucht, uns zu verstehen, ist sie so bedeutsam. Überlegen Sie einmal, mit wie vielen Menschen Sie in den letzten Tagen gesprochen haben, die ihr Handy direkt vor sich auf dem Tisch liegen hatten. Auch wenn es nicht klingelt oder ausgeschaltet ist – bedenken Sie: Unbewusst sagt ein Handy: Ich spreche zwar mit dir, aber eigentlich ist mir etwas anderes wichtiger.

---

[99] Covey, Steven: The 7 habits of highly effective people: Restoring the character ethic, Free Press, 2004.
[100] Rogers, Carl: Die nicht-direktive Beratung. Counseling and Psychotherapy, Frankfurt am Main: Fischer, 1985.

Im Bestseller *Der kleine Prinz* von Antoine de Saint-Exupéry, findet sich ein treffendes Zitat: „Das Wesentliche ist für die Augen unsichtbar.“[101] In der Kommunikation scheint es ganz ähnlich zu sein. Auch hier scheint das Wesentliche für die Ohren nicht hörbar zu sein. Es gilt, zwischen den Zeilen zu lesen. Aktives Zuhören bedeutet also auch, zu verstehen, was NICHT gesagt wird. Dazu braucht es echtes Interesse am Gegenüber. Es braucht Empathie, um sich in den anderen hineinzuversetzen und zu hören, was der andere sagen will, aber in Worten nicht ausspricht. Es braucht die volle, ungeteilte Aufmerksamkeit.

Sprechen Sie positiv über andere (auch in deren Abwesenheit)
... oder sollte man sagen: vor allem in ihrer Abwesenheit.
Lästern und „toxische Kommunikation“ sind der Tod des Vertrauens und jeder Wertschätzung. Das Problem ist, dass es sich kurzfristig gar nicht so schlecht anfühlt – im Gegenteil. Lästern scheint Spaß zu machen. Warum? Wir fühlen uns als Teil der Gruppe wohl, ja, es war über Jahrtausende überlebensnotwendig, von der Gruppe akzeptiert und nicht ausgegrenzt zu werden. Je besser wir in der Gruppe akzeptiert sind, desto wahrscheinlicher scheint es, dass wir selbst nicht das Opfer sind, das die Gruppe verlassen muss. Wie in Gruppen historisch bedingt eine Alpha-Rolle, die stärkste Rolle, vergeben wird, so findet sich häufig auch die sogenannte Omega-Rolle, die schwächste Rolle. Eine Außenseiter-Rolle hatte in der Vergangenheit die Gefahr bedeutet, von der Gruppe verstoßen zu werden, was mit dem sicheren Tod gleichgesetzt ist. Es war somit für das eigene Überleben hoch bedeutsam, NICHT in diese Außenseiterrolle zu rutschen – besonders hilfreich dafür war, wenn diese Rolle bereits von jemand anderem besetzt war. So ist es auch heute noch üblich, dass in Gruppenkonstellationen Sündenböcke gesucht, Menschen verachtet und ausgegrenzt werden. Noch immer haben wir das Gefühl, dass unser Ansehen in der Gruppe steigt, wenn wir schlecht über andere reden – zumindest scheint es uns selbst von der Außenseiter-Rolle fernzuhalten. Kurzfristig mag das sogar stimmen. Auf lange Sicht ist es natürlich sehr kontraproduktiv. Natürlich weiß jeder in der Gruppe, dass jemand, der anderen in den Rücken fällt, nicht vertrauenswürdig ist. Sich auf Kosten anderer zu profilieren, ist also keineswegs eine Stärke. Ein solches Verhalten fördert Misstrauen und wirkt toxisch auf das Umfeld. Achten Sie daher darauf, wie Sie über andere sprechen und hinterfragen Sie kritisch, ob Sie sich wirklich mit Menschen umgeben wollen, die schlecht über andere reden. Denken Sie daran: Der Nächste, über den gelästert wird, könnten Sie sein.

---

[101] De Saint-Exupéry, Antoine: Der kleine Prinz, 73. Aufl. Düsseldorf: Karl Rauch Verlag, 2023.

Unterbrechen Sie Menschen, die giftig kommunizieren

Machen Sie sich einen Spaß daraus, Leute zu unterbrechen, die mit Ihnen über andere lästern wollen. Widersprechen Sie einfach – und erzählen Sie von positiven Erfahrungen, die Sie mit der betreffenden Person gemacht haben. Weisen Sie darauf hin, dass Sie nicht in Abwesenheit der Betroffenen über deren Themen sprechen wollen. Gerade in Gruppen kann das richtig Spaß machen. Hier reicht oft schon eine Person, die nicht mitspielt. Können Sie sich vorstellen, wie entsetzt die Blicke aller sind? Eine schöne Erfahrung – und wertvoll für alle. Denn unbewusst wissen alle Beteiligten, dass giftige Kommunikation niemanden weiterbringt. Sie werden Ihnen also unbewusst (oder bewusst) dafür danken, dass Sie dieses Spiel unterbrochen haben. Nicht zuletzt hat dies für Sie den positiven Nebeneffekt, dass Ihre wahrgenommene Glaubwürdigkeit steigt. Sie erinnern sich – prosoziales Verhalten wird hoch bewertet.

Zum Nachdenken:

- Wann haben Sie das letzte Mal schlecht über jemanden gesprochen? Welche Funktion hatte das für Sie? Was könnten Sie rückblickend daraus lernen?
- Wie würden Sie Ihr Umfeld einschätzen? Leben Sie in einem positiven Umfeld oder gehört es zum Alltag, auf Kosten anderer zu lachen und zu leben?

Sprechen Sie wertschätzend – Ihr Gegenüber könnte Sie ernst nehmen

Wir sprechen im Durchschnitt bis zu 16.000 Wörter pro Tag – viele davon rutschen uns nur so heraus und sind wenig durchdacht. Kein Wunder, dass gerade in der Kommunikation oft Missverständnisse entstehen. Dass nicht alles, was wir kommunizieren, KLAR ist, haben wir bereits in den vorangegangenen Kapiteln gesehen. Unser Anspruch kann aber immer sein, WERTSCHÄTZEND zu kommunizieren.

Überlegen Sie einfühlsam, wie Ihr Gegenüber Ihre Aussagen verstehen könnte.

- Entschuldigen Sie sich, wenn Sie falsch verstanden wurden (auch wenn es gefühlsmäßig nicht Ihr Fehler ist – entscheidend ist, was beim Gegenüber ANKOMMT. Es spielt keine Rolle, was Sie eigentlich „hätten sagen wollen“).
- Stellen Sie Dinge klar, die missverstanden worden sind. Und zwar SOFORT. Je schneller Sie Unklarheiten beseitigen, umso besser.
- Beachten Sie die Grundlagen der Höflichkeit, die wir schon im Kindergarten lernen. Formulieren Sie Fragen höflich, wenn Sie jemanden um einen Gefallen bitten. Denken Sie an das „Zauberwort“. Vergessen Sie auch nicht, sich zu bedanken, wenn jemand etwas für Sie getan oder sich Zeit für Sie genommen hat. Auch für Kleinigkeiten darf man sich

bedanken. Das gibt dem Gegenüber ein gutes Gefühl und wird dazu ermutigen, dass Ihr Gegenüber auch anderen Menschen gerne einen Gefallen tut. Sich zu bedanken ist also niemals „ohne Wert“, sondern kann eine positive Kettenreaktion auslösen.

- Sprechen Sie Menschen mit ihrem Namen an. Wir hören unseren Namen gerne. Es wirkt auch sehr wertschätzend, wenn wir uns schon nach wenigen Begegnungen den Namen merken können.

Wie wertschätzend sind Ratschläge – Fluch oder Segen?

Es ist eine endlose Diskussion, in der sich viele Autorinnen und Autoren nicht einig sind. Ist es wertschätzend, einen Rat zu geben? Oder das Gegenteil? Die einen sagen, Ratschläge sind gut und hilfreich, die anderen raten dringend davon ab (was übrigens, wenn man es genau nimmt, auch ein Ratschlag wäre – aber sei's drum). Beide Ansichten haben ihre Berechtigung. Wenn wir jemandem einen Rat geben, müssen wir bedenken, dass wir nie seine wirkliche Position verstehen können. Jeder Mensch ist individuell, anders geprägt, anders aufgewachsen – es gibt keine zwei gleichen Menschen. Was dem einen leicht fällt, fällt dem anderen schwer – und umgekehrt. Wenn wir also einen Rat geben, dann ist das immer nur die aus unserer Sicht beste Lösung. Wenn man jemandem erklärt, wie einfach sein Problem zu lösen ist, wertet man den anderen gleichzeitig ab. Es ist also durchaus kritisch zu hinterfragen, ob wir überall unseren „Senf" dazugeben sollten. Andererseits könnte in vielen Situationen die Lösung wirklich auf der Hand liegen – und unser Gegenüber hat es nur noch nicht erkannt oder einfach nicht daran gedacht. In diesem Fall könnte der Ratschlag also sinnvoll sein. Wir können es bei der Erkenntnis belassen, dass ein Rat sinnvoll sein kann – oder auch nicht. Ich weiß, das hilft nicht wirklich weiter. Im Sinne der Wertschätzung ist jedenfalls klar: Wenn es wirklich wertschätzend sein soll, muss es auch hier mehr um den ANDEREN gehen als um uns selbst. Wenn man dem anderen seine Meinung aufzwingen will, um zu zeigen, wie intelligent und kreativ man ist, dann ist es das falsche Motiv. Es muss darum gehen, das Beste für den anderen zu wollen. Daher meine Empfehlung: Fragen Sie Ihren Gesprächspartner einfach, ob er Ihre Meinung zu dem Thema hören möchte. Sie können auch vor einem unangenehmen Gespräch fragen, was Ihre Rolle sein soll oder was von Ihnen erwartet wird. Viele Menschen suchen einfach nur jemanden, der ihnen zuhört. Auch gut. Dann können Sie sich Ihre Ratschläge sparen. Andere wollen wissen, wie Sie die Situation lösen würden – dann ist Ihr Rat angebracht.

Zum Nachdenken:

- In welchen Situationen haben Sie zuletzt Ratschläge gegeben? Worum ging es in der Situation? Warum haben Sie (ehrlich) den Rat gegeben? War er erwünscht? Zu welchem Ergebnis hat er geführt?

8. Verantwortung

Unsere Arbeitswelt braucht Menschen, die für sich selbst Verantwortung übernehmen und somit die Basis für echte Führung – Verantwortung für andere – schaffen. Wir brauchen echte Führungskräfte, die mit Freude Verantwortung für andere Menschen übernehmen, andere weiterentwickeln und wenn nötig schützen.

8.1. Begriff Verantwortung und Selbstverantwortung

Wenn wir von Verantwortung sprechen, sprechen wir immer von zwei verschiedenen Perspektiven. Zum einen geht es um Verantwortung für sich selbst, um Selbstverantwortung. Zum anderen geht es darum, Verantwortung für andere zu übernehmen, also um Führungsverantwortung.

Selbstverantwortung – unser persönlicher Spielraum
Bevor wir zur Führungsverantwortung kommen, gilt auch in diesem Kapitel:
Nur wer SICH SELBST führen kann, kann auch andere führen. Die Vorarbeit dafür haben wir in den vorangegangenen Kapiteln gemacht. Selbstverantwortung und Selbstführung sind die Grundlage jeder Führungsarbeit. Das klingt einfach, ist aber bei näherer Betrachtung eher das Gegenteil. Selbstverantwortung zu Ende gedacht bedeutet, die volle Verantwortung für sich selbst sowie für alle Situationen und Herausforderungen im aktuellen Berufs- und Alltagsleben zu übernehmen ... für ALLE Situationen ...

Zugegeben, auf die Ereignisse selbst haben wir oft wenig Einfluss. Schicksalsschläge, unerwartete Zwischenfälle oder andere Überraschungen gehören zum Leben und treten in mehr oder weniger regelmäßigen Abständen mit voller Wucht auf, sowohl im beruflichen als auch im privaten Bereich. Wie wir darauf ANTWORTEN, ist eine Frage der Selbstverantwortung. Selbstverantwortung bedeutet, Verantwortung für alles zu übernehmen, was einem widerfährt. Unabhängig davon, wie frustrierend oder schwierig einem die aktuelle Situation erscheint. Es bedeutet, den eigenen Anteil zu sehen und zu akzeptieren, dass die aktuelle Situation etwas mit einem selbst zu tun hat.

Verantwortung vs. Schuld

Verantwortung zu übernehmen hat nichts mit Schuld zu tun. Ich weiß, dass es viele Situationen im Leben gibt, die ungerecht erscheinen oder in denen es schwer fällt, einen eigenen Anteil zu sehen. Schicksalsschläge, erlebte Gewalt, Unfälle. All das sind Ereignisse, auf die wir scheinbar wenig Einfluss haben. Bei allem Verständnis dafür, dass solche Ereignisse in der Vergangenheit Ihr Leben geprägt haben, bei allem Verständnis dafür, dass es Situationen gibt, in denen wir uns als Opfer erleben oder in der Opferrolle waren – ich lade Sie dennoch ein, sich auch bei solchen Extremsituationen zu fragen, was Sie daraus lernen können und wie Sie Ihre Zukunft JETZT gestalten können, um aus der Opferrolle herauszukommen. Eines ist klar: Wer sich von der Vergangenheit einschränken lässt, setzt seine Zukunft aufs Spiel.

Schluss mit Opferdenken

Die Einstellung, Verantwortung für jede Situation zu übernehmen, hat eine wunderbare Funktion. Wenn Sie akzeptieren, dass Sie für alles in Ihrem Leben mitverantwortlich sind, dann haben Sie auch die Chance, alles in Ihrem Berufs- und Alltagsleben zu verändern. Das heißt, es gibt kein Opferdenken mehr. Sie sind nicht länger Opfer der Umstände, sondern können sich wieder Handlungsspielräume schaffen und Ihr Leben gestalten. Was gibt es Wertvolleres als das Gefühl, selbst am Steuer zu sitzen und handeln zu können?

Handlungsspielräume sind der Schlüssel zu Glück und Erfolg

Wenn es Ihnen gelingt, aus jeder Situation Ihre Schlüsse zu ziehen und zu erkennen, wofür diese Situation gut war, werden Sie Chancen erkennen, die Ihnen sonst verborgen bleiben. Sie haben Ihr Leben jederzeit selbst in der Hand. Sie lernen zu verstehen, dass es auch in Zukunft Schicksalsschläge geben wird, aber Sie sind kein Opfer mehr. Sie lernen, Verantwortung zu übernehmen. Auch wenn Ihr Handlungsspielraum noch so klein ist: Er ist da und Sie haben die Chance, ihn zu gestalten. Es ist IHR Leben.

Leben Sie IHR Leben

In dem beeindruckenden Buch von Bronni Ware *5 Dinge, die Sterbende am meisten bereuen*[102] wurden Menschen, die kurz vor dem Tod standen, gefragt, was sie heute anders machen würden und was sie an diesem Tag am meisten bereuen.

---

[102] Ware, Bronnie: 5 Dinge, die Sterbende am meisten bereuen: Einsichten, die Ihr Leben verändern werden, München: Goldmann Verlag, 2015.

Die häufigsten Antworten waren:
- Ich wünschte, ich hätte den Mut gehabt, mein eigenes Leben zu leben.
- Ich wünschte, ich hätte nicht so viel gearbeitet.
- Ich wünschte, ich hätte den Mut gehabt, meine Gefühle auszudrücken.
- Ich wünschte, ich wäre mit meinen Freunden in Kontakt geblieben.
- Ich wünschte, ich hätte mir erlaubt, glücklicher zu sein.

Alles beginnt bei Ihnen – alles endet bei Ihnen

Lesen Sie diese fünf Punkte noch einmal in Ruhe ... Es ist Ihre Aufgabe, Verantwortung für sich selbst zu übernehmen. Das kann Ihnen niemand abnehmen. Am Ende werden Sie es bereuen, wenn Sie nicht selbstverantwortlich gehandelt haben. Irgendwann im Leben werden auch Sie vor der Frage stehen, ob Sie das Beste aus diesem einen kostbaren Leben gemacht haben. Wenn man sich die zuvor genannten Antworten ansieht, wird klar, dass es immer um Fragen der Selbstverantwortung geht. Es stellt sich die Frage, ob Sie die Verantwortung für IHR Leben übernommen haben oder ob Sie den Erwartungen anderer gefolgt sind. Es stellt sich die Frage, ob Sie Ihre Prioritäten für sich selbst richtig gesetzt haben und ob Sie sie selbstverantwortlich verfolgt haben. Haben Sie selbstverantwortlich jene Dinge angepackt, die Ihnen wichtig sind – und nicht zuletzt: Haben Sie selbst die Verantwortung für ein glückliches und erfolgreiches Berufs- und Alltagsleben übernommen?

Übernehmen Sie die Verantwortung für Ihr Leben. Wenn Sie das geschafft haben, kommt die Königsdisziplin: die Verantwortung für andere.

Führungsverantwortung: Für andere Verantwortung übernehmen

Haben Sie Ihre Hausaufgaben gemacht? Viele Führungskräfte wissen nicht, worum es in ihrem eigenen Leben geht – und viele können nicht benennen, worum es in ihrem Unternehmen geht. Sie können nicht ausdrücken, warum sie morgens aufstehen und wofür sie „kämpfen“. Wie sollen solche Menschen andere führen? Oder besser gefragt: WOHIN? Warum sollen Menschen anderen folgen, die für sich selbst keinen Plan haben, wohin ihr Weg führt? Wie soll jemand andere auf eine Reise mitnehmen, ohne das Ziel der Reise benennen zu können? Führung beginnt immer mit Selbstführung. Wer sich selbst nicht führen kann, wird niemals andere Menschen mit Qualität führen können. Bewusst oder unbewusst erkennen Menschen, ob die Führungskraft selbst ihre Hausaufgaben gemacht hat. Wir Menschen sind sehr sensibel in der Frage, von WEM wir uns führen lassen.

Führung – im Sinne von Verantwortung – spielt im menschlichen Zusammenleben eine zentrale Rolle. Sie ist ein zentrales Element menschlichen Erfolgs und die Grundlage menschlicher Existenz. Wir Menschen kommen nicht besonders reif auf die Welt. Kaum ein Tier wird so „unfertig" geboren. Wir überleben, weil es mindestens eine Person auf dieser Erde gab, die Verantwortung für uns übernommen hat.

Für jeden auf dieser Erde gab es mindestens einen Menschen, der seine Fähigkeiten zu unserem Wohle eingesetzt hat, der bereit war, in entscheidenden Momenten selbst zurückzustehen, um unser Überleben zu sichern und unsere Entwicklung zu fördern. Das ist Verantwortung – Führung im ureigenen Sinne.

Verantwortung zu tragen ist eine Entscheidung. Eine Entscheidung, die wir in den meisten Fällen bewusst getroffen und gewählt haben. Für Führungsverantwortung im Unternehmen muss man sich ENTSCHEIDEN.

Führungsverantwortung und primäre Aufgabe

Beginnen wir mit dem weniger romantischen Teil. Es geht in diesem Buch nicht darum, aus Führungskräften „Gutmenschen" zu machen, die alles daransetzen, eine Friede-Freude-Eierkuchen-Mentalität in den Unternehmen zu etablieren, die zu Lasten der wirtschaftlichen Leistungsfähigkeit geht. Im Gegenteil: Wenn Sie sich für eine Führungsaufgabe in einem Unternehmen entscheiden, dann verpflichten Sie sich nicht nur gegenüber den Menschen, die Sie führen. Sie verpflichten sich ebenso gegenüber Ihrem Unternehmen, Ihrem Arbeitgeber, Ihrem Vorgesetzten und den Eigentümern des Unternehmens zu Ihrer PRIMÄREN AUFGABE. Ihre Hauptaufgabe variiert je nach Branche, Unternehmen und Stelle. So hat ein Bankbediensteter eine andere primäre Aufgabe als ein Zahnarzt.

Wenn Sie eine Führungsrolle wählen, wählen Sie neben der primären Aufgabe Ihrer Stelle auch die PRIMÄRE AUFGABE VON FÜHRUNG mit. Dies sind Aufgaben, die unmittelbar mit der Führungsrolle in Verbindung stehen – und diese sind nicht immer nur angenehm. Führungsverantwortung in Unternehmen bedeutet, Entscheidungen zu treffen und zu verantworten. Das können wirtschaftliche, menschliche, unbeliebte und unangenehme Entscheidungen sein. Möglicherweise müssen Sie Maßnahmen ergreifen, die Sie nächtelang nachdenklich wachhalten. Sie müssen den Kurs vorgeben, auch wenn Sie sich selbst nicht sicher sind – und trotzdem tragen Sie die volle Verantwortung. Sie tragen oftmals Verantwortung für hohe Geldbeträge – und – noch entscheidender: oftmals für viele Arbeitsplätze, Menschen und Familien. Möglicherweise werden Sie scheitern, ohne selbst einen Fehler zu machen. All dies ist Teil der Entscheidung, eine Führungsrolle zu übernehmen.

Soft Skills sind schon lange nicht mehr soft

In diesem Buch haben wir uns sehr oft mit zwischenmenschlichen Aspekten beschäftigt, die oft als „Soft Skills“ abgetan werden. Im täglichen Arbeitsalltag höre ich von Führungskräften immer noch häufig Sätze wie:

- „Um meine Soft Skills kümmere ich mich, wenn mal Zeit ist“ – oder –
- „Um Führungsaufgaben kümmere ich mich am Ende des Jahres, wenn es rundherum ruhiger wird“ – oder mein Favorit –
- „Ich werde nach Ergebnissen gemessen, nicht danach, wie gut ich Menschen führe.“

Mein Eindruck ist nach wie vor, dass menschliche Kompetenzen im Führungsalltag oftmals als zweitrangig betrachtet – vielleicht sogar in Widerspruch zur primären Aufgabe zu stehen – scheinen. An dieser Stelle des Buches sollte bereits klar sein: „Soft Skills“ sind schon lange nicht mehr „soft“. Im Gegenteil, sie können extrem hart zuschlagen. Menschliche Kompetenzen (Selbst-, Sozial- und Führungskompetenz) sind die Erfolgsfaktoren der Vergangenheit, der Gegenwart und werden es ganz besonders in Zukunft sein.

- Sie werden der Grund dafür sein, weshalb manche Unternehmen die Krisen und Herausforderungen der nächsten Jahrzehnte nicht überstehen werden.
- Sie werden der Grund sein, warum Unternehmen an hoher Fluktuation und „Nachwuchsproblemen“ zerbrechen (Schlagwort: Fachkräftemangel).
- Sie werden aber auch der Grund sein, warum manche Unternehmen in schwierigen Zeiten außergewöhnliche Leistungen erbringen.
- Sie werden der Grund sein, warum in manchen Unternehmen – wenn es hart auf hart kommt – die Belegschaft zusammensteht und bereit ist, für ihre Vorgesetzten und für ihr Unternehmen Übermenschliches zu leisten, um aus den Krisen noch stärker und erfolgreicher hervorzugehen.

Genau darauf aufmerksam zu machen, ist ein wesentliches Ziel dieses Buches: Menschliche Faktoren SIND entscheidend, wenn es um harte Fakten geht. Sie stehen nicht im Widerspruch zur primären Aufgabe – MENSCHLICHE KOMPETENZEN SIND TEIL DER PRIMÄREN AUFGABE. Unternehmen sind nicht erfolgreich TROTZ der Menschen – sie sind erfolgreich WEGEN der Menschen im Unternehmen. Führungskräfte spielen dabei eine entscheidende Rolle.

Gerade wenn wir im beruflichen Kontext von Verantwortung im Sinne von Führungsverantwortung sprechen, muss klar sein, dass Führungsverantwortung die Verpflichtung beinhaltet, die eigenen Fähigkeiten, Fertigkeiten und Erfahrungen so einzusetzen, dass man das Unternehmen voranbringt, dass man Menschen auf diesem Weg mitnimmt, sie entwickelt und wenn nötig schützt – und nicht zuletzt, dass man sich selbst ständig weiterentwickelt, hinterfragt und reflektiert, um für SICH und für ANDERE die beste Version von sich selbst zu sein. In weiterer Folge bedeutet Führung anschließend ANDERE zur besten Version ihrer selbst zu machen. Wenn wir von Leadership sprechen, geht es um eine Lebenseinstellung. Es geht darum, bewusst Verantwortung übernehmen zu wollen, auch wenn das bedeutet, Abstriche machen zu müssen. Führungsverantwortung bedeutet, Kraft und Energie für ANDERE einzusetzen. Es bedeutet, ein verantwortungsvolles Leben zu wählen und Führungskraft zu SEIN.

– **Was es bedeutet, Verantwortung zu übernehmen**
  Es war eine Familie, bestehend aus Vater, Mutter und einem zehnjährigen Sohn, Finn. Sie lebten ein normales Leben. Der Vater ging jeden Tag zur Arbeit, die Mutter war zu Hause und kümmerte sich um den Haushalt. Sie hatten nicht viel Geld, aber genug, um gut über die Runden zu kommen. Finn hatte einen großen Wunsch. Er wollte einmal Urlaub am Meer machen. Weder er noch seine Mutter waren je am Meer gewesen. Jedes Jahr wieder wünschte er sich dies. Im Moment reichte es finanziell noch nicht, aber sein Vater legte immer etwas Geld zurück, damit sie sich diesen Wunsch bald erfüllen konnten. Doch eines Tages verunglückte sein Vater. Finn und seine Mutter waren am Boden zerstört – und von nun an auf sich allein gestellt. Das bisschen Geld, das sie für Finns großen Wunsch zurückgelegt hatten, war schnell aufgebraucht, um die täglichen Rechnungen zu bezahlen. Finns bester Freund heißt Luis. Luis hat mitbekommen, wie schlecht es seinem Freund ging. Also versuchte er zu helfen. Luis und seine Eltern holten Finn jeden Morgen ab, damit er zur Schule gehen und seine Mutter wieder arbeiten konnte. Luis setzte sich dafür ein, dass Finn auch mittags, nachmittags oder über Nacht bei ihm bleiben konnte. Er half Finn bei den Hausaufgaben und sorgte dafür, dass er die Schule trotz der schwierigen Umstände schaffte. Er bemühte sich, wo er nur konnte, dass wieder etwas Freude in Finns Alltag kam. Eines Abends erzählte Finn von seinem großen Traum, den er mit seiner Mutter hatte. Einmal Urlaub am Meer. Als Luis von diesem Wunsch hörte, hatte er ein neues Ziel. Bis zum Sommer will er Finn ans Meer bringen. Immerhin noch ein paar Monate Zeit. Also suchte Luis nach Möglichkeiten, Geld zu verdienen. Er verkaufte heimlich altes Spielzeug und half Nachbarn und Freunden bei allen möglichen Dingen. Rasen mähen, Hunde ausführen. So wurden auch die Nachbarn und die Familie von Luis auf das „Projekt" aufmerksam und unterstützten ihn. Am letzten Schultag machte Luis seinem Freund Finn das große Geschenk. Er hatte es geschafft. Luis hatte genug Geld gesammelt, um für Finn und seine Mutter einen Flug und

ein Hotel zu buchen. Endlich konnten sie in Urlaub fahren und sich von den Strapazen der letzten Monate erholen. Nach einigen Tagen am Strand waren Finn und seine Mutter sichtlich erholt, braun gebrannt und glücklich. Am Strand lernte Finn einen kleinen Jungen kennen. Die beiden befreundeten sich und spielten öfters gemeinsam. Eines Tages fragte der kleine Junge, wo denn der Vater von Finn sei.

Finn begann dem Jungen die Geschichte zu erzählen. Er erzählte, was passiert war, wie schwer sie es in diesem Jahr hatten und dass sie fast daran zerbrochen wären. Er erzählte auch von Luis. Von seinem Freund, der so viel für ihn getan hat. Ein Freund, der ihm durch die Schule geholfen und ihm die Freude am Leben zurückgegeben hat. „Und das kannst du dir gar nicht vorstellen", erzählt Finn begeistert. „Am Zeugnistag hat Luis mir ein ganz besonderes Geschenk gemacht. Er hat uns einen Urlaub geschenkt – ich konnte ans Meer fliegen, nur dank Luis sind wir heute hier!"
Der kleine Junge konnte es kaum glauben und antwortete voller Begeisterung: „Was? Das ist der Wahnsinn! Ich habe von meinen Eltern 10 Euro für mein Zeugnis bekommen. Und dein cooler Freund Luis schenkt dir und deiner Mama einen Urlaub? Das ist ja unglaublich! ICH MÖCHTE AUCH…"

Nun die Frage an Sie: Was wünscht sich der kleine Junge? Wird er sagen, dass er auch so einen Freund haben möchte? Wird er sagen, dass er auch so ein großes Geschenk zum Zeugnis bekommen möchte? Nein, er wird eine ganz andere Antwort geben – also noch einmal:

Der kleine Junge konnte es kaum glauben und antwortete begeistert: „Was? Das ist der Wahnsinn! Ich habe von meinen Eltern 10 Euro für mein Zeugnis bekommen. Und dein cooler Freund Luis schenkt dir und deiner Mama einen Urlaub? Das ist ja unglaublich! Ich möchte auch mal so ein COOLER FREUND WIE LUIS SEIN."

Der letzte Satz des Jungen zeigt, worum es bei Verantwortung wirklich geht. Es geht nicht darum, etwas zu haben oder zu bekommen. Verantwortung zu übernehmen ist eine Entscheidung. Es ist eine Lebenseinstellung. Es ist eine Einstellung, die sich grundlegend vom HABEN WOLLEN oder BEKOMMEN unterscheidet. Es ist der Wunsch, ein verantwortungsbewusster Mensch zu SEIN. Es ist der Wunsch, Verantwortung für andere zu übernehmen, für andere da zu sein, sie zu unterstützen, wenn nötig zu helfen und langfristig dazu beizutragen, dass sie die beste Version ihrer selbst werden können – auch wenn dies Kraft, Zeit und Energie kostet. Das ist die Basis für echte Führung. Dies ist die Einstellung ECHTER Führungskräfte – die Einstellung jener Führungskräfte, die unsere Arbeitswelt so dringend braucht. Jene Führungskräfte, die ihre Unternehmen, sich selbst und die Menschen im Unternehmen in eine glückliche und erfolgreiche Zukunft führen können – und nicht zuletzt WEGEN dieser Eigenschaft die primäre Aufgabe mit Bravour meistern.

8.2. Spannungsfeld: Führung und Zurückhaltung

Gerade in der heutigen Zeit braucht es Menschen, die bereit sind, Führungsverantwortung für sich und andere zu übernehmen. Es braucht Menschen, die bereit sind, für unsere Welt, unsere Werte und unsere Umwelt aufzustehen und andere zu motivieren, ebenfalls zu handeln. Diese Führungsqualität braucht es in der eigenen Person, in der Familie, im Freundeskreis, im Freizeitverein und natürlich auch in unseren Teams, Unternehmen und in der gesamten Gesellschaft.

Die Eigenschaft, Verantwortung zu übernehmen und aktiv zu handeln (hier kurz „Führung" genannt), scheint eine entscheidende Eigenschaft zu sein, wenn es um Glück und Erfolg geht. Es braucht Menschen, die sich nicht als Opfer der Umstände sehen, sondern bereit sind, FÜHRUNG und Verantwortung zu übernehmen. Auch hier befinden wir uns in einem Spannungsfeld. Wenn jeder nur Führung fordert und unüberlegt handelt, würde das zu blindem AKTIONISMUS führen oder im zwischenmenschlichen Kontext zur BEVORMUNDUNG führen.

Es braucht also als Gegenpol zur Führung eine gewisse Fähigkeit zur gesunden ZURÜCKHALTUNG. Es braucht auch Menschen, die sich in bestimmten Situationen zurücknehmen, anderen den Vortritt lassen und sich führen lassen können – mit klarem Blick, von wem sie sich führen lassen und von wem nicht. Wir können uns die Menschen „aussuchen", denen wir folgen. Passt der Weg, den diese Menschen gehen, zu unserer Richtung? Ja? Dann gehen wir ein Stück gemeinsam und lassen uns von anderen führen. Das ist völlig in Ordnung, ja sogar absolut notwendig. Es ist aber notwendig, anderen nicht blind zu folgen und die Zurückhaltung nicht überzustrapazieren. Im Übermaß wird Zurückhaltung zu Ignoranz und BETEILIGUNGSLOSIGKEIT – die historischen Beispiele dafür sind zahlreich.

Nachfolgend sind die Werte in entsprechender Übersicht dargestellt:

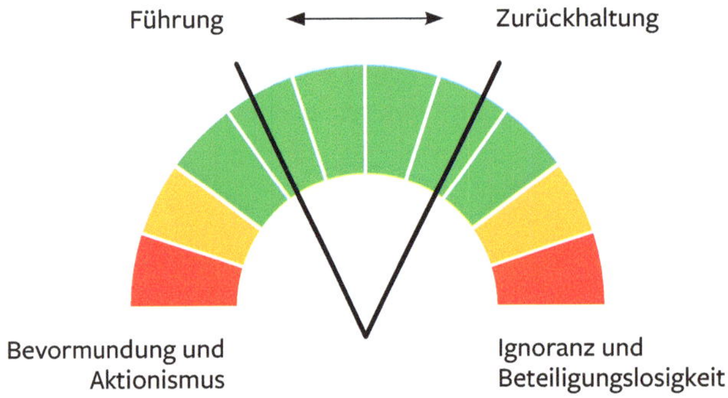

Abbildung 21: Spannungsfeld der Werte – Verantwortung (eigene Darstellung)

Sowohl ein zu viel als auch ein zu wenig an Führung erzeugt negative Symptome.

8.2.1. Zu viel Führung: Bevormundung und Aktionismus

Ein zu hoher Führungsanspruch endet in Aktionismus und Bevormundung. Nachfolgend finden Sie Beispiele, wie sich dies äußern könnte:

- **Symptome im persönlichen Kontext:**

Aktionismus – sofortiges Handeln ohne Plan
Aktionismus auf persönlicher Ebene bedeutet, dass Menschen in jeder Situation (persönlich sowie im beruflichen Kontext) entscheiden und handeln. Und zwar sofort. Es sind Menschen, die sofort mit der Umsetzung beginnen, ohne sich zu fragen, ob es wirklich notwendig ist und ob es den persönlichen Zielen oder denen des Unternehmens dient. Blinder Aktionismus führt zu unnötigem Stress und ist höchst unproduktiv. Viel Energie wird in Handlungen gesteckt, die eigentlich vernachlässigbar sind. Dies führt unweigerlich zu einem chaotischen Hin und Her. Um aus Aktionismus wieder in das Gleichgewicht zu kommen, braucht es zur Bewältigung alle bisher genannten Aspekte. Es braucht Klarheit darüber, was wichtig ist. Es braucht die Gelassenheit, die Dinge mit einer gewissen Distanz zu betrachten. Es braucht Risikobereitschaft, um im richtigen Moment zu handeln. Es braucht das Vertrauen in die eigenen Fähigkeiten. Und nicht zuletzt braucht es das entsprechende Selbstwertgefühl, um an sich zu glauben. Sie sehen – Führung und Selbstführung vereint alle bisher angesprochenen Aspekte.

Übermaß an Karriereorientierung – Narzissmus
Ein Übermaß an Führungsanspruch kann auch entstehen, wenn Menschen nicht die Verantwortung wählen, sondern nur möglichst schnell möglichst hohe Positionen erreichen wollen. Sie stellen sich selbst in den Vordergrund. Die Position steht dann im Vordergrund, die eigentliche Führungsaufgabe wird vernachlässigt. Diese Positionsorientierung hat mit „Führung" im eigentlichen Sinne wenig zu tun und befriedigt eher das eigene Ego, ist somit nahe am Narzissmus. In heutigen Führungsetagen ist sie gang und gäbe – und daher zu Recht in dieser Liste der Negativsymptome zu finden.

Bevormundung anderer Menschen

In zwischenmenschlichen Beziehungen äußert sich ein Zuviel an Führung als Bevormundung. Menschen werden „geführt", wo es gar nicht nötig wäre. Jeder kleine Schritt wird vorgekaut, obwohl die Menschen im Umfeld dies eigentlich selbst lösen könnten. Dies führt dazu, dass weder die Führungskraft selbst noch die Mitarbeiterinnen und Mitarbeiter die Möglichkeit haben, an den Aufgaben zu wachsen und die beste Version ihrer selbst zu werden. Hier braucht es also ein gewisses Maß an Zurückhaltung. Es braucht die Fähigkeit, anderen Kompetenzen zuzugestehen, auch wenn möglicherweise nicht alles exakt so läuft, wie man sich das vorstellen würde. Es braucht die Fähigkeit zu delegieren, aber dennoch ansprechbar zu sein, wenn andere Unterstützung brauchen. Es braucht auch die Fähigkeit, je nach Situation andere führen zu lassen und in die Rolle des Geführten zu schlüpfen – formell und informell.

- **Symptome im Unternehmenskontext:**

Führungsverantwortung ist auf wenigen Personen aufgehängt

Im kollektiven Sinne führt ein „zu viel an Führung" dazu, dass Führungsverantwortung überstrapaziert wird und oft an wenigen Personen hängt. In Unternehmen, in denen immer die gleichen (häufig hierarchisch höchsten) Personen die Führungsverantwortung ausschließlich bei sich sehen, werden häufig auch die Entscheidungen ausschließlich an der Spitze getroffen. Es gibt also wenige Personen, die entscheiden. Andere Personen, die auch gute Ideen hätten, werden dadurch ausgebremst und fühlen sich nicht gehört. Dies führt zwangsläufig in den unteren Hierarchieebenen zur Beteiligungslosigkeit.

Beteiligungslosigkeit in unteren Hierarchieebenen

Liegt die Verantwortung vor allem auf den oberen Ebenen, entsteht auf den unteren Ebenen Ignoranz und mangelnde Beteiligung. Dies kann für Unternehmen dramatische Folgen haben, da es selten die obersten Hierarchieebenen sind, die den entscheidenden Kundenkontakt haben. In solchen Unternehmen entsteht daher häufig das Bild, dass die obersten Positionen die gesamte Verantwortung tragen, während diejenigen, die eigentlich die Verantwortung tragen sollten, diese nicht übertragen bekommen. Es wäre daher Aufgabe der Unternehmensführung, Maßnahmen zu ergreifen, damit die Verantwortung nach „unten" weitergegeben wird. An die Front. An die Menschen, die tagtäglich mit den Kunden zu tun haben und genau wissen, wo die Herausforderungen liegen. Diese Menschen bräuchten die Verantwortung, um handeln zu können.

Wie Sie sehen, hat ein Übermaß an Führung durchaus kritische Folgen für Unternehmen. Doch auch ein „zu wenig" an Führung kann fatale Folgen haben.

8.2.2. Zu wenig Verantwortung: Beteiligungslosigkeit

Wenn wir von zu wenig Verantwortung sprechen, sprechen wir von Beteiligungslosigkeit und Ignoranz. Mögliche Symptome, die daraus resultieren, finden Sie nachfolgend:

- **Symptome im persönlichen Kontext:**

  Die Opferrolle – eigener Anteil wird nicht gesehen
  Menschen, die zu wenig Verantwortung für sich selbst übernehmen, finden sich oft in der Opferrolle wieder. Sie sind Opfer der Umstände, Opfer anderer. Sie haben nicht das Gefühl, selbst etwas zu ihrer Situation beigetragen zu haben oder gar mitverantwortlich zu sein. Sie nehmen ihr Leben nicht aktiv in die Hand und können daher auch keine Eigenverantwortung leben. Zudem neigen Menschen, die keine Führungsverantwortung übernehmen, dazu, zu Mitläufern zu werden. Sie sind anfällig für scheinbar einfache Lösungen, Propaganda und Verschwörungen. Hier braucht es ein gesundes Maß an Selbstführung und den Anspruch, Selbstverantwortung zu übernehmen. Es braucht Maßnahmen, die den Menschen ermöglichen, die „Vogelperspektive" einzunehmen und gezielt Handlungen zu setzen, die sie ihren EIGENEN Zielen, Träumen und Visionen näherbringen. Es braucht Selbstverantwortung und den Wunsch, das eigene Leben zu gestalten.

  - **Bewusstes Wegsehen – Missstände werden ignoriert**
    Ein weiteres dramatisches Symptom von Ignoranz und mangelnder Beteiligung ist das Wegsehen und Ignorieren negativer Umstände. Die Weltkriege haben uns drastisch vor Augen geführt, was kollektives Wegschauen anrichten kann. Haben wir daraus gelernt? Wohl nur bedingt. Nach wie vor neigen wir dazu, auch dann wegzuschauen, wenn dringend jemand Verantwortung übernehmen müsste. So berichtete Stern.de über ein Experiment der Polizei in Deutschland: Ein Auto lag auf dem Dach neben der Fahrbahn, im Fahrzeug befanden sich noch verletzte Personen. Obwohl hier eindeutig Hilfe nötig gewesen wäre, haben durchschnittlich neun von

zehn Autofahrern „weggeschaut“ und sind vorbeigefahren.[103] Das ist natürlich ein drastisches Beispiel. Aber auch im Kleinen passiert das täglich in unseren Betrieben. Wenn etwas schief geht, haben meist viele Menschen schon lange vorher davon gewusst, aber nicht reagiert. Hier braucht es mehr Verantwortung. Wir brauchen Menschen, die Verantwortung übernehmen und Missstände ansprechen.

- **Führungsverantwortung wird nicht wahrgenommen**
  In den Führungsbeziehungen zwischen Vorgesetzten und Mitarbeitenden zeigt sich mangelnde Verantwortung in der Vernachlässigung bestimmter Führungsgrundsätze. Die genannten Aspekte der primären Führungsaufgabe werden nicht wahrgenommen. Für die Mitarbeitenden entsteht eine Art Führungsvakuum, das zu Unsicherheit führt.

- **Symptome im Unternehmenskontext:**

Dienst nach Vorschrift – extrinsische Motivation
Insbesondere Führungskräfte, die sich selbst nicht führen können, werden häufig zu „Autoritätspersonen“. Sie sind keine „Führungskräfte“ im eigentlichen Sinne. Das ist in unserer Wirtschaft durchaus üblich, und der Unterschied ist für Außenstehende oft schwer zu erkennen. Die Mitarbeiterinnen und Mitarbeiter tun zwar das, was der Vorgesetzte will, aber nicht, weil sie es wollen oder für richtig halten – sondern weil sie es müssen. Das ist ein zentraler Unterschied. Mitarbeitende werden also extrinsisch motiviert (Belohnung, Bestrafung) – und nicht, weil sie das Gefühl haben, zu ihrer besten Version „geführt“ zu werden (was für mich intrinsische Motivation bedeuten würde). Um echte Führung zu leben, braucht es also Menschen, die sich selbst führen können und den starken Willen verkörpern, aus sich und ihren Mitmenschen die beste Version zu machen, die in diesem Leben möglich ist.

Probleme werden hin- und hergeschoben
Im betrieblichen Kontext werden Probleme oft durch mangelnde Verantwortungsübernahme hin- und hergeschoben. Es entsteht ein Abteilungsdenken, es sind immer die anderen schuld. Der Fokus liegt nicht mehr darauf, wie Probleme gelöst werden können, sondern nur noch darauf, wem die Verantwortung (oder in diesem Fall die Schuld) dafür zugeschoben werden kann. Schuld an schlechten Ergebnissen sind

[103] Stern.de: Polizei-Test: Anderen helfen? Nein, Danke! Bei einem Unfall fahren alle vorbei, in: Stern.de, 2018, https://www.stern.de/auto/news/anderen-helfen--nein--danke--bei-einem-unfall-fahren-alle-vorbei-8136082.html (abgerufen am 15.11.2023).

> immer die anderen oder Umstände, die außerhalb des eigenen Einflussbereichs liegen (z.B.: Wirtschaftskrisen etc.). Dies behindert Wachstum und blockiert Verbesserungspotenziale, die bei entsprechender Führung aufgedeckt werden könnten. Hier gilt es für Unternehmen zu hinterfragen, wie die Verantwortung im Unternehmen verteilt ist und wie Zuständigkeiten geklärt werden müssen, damit Menschen ihre Führungsverantwortung gerne wahrnehmen und sowohl der primären Aufgabe als auch menschlichen und zwischenmenschlichen Aspekten ausreichend Platz einräumen.

Es bedarf somit einem gesunden Spannungsfeld zwischen Führung und Zurückhaltung. Gedanken, wie Sie den Wert Verantwortung in Ihr Leben integrieren können, finden Sie in nachfolgendem Kapitel.

8.3. Gedanken, um Verantwortung und Selbstverantwortung zu leben

40. Sie sind der wichtigste Mensch in Ihrem Leben

Selbstverantwortung beginnt damit, sich selbst als das Wichtigste im Leben zu sehen. Das mag absurd klingen, zumal wir diesen Gedanken in der Vergangenheit kaum gehört haben. Er scheint auch im Widerspruch zur Einleitung zu stehen, in der die Verantwortung vor allem für ANDERE großgeschrieben wurde. Für manche mag es egoistisch klingen, sich selbst wichtig zu nehmen. Manche haben vielleicht gelernt, dass man das nicht denken darf. Aber geben Sie dem Gedanken eine Chance: SIE sind die wichtigste Person in Ihrem Leben.

Um es gleich vorwegzusagen: Sich selbst wichtig zu nehmen ist kein Widerspruch zu Verantwortung. Im Gegenteil, es ist die Grundlage dafür, dass wir überhaupt Verantwortung für andere übernehmen können. Menschen, die sich selbst nicht wichtig nehmen und sich für andere aufopfern (und sei es noch so schön als Höflichkeit oder Gemeinnützigkeit getarnt), sind nicht auf dem Weg zu einem glücklichen und erfolgreichen Berufs- und Alltagsleben. Sie werden selbst zum Opfer – und damit ist niemandem geholfen. Bevor man also Verantwortung für andere übernimmt, ist es sinnvoll, in einem ersten Schritt Verantwortung für sich selbst zu übernehmen.

Echte Verantwortung kann nur jemand übernehmen, der selbst nicht in der Opferrolle ist

Erinnern Sie sich an die Durchsage bei den Sicherheitsübungen im Flugzeug: „Im Falle eines Druckverlustes fallen Sauerstoffmasken über Ihnen herab. Ziehen Sie die Maske zu sich und fixieren Sie die Maske. Erst dann helfen Sie Kindern und anderen Mitreisenden." Wenn ein Notfall im Flugzeug eintritt, sind Sie die größte Hilfe für alle Passagiere und das Bordpersonal, wenn Sie zunächst nicht selbst zum Opfer werden. Wenn jeder zuerst sich selbst wichtig nimmt und erst dann seinen Mitmenschen hilft, wird das bestmögliche Ergebnis für alle Beteiligten erzielt.

Wir konzentrieren uns oft so sehr auf unsere Umwelt, dass wir uns selbst vergessen. Dafür zahlen wir – und unsere Umwelt – einen hohen Preis. Seien es Krankheiten, die uns dann wieder auf den rechten Weg bringen wollen (und für alle Beteiligten eine große Belastung darstellen) oder auch „nur" die Tatsache, dass wir vor lauter Konzentration auf andere auf ein glückliches und erfolgreiches Leben für uns verzichten, schlechte Stimmung in unsere Umgebung bringen und damit unbewusst auch den Menschen in unserer Umgebung schaden.

Nur wenn es Ihnen selbst gut geht, können Sie auch für andere eine Bereicherung sein.
Sehr anschaulich lässt sich dieses Thema beleuchten, wenn wir Rollen aufzeigen, die häufig die Kombination von Verantwortung und Aufopferung verbinden oder sogar vermischen. Ein klassisches Beispiel sind Eltern. Es ist klar, dass Eltern zugunsten ihrer Kinder zurückstecken. Das ist natürlich und Teil der Verantwortung bzw. Verpflichtung. Aber wie viele Eltern haben sich für ihre Kinder regelrecht aufgeopfert und alles getan, um ihnen ein gutes Leben zu ermöglichen. Eltern, die einen Großteil ihres Erwachsenenlebens sich selbst und ihre eigenen Interessen zurückgestellt haben, die ihre eigenen Bedürfnisse vernachlässigt haben, die ihre eigene Beziehung vernachlässigt haben, die ihre Lebensfreude geopfert haben, um scheinbar das Beste für ihre Kinder zu tun. Was ist daraus geworden, Jahrzehnte nachdem die Kinder ausgezogen sind? Was ist geblieben? Sind es in den meisten Fällen Eltern in den goldenen Jahren, die glücklich zu sein scheinen? Wohl kaum. Es scheint eher selten zu sein, dass wirklich glückliche Eltern zurückbleiben. Ganz im Gegenteil. Depressionen und Unzufriedenheit prägen viele Familien. Die Sorgen, die die Eltern jetzt im Alter haben, werden plötzlich zu den Sorgen der Kinder. Eltern, die beispielsweise bei ihren Kindern über Beziehungskonflikte in der kaum noch vorhandenen Partnerschaft klagen. Statt den Kindern ein glückliches Leben vorzuleben (was jahrelang das alleroberste Ziel war), wird eine Last auf die Kinder übertragen – die Sorgen der Eltern. Die ironische Folge: Viele Erwachsene sagen, sie würden sich wünschen, dass ihre Eltern glücklicher wären. Der Verzicht im „jungen" Alter FÜR die Kinder wird also zur Last im „höheren" Alter AUF KOSTEN ihrer Kinder. Da stimmt etwas nicht.

Wer gut für sich selbst sorgt, kann auch gut und nachhaltig für andere sorgen
Der Weg muss also umgekehrt werden. Das Wichtigste ist, dass es einem selbst gut geht. Es nützt niemandem, wenn Sie sich aufopfern, immer für andere da sind und dann mit vierzig oder fünfzig Jahren krank sind. Sie sind für Ihre Umgebung am wertvollsten, wenn Sie gut für sich sorgen – dann geht es automatisch allen um Sie herum gut. Die Menschen merken, wenn Sie ein positives, glückliches und erfolgreiches Leben führen. Als Vorbild werden sich auch Ihre Kinder und Freunde dafür interessieren, wie man ein solches Leben führen kann. Dann können Sie sich auch gerne die Zeit nehmen, anderen Menschen zu einem glücklichen und erfüllten Berufs- und Alltagsleben zu verhelfen. Voraussetzung, um Verantwortung für andere übernehmen zu können, ist zunächst, Verantwortung für sich selbst zu übernehmen. Für das eigene Tun, Denken und Handeln. Man kann nur das weitergeben, was man für sich selbst gefunden hat. Deshalb bin ich davon überzeugt, dass wir uns zuerst um uns selbst kümmern müssen, bevor wir anderen helfen können. Hierfür müssen wir zu uns selbst stehen und an uns selbst glauben.

Stehen Sie zu sich selbst – nur so können Sie zu IHRER besten Version werden

Ich erinnere mich noch an die schlechteste Präsentation, die ich je gehalten habe. Ich war auf einer Veranstaltung und habe unser Unternehmen vorgestellt. Es waren viele Schulklassen und Auszubildende da – eine gute Gelegenheit, um neue, motivierte Mitarbeiterinnen und Mitarbeiter zu finden. Die Redezeit war sehr kurz, nur zehn Minuten. Ich hatte einige Punkte im Kopf und einen groben Leitfaden, was ich sagen wollte. In der Vergangenheit hatte ich gute Erfahrungen mit spontanen, lockeren Präsentationen gemacht. Aber dieses Mal wurde ich kurz vor Beginn darüber informiert, dass unser Management wünscht, dass ich eine PowerPoint-Präsentation halte – die Folien waren bereits vorbereitet. Als ich die Präsentation kurz vor Beginn zum ersten Mal sah, merkte ich sofort, dass ich mich darin kaum wiederfand. Fast alle Themen, auf denen ich bisher aufgebaut hatte, waren nicht mehr Teil der Präsentation. Ich stand also vor der Entscheidung: Stehe ich zu mir selbst – oder mache ich das, was andere von mir wollen – wissend, dass dies die Qualität meiner Präsentation verschlechtert. Ich entschied mich, nachzugeben und die Präsentation so zu halten, wie es gewünscht wurde. Und ehrlich gesagt – es war eine furchtbare Präsentation. Ich war nicht nur inhaltlich nicht überzeugt, sondern auch sichtlich nervös. Die Zeit reichte hinten und vorne nicht – ich kam nicht zu den Botschaften, die mir persönlich wichtig gewesen wären. Ich habe mich verkauft, um anderen zu gefallen. Statt das zu präsentieren, wovon ich überzeugt bin und woran ich selbst glaube, habe ich eine mittelmäßige Unternehmenspräsentation abgeliefert, die eigentlich niemanden im Zielpublikum wirklich interessiert hat. Ich war froh, als ich den Raum verlassen konnte. Der Preis, es anderen recht zu machen, ist hoch. Ich habe ihn an diesem Tag bezahlt – auf eine Art und Weise, an die ich mich noch Jahre später erinnern werde.

Zum Nachdenken:

- Wie geht es Ihnen mit dem Gedanken, das Wichtigste zu sein?

Stehen Sie zu sich selbst, zu Ihren Stärken und Talenten. Nehmen Sie sich selbst als die wichtigste Person in Ihrem Leben wahr und tun Sie, was Sie für richtig halten: kurz das, was Sie lieben!

41. Wer liebt, was er tut – tut immer das, was er liebt

Wenn Sie sich selbst als die wichtigste Person wahrnehmen, werden Sie sich zwangsläufig fragen, was Sie wirklich lieben. Es wird Ihr tiefstes Bestreben sein, herauszufinden, was Ihnen Freude bereitet, und Sie werden mehr Ressourcen und Energie für die Dinge freisetzen, die Sie lieben. Lieben Sie, was Sie tun – und Sie werden immer tun, was Sie lieben. Das scheint die wirklich glücklichen und erfolgreichen Menschen von der Masse zu unterscheiden. Zu wissen, was man gerne tut und was man gut kann – und dann mit Ausdauer und Disziplin Schritte in die richtige Richtung zu machen.

- **Tun, was man liebt, „zahlt sich aus" – in jeder Hinsicht**
  Es ist schon ein paar Jahre her, dass ich in einem Baumarkt einen Aufstellpool für unseren Garten kaufen wollte. Als ich dort ankam, war es schon ziemlich spät, aber ich wusste genau, was ich wollte, und ging direkt in die Poolabteilung. Als ich das Aufstellbecken auf meinen Einkaufswagen heben wollte, erkannte ich, dass es für mich allein zu schwer war. Also machte ich mich auf die Suche nach einem Mitarbeiter, der mir hilft, das Becken von einer Palette auf meinen Wagen zu heben. Es mag ein Vorurteil sein, aber ich hatte die Erfahrung gemacht, dass es in Baumärkten generell sehr schwierig ist, Verkaufspersonal zu finden – und wenn, dann ist dieses meist mit einem Kunden belegt, der gerade ein ganzes Hochhaus renovieren will. An diesem Tag hatte ich Glück. Ein paar Regale weiter fand ich drei Verkäufer, die gerade dabei waren, eine neu angelieferte Palette abzuladen. Da ich ahnte, dass ich nicht den besten Zeitpunkt erwischt hatte, fragte ich eher vorsichtig, ob mir jemand für eine Minute helfen könnte, den einen Karton drei Regale weiter auf meinen Wagen zu heben. Ich war regelrecht überrascht, als einer der drei Verkäufer sofort seine Kartons zur Seite stellte, mich begrüßte und mir half, den Karton auf den Wagen zu laden. Allein diese Reaktion übertraf meine Erwartungen. Aber das war noch nicht alles. Er fragte mich, ob ich noch andere Dinge bräuchte, bei denen er mir helfen könnte. Da es schon relativ spät war, verneinte ich und wollte mich gerade mit meinem schweren Paket auf den Weg machen, aber er ließ mich nicht gehen.
  Freundlich sagte er: „Wissen Sie was, ich helfe Ihnen auf dem Weg zur Kasse."
  Er begleitete mich durch den Baumarkt und als wir kurz vor der Kasse waren, sagte er: „Hier, nehmen Sie einfach den Barcode und bezahlen Sie gleich. Ich gehe mit Ihrem Pool außen herum und helfe Ihnen dann beim Einladen."
  Tatsächlich stand der Verkäufer schon draußen auf dem Parkplatz, als ich von der Kasse kam, und half mir, den schweren Aufstellpool in mein Auto zu laden. Ich war beeindruckt. Er tat das nicht, um etwas zu bekommen (der Verkauf war nicht einmal einem Verkäufer zugeordnet). Man merkte, dieser Mann hatte Freude an dem, was er tat. Er hatte Freude

daran, für den Kunden da zu sein, und er hatte Freude daran zu sehen, wie Dinge verkauft wurden. Es sah nicht nach Anstrengung oder Verpflichtung aus. Dieser Mitarbeiter liebte seinen Job. Er hatte sichtlich Freude daran, Menschen den Einkauf so angenehm wie möglich zu machen.

Das zahlte sich nicht nur persönlich, sondern auch wirtschaftlich aus!
Es war gerade die Zeit, in der wir unser Haus fertiggestellt hatten, und ich hatte noch viele Einkäufe im Baumarkt zu erledigen. Obwohl dieser Baumarkt ca. 10 km weiter entfernt war als der nächste Mitbewerber → raten Sie mal, wo ich meine nächsten Einkäufe getätigt habe. Abgesehen davon, dass es dem Verkäufer wohl sichtlich Spaß gemacht hat, ist der wirtschaftliche Nutzen für sein Unternehmen enorm. So haben wir in den nächsten Monaten ca. 10.000 Euro in diesem Baumarkt ausgegeben, die sonst sicher bei der nächstgelegenen Konkurrenz gelandet wären. Absolut verdienter Umsatz für einmalig fünf Minuten Mehrarbeit. Für mich war das ein schönes Beispiel dafür, wie Menschen, die am richtigen Platz sind, sich erstens persönlich besser fühlen und zweitens für ihr Unternehmen eine enorme Bereicherung sind.

Zum Nachdenken:
- Können Sie von sich sagen, dass Sie tun, was Sie lieben UND dass Sie lieben, was Sie tun?

Wie sieht es bei Ihnen aus?
Es ist ein großer Unterschied, ob man seine Arbeit als Job zum Geldverdienen ansieht oder dafür bezahlt wird, etwas zu tun, was einem Spaß und Freude bereitet. Das ist eine ganz andere Sichtweise. Arbeiten wir, um auf das Ende des Tages oder der Woche, auf den Urlaub oder die Pension zu warten oder sehen wir diese Zeit als eine bereichernde Zeit, in der wir uns selbst und unsere Stärken besser kennenlernen und andere ermutigen, es uns gleich zu tun?

Immer wieder höre ich, dass das alles nicht so einfach ist und nicht jeder machen kann, was er will. Es ist nicht verwunderlich, dass dies vor allem Menschen sagen, die noch nicht herausgefunden haben, was sie können und wollen, und die oft missmutig durchs Berufsleben gehen. Wer seine Berufung gefunden hat, wird alles dafür tun, sie zu leben.

Wenn Sie sich entschieden haben, etwas zu tun – geben Sie IMMER Ihr Bestes!
Wenn es sich lohnt, etwas zu tun, dann lohnt es sich auch, es mit ganzem Herzen zu tun. Es ist wert zu lieben, was wir tun. Überlegen Sie sich gut, wozu Sie sich verpflichten, aber wenn Sie sich auf etwas einlassen, dann geben Sie ALLES. IMMER.

- **Die Geschichte des Baumeisters**
  Es war einmal ein Baumeister, der hatte treu und gut für seine Firma gearbeitet. Sein ganzes Leben lang hatte er seine Projekte mit Bravour gemeistert und immer sein Bestes gegeben. Hunderten von Familien hat er ein schönes, einwandfreies Zuhause gebaut. Doch nun war es soweit. Sein letztes Bauwerk vor dem Ruhestand. Auch dieses Bauwerk hat er mit voller Hingabe fertig gestellt. Als er in seine Firma kommt und dem Chef mitteilen will, dass er sein letztes Bauwerk fertig gestellt hat, bittet ihn dieser noch ein letztes Mal auszuhelfen. Ein Vorarbeiter ist krank und es wäre schön, wenn auch dieses Projekt pünktlich fertig gestellt werden kann. Der Baumeister stimmte zwar zu, hatte aber keine richtige Motivation mehr. So ging er beim letzten Bau vieles halbherzig an, verwendete nicht mehr die besten Materialien und arbeitete auch nicht mehr so genau und gewissenhaft. Er wollte vor allem schnell fertig werden. Nach wenigen Wochen hatte er auch dieses Werk vollendet. Es war offensichtlich nicht sein bestes Werk, aber ausreichend gut, um es als „fertig gestellt“ durchgehen zu lassen. Also ging er zu seinem Chef zurück. Irgendwie hatte er ein schlechtes Gewissen. Er wusste, dass er nicht sein Bestes gegeben hat. Aber immerhin könne er nun in den wohlverdienten Ruhestand gehen und braucht nicht mehr viel über das Bauwerk nachdenken. Er berichtete dem Chef von der Fertigstellung. Dieser war sichtlich erfreut, dass er diesen Auftrag noch geschafft hatte. Er bedankte sich für die jahrelange zuverlässige Zusammenarbeit und entschuldigte sich, dass er für das vergangene Projekt nochmals einspringen musste.
  Zum Schluss sagte der Firmenchef zu ihm: „Ich hätte es gerne für dich bauen lassen, aber unser Vorarbeiter ist leider ausgefallen. Also bitte schön – hier ist der Schlüssel zu deinem neuen Haus. Das letzte Haus hast du für dich selbst gebaut. Wir schenken es dir als Dank für deine großartigen Leistungen, die du ein Leben lang für uns erbracht hast. Ich wünsche dir, dass dein letztes Haus ein besonderes Meisterwerk geworden ist – ein Meisterwerk, das für all die exzellenten Bauten deiner Karriere steht – und dich täglich daran erinnert, dass du für uns und für so viele Familien immer alles gegeben hast.“

Diese Geschichte soll zeigen: Wenn man eine Aufgabe annimmt, lohnt es sich immer, ALLES zu geben, bis zur letzten Minute.

Zum Nachdenken:
- Geben Sie in Ihren Lebensbereichen immer Ihr Bestes?
- Welche Situationen fallen Ihnen ein, in denen Sie das Gefühl hatten, Ihr Bestes zu geben, und in denen Sie sich vielleicht selbst überrascht haben?
- Welche Situationen hätten es verdient, dass Sie mehr von sich geben?

Die zuvor genannten Beispiele sollen zeigen: Es geht darum, welche Person man IST.
Es geht nicht darum, etwas zu verkaufen – es geht darum, Verkäufer zu SEIN.
Es geht nicht darum, Häuser zu bauen – es geht darum, Baumeister zu SEIN.

Wer wollen Sie sein?
SIND Sie Projektleiter – oder leiten Sie nur Projekte?
SIND Sie Arzt – oder behandeln Sie nur erkrankte Menschen?
Letztlich – wenn wir von Verantwortung für andere sprechen:
SIND Sie Führungskraft – oder haben Sie nur Autorität über viele Menschen?

Zum Nachdenken:
- Wer wollen Sie sein? Beschreiben Sie dies für sich klar und unmissverständlich in max. drei Sätzen.

42. Werden Sie zu dem Menschen, der Sie SEIN wollen

Wäre es nicht schön, wenn auch Sie ein Berufs- und Alltagsleben haben, von dem Sie sagen können, dass Sie es mehrheitlich mit Tätigkeiten verbringen, die Sie lieben? Dem vorgestellt kommt die Frage: Welcher Mensch möchten Sie in diesem Leben SEIN? Dies ist eine zentrale Frage, denn es muss Ihnen klar sein: Sie müssen JETZT beginnen so zu werden, wie Sie sein wollen. Hierzu braucht es konkrete Schritte und viele kleine Handlungen, die Sie in die richtige Richtung bringen.

Erinnern Sie sich an die einleitende Geschichte von Finn, Luis und dem Jungen am Strand? Es ist ein riesiger Unterschied, ob Sie etwas „haben“, „tun“ oder SIND. Wenn Sie jemand SIND, hat dies eine ganz andere Kraft, als wenn wir etwas TUN. Etwas zu sein bedeutet nicht, nur zu handeln, sondern mit Herz und Kopf – und mit ganzer Seele voll involviert zu sein. Es bedeutet Commitment im höchsten Ausmaß. Es bedeutet, sich für die primäre Aufgabe und für die damit verbundenen Menschen voll und ganz einzusetzen. Es bedeutet auch, die eigenen Hausaufgaben gemacht zu haben und bereit zu sein.

In unserer heutigen Selbstoptimierungsgesellschaft wird uns oft vorgegaukelt, dass alles möglich ist und alles leicht und einfach geht. Das glaube ich nicht. Ganz im Gegenteil. Ich glaube, dass es Vorbereitung braucht, dass es Erfolge und Misserfolge braucht, dass wir Lektionen lernen müssen, um dann größere Lektionen zu meistern. Anders gesagt: Das Ziel bekommt seine Bedeutung erst durch den WEG. Es ist der Weg, der uns zu der Person macht, die wir SEIN wollen. Umgekehrt – wer seine Hausaufgaben nicht gemacht hat, wird durch eine Abkürzung, ein Geschenk, kaum glücklich oder erfolgreich. Ein Beispiel, das dies für mich am besten verdeutlicht, ist der große Lottogewinn, nach dem sich so viele Menschen sehnen. „Wenn ich einmal im Lotto gewonnen habe und Millionär bin, dann werde ich erfüllt und glücklich sein.“ So oder so ähnlich denken wohl viele Menschen. Aber ist das wirklich so? Das Ziel ohne den Weg ist nicht erfüllend, die Lektionen und die Freude auf dem Weg sind genauso wichtig.

Am oben genannten Lottogewinn wird der Unterschied zwischen HABEN und SEIN sichtbar. Es mag sein, dass Sie nach einem Lottogewinn eine Million Euro auf dem Konto HABEN. Aber ist das gleichbedeutend mit Millionär SEIN? Wohl kaum. Eine Million auf dem Konto ist genau das, was es ist – eine Million auf dem Konto. Es ist materiell, ein Besitz. Was haben Sie mit dem Lottogewinn im Vergleich zu jemandem, der seine Million erarbeitet hat, nicht gelernt? Sie haben nicht gelernt, was es heißt, Millionär zu SEIN. Ihnen fehlen die Kompetenzen und Vorbereitungen eines Millionärs. Sie haben eine Abkürzung genommen.

Sie haben nicht gelernt, wie man mit Geld umgeht, um es zu investieren und zu vermehren. Sie haben nicht gelernt, welche Beziehungen, Kooperationen und Synergien Sie schaffen können, um Ihr Geld zu vermehren. Sie haben nicht gelernt, welche Charaktereigenschaften Sie trainieren müssen, um Ihr Geld langfristig zu erhalten und zu sichern. Sie haben auch die Freude am Weg – die Tausenden kleinen Erfolge (aber auch Misserfolge) – übersprungen. Kurz: Sie haben eine Million Euro, aber nicht das Mindset eines Millionärs. Sie haben nicht gelernt, wie ein Millionär zu denken und zu handeln. Es ist daher nicht verwunderlich, dass dies in vielen Fällen nicht funktioniert. So kommt es immer wieder vor, dass Lottogewinner angeben, durch den Gewinn langfristig nicht wirklich glücklicher geworden zu sein.

Die Vorbereitung, der Weg, die Erfahrung – all das ist entscheidend, wenn wir davon sprechen, wer wir SIND.

Abkürzungen führen im Berufsleben kaum schneller zu Glück und Erfolg

Zugegeben, der Lottogewinn ist ein extremes Beispiel für eine „Abkürzung". Aber viele Aspekte des Berufslebens ähneln dem Lottogewinn. Nehmen wir ein konkretes Beispiel aus dem Berufsleben: Viele Führungskräfte streben danach, möglichst schnell Personalverantwortung zu bekommen. Dann möglichst schnell möglichst viele Mitarbeiterinnen und Mitarbeiter zu „führen". Sie suchen immer nach Abkürzungen. Mit wem muss man essen, um schneller diese oder jene Position zu bekommen? Mit wem muss ich mich besonders gutstellen? Wem muss ich gefallen? Und das Erstaunliche: Diese Abkürzungen gibt es. Im Vergleich zum seltenen Lottogewinn finden wir im Berufsleben immer wieder Möglichkeiten, scheinbar schneller voranzukommen. Vorsicht, denn auch hier gilt: Zuerst die eigenen Hausaufgaben machen. Führungskräfte, die nur möglichst viele Menschen unter sich haben wollen, SIND keine Führungskräfte. Sie sind Menschen, die viele unter sich HABEN. Dass dies für Führungskraft und Mitarbeitende oftmals zu frustrierenden Konstellationen führt, ist klar… Wer eine echte Führungskraft sein will, sollte zuerst seine eigenen Hausaufgaben machen, um diesen Begriff zu verdienen. Es braucht Erfahrungen, Erfolge und Misserfolge. Es braucht Führungskompetenz. Solche Kompetenzen wären beispielsweise: Sich selbst kennenlernen, sich selbst führen lernen, Sozialkompetenz, Führungsprinzipien verstehen – Freude an der Entwicklung von Menschen erleben.

Welcher Mensch wollen Sie SEIN?

Es lohnt sich somit, früh zu überlegen, welcher Mensch Sie in Ihrem Leben SEIN wollen und so früh wie möglich dafür die Verantwortung zu übernehmen. Ihr Berufs- und Alltagsleben könnte dabei vergleichbar mit einem Acker sein. Es gibt nur einen Menschen, der verantwortlich ist, was drauf wächst. Sie! Leute, die im Opferbewusstsein leben, stehen vor einem Acker, auf dem nichts gesät ist, warten und klagen, hoffen und beten, dass darauf etwas wächst. So vergeht die Zeit und die Menschen warten und warten. Erst nach Jahren merken sie, dass sie eigentlich gar keinen Samen gesät haben. Vielleicht wächst zufällig etwas, aber meist nicht das, was gewünscht ist.

Viel klüger ist es, sich vorher zu überlegen, was auf dem Acker wachsen soll und frühzeitig selbstverantwortlich und selbstbestimmt in diese Richtung zu gehen. Es ist also Weitsicht gefragt. Es geht um Eigenverantwortung – die Verantwortung dafür, was Sie in Ihrem Leben erreichen wollen, und konkrete Handlungen zu setzen. Es geht nun darum, den Samen zu säen – nicht darauf zu warten, was andere für einen säen. Und JA – bis etwas wächst, wird es ZEIT BRAUCHEN. Am Anfang ist kaum etwas zu sehen, aber mit der Zeit, mit Geduld und Disziplin werden die ersten Pflänzchen wachsen. Plötzlich, nach geduldiger und beständiger Pflege, kann eine Dynamik entstehen, die nicht mehr zu bremsen ist.

Setzen auch Sie Handlungen, die Sie unaufhaltsam machen – Handlungen, die Sie zu jener Person machen, die Sie SEIN wollen – Handlungen, die Sie zu Ihrer besten Version machen!

Zum Nachdenken:

- Was erwarten Sie für Ihre Zukunft? Haben Sie dafür schon die Saat gelegt? Wenn nicht, was wäre die erste Handlung, ein erster Schritt in diese Richtung?
- Sind Sie bereit für die Ziele, die Sie sich im vorigen Kapitel gesetzt haben?

Um unaufhaltsam zu werden, braucht es viele kleine Schritte in die richtige Richtung. Micro Habits können dabei eine große Hilfe sein.

43. Micro Habits – jeden Tag dem Ziel einen Schritt näher

Wenn wir von Selbstverantwortung sprechen, bedeutet das immer auch: Handeln statt Zaudern. Menschen, die Verantwortung für ihr Leben übernehmen, handeln proaktiv. Das bedeutet nicht, dass sofort alles verändert und erreicht werden muss (das wäre blinder Aktionismus). Eigenverantwortliches Handeln bedeutet in gewissem Maße, viele kleine Schritte zu gehen, die alle in eine bestimmte Richtung weisen.

Was sind Micro Habits?
Micro Habits sind kleine zielgerichtete Handlungen, die für sich genommen wenig bewirken, die aber in der Summe, ständig wiederholt, zu einem großen Ergebnis führen können. Ein Beispiel für ein Micro Habit ist das Zähneputzen. Wir lernen, dass Zähneputzen mindestens zwei Minuten dauern soll, aber zwei Minuten Zähneputzen bringt so gut wie nichts. Wenn wir uns alle zehn Jahre einmal zwei Minuten die Zähne putzen würden, wäre das völlig wertlos. Erst als Micro Habit, also als kleine Gewohnheit, jeden Tag zweimal zwei Minuten zu putzen, führt es zu einem guten Ergebnis.

- **Meine erste persönliche Erfahrung mit Micro Habits ...**
  ... habe ich während meines berufsbegleitenden MBA-Studiums gemacht. Zu dieser Zeit war ich beruflich völlig ausgelastet, hatte zwei kleine Kinder und begann nebenbei ein Haus zu bauen. Zwar war mir klar, dass dieses Studium für mich von großer Bedeutung war, aber aus den oben genannten Gründen war es fast unmöglich, dieses unterzubringen, ohne in anderen Lebensbereichen größere Einbußen hinnehmen zu müssen. Auch Umfeld und Freunde rieten mir ab, das Studium zu beginnen. Doch das war keine Option: So entschied ich mich zum ersten Mal in meinem Leben bewusst Micro Habits zu nutzen. Ich entschied mich, das Studium als Fernstudium zu beginnen, einen längeren Zeitraum als geplant dafür in Kauf zu nehmen, um die Inhalte ausschließlich in der Zeit zu lernen, die in anderen Lebensbereichen ohnehin nicht zur Verfügung steht. Ich bereitete die Studieninhalte vor, indem ich mir täglich auf dem Weg zur Arbeit und auf dem Heimweg Vorträge dazu anhörte. Außerdem habe ich mir die Lernunterlagen auf dem Handy so vorbereitet, dass ich immer, wenn ich tagsüber Wartezeiten hatte (und man glaubt gar nicht, wie oft man wo auf jemanden warten muss), ein paar Folien durchgegangen bin. Jeden Abend, nachdem die Kinder im Bett waren und ich darauf wartete, dass sie einschliefen, hatte ich wieder ca. 15-20 Minuten Zeit, um ein paar Seiten zu lesen. Klar, auf den einzelnen Tag gerechnet kommt man hier nicht viel weiter, mehr als 20 Seiten Lerninhalte und ca. eine halbe Stunde Vorträge und Lernvideos waren nicht möglich. Rechnet man dies auf drei Jahre hoch, wird schnell deutlich, welch enormes Potenzial in diesen Micro Habits

steckt. Denn auf diese Weise können, konsequent umgesetzt, in drei Jahren immerhin ca. 20.000 Seiten Lerninhalte (365 x 3 x 20) bearbeitet werden – und ca. 330 Stunden Vorträge/Lernvideos nur auf dem Arbeitsweg konsumiert werden (bei 220 Arbeitstagen und ca. 30 Minuten Vortragsdauer).

Überlegen Sie gut, wohin Ihre Micro Habits führen

Zunächst sollte man sich die Frage stellen, wohin die Reise gehen soll. Hier spielen wieder die zuvor erarbeiteten Prioritäten und Visionen eine wesentliche Rolle. Erst wenn diese klar sind, können Sie Ihre Micro Habits danach ausrichten. Wichtig ist, dass diese Micro Habits so klein sind, dass diese Sie in Ihrem Alltag überhaupt nicht einschränken. Sie ergänzen den Tag und führen nach und nach zum gewünschten Ergebnis. Überlegen Sie sich, ob die gesetzten Handlungen tatsächlich in die Richtung führen, die Sie wünschen. Falsch ausgerichtete Micro Habits sind kontraproduktiv und würden gegebenenfalls vom Ziel wegführen.

Heute sind diese Micro Habits für mich zu einem festen Bestandteil in nahezu allen Lebensbereichen geworden. Nachfolgend ein paar weitere Ideen, wie Micro Habits aussehen können:

- Gesunde Ernährung: Es ist für nahezu jeden möglich, einmal am Tag zusätzlich etwas Gesundes zu essen oder einmal etwas Ungesundes wegzulassen. Klingt ebenfalls minimal? Als Beispiel: Wenn jemand beispielsweise täglich drei Tassen Kaffee trinkt und bewusst eine davon weglässt, dann ist das im Jahr eine Einsparung von über 90 Liter Kaffee – eine ganze Menge.

- Ein Micro Habit für das Ziel Gesundheit und Körper könnte zum Beispiel sein, dass Sie jeden Morgen fünf Liegestützen machen – und zu jedem Wochenbeginn einen Liegestütz mehr. Nächste Woche sind es sechs, übernächste Woche sieben und so weiter.

- Angenommen, Sie wollen in den nächsten Jahren eine große Reise machen und brauchen dafür 3.000 Euro. Nehmen Sie ein Sparschwein und stecken Sie jeden Tag als Micro Habit 3 Euro hinein. Das sollte machbar sein. Vielleicht müssen Sie kleine Einschränkungen in Kauf nehmen. Vielleicht mal ein Bargetränk weniger, vielleicht am Wochenende selbst kochen statt auswärts essen gehen. Aber wahrscheinlich werden Sie die drei Euro kaum merken. Klar, es braucht Zeit, aber in drei Jahren haben Sie Ihr Ziel erreicht – gefühlt ohne wirkliche Einschränkung. Den gleichen Nutzen können Sie beim Sparen größerer Summen mit Sparplänen zum Vermögensaufbau erzielen. Hier hilft sogar der Zinseszinseffekt.

- Nehmen wir an, Sie wollen Ihren Keller aufräumen. Ein Micro Habit könnte sein, jeden Tag nach der Arbeit eine Kiste – 10 Minuten lang – im Keller zu sortieren oder zu entsorgen. Minimal? Überlegen Sie, was das aufs Jahr gesehen bedeutet! So würden Sie wohl alle Keller in Ihrer ganzen Siedlung in nur einem Jahr schaffen.

- Angenommen, Sie möchten ein Buch schreiben, haben aber nur wenig Zeit. Ein Micro Habit könnte sein, jeden Tag eine Seite zu schreiben. Das dauert, aber mit jedem Tag kommen Sie Ihrem Ziel, einem fertigen Buch, näher. Es versteht sich von selbst, dass das Buch, das Sie gerade in Händen halten, so entstanden ist.

Zum Nachdenken:
- Mit welchen Micro Habits könnten Sie beginnen, um Ihren Zielen, Träumen und Visionen näher zu kommen?
- Woran erkennen Sie, dass Ihre Micro Habits in die richtige Richtung führen?

Nutzen Sie Übung 15 im Anhang, um sich Ihrer Micro Habits bewusst zu werden und eventuell weitere Micro Habits hinzuzufügen.

Ich bin davon überzeugt, dass wir Menschen das Potenzial von ungenutzter Zeit und kleinen, regelmäßigen Tätigkeiten oft deutlich unterschätzen. Um dieses konsequent nutzen zu können, braucht es neben den Micro Habits vor allem die Disziplin, diese umzusetzen. Selbstverständlich dürfen und sollten Sie die kleinen Erfolge, die Sie dank Micro Habits jeden Tag erreichen, auch gebührend feiern.

Feiern Sie kleine Erfolge – Sie sind die Basis für große Erfolge

In dem Buch *Make your bed* schreibt der ehemalige Navyseal Admiral William H. McRaven über die Bedeutung der kleinen Erfolge. Er beschreibt, wie wichtig es in der Navy ist, das Bett richtig zu machen. Ein perfekt gemachtes Bett ist mehr als „nur“ ein perfekt gemachtes Bett – es ist der erste Erfolg des Tages. Ein Tag, der mit einem Erfolg beginnt, beginnt positiv – und ein positiver Start in den Tag ist die Grundlage für große Erfolge.[104]

[104] McRaven, William: Make Your Bed. Little things that can change your life ... and maybe the world, New York: Grand Central Publishing, 2017.

Solche kleinen Erfolgserlebnisse sollte jeder in seinem Berufs- und Alltagsleben anstreben. Oft sind es die kleinen Erfolge, die Freude machen. Ein Schritt weiter, ein kleiner Sprung nach vorn. Gelegenheiten dazu gibt es überall. To-do-Listen zu erstellen und einzelne Punkte abzuhaken, ist eine solche Möglichkeit. Es ist ein gutes Gefühl, Dinge abzuhaken. Unser Gehirn belohnt uns dafür mit Glückshormonen und macht uns bereit für größere Erfolge.

Disziplin – ein wesentlicher Bestandteil von Selbstverantwortung

Vielleicht fragen Sie sich, warum nicht jeder die Micro Habits nutzt, wenn es doch so einfach zu sein scheint. Das ist eine gute Frage. Micro Habits erfordern ein enormes Maß an Disziplin. Es geht darum, Gewohnheiten zu schaffen, die so selbstverständlich sind, dass wir sie fast automatisch ausführen. So wie Zähneputzen. Das bedeutet auch, dass keine Ausreden akzeptiert werden. Wenn Sie sich zum Beispiel vornehmen, jeden Tag zehn Minuten zu lesen oder zu lernen, dann tun Sie das IMMER. Trotz vieler verlockender Ausreden. Sie haben tausend dringende Dinge zu erledigen? Das Wetter ist so schön? Ihr Auto ist kaputt? Der Hund hat einen schlimmen Husten? Egal. Was auch immer das Leben bringt – Sie haben sich verpflichtet, diese zehn Minuten zu finden – also brauchen Sie auch die Disziplin, diese zehn Minuten unter (fast) ALLEN Umständen zu finden.

Zum Nachdenken:

- In welchen Lebensbereichen bräuchten Sie noch mehr Disziplin, um Ihren gewünschten Ergebnissen näher zu kommen?

Lassen Sie sich nach langfristigen Ergebnissen bewerten

Kurzfristig werden Sie von Ihren Mitmenschen vielleicht belächelt. Viele werden zum Beispiel nicht verstehen, warum Sie eine Ausbildung beginnen, wenn Sie jeden Tag so wenig Zeit haben. Erste Erfolge werden nach außen kaum sichtbar sein. So werden andere Ihnen einreden, dass Sie scheitern werden. Nehmen Sie es gelassen und lassen Sie sich die Freude nicht nehmen. Gehen Sie entschlossen vor, setzen Sie diszipliniert um und lassen Sie sich an den ERGEBNISSEN messen, die Sie langfristig erzielen.

Im Leben geht es um die Ergebnisse, die wir schaffen. Menschen können viel sagen, versprechen oder planen. Die Frage ist, ob sie ihr Handeln diszipliniert auf die gewünschten Ergebnisse ausrichten. Solange sie etwas anderes TUN als sie SAGEN, wird das Ergebnis kaum erreichbar sein. Wenn Sie genau hinschauen, werden Sie erkennen, wohin die Reise wirklich geht. Der Freund, der Ihnen stolz erzählt, dass er abnehmen will, während er im Fast food-Restaurant seinen dritten Burger isst. Die Freundin, die Ihnen erzählt, dass sie mit dem Rauchen aufhören will, während sie sich eine Zigarette anzündet. Schauen Sie genau hin. Ergebnisse zählen, Resultate zählen. Auch für Sie gilt: Wenn Sie sich etwas vornehmen, richten Sie Ihr Handeln danach aus und verfolgen Sie es diszipliniert. Hinterfragen Sie kritisch, ob Ihr Handeln tatsächlich zum gewünschten Ergebnis führen kann. Nur so kommen Sie Ihren Zielen und letztlich Ihrer Vision näher. Das erfordert Disziplin. Disziplin kann einer der Schlüssel zu einem verantwortungsvollen Leben sein.

Zum Nachdenken:

- Führen die Maßnahmen, die Sie heute ergreifen, zu den Ergebnissen, die Sie morgen erwarten? Beachten Sie dabei Ihre unterschiedlichen Lebensbereiche.

Durch viele zielgerichtete Handlungen werden Sie gut vorwärtskommen. Immer? Wohl kaum. Auch wenn Sie noch so gezielte Handlungen setzen, auch wenn Sie scheinbar alles so gut machen, wie Sie können: Es wird scheinbare „Niederlagen" geben. Das Leben wird Ihnen schwarze Stunden präsentieren. Es wird Momente geben, in denen Sie das Gefühl haben, dass es Ihnen den Boden unter den Füßen wegreißt und dass sich die Welt nicht mehr weiterdreht.

Zwei gute Nachrichten an dieser Stelle:
Erstens: Die Welt dreht sich trotzdem weiter (schwacher Trost, ich weiß).
Zweitens: Sie können zwar oftmals das Ereignis nicht verändern, aber Sie können Ihre ANTWORT darauf wählen.

44. Niederlagen in Gewinne umwandeln – es kommt auf die Antwort an

Das Leben ist voller Höhen und Tiefen. Wie bereits mehrmals gelesen – auf viele Lebensereignisse haben wir nur einen sehr begrenzten Einfluss. Auch wenn wir uns die Umstände und Ereignisse im Leben nicht aussuchen können, so können wir doch immer unsere Reaktion, unsere Einstellung zu den Ereignissen wählen. Es ist unsere Entscheidung, ob wir die Herausforderungen des Lebens (scheinbare „Niederlagen") als Bedrohung oder als Chance wahrnehmen. Viele Menschen auf dieser Welt schaffen es, aus schwierigen Umständen und Krisen ein Meisterwerk zu machen. Vor allem dann, wenn es gelingt – nach einer Zeit der Trauer und mit etwas Abstand – die Chance in der Krise zu erkennen. Lernen Sie, ein solcher Mensch zu sein. Sie und Ihr Umfeld werden davon enorm profitieren – denn eines ist sicher: Die nächste Krise kommt bestimmt.

Jede Krise beinhaltet eine Chance

Die gute Nachricht, wenn man sich ganz unten fühlt: Am tiefsten Punkt angekommen, führen alle Wege wieder nach oben. Das klingt nicht gerade tröstlich, aber es macht Hoffnung. Im Keller gibt es nur eine Richtung – nach oben. Im Tal, umgeben von Bergen, führen alle Wege nach oben. Wenn wir uns mitten in einer Krise befinden, ist es natürlich schwer, dies zu erkennen, zu verstehen oder zu glauben. Aber wenn Sie auf Ihr berufliches und alltägliches Leben zurückblicken, werden Sie feststellen, dass oft gerade die Situationen, die Sie als die größten Krisen erlebt haben, sich einige Jahre später als große neue Chancen herausgestellt haben. Sie sind daran gewachsen. Krisen gibt es im Leben sowieso. Es wird Jahre geben, die ruhiger verlaufen, und es wird Jahre geben, in denen eine Katastrophe, eine Krise, die nächste jagt. Die größten Erfolgsgeschichten im Leben entstehen dann, wenn es Menschen gelingt, trotz – oder gerade wegen – widriger Umstände, Verantwortung zu übernehmen und ihr Leben selbst in die Hand zu nehmen. In jeder Krise liegt eine Chance. Machen Sie sich auf die Suche nach dieser Chance.

Erfolgreiche Menschen sehen eher Chancen als Bedrohungen

Die erfolgreichsten Menschen sind nicht zwangsläufig jene Menschen, die weniger mit Rückschlägen konfrontiert sind. Oft sind es gerade die Erfolgreichsten, die aus schwierigen Verhältnissen kommen – die Umstände sind somit nicht zwangsläufig entscheidend für Glück und Erfolg. Was die Erfolgreichen von den weniger Erfolgreichen unterscheidet, ist die Antwort, die sie auf die Umstände geben. Sie nehmen ihr Leben in die Hand und sehen ihre Rückschläge und Niederlagen als Chance, etwas noch Größeres daraus zu machen. Sie bleiben somit voll handlungsfähig. Umstände als weitgehend neutral zu betrachten und aus jeder Situation das Beste zu machen, ist eine Fähigkeit, die erfolgreiche Menschen deutlich von der Masse abhebt. Sie sind Urheber ihrer Umstände. Wenn Sie die Umstände, die Sie brauchen, nicht finden, dann SCHAFFEN Sie sich diese.

Ein besonderes Weihnachten

Ich erinnere mich noch an ein besonderes Weihnachtsfest vor einigen Jahren. Die Weihnachtszeit war für uns immer eine anstrengende Zeit. Meine Eltern haben in dieser Zeit immer viel gearbeitet und so habe ich diese Zeit oft mit meiner Oma verbracht. Erst am Heiligen Abend kehrte etwas Ruhe ein und wir konnten Weihnachten als Familie feiern, hatten jedes Jahr ein festliches Essen und eine schöne Feier. So war es bis ins Erwachsenenalter bis zu Weihnachten 2014. Kurz vor Weihnachten hatte meine Großmutter einen schweren Schlaganfall. Schnell war klar, dass dieses Weihnachten anders werden würde als die Jahre zuvor. Es war auch schnell klar, dass es wahrscheinlich das letzte Weihnachten sein würde, das wir zusammen feiern würden. Es war eine jener Situationen, in denen ich von meinen Eltern lernen konnte, wie man Niederlagen in Siege verwandelt. Anstatt ein trauriges, selbstmitleidiges Weihnachten zu Hause zu feiern, verlegten sie die Weihnachtsfeier kurzerhand ins Krankenhaus. Da am Heiligen Abend kaum jemand Besuch hatte, war es sehr still im Krankenhaus. Mit dem Krankenbett meiner Großmutter fuhren wir zu dem großen Weihnachtsbaum vor der Krankenstation und feierten dort ein besonderes Weihnachten. Nach kurzer Zeit kamen auch die Pflegerinnen und Pfleger, die an diesem Abend Dienst hatten, und brachten belegte Brote und Süßigkeiten von ihrer Feier mit. So wurde es ein unvergessliches Weihnachtsfest – eines der wenigen Feste, an die ich mich mein Leben lang erinnern werde. Aber noch wichtiger ist die Botschaft, die dahintersteht: Es kommt nicht darauf an, was das Leben bringt, sondern nur darauf, wie wir darauf antworten.

Zum Nachdenken:
- In welchen Situationen ist es Ihnen gelungen, scheinbare Niederlagen in Erfolge zu verwandeln?

Das Leben bringt uns laufend verschiedene Umstände, mal schöne Ereignisse, mal Ereignisse, die wir als „Problem“ wahrnehmen.

Unterscheiden Sie Problem- und Lösungsebene – und seien Sie Teil der Lösung
Wir laufen Gefahr, diese beiden Ebenen zu verwechseln. Wenn in unserem Leben eine Situation auftritt, die wir als Problem definieren, denken wir meist sofort daran, wie wir das Problem aus der Welt schaffen können. Das ist auch verständlich, schließlich werden wir von klein auf darauf trainiert, Probleme zu beseitigen. Doch lassen Sie uns zunächst mal einen Blick auf den Begriff werfen. Der Begriff stammt aus dem Lateinischen bzw. Griechischen und wird heute lt. Duden definiert als „schwierige [ungelöste] Aufgabe, schwer zu beantwortende Frage, komplizierte Fragestellung".[105] Doch wer entscheidet, ob eine Aufgabe schwierig ist? Richtig, immer derjenige, den es betrifft. Probleme sind somit absolut SUBJEKTIV.

Nehmen wir an, es beginnt zu regnen. Ist das ein Problem? Richtig – es kommt darauf an. Nämlich auf den Betrachtenden.

- Wenn Sie Ihre Wanderung gerade erst begonnen haben und keine Regenkleidung dabeihaben, kann das ein Problem sein.
- Wenn Sie sowieso einen Tag im Einkaufszentrum verbringen wollten, ist es für Sie irrelevant.
- Aber wenn es gerade wochenlang trocken war und Ihre Pflanzen dringend Wasser brauchen, werden Sie sich freuen. Es liegt also rein im Auge des Betrachtenden.

Wie wir am oben angeführten Beispiel erkennen: Der Regen hat nichts damit zu tun, ob dies als Problem bewertet wird oder nicht, er ist neutral. Die Kategorisierung „Problem" folgt erst durch den Betrachtenden. So ist es mit nahezu allen Problemen in unserem Leben. Sie sind schwierige Aufgaben. Aufgaben, an denen wir wachsen können. Wäre es nicht furchtbar langweilig, wenn wir keine Probleme hätten? Ich weiß, diese Betrachtungsweise ist unter extremen Bedingungen sehr schwierig. Es gibt Probleme, die uns regelrecht die Kehle zuschnüren (das möchte ich nicht verharmlosen). Und doch gilt: Wenn Sie das Ereignis ohnehin nur begrenzt beeinflussen können, dann macht es auf jeden Fall Sinn, eine Antwort zu wählen, an der Sie WACHSEN – oder umgangssprachlich: eine Antwort, die aus den Umständen das Beste macht.

Unabhängig davon können Sie davon ausgehen, dass Sie Ihr Leben lang von Problemen begleitet werden. Indem wir die sogenannten Probleme überwinden und erkennen, dass es trotzdem weitergeht, können wir wachsen. So meistern wir neue Herausforderungen, lösen größere Probleme.

---

[105] Duden: Problem, in: Duden.de, 2023, https://www.duden.de/rechtschreibung/Problem (abgerufen am 15.11.2023)

Die Lösung findet sich selten, indem man das Problem „anstarrt“

... oder anders ausgedrückt: Die Ebene, auf der das Problem auftritt, ist selten die Ebene, auf der man die Lösung findet. Was wir als Problem wahrnehmen, ist oft ein Symptom. In den meisten Fällen reicht es nicht aus, das Symptom zu bekämpfen. Die Lösung liegt oft auf einer anderen Ebene. Es braucht also Abstand, Distanz und Selbstreflexion – kurz Selbstverantwortung –, um mögliche Lösungswege zu erkennen und ins Handeln zu kommen.

Ein Beispiel verdeutlicht den Gedanken: Nehmen wir an, Sie haben Magenprobleme. Dann sagt uns schon die Wortwahl – das Problem ist der Magen. Problemebene: Magen. Wenn wir uns nun die Lösung auf Problemebene suchen, würde dies bedeuten, Medikamente einzunehmen, die die Magenschmerzen unterdrücken. Löst das das Problem? Nein, es wird nur das Symptom bekämpft und unterdrückt. Die Lösungsebene könnte hier auf ganz andere Ansätze verweisen. Zum Beispiel könnten die Magenschmerzen von schmerzenden Zähnen und damit von schlecht gekauter Nahrung ausgelöst werden. Es könnte aber auch zu viel Stress die Ursache sein. Vielleicht stecken psychische Belastungen hinter dem Symptom. Oder Nahrungsmittelunverträglichkeiten... Das zeigt uns, die Problemebene wird hier selten die Lösungsebene sein. Die Bekämpfung des Symptoms wird nicht das „Problem“ lösen.

In anderen Lebenssituationen ist das nicht so eindeutig und wir urteilen oft schnell, wer oder was das Problem ist. Sei es der Vorgesetzte, der Partner, die Freundin – wir sind schnell dabei, jemand anderem die Schuld zu geben und die Person als das „Problem“ abzustempeln. Um aber Probleme nachhaltig zu lösen und an ihnen zu wachsen, müssen wir uns auch hier fragen, wo die Lösung wirklich zu finden ist. Nicht zuletzt ist die Frage, was die eigene Rolle ist – und ob wir selbst nicht schon lange Teil des „Problems“ sind.

- In Ihrem Unternehmen kündigen immer jene Mitarbeiterinnen und Mitarbeiter, die eine bestimmte Stelle besetzen? Prüfen Sie, ob die Mitarbeitenden das Problem sind oder ob diese Stelle die Ursache sein könnte. Wo liegt die Lösungsebene?
- Fehler treten immer an einer bestimmten Stelle auf? Hinterfragen Sie, wo WIRKLICH die Ursache für den Fehler liegt.

Um einen verantwortungsvollen Umgang mit Problemen zu gewährleisten, lohnen sich folgende Fragen:

- Was hat diese Situation mit mir zu tun?
- Wohin führt mich diese Situation?
- Worum geht es „wirklich"?
- Was ist die Aufgabe und Herausforderung, die ich zu lösen habe?
- Dies führt unweigerlich zur abschließenden Frage: Sind SIE Teil der Lösung oder Teil des Problems?

Zum Nachdenken:

- Denken Sie an aktuelle Situationen, die Sie als „Problem" beschreiben und hinterfragen Sie diese kritisch nach oben angeführten Kriterien. Verwechseln auch Sie Problem- und Lösungsebene? Sind Sie Teil der Lösung oder Teil des Problems?

Lösen Sie sich von Belastungen, die Sie sofort klären können

Oft genügt eine Kleinigkeit, um das große Ganze aus den Augen zu verlieren. Solange sich abzeichnende „Probleme" oder „Symptome" noch klein sind, lassen sich diese meist schnell lösen. Lösen Sie Probleme, die Sie sofort lösen können, SOFORT.

- Stellen Sie sich eine Wanderung in einer wunderschönen Landschaft vor. Plötzlich spüren Sie einen Stein im Schuh. Sie spüren ihn bei jedem kleinen Schritt, aber er wäre noch eine Weile auszuhalten. Sie gehen weiter und versuchen, dem Stein mit den Zehen auszuweichen. Kennen Sie das? Immer wieder sticht er Sie. Bei der nächsten Kurve werden Sie den Stein rausgeben. Okay, doch noch nicht – noch eine Kurve weiter. Bei der nächsten Kurve verschiebt man weiter – wenigstens noch einen Hügel. Der Stein ist schon wieder zur Ferse gerollt und sticht mit jedem Schritt mehr. Bei jedem Schritt versucht man mit den Schuhen so zu jonglieren, dass der Stein immer seitlich am Fersenballen vorbei rollt.

Am Ende hatte man die ganze Wanderung über einen Stein im Schuh und die Gedanken waren so oft dort, dass man von der Schönheit der Landschaft abgelenkt war. Die Lösung wäre einfach gewesen: Einfach den Stein aus dem Schuh entfernen. Ein paar Sekunden hätten genügt.

Hand aufs Herz, wie oft waren Sie schon in einer solchen Situation, im direkten oder im übertragenen Sinne? Im Alltag, im Beruf tragen wir oft Lasten und Dinge mit uns herum, die wir in wenigen Sekunden lösen könnten. Sei es ein bestimmtes Thema, das uns am Herzen liegt und das wir nicht ansprechen. Sei es ein unangenehmer Anruf, den wir das ganze Wochenende im Kopf haben. Kleinigkeiten, die wir sofort erledigen und damit aus dem Kopf bekommen können. Oft reicht schon der erste Schritt, um endlich ins Handeln zu kommen. Manchmal reicht schon das gute Gefühl, einen Plan zu haben. Starten Sie JETZT.

Zum Nachdenken:

- Welche Situationen fallen Ihnen bei oben beschriebenen Beispielen ein?
- In welchen Situationen könnten Sie JETZT handeln und das „Problem“ sofort lösen?

45. Make a difference – für andere einen Unterschied machen

Jetzt nähern wir uns der Königsdisziplin. Wenn man für sich selbst Verantwortung übernommen hat, ist der nächste Schritt, Verantwortung für andere zu übernehmen. Menschen, die Verantwortung für andere übernehmen, machen einen Unterschied in deren Leben. Sie tragen dazu bei, dass Menschen die beste Version ihrer selbst werden können. Die folgenden Gedanken sollen Sie motivieren, dass SIE die Person sein können, die einen positiven Unterschied im Leben anderer macht.

Denken Sie an Ihre Kindheit, Jugendzeit, Schulzeit oder an Ihre ersten Berufsjahre zurück.
- Wer hat Sie in dieser Zeit am meisten geprägt?
- Wer hat Ihr Leben verändert?
- Wer sind die Menschen, ohne die Sie nicht die Person wären, die Sie heute sind?

Ich bin sicher, dass Ihnen diese Person(en) schnell einfallen. Wahrscheinlich sind sie Ihnen im Laufe des Buches schon mehrmals begegnet – wir haben diesen wertvollen Menschen bereits das ein oder andere Kapitel gewidmet. Vielleicht war es eine Lehrerin, von der Sie wichtige Lektionen gelernt haben. Es kann ein Vorgesetzter sein, der in Ihnen mehr gesehen hat, als Sie sich selbst je zugetraut hätten. Es kann ein Kollege oder Freund sein, der an Sie geglaubt hat, als Sie nicht mehr an sich glaubten. Kurzum, Sie werden sich an die Menschen erinnern, die für Sie wirklich etwas bewegt haben.

Wer sind die Menschen, die „einen Unterschied machen"?
Wahrscheinlich sind Sie in Ihrem Leben schon Tausenden von Menschen begegnet und haben mit Hunderten von Menschen zusammengearbeitet. Es ist interessant, dass Sie sich jetzt an genau jene wenigen Menschen erinnern, die Ihnen soeben eingefallen sind. Was haben diese Menschen anders gemacht? Schließlich sind Ihnen wahrscheinlich 99,99% der Menschen, die Sie bisher getroffen haben, bei dieser Frage nicht in den Sinn gekommen. Waren es die Leute, die Ihnen das Leben übermäßig leicht gemacht haben? Meistens wohl nicht. Selten waren es die Lehrerinnen und Lehrer, die Ihnen die besten Noten gegeben haben. Es waren wohl selten die einfachsten Menschen. Möglicherweise waren es auch nicht immer die nettesten, freundlichsten oder höflichsten Menschen. Diese Eigenschaften scheinen nicht die wichtigsten zu sein.

Die Menschen, die für uns den Unterschied ausmachen, sind oft jene Personen,

- die uns herausgefordert haben.
- die uns unserer KLARHEIT nähergebracht haben.
- die für uns VERANTWORTUNG übernommen oder uns Verantwortung übertragen haben.
- die unser Selbstvertrauen gestärkt haben.
- die uns VERTRAUT haben – und denen wir vertraut haben.
- die uns ermutigt haben, RISIKEN einzugehen, die wir allein nicht gewagt hätten.
- die unsere Fehler und uns als Menschen GELASSEN gesehen haben und uns damit ermutigt haben, weiterzumachen, auch wenn die Welt aus den Fugen zu geraten schien.
- die unseren Wert erkannt und gewürdigt haben – die uns WERTSCHÄTZEND behandelt haben.

Ich bin jedenfalls davon überzeugt, dass fast ALLE Menschen, an die Sie hier erinnert werden, an Sie geglaubt und in Ihnen MEHR GESEHEN haben, als Sie selbst in sich gesehen haben.

Zum Nachdenken:

- Welche Menschen haben in Ihrem Leben einen Unterschied gemacht? Was hat den Unterschied ausgemacht? Warum denken Sie gerade jetzt an diese Personen?

Ein guter Zeitpunkt, um DANKE zu sagen

Nehmen Sie sich die Zeit und lassen Sie diese besonderen Menschen wissen, wie viel sie Ihnen bedeuten. Das Schönste ist ein kurzer persönlicher Brief, aber auch ein Anruf oder eine kurze Nachricht können viel bedeuten. Stellen Sie sich vor, wie schön es sein muss, wenn man ohne Vorwarnung – aus heiterem Himmel – einen Brief von jemandem erhält und lesen kann, dass man im Leben dieses Menschen etwas bewirkt hat.

Zum Nachdenken:

- An welche Menschen denken Sie, wenn Sie diese Zeilen lesen?
- Wie könnten Sie diesen Menschen sagen, dass diese in Ihrem Leben etwas bewirkt haben?
- Was hält Sie davon ab, dies JETZT zu tun?

Seien SIE für andere der Mensch, der einen Unterschied macht
Erstaunlicherweise hat jeder diese Menschen sofort im Kopf. Menschen, die einen Unterschied gemacht haben. Menschen, die an unserem Herzen nicht spurlos vorbeigegangen sind. Wäre es nicht schön, wenn bei dieser Übung jemand an SIE denkt? Wäre das nicht der SINN des Lebens? Wäre es nicht ein unglaubliches Privileg, wenn unter den Tausenden von Menschen, denen wir täglich begegnen, jemand bei den obigen Zeilen gerade SIE auswählen würde? Stellen Sie sich vor, SIE hätten für jemanden den entscheidenden Unterschied gemacht, und dank Ihnen könnte jemand ein glückliches und erfolgreiches Berufs- und Alltagsleben führen. Das wäre doch ein unglaublich gutes Gefühl, oder? Es gibt dafür zahlreiche Möglichkeiten. Beginnen Sie mit kleinen Schritten. Achten Sie auf die Menschen rechts und links von Ihnen. Oft haben wir den Eindruck, dass das scheinbar „Kleine" keinen Unterschied macht und wir die Welt sowieso nicht verändern können. Tatsächlich sind es aber selten die großen Dinge, die einen Unterschied machen.

- Die größte Lawine kann von einem kleinen Schneeball ausgelöst werden.
- Die tragische Geschichte der Challenger-Raumfähre, die kurz nach dem Start explodierte, wurde nicht durch etwas Großes ausgelöst. Man geht davon aus, dass kleine Dichtungen die Katastrophe verursacht haben.
- Eine kleine Verschiebung der Erdplatten kann einen Tsunami auslösen, der ganze Landstriche und Städte zerstört.

Starten Sie mit kleinen Schritten und machen SIE für die Menschen in Ihrem Umfeld einen Unterschied. Wer immer nur wartet und hofft, dass andere etwas Großes beginnen, wird vielleicht ein Leben lang warten. Bedenken Sie – es geht nicht um die „großen Schritte".

- **Die Geschichte des alten Mannes und der Seesterne**[106]
  Es war ein stürmischer Herbsttag an einem langen weißen Sandstrand. In der Nacht hatten Sturmböen und hohe Wellen viele Seesterne an den Strand gespült. Es waren Tausende von Seesternen, soweit das Auge reichte. Es waren so viele. Es war aussichtslos, sic zu retten, sie würden in wenigen Minuten vertrocknen. Ein alter Mann mit einem Stock und langsamen, schweren Schritten ging auf das Wasser zu. Er bückte sich langsam und mühsam, nahm einen Seestern und warf ihn zurück ins Wasser. Langsam richtete er sich auf und wiederholte den Vorgang. Wie in Zeitlupe nahm er den nächsten Seestern und warf ihn wieder ins Wasser. So ging das eine Weile. Nach ein paar Minuten hatte er gerade mal ein Dutzend Seesterne zurückgeworfen.

---

[106] angelehnt an die Geschichte „Der Mann und die Seesterne" von William Ash.

Ein junger Mann, der alles beobachtet hatte, sprach ihn an. „Alter Mann, siehst du denn nicht, dass der ganze Strand voller Seesterne ist? Was du hier machst, ist völlig sinnlos. Du wirst sie nicht alle retten können. Glaubst du wirklich, dass es einen Unterschied macht, wenn du ein paar Sterne zurück ins Wasser wirfst?"
Der alte Mann richtete sich langsam und schwerfällig auf. Er schaute den jungen Mann an und sagte mit ruhiger Stimme: „Ja, ich kann nur ein paar Sterne zurückwerfen, aber für die wenigen, die ich zurückwerfe, MACHT ES EINEN RIESIGEN UNTERSCHIED."

Wenn wir davon sprechen, die Welt zu verändern, besteht die Gefahr, dass wir NICHT anfangen, weil das Projekt zu groß ist. Verständlicherweise finden wir Tausend verschiedene Ausreden, warum wir jetzt nicht die Welt verändern können (wir fühlen uns zu jung, zu alt, zu beschäftigt, haben zu wenig Geld, zu wenig Zeit, wollen nicht das Hauptabendprogramm im Fernsehen verpassen...). Ausreden über Ausreden. Dabei wäre es viel sinnvoller, darüber nachzudenken, was wir JETZT tun könnten, um zu einer lebenswerten Welt beizutragen. Ohne großen Aufwand. Für einen einzigen Menschen – das wäre ein Anfang. Stellen Sie sich vor, was möglich wäre, wenn Millionen Menschen damit anfingen.

Zum Nachdenken:

- Was könnten die „kleinen Schritte" sein, die Sie tun können, um für andere einen riesigen Unterschied zu machen?

Haben Sie keine ANGST, andere GROSS zu machen

In unseren Führungsetagen herrscht oft die Angst, andere groß zu machen, weil sie „zu groß" werden könnten. Das führt auch heute noch dazu, dass Wissen „gebunkert" wird und Menschen bewusst behindert und ausgebremst werden. Unvorstellbar, was hier an Ressourcen und Energie verbrannt wird. Andere groß zu machen ist oft der etwas mühsamere Weg, aber er lohnt sich langfristig immer. Seien Sie offen dafür und machen Sie andere so groß wie möglich! Gemeinsam.

- **Zwei Wege, um die größte Sandburg am Strand zu haben**
  Angenommen, Sie haben sich zum Ziel gesetzt, die größte Sandburg am Strand zu bauen. Um dieses Ziel zu erreichen, haben Sie zwei Möglichkeiten:
  Möglichkeit 1: Sie bauen eine beeindruckende Sandburg, investieren Zeit und finden auf dem Weg Menschen, die Sie und Ihre Vision unterstützen. Sie bauen gemeinsam an diesem Kunstwerk. Am Ende steht eine riesige Sandburg, vielleicht die schönste und größte Sandburg am Strand. Eine Sandburg, die ein Einzelner niemals hätte bauen können – eine Festung, die alles übertrifft, was sich die Beteiligten je vorgestellt haben. Es war viel Arbeit, aber das Ergebnis kann sich sehen lassen. Alle sind stolz, an diesem Erfolg beteiligt gewesen zu sein und an der Aufgabe gewachsen zu sein. Sie sind an sich selbst gewachsen und haben ein Erlebnis geschaffen, das für alle Beteiligten eine Bereicherung war – ein Tag, der sich gelohnt hat.
  Möglichkeit 2: Sie bauen eine Sandburg, die gerade so groß ist, dass sie keine übermäßige Anstrengung erfordert. Zwei Türmchen, ein paar Muscheln und in kurzer Zeit ist die Burg fertig. Den Rest des Tages könnten Sie sich darauf konzentrieren, am Strand alle Sandburgen zu zerstören, die größer sind als die eigene. In beiden Fällen steht am Ende die größte Sandburg am Strand. Nur der Weg und die Einstellung sind völlig unterschiedlich.

Viele Führungskräfte entscheiden sich für den zweiten Weg. Menschen versuchen, Macht zu erlangen, indem sie andere Menschen herabsetzen, schlecht machen und nach unten drücken. Aufgrund der Strukturen in Unternehmen, Hierarchieebenen, Autoritätsverhältnissen und Weisungsbefugnissen funktioniert dies scheinbar erstaunlich gut. Im direkten Vergleich mit anderen stehen Personen, die solche Machtspiele spielen, oft gut da – und in vielen Unternehmen ist ihnen sogar ein Bonus sicher. Kein Wunder also, dass „Führung" oft negativ besetzt ist und die hohen Management-Gehälter und Boni in den obersten Etagen Kopfschütteln auslösen. Unbewusst wissen wir, dass viele dieser Menschen Sandburgen zerstören und dafür belohnt werden. Das passt nicht zusammen. Das ist nicht der Sinn menschlicher Kooperation. Es widerspricht Jahrtausende alten Prinzipien.

Machen Sie es anders. Wählen Sie den ersten Weg!
Bauen Sie im übertragenen Sinne die größte Sandburg. Helfen Sie Menschen, ein klares Bild von dem Ziel im Kopf zu bekommen. Unterstützen Sie andere dabei, mehr in sich zu sehen, als sie von sich zu träumen wagen. Unterstützen Sie andere dabei, an sich selbst zu wachsen und neue Ufer zu erreichen. Diese Menschen werden es Ihnen danken und bereit sein, das Gleiche für andere zu tun. Und das Beste zum Schluss: Wer profitiert am meisten davon, wenn Sie andere dabei unterstützen, glücklich und erfolgreich zu sein (Achtung: sich nicht

für andere aufopfern, sondern andere dabei unterstützen, zur besten Version von sich selbst zu werden)? Richtig. Sie selbst profitieren davon! Es wird Ihnen Glück und Erfolg im Beruf und im Alltag bringen – ganz von selbst – als „Abfallprodukt" Ihrer Leistung:

- Wer wird in einem Unternehmen langfristig in höhere Positionen aufsteigen und mehr Verantwortung bekommen? Derjenige, der andere kleinmacht, sich nur durch Macht hält und verhindert, dass jemand in seinem Umfeld so gut wird, dass er zur „Gefahr" werden könnte oder derjenige, dem es gelingt, aus seinem Umfeld die BESTEN Mitarbeiterinnen und Mitarbeiter hervorzubringen und so das Unternehmen langfristig voranbringt?

- Wer profitiert am meisten davon, wenn die Menschen in seinem Umfeld positiv und motiviert sind?

- Wer wird in schwierigen Zeiten von seinen Mitarbeitenden unterstützt? Wer bekommt Leistung, Herzblut und Schweiß, wenn es wirklich darauf ankommt? Derjenige, der seine Mitarbeitenden so klein wie möglich gehalten hat, oder derjenige, der seine Mitarbeitenden so groß wie möglich gemacht hat?

- Wer wird am Ende seines Berufslebens mit Freude und Zufriedenheit zurückblicken? Derjenige, der auf Kosten anderer möglichst viele Boni kassiert hat oder derjenige, der im Leben seiner Mitarbeiterinnen und Mitarbeiter etwas bewirkt hat und weiß, dass er die Menschen in seinem Umfeld motiviert hat, die beste Version ihrer selbst zu werden?

Ich glaube, eine Antwort auf die Fragen ist überflüssig.

Zum Nachdenken:
- Bauen Sie riesige Sandburgen oder neigen Sie eher dazu, die Sandburgen anderer zu zerstören?
- Für welche Menschen möchten Sie einen Unterschied machen und was könnten Sie heute tun, um den ersten Schritt zu machen?

46. Stehen Sie auf für eine Welt, in der Sie leben möchten

Es kommt nicht darauf an, wie groß der erste Schritt ist, sondern in welche Richtung er geht. So könnte die Erkenntnis aus dem vorigen Leitsatz lauten. Ich bin davon überzeugt, dass wir nicht umsonst auf die Welt geschickt wurden, sondern dass jeder Mensch hier ist, um etwas zu bewirken. Wenn wir Selbstverantwortung leben und dann Verantwortung für andere übernehmen, können wir dazu beitragen, dass sich die Welt ein wenig verändert. Wenn plötzlich viele Menschen anfangen, kleine Schritte zu tun, dann können wir gemeinsam einen Beitrag zu einer lebenswerten Berufs- und Alltagswelt leisten.

Zum Nachdenken:

- Wie sieht für Sie eine Berufs- und Alltagswelt aus, für die Sie bereit sind, aufzustehen und zu kämpfen? Stellen Sie sich diese Welt so detailliert wie möglich vor. Was wäre anders als heute? Was könnte ein erster Schritt sein, um sich dieser neuen Realität anzunähern?

IHR BEITRAG: Leben SIE das, was Sie in der Welt sehen wollen

Wir leben in einer Zeit, in der Jammern an der Tagesordnung ist. Doch durch Jammern und Opferbewusstsein wird unsere Welt nicht besser. Wenn wir davon sprechen, für eine Welt aufzustehen, in der wir leben wollen, dann bedeutet dies vorrangig → LEBEN SIE SELBST, was Sie sehen wollen oder von anderen erwarten. Oft ist unsere Umgebung nur ein Spiegel dessen, was wir ausstrahlen. Beginnen Sie also damit, positive Signale auszusenden und die Welt zu schaffen, in der Sie leben wollen.

- **Der Vogel am Jahrmarkt**

  Ein kleiner Vogel fliegt über den Jahrmarkt. Er verirrt sich und landet versehentlich in einem Spiegelkabinett, umgeben von Hunderten von Spiegeln. Er erschrickt und sieht sich plötzlich vielen fremden Vögeln gegenüber. Er wird wütend und fängt an, laut zu schimpfen. Er reißt seinen Schnabel auf, so weit er kann. Alle anderen Vögel tun es ihm gleich. Unglaublich – was für eine Frechheit. Also schimpft er noch lauter und flattert aufgeregt umher. Die anderen auch! Das Vögelchen wird immer wütender und wilder. Und auch die anderen Vögel werden immer wütender. Keiner scheint sich zu beruhigen. Erschöpft und müde fliegt der kleine Vogel davon. Einige Tage später verirrt sich wieder ein Vogel in das Spiegelkabinett. Er freut sich, dass er plötzlich von so vielen Freunden umgeben ist. Er fängt fröhlich an zu flattern und singt ein Lied. Die anderen Vögel tun es ihm gleich. Was für ein schöner Tag. Fröhlich und gut gelaunt fliegt er aus dem Haus.

„Wie du in den Wald hineinrufst, so ruft es aus dem Wald heraus." Dieses Sprichwort, das seit Jahrzehnten im Sprachgebrauch vieler Menschen verankert ist, trifft es oft sehr genau. Wir können selbstverantwortlich entscheiden, wie wir in den Wald hineinrufen. Wir können den Anfang machen und zunächst positiv hineinrufen. Wir können uns zum Leitsatz machen, dass wir uns in Berufs- und Alltagssituationen erst einmal KOOPERATIV und positiv verhalten. Das würde uns das Leben sehr erleichtern und viel Negatives ersparen. Ärgern kann man sich später immer noch...

Ich bin davon überzeugt, dass wir die Veränderungen, die wir in der Welt sehen wollen, selbst vorleben müssen. Das bedeutet, mit gutem Beispiel voranzugehen – es bedeutet, eine „I-Go-First-Mentalität" zu entwickeln.

Entwickeln Sie eine "I-Go-First-Mentalität"

Viele Menschen leben mit dem Gefühl, dass sie nur dann glücklich und erfolgreich sein können, wenn dies oder jenes passiert. Unbewusst wird vom Leben erwartet, dass es einem alle Zutaten für Glück und Erfolg serviert.

- Kürzlich saß ich mit einem Freund beim Abendessen und hörte ein Gespräch am Nebentisch. Neben uns saß ein junges Pärchen, das sich scheinbar über den Arbeitgeber des Mannes unterhalten hatte. Er schien der Meinung zu sein, dass er für seine Arbeit mehr Geld bekommen soll und gab lautstark von sich: „Wenn ich endlich die Gehaltserhöhung bekomme und die Firma mich ordentlich bezahlt, dann bin ich auch wieder bereit, volle Leistung zu bringen. Bis dahin mache ich sicher nicht mehr, als mir vorgegeben wird. Ich bin ja nicht blöd."

Diese Einstellung ist in unserer heutigen Kultur sowohl im Berufs- als auch im Alltagsleben weit verbreitet. Wir sind leistungsfähig, wenn... wir sind glücklich, wenn... wir sind nett zu anderen, wenn...

Wenn wir ständig Bedingungen stellen und auf Umstände warten, kommen wir keinen Schritt weiter. Es braucht Menschen, die vorangehen und bereit sind, den ersten Schritt zu tun. Leute, die einfach anfangen, sich so zu verhalten, wie sie es von anderen wünschen würden. Menschen, die bereit sind, für andere ihr Bestes zu geben, unabhängig davon, ob es sich „auszahlt". Personen, die sich bedingungslos für das einsetzen, woran sie glauben und wofür sie stehen. Es braucht Menschen mit einer „I-Go-First-Mentalität".

Nachfolgend ein paar Gedanken dazu:

- Ihnen ist wichtig, dass Menschen Sie respektvoll behandeln? → Leben Sie es vor und behandeln Sie andere Menschen mit Respekt.
- Ihnen ist wichtig, dass Menschen klar mit Ihnen kommunizieren? → Leben Sie es vor und kommunizieren Sie mit Ihren Mitmenschen ebenfalls klar.
- Ihnen ist wichtig, dass Menschen hilfsbereit sind? → Leben Sie es vor und seien Sie anderen gegenüber hilfsbereit.
- Sie wünschen sich, dass in Ihrem Unternehmen bessere Führungskräfte wären? → Seien Sie selbst diese Führungskraft und leben Sie es vor.
- Sie finden es furchtbar, wie Menschen miteinander umgehen? → Beginnen Sie in den eigenen vier Wänden die Welt zu verändern und achten Sie darauf, wie Sie mit den Menschen in Ihrer Umgebung umgehen.
- Sie wollen, dass die Menschen in Ihrem Unternehmen wertschätzend mit Ihnen umgehen? → Gehen Sie mit den Menschen im Umfeld wertschätzend um.

Gehen Sie in Vorleistung. Geben Sie Menschen einen Vorschuss. Vertrauen Sie darauf, dass diese das nicht ausnutzen, sondern dass es dazu beitragen wird, die Welt ein kleines Stück besser zu machen. Egal ob es sich „auszahlt".

Auch hier – das schöne Abfallprodukt dieser Einstellung: Es wird sich sogar „auszahlen"!

- Natürlich bekommt derjenige die Gehaltserhöhung, der schon in Vorleistung gegangen ist. Noch besser: Unternehmen zahlen GERNE mehr für Menschen, die bereit sind, in Vorleistung zu gehen. Würden Sie auch tun. Wenn Sie sich zwischen zwei Mitarbeitenden entscheiden müssten – der eine ist bereit, Leistung zu erbringen, sobald Sie mehr zahlen, der andere hat die Leistung bereits erbracht – wem würden Sie lieber mehr Gehalt anbieten? Die Antwort ist klar.

- Es liegt auf der Hand, dass andere Menschen eher bereit sind, diejenigen zu unterstützen, die sich auch anderen gegenüber hilfsbereit verhalten. Auch hier gilt: Wem helfen Sie lieber? Demjenigen, der Ihnen schon geholfen hat oder demjenigen, der Ihnen nur helfen würde, wenn er sicher Ihre Gegenleistung bekommt?

- Wenn Sie andere bei der Arbeit anlächeln, werden Sie (meistens) ein Lächeln zurückbekommen. Gut, zugegeben – bei der heutigen Frustrationsrate könnte man auch als Psychopath angesehen werden, wenn man grundlos lächelt, aber was soll's. Bringen Sie selbst die positive Stimmung in Ihr Umfeld, die Sie sich wünschen.

Zum Nachdenken:
- Was bedeutet für Sie eine „I-Go-First-Mentalität" einzunehmen?
- Was möchten Sie in dieser Welt verstärkt sehen? Was könnte Ihr Beitrag dazu sein?

47. Das Umfeld ist im wahrsten Sinne lebensentscheidend

Führen Sie sich in ein Umfeld, in dem Sie wachsen können

Sie sind selbst verantwortlich, mit welchen Menschen Sie sich umgeben. Für uns Menschen ist das Gefühl der Zugehörigkeit das Wichtigste, das haben wir in diesem Buch schon mehrfach gelesen. Deshalb lohnt es sich, unser Umfeld bewusst zu wählen. Wir werden zwangsläufig wie unsere Umgebung. Wenn wir uns mit erfolgreichen Menschen umgeben, steigt die Wahrscheinlichkeit, dass wir auch erfolgreich werden. Wenn wir uns mit negativen Menschen umgeben, werden auch unsere Gedanken negativ.

Unser Umfeld bestimmt unser Leben. Es bestimmt, WER wir werden, WIE wir die Welt sehen und woran wir glauben. Es bestimmt, welche Brille wir aufsetzen.

Nehmen Sie die Hilfe anderer an – Mentoren können Wunder wirken

Gerade in der heutigen komplexen Zeit wäre es ein Irrtum zu glauben, dass die großen Erfolge im Leben allein zu erreichen sind. Noch nie war Gemeinschaft so wichtig wie heute. Deshalb ist es keine Schande, sondern im Gegenteil eine Stärke, wenn man seine Mitmenschen um Unterstützung und Hilfe bittet. Was auch immer Ihr Ziel, Ihr Leitstern sein mag, ich bin überzeugt, dass es viele Menschen gibt, die diesen Weg bereits erfolgreich gegangen sind. Von ihnen können Sie viel lernen. Viele dieser erfolgreichen Menschen sind gerne bereit zu helfen und warten nur darauf, dass jemand sie um Rat, Hilfe oder Unterstützung bittet. Sei es durch die Vermittlung eines Kontaktes, als Kapitalgeber und Investor oder als Mentor. Es ist also eine Win-win-Situation – ein Gewinn für beide Seiten.

Einen Mentor zu haben, kann Wunder wirken. Jemanden, der den Weg, den Sie gerade einschlagen, bereits gegangen ist.

Wichtig dabei ist allerdings, dass Sie sich klar entscheiden, auf WESSEN Meinung Sie hören. Stellen Sie den Anspruch, dass Sie von den Besten lernen. Nur so können auch Sie erfolgreich werden. Eigentlich wäre das ganz selbstverständlich:

- **Das Angebot**
  Angenommen, jemand bietet Ihnen eine Million Euro, wenn Sie es schaffen, mit einem Segelboot den Atlantik zu überqueren. Sie dürfen nur eine Person auf die Reise mitnehmen und müssen sofort aufbrechen. Sie fliegen also zu Ihrem Ausgangspunkt und treffen am Weg dorthin drei verschiedene Personen. Die erste Person erklärt Ihnen, dass sie einige Bücher über das Segeln gelesen hat und weiß, wie man ein Segelboot steuert. Aber sie glaubt nicht, dass Ihr Vorhaben möglich ist. Die Wellen seien zu hoch und die Reise zu lang. Die zweite Person erklärt, dass sie schon oft gesegelt ist und viele Seen und Küsten befahren hat. Erste Erfahrungen mit dem Segeln auf dem Meer hat sie im Urlaub gemacht und auch schon den einen oder anderen Segelwettbewerb im Mittelmeer gewonnen. Sie kann sich vorstellen, dass es möglich ist, den Atlantik zu überqueren. Die dritte Person erzählt Ihnen, dass sie schon mehrmals den Atlantik mit einem Segelboot überquert hat. Sie zeigt Ihnen Bilder von erfolgreichen Überquerungen. Auch sie bestätigt, dass es gefährlich sein kann, dass Stürme und hohe Wellen eine große Herausforderung darstellen. Aber sie ist überzeugt, dass sie mit Ihnen in kurzer Zeit so gut segeln lernen kann, dass Sie mit ihr diese Überfahrt schaffen und sicher über den Atlantik kommen. Welche der drei Personen nehmen Sie auf Ihre Reise mit? Diese Frage scheint überflüssig und klingt fast lächerlich? Jeder halbwegs vernünftige Mensch würde in diesem Fall die dritte Person wählen – eine Person mit Erfahrung und vorzeigbaren Erfolgen. Wahrscheinlich würde diese erfahrene Person Ihnen in kurzer Zeit die wichtigsten Dinge beibringen, damit Sie zunächst unterstützen und später abschnittsweise selbst das Steuer übernehmen können. So würden Sie wahrscheinlich das große Ziel, eine erfolgreiche Überquerung, erreichen. Es scheint klar zu sein: Wenn es um etwas Wesentliches geht, würden wir die Person wählen, die Erfahrung hat und das erreicht hat, was wir erreichen wollen.

Es stellt sich die Frage: Wenn es in diesem Beispiel so klar ist, warum handeln wir Menschen dann in unserem täglichen Berufs- und Alltagsleben oft ganz anders?

- Wir wollen reich werden und unser Geld erfolgreich anlegen, holen uns aber Tipps von Menschen, die selbst nicht reich sind, sondern oft nur gelernte Theorien weitergeben. Sei es der Bankangestellte, der jeden Monat darum kämpft, mit seinem Einkommen über die Runden zu kommen, seien es die Eltern, die es nicht geschafft haben, genug für einen sorgenfreien Lebensabend zu sparen. Klar scheint: Wer reich werden will, muss verstehen, was Reiche reich macht und sich im besten Fall mit Reichen umgeben. Dann geht vieles von selbst.

- Beispiel Beziehungen. Warum holen sich Menschen Ratschläge, wie man eine glückliche Beziehung führt von Personen, die es selbst nicht geschafft haben? Bei allem Respekt und Verständnis, Beziehungen können scheitern. Aber ich halte es für sehr fragwürdig, sich Beziehungstipps von Paarberatern zu holen, die ihre eigenen Beziehungskrisen nicht lösen konnten, oder von der Tante, die bereits die vierte Ehe hinter sich hat und nun meint, ihre Erfahrungen in unser Leben einbringen zu müssen. Oder von der Freundin, die ihre Beziehung nicht mehr ohne zwei Flaschen Wein am Tag aushält.

Wenn wir in einem Lebensbereich besonders gut werden wollen, dann können wir das nur, wenn wir uns an Menschen orientieren und uns mit Menschen umgeben, die das bereits erreicht haben. Wer sich mit Paaren umgibt, die glückliche Beziehungen führen, wird auch lernen, glückliche Beziehungen zu führen. Wer sich mit Menschen umgibt, die in ihrem Leben reich oder finanziell unabhängig sind, wird dies auch selbst eher erreichen können.

Wessen Kritik nehmen Sie sich zu Herzen?

Eng damit verbunden ist die Frage, von wem man sich „kritisieren“ lässt. Konstruktive Kritik ist eine Möglichkeit zu wachsen und hilft uns, blinde Flecken zu erkennen. Wir leben in einer Zeit, in der Kritik an der Tagesordnung ist. Ratings, Bewertungen… All das sind Instrumente, mit denen sich Leute oft negativ über andere äußern. Auch in Ihrem privaten und beruflichen Umfeld werden Sie immer wieder auf Personen treffen, die Ihnen sagen wollen, wie Sie es besser oder anders machen können. Seien Sie auch hier kritisch und überlegen Sie genau, auf wessen Kritik Sie hören. Sind es Menschen, die das, wovon sie sprechen, tatsächlich schon erreicht haben? Oder sind es diejenigen, die Ihnen erklären wollen, wie das Leben funktioniert, obwohl sie ihr eigenes Leben nicht im Griff haben? Achten Sie darauf. Weil wir so viel Wert auf Zugehörigkeit legen, trifft uns Kritik besonders hart. Eine negative Aussage trifft uns um ein Vielfaches härter als eine positive Aussage. Sie kann der Auslöser sein, der Sie daran hindert, die beste Version Ihrer selbst zu werden. Lassen Sie sich deshalb nur von Menschen kritisieren, die es erstens gut mit Ihnen meinen und zweitens in dem kritisierten Bereich erfolgreich sind oder waren.

Zum Nachdenken:

- Wer sind Ihre Mentoren? Welche Rolle spielen sie in Ihrem Leben?
- Auf wessen Meinung hören Sie?
- Wessen Kritik nehmen Sie sich zu Herzen?
- Achten Sie bewusst auf Ihr Umfeld: Wie würden Sie dies beschreiben? Denken Sie dabei daran, dass Sie zwangsläufig werden wie Ihr Umfeld.

Quality People – schaffen Sie ein Umfeld, das Ihnen und anderen guttut.
Jeden Tag umgeben wir uns mit vielen verschiedenen Menschen. Doch unsere Zeit ist begrenzt. Daher stellt sich die Frage: Welche Qualität haben die Beziehungen, die wir pflegen? Welche Qualität hat die Zeit, die wir mit ihren Mitmenschen verbringen? Ist sie spannend, schön, lustig? Ist die Zeit bereichernd? Fühlen Sie sich nach der Begegnung gut? Wenn Sie diese Fragen für die meisten Ihrer sozialen Kontakte mit JA beantworten können, dann dürften Sie bereits ein sehr glücklicher Mensch sein. Wenn Sie von Personen umgeben sind, die Ihnen Energie geben, dann sind Sie auf dem richtigen Weg. Ich glaube, Sie spüren sehr instinktiv, welche Menschen Ihnen guttun. Prüfen Sie bei jedem Treffen, ob es Ihnen danach besser oder schlechter geht (Achtung: Prüfen Sie es NACHHER, denn während Sie jemanden treffen, merken Sie es vielleicht nicht).

Prüfen Sie genau, wen Sie in Ihrem Leben haben wollen. Als Richtlinie kann die folgende Kategorisierung hilfreich sein:

- Menschen, die Ihnen guttun und Sie in Ihrer Entwicklung unterstützen: Es lohnt sich, viel Zeit mit solchen Personen zu verbringen. An ihnen kann man wachsen und Sie können von ihnen lernen. Sie sollten unbedingt einen Platz in Ihrem Leben haben. Umgeben Sie sich bewusst mit Menschen, die Ihnen helfen, zu wachsen.

- Menschen, mit denen Sie Spaß haben und die Ihnen guttun: Das können Freunde und Bekannte sein, mit denen man sich auf Augenhöhe unterhalten kann und mit denen man Spaß und Freude erleben kann (das muss einen nicht immer den Zielen näherbringen). Auf jeden Fall sollten Sie Personen um sich haben, mit denen Sie sich einfach wohlfühlen. Umgeben Sie sich bewusst mit Menschen, mit denen Sie gerne zusammen sind.

- Menschen, die von Ihnen lernen können: Eine weitere Kategorie sind jene, die noch nicht so weit sind wie Sie, die aber von Ihnen lernen können, die Ihnen wohlgesonnen sind und sich freuen, dass Sie sie auf ihrem Weg begleiten. Achten Sie darauf, dass Sie in Ihrem Leben genügend Platz für Personen haben, die von Ihnen profitieren. Umgeben Sie sich mit positiven Menschen, die von Ihnen profitieren und die dank Ihnen wachsen können.

All diese Menschen sollen eines gemeinsam haben: Sie sind Ihnen wohlgesonnen, wollen, dass Sie das Beste aus Ihrem Berufs- und Alltagsleben machen, und freuen sich, wenn es Ihnen gut geht. Sind Sie in einem solchen Umfeld? Ausgezeichnet. Dann genießen Sie es und blättern Sie entspannt durch die nächsten Seiten.

Vorsicht vor Energieräubern

Viele Leserinnen und Leser werden jedoch feststellen, dass sie diese Punkte nicht so eindeutig bestätigen können. Manche sind vielleicht sogar von Menschen umgeben, die ihnen absichtlich schaden und Energie rauben. Der Begriff „Energieräuber" klingt fast zu nett für jene Personen, auf die er sich bezieht. Wenn Menschen einem absichtlich schaden wollen, psychisch oder physisch, dann geht es um das Wohlbefinden, die Zukunft, die Gesundheit – ja, unmittelbar um das Leben. Hier gilt es, klar hinzusehen und Entscheidungen zu treffen.

Wie Sie den vorangegangenen Kapiteln entnehmen konnten, neige ich persönlich dazu, an das Gute im Menschen zu glauben. Ich versuche immer zuerst das Gute zu sehen und glaube daran, dass es sich lohnt, zu hinterfragen, WARUM uns manche Personen und Situationen ärgern und welchen Anteil wir selbst daran haben. Ich glaube auch daran, dass es sich lohnt, in menschliche Beziehungen zu investieren und das Beste aus der gemeinsamen Zeit zu machen.

Doch bei allem Willen zur Zusammenarbeit, bei allem Glauben an das Gute: Es wird immer wieder Situationen geben, in denen man eine klare Entscheidung treffen muss. Nämlich die Entscheidung, ob man bestimmte Menschen weiter in seinem Leben haben will oder sich entschließt, den Kontakt abzubrechen. Das ist eine der schwierigsten Aufgaben.

Durchhalten ist Irrsinn – Trennen Sie sich von Menschen, die Ihnen vorsätzlich schaden

Viele Menschen harren in toxischen Beziehungen aus, in der Hoffnung, dass es irgendwann besser wird. Sei es in Partnerschaften, in scheinbaren „Freundschaften", in Beziehungen zwischen Vorgesetzten und Mitarbeitern oder mit Kolleginnen und Kollegen. Wir haben in den vorangegangenen Kapiteln gelernt, dass in jedem Menschen, der uns ärgert oder wütend macht, eine Bereicherung steckt. Nämlich, dass wir uns selbst ein Stück näherkommen und viel über uns selbst, unsere Vergangenheit oder unsere Überzeugungen lernen können. Wir haben in den vorangegangenen Kapiteln auch gelernt, dass wir Menschen helfen sollen, sich weiterzuentwickeln. Und doch gibt es Grenzen: Menschen, die einfach nicht gut für uns sind.

Dazu gehören Menschen,

- die absichtlich schlecht über Sie oder andere reden und so vorsätzlich anderen Schaden zufügen.
- die einem bei jeder Gelegenheit erzählen, wie schrecklich die Welt, ihre Arbeit und ihre Umgebung ist.
- die Ihre Umgebung vergiften (sichtbar oder unsichtbar).
- die Freude daran haben, Sie möglichst klein zu machen.
- denen es besser geht, wenn es Ihnen schlechter geht.

Falls Sie zu schnell gelesen haben, hier noch einmal der zentrale Satz, der für mich ein K.O.-Kriterium für jede Beziehung ist: Es gibt Menschen, denen es BESSER geht, wenn es Ihnen SCHLECHTER geht. Natürlich würden die das nicht zugeben. Aber wenn Sie bewusst darauf achten, wie Menschen mit Ihnen, über Sie oder in Ihrem Umfeld mit oder über Dritte sprechen, dann haben Sie sie schnell entlarvt. Diesen Menschen sollten Sie keinen Platz in Ihrem Leben einräumen.

Zum Nachdenken:

- Gibt es in Ihrem Umfeld Menschen, denen es besser geht, wenn es Ihnen schlechter geht?

Jeder hat das Recht auf eine Umwelt, in der wir wachsen können.
Ja, wir müssen ein Umfeld schaffen, in dem wir wachsen können und in dem auch andere wachsen können. Wenn das mit bestimmten Personen nicht möglich ist, dann ist es Zeit für eine harte Übung. Wer auch immer diese Person sein mag – lassen Sie sie keine relevante Rolle in Ihrem Leben spielen. Vielleicht sagen Sie jetzt, dass das nicht möglich ist, weil Sie für diese Person arbeiten oder mit dieser Person seit Jahren verheiratet sind. Vielleicht fällt Ihnen sofort ein, dass Sie sich auch nicht von Ihren Eltern oder Geschwistern abwenden wollen. Vielleicht denken Sie an Ihren Freundeskreis. Es wäre unmöglich, sich von Freunden zu trennen, die Sie Ihr ganzes Leben lang begleitet haben? Wenn Ihnen diese Fragen durch den Kopf gehen und Sie jetzt verunsichern, vielleicht sogar ärgern – dann haben Sie dieses Kapitel verstanden. Genau das habe ich gemeint. Es ist schwer. Ja, es ist fast unmöglich. Es erfordert auch eine genaue (möglichst emotionslose) Prüfung, welche Rolle diese Person in Ihrem Leben spielt und ob es Möglichkeiten gibt, die Beziehung zu retten. Aber wenn das Ergebnis „Nein“ ist – dann sind Sie es sich selbst schuldig. Sie haben nur eine sehr begrenzte Zeit auf dieser Welt. Es ist Ihr Recht, diese Zeit mit Menschen zu verbringen, die das Beste für Sie wollen. Mit Menschen, die sich freuen, wenn es Ihnen gut geht – und nicht umgekehrt. Sie haben das Recht, Menschen um sich zu haben, die Ihnen helfen, schädliche Einflüsse von sich fernzuhalten.

Sie haben die Wahl, mit welchen Menschen Sie sich umgeben.
Machen Sie sich klar, dass SIE SELBST die volle Verantwortung dafür tragen, mit welchen Menschen Sie sich umgeben.

Zum Nachdenken:
- Finden Sie sich in einem Umfeld wieder, in dem Sie wachsen können?
- Verbinden Sie die oben genannten Zeilen mit einer bestimmten Person? Falls ja, überlegen Sie, warum Ihnen gerade diese Person in den Kopf gekommen ist. Was ist der Grund, dass Sie die Beziehung zu dieser Person (scheinbar) kritisch betrachten?

Jede Beziehung ist eine Zeit-Investition
Man bezahlt für jede Begegnung, für jede Beziehung, die man in seinem Leben eingeht, mit der wertvollsten Währung, die es auf diesem Planeten gibt: mit der eigenen Lebenszeit. Daher sollte gut überlegt sein, wie diese Zeit investiert wird. Das Problem bei der Investition von Zeit ist, dass wir kaum wahrnehmen, dass die Zeit an sich „weniger“ wird. Bei Geld wäre das anders. Wahrscheinlich haben Sie sich gut überlegt, wie Sie Ihr Geld investieren. Würden Sie bewusst viel Geld in etwas investieren, von dem Sie wissen, dass es Ihnen und anderen nichts

bringt und Sie unglücklich macht? Wohl kaum. Wenn wir Geld in etwas investieren, dann fast immer in etwas, das entweder uns selbst guttut, jemand anderem guttut oder uns zumindest das Gefühl gibt, dass wir es brauchen oder dass es uns glücklich macht. Betrachten Sie auch Zeit als etwas, das Sie investieren. Sie können und sollen auch Zeit verschenken, wo immer Sie es für sinnvoll erachten. Aber so, wie Sie kein Geld an jemanden verschenken würden, der es eigentlich nicht gut mit Ihnen meint, so sollten Sie auch keine Zeit an jemanden verschenken, der es eigentlich nicht gut mit Ihnen meint.

Noch mal auf den Punkt gebracht

Um Missverständnisse zu vermeiden, möchte ich dieses sensible Kapitel an dieser Stelle zusammenfassen. Entscheiden Sie bewusst, mit welchen Menschen Sie sich umgeben:

- Umgeben Sie sich bewusst mit Menschen, die Ihnen helfen zu wachsen, die Sie bereichern und Sie Ihren Zielen und Träumen näherbringen.
- Umgeben Sie sich bewusst mit Personen, deren Gesellschaft Sie genießen, unabhängig von der Relevanz für Ihre Ziele, Visionen und Träume. Einfach, weil es Ihnen guttut.
- Umgeben Sie sich mit positiven Menschen, die von Ihnen profitieren und durch Sie wachsen können.
- Trennen Sie sich von jenen, die Sie oder Ihre Umgebung vergiften, die Ihnen schaden oder Sie herunterziehen. Ihre Zeit ist zu kostbar, um sich mit Menschen zu umgeben, die Ihnen nicht guttun. Sie sind es auch Ihrer Umgebung schuldig, sich von diesen Personen zu distanzieren.

SIE – und nur SIE sind für Ihr Umfeld verantwortlich!

Zum Nachdenken:

- Harte Kost, ich weiß. Nehmen Sie sich etwas Zeit, um über dieses Kapitel nachzudenken und es gegebenenfalls noch einmal zu lesen.
- Überlegen Sie in Ruhe, in welchem Umfeld Sie Ihre Zeit verbringen. In welcher Kategorie bewegen Sie sich mit Ihren Beziehungen vorrangig? Wo sehen Sie Handlungsbedarf?
- Wie würden andere Menschen Sie einordnen? Wo sehen Ihre Mitmenschen Sie vorrangig?

48. Königsdisziplin Führung – der Beginn einer Reise

Schließlich kommen wir nun zum Bereich der Übernahme von Verantwortung für andere – oder kurz gesagt, zu Leadership und Führung. Hier kommen nun alle Fähigkeiten, Kompetenzen und Prinzipien zusammen, die wir in den vorangegangenen Kapiteln besprochen haben.

Dabei bin ich mir bewusst, dass das Thema Leadership und Führung hier nur angerissen werden kann und auf wenigen Seiten nicht annähernd die Bedeutung erhält, die es verdient. Dies ist nicht das Ende des Buches – es ist der Anfang. Es ist der Beginn einer Reise.

Verantwortung für andere Menschen zu übernehmen ist die höchste Stufe menschlicher Zusammenarbeit. Damit eine Führungsbeziehung gelingt, braucht es alles, was bisher besprochen wurde. Es braucht ein uneingeschränktes Bekenntnis zur „primären Aufgabe" und den unbedingten Willen, das Beste für das eigene Unternehmen zu geben. Es braucht ein hohes Maß an menschlichen Kompetenzen: Es braucht Selbstkenntnis und Klarheit – es braucht Selbstvertrauen und Vertrauen – es braucht Eigenverantwortung und Disziplin – es braucht Offenheit und Risikobereitschaft – es braucht Ausgeglichenheit und Gelassenheit – es braucht Selbstwertgefühl und Wertschätzung. Das ist die Königsdisziplin. Führung bedeutet nicht, anderen zu sagen, was sie tun sollen. Es geht darum, sich selbst zu entscheiden, Verantwortung für andere zu übernehmen.

Leadership und Führung

Begriffe wie Führung und Leadership tauchen in der heutigen Zeit an fast allen Ecken und Enden auf. In Führungskräfteseminaren lernen wir, wie man Menschen motiviert (also eigentlich manipuliert, aber „motiviert" klingt sympathischer), das zu tun, was die Führungskraft von ihnen will. Ob mit Angst (also der Androhung von Strafe) oder mit Anerkennung (also der Aussicht auf Belohnung) wird versucht, Menschen sozusagen auf Linie zu bringen. Aber ist das wirklich der Kern von Führung?

Ich bin fest davon überzeugt, dass unsere heutige Zeit Führung braucht. Es braucht Menschen, die sich damit auseinandersetzen und die Verantwortung übernehmen. Aber das, was in unseren Unternehmen unter Führung verstanden wird, hat meiner Meinung nach oftmals nicht viel mit Menschenführung zu tun. Das sehen auch die meisten Mitarbeiterinnen und Mitarbeiter so. Laut einer Gallup-Studie sagen 69% der Mitarbeitenden, dass sie von schlechten Führungskräften geführt werden. Hier scheinen sich Selbstbild und Fremdbild deutlich zu unterscheiden, denn die befragten Führungskräfte sehen das ganz anders.

So gaben in der gleichen Studie 97% der Chefs an, dass sie sich für eine wirklich gute Führungskraft halten.[107] Nur weil Menschen das tun, was jemand anderes sagt, ist man noch lange keine gute Führungskraft – sondern vielleicht nur eine „Autoritätsperson". Es mag sein, dass Autoritätspersonen sich voll und ganz der primären Aufgabe verpflichten, aber es fehlt eine entscheidende Komponente: menschliche Kompetenz.

Unterschied zwischen Autorität und Leadership

Wenn wir von Führung sprechen, sind zunächst diese beiden Begriffe abzugrenzen.

Autorität ist (leider) das klassische Führungsverständnis unserer Zeit. Eine Person steht hierarchisch höher im Unternehmen und hat damit Weisungsbefugnis gegenüber den Mitarbeitenden. Die Mitarbeitenden haben das zu tun, was diese Person sagt, um Konsequenzen zu vermeiden oder Belohnung zu erhalten. Das hat aus meiner Sicht wenig mit Leadership, mit echter Führung zu tun. In den heutigen Unternehmen finden wir sehr viele Autoritätspersonen, also Personen, die aufgrund der Unternehmenshierarchie Weisungsbefugnis über andere haben. Da der Mensch als Rudeltier danach strebt, über anderen zu stehen, hat sich dies als gutes Druckmittel bewährt. So versuchen viele Menschen möglichst schnell, möglichst viel Autorität zu erhalten – wir nennen dies „Karriere". Ob das wirklich die beste Führungskraft ist, sei dahingestellt. Um es deutlicher zu sagen: Es ist selten die beste Führungskraft. Ganz im Gegenteil. Oft sind es Menschen, die sich selbst nicht führen können und das Berufsleben, ihre scheinbare „Karriere", als letzten Ausweg nutzen, um ihr Versagen in anderen Lebensbereichen zu kaschieren. Dass dies eine schwierige Basis für eine glückliche und erfolgreiche Führungskraft bzw. Führungsbeziehung ist, versteht sich von selbst.

Wenn ich von Führung spreche, meine ich den zweiten Begriff – Leadership. Echte Führung kann auch mit Autorität verbunden sein, muss es aber nicht. Es geht vielmehr darum, dass wir diesen Menschen gerne folgen und dass wir ihnen folgen würden, ohne dazu verpflichtet zu sein. Wir würden ihnen vielleicht sogar folgen, ohne dafür Geld zu bekommen. Wir würden sie in unserer Freizeit treffen. Ich bin davon überzeugt, dass wir Menschen intrinsisch motiviert sind. Wir brauchen kein Lob und keinen Tadel, um motiviert zu sein. Wir brauchen Menschen, die uns helfen, mehr in uns zu sehen als wir selbst. Menschen, die uns helfen, unsere von Natur aus BESTE VERSION zu werden und diese ins Arbeitsleben einzubringen. Menschen, die uns den Rahmen geben, unser volles Potenzial zu leben – und die dies mit Begeisterung vorleben.

---

[107] Gallup GmbH: Gallup-Engagement Index 2019, in: Gallup, 2019.

Echte Leader sind keineswegs „Gutmenschen“. Sie wissen, wie bedeutsam die primäre Aufgabe ist und schaffen ein Umfeld, in dem die Mitarbeitenden zur besten Version ihrer selbst werden – und somit die primäre Aufgabe in außergewöhnlicher Exzellenz lösen. Dies setzt eine Teamkultur voraus, in der die Mitglieder gemeinsam mit ihrer Führungskraft in die gleiche Richtung gehen. Eine Kultur, in der sie keine Angst haben müssen, sie selbst zu sein und in der sie wissen, dass, wenn es hart auf hart kommt, jemand da ist, der sich im übertragenen Sinn der Gefahr stellt, um sie zu schützen. Das sind die Eigenschaften eines wahren Leaders. Erstaunlicherweise finden wir diese Menschen sehr oft nicht, wie wir es erwarten würden, in den obersten Etagen unserer Top-Unternehmen. Sie können in allen Hierarchieebenen und in allen Berufsgruppen zu finden sein.

- **Was Führungsverantwortung eigentlich bedeutet …**
  Victoria Soto ist eine junge Grundschullehrerin in den USA. Sie hat aus Leidenschaft die Verantwortung für eine Klasse übernommen und liebt es, den Schülerinnen und Schülern etwas Neues beizubringen. Sie hat ihren Traumberuf gefunden, so sahen es auch die Eltern der Schülerinnen und Schüler. Victoria scheint keine gewöhnliche Lehrerin zu sein. Sie spricht von ihren Schülern als „ihre Kinder“. Ihr Leben ist dem Unterrichten gewidmet und sie hat große Freude, ihre Klasse zu führen. Sie ist Lehrerin an der Sandy-Hook-Schule in Texas. Bis zum 14. Dezember 2012 – einem Tag, an dem die Schule in tragische Schlagzeilen geriet. Victoria unterrichtete gerade in ihrer Klasse. Aus dem Nebenzimmer waren plötzlich Schüsse und Schreie zu hören. Es war der Beginn eines der schlimmsten Amokläufe in den USA. Victoria dürfte sofort begriffen haben, was los war. Anstatt sich selbst in Sicherheit zu bringen, versuchte Victoria in den letzten Sekunden so viele Kinder wie möglich in Kästen und Schränken zu verstecken. Als der Amokläufer in die Klasse stürmte, stellte sie sich schützend vor ihre Kinder. An diesem Tag rettete sie vielen Kindern ihrer Klasse das Leben – und war bereit, dafür einen hohen Preis zu zahlen: ihr eigenes Leben. Victoria war eine der sechs Lehrerinnen und Lehrer und 20 Schülerinnen und Schüler, die an diesem Tag ihr Leben verloren.[108]

---

[108] Huffingtonpost: Victoria Soto, Newtown Teacher, Emerges As Hero After Shooting, in: Huffingtonpost, 2012, https://www.huffpost.com/entry/victoria-soto-newtown-tea_n_2311762 (abgerufen am 15.11.2023).

Liebe Leserinnen und Leser, ich weiß, das ist ein extremes Beispiel. Und doch beschreibt es besser als alles andere, was es bedeutet, VERANTWORTUNG für andere Menschen zu übernehmen. Victoria hätte das nicht tun müssen. Niemand hätte erwartet, dass sie sich in dieser Situation vor ihre Schülerinnen und Schüler stellt, niemand hätte es ihr verübelt, wenn sie in dieser Extremsituation zuerst an sich selbst gedacht und die Flucht ergriffen hätte – aber wahrscheinlich hat sie keine Sekunde für diese Entscheidung nachdenken müssen…

Victorias Geschichte steht stellvertretend für viele ähnliche Schlagzeilen. Menschen wie Victoria sind es, die den Begriff Führungspersönlichkeit verdienen. Menschen, die das tun, was sie lieben, die bereit sind, Verantwortung für andere zu übernehmen, um sie zu ihren besten Leistungen zu bringen – und die, wenn es hart auf hart kommt, nicht zögern, selbst einen Schritt nach vorn zu gehen, um diejenigen zu schützen, für die sie verantwortlich sind. Dies sind die zentralen Eigenschaften wahrer Führungspersönlichkeiten. Sie schaffen ein Umfeld, in dem sich andere wohl und sicher fühlen, ihr Bestes geben können und wissen – wenn alle Stricke reißen, ist jemand da, der, ohne zu zögern einspringt.

Wenn wir über Führung im beruflichen Kontext sprechen, geht es glücklicherweise selten um Leben und Tod. Aber die Prinzipien von Führung, von echtem Leadership, sind weitgehend dieselben. Ist das eine übertriebene Erwartung? Vielleicht. Aber seien wir ehrlich. Denken Sie an die besten Führungskräfte, die Sie in Ihrem Leben erlebt haben. Die Menschen, die Sie für ihre Führungsqualitäten bewundern. Bei allen Fähigkeiten und Fertigkeiten, die diese Menschen hatten – ich bin überzeugt, dass diese Komponenten in ihnen stecken:

- Sie lieben, was sie tun und machen dies mit voller Hingabe und vollem Engagement.
- Sie schaffen einen Rahmen, in dem andere die Chance haben, das Beste aus sich zu machen.
- Sie bieten Sicherheit und sind notfalls bereit, selbst Nachteile in Kauf zu nehmen, um diejenigen zu schützen, die ihnen anvertraut sind.

Solche Führungskräfte gibt es kaum?

Das stimmt. Ich glaube, das ist auch einer der Gründe, warum unsere Arbeitswelt so ist, wie sie ist. Wie soll es auch anders sein?

- Wie sollen Mitarbeiterinnen und Mitarbeiter glücklich und erfolgreich sein, wenn nicht einmal die Führungskraft liebt, was sie tut?
- Warum sollen Menschen bereit sein, alles für Führungskräfte zu geben, die nicht das Beste für ALLE wollen, sondern in erster Linie für sich selbst?
- Warum sollen sich Menschen für Unternehmen einsetzen, wenn Unternehmen und deren Führungskräfte sich nicht für ihre Mitarbeiterinnen und Mitarbeiter einsetzen (im Gegenteil – sie sogar für etwas bessere Zahlen auf die Straße setzen)?

Echte Führung bedeutet, dass Menschen freiwillig – ohne jede Manipulation – folgen, weil die Person so mitreißend ist, dass jeder dabei sein will. Ein echter Leader braucht weder ein Übermaß an Kontrollmaßnahmen noch ein Übermaß an Goodies (vielleicht beim Hundetraining, aber nicht in der Mitarbeiterführung), sondern Leader-Qualitäten und Kompetenzen, dass Menschen ihnen zutrauen, dass sie die Führung übernehmen können. Sie schaffen den Rahmen, in dem andere Menschen Bestleistungen erbringen können.

Sind Sie bereit, Verantwortung zu übernehmen?

Ja, vielleicht haben Sie schon viele Führungskräfte erlebt, die diesen Namen nicht verdienen. Umso größer und schöner kann Ihre Aufgabe sein. Gehen Sie mit gutem Beispiel voran. Setzen Sie neue Maßstäbe. Seien Sie die Führungskraft, die SIE selbst gerne als Vorgesetzten haben würden. Führung beginnt nicht damit, Hunderte von Menschen zu führen. Führung beginnt im Kleinen. Führung beginnt in Ihrem Büro, wo Sie Verantwortung für die Menschen neben Ihnen übernehmen – in den tausend kleinen Situationen, die uns das Leben bietet. Führung beginnt in der Familie. Führung beginnt im Freundeskreis.

Sie erinnern sich:

Es braucht viele Menschen, die Verantwortung übernehmen und an vielen Orten viele kleine Schritte tun – dann verändert sich die Welt.

9. Vision einer glücklichen und erfolgreichen Arbeitswelt

Liebe Leserin, lieber Leser,
ich hoffe, ich konnte Ihnen durch theoretische, wissenschaftliche und persönliche Ausführungen näherbringen, welche Schlüsselfaktoren aus meiner Sicht in der heutigen Zeit besonders wichtig sind, wie diese gelebt werden können und wie der persönliche Beitrag, der persönliche Handlungsspielraum aussehen könnte. Nachfolgend noch einmal das ganze Bild.

Abbildung 22: Das IBOS-Modell (eigene Darstellung)

Wie Sie im Laufe des Buches gesehen haben, sind viele dieser Schlüsselfaktoren keineswegs neu: Es handelt sich um Faktoren und Werte, die zum Teil seit Jahrtausenden für die Menschheit im Umgang miteinander von Bedeutung sind. Es sind jene Schlüsselfaktoren, die die Menschheit zu dem gemacht haben, was wir heute sind. Nicht zuletzt sind es jene Schlüsselfaktoren, die die Menschheit auch in eine spannende Zukunft führen werden.

Gerade in der Arbeitswelt, in unseren Unternehmen, finden sich viele Aspekte des menschlichen Zusammenlebens und unserer menschlichen sozialen Intelligenz im „Kleinen" wieder. Unsere Arbeitswelt und unsere Unternehmen stehen stellvertretend für JAHRTAUSENDE MENSCHLICHER ERFOLGE als Orte, an denen Menschen zusammenkommen, um gemeinsam Großes zu erreichen. Wenn wir ein erfolgreiches und glückliches Arbeitsleben erleben wollen, dann spielen die zentralen Schlüsselfaktoren menschlicher Zusammenarbeit eine wesentliche Rolle.

Wir leben in einer Welt, die uns vor viele Herausforderungen stellt. Wir brauchen starke Menschen, die bereit sind, sich diesen Aufgaben zu stellen. Gerade in der Arbeitswelt gibt es dafür viele Möglichkeiten.

Wenn wir von einer glücklichen und erfolgreichen Arbeitswelt sprechen, dann ist das für mich eine Arbeitswelt, die geprägt ist von...

... Menschen, die sich SELBST KENNEN – die ihre Visionen, Ziele, Werte, Stärken und Talente sowie ihre Lebensbereiche und Rollen klar benennen können und sich auch mit ihren Ängsten, Schwächen und negativen Glaubenssätzen auseinandersetzen.

... Menschen, die bereit sind, klare Prioritäten zu benennen und selbstverantwortlich, diszipliniert Handlungen zu setzen, die sie ihren Visionen , Zielen und Träumen näherbringen.

... Menschen, die ihre eigenen Bedürfnisse und Erwartungen KLAR ausdrücken können – und dadurch sich selbst und andere weiterentwickeln und Synergien entstehen lassen, die große Ziele erreichbar machen.

... Menschen, die sich SELBST VERTRAUEN, die regelmäßig an ihren Fähigkeiten und Kompetenzen arbeiten, diese zum Ausdruck bringen, ihre Stärken ausbauen und Entscheidungen aus Freude – nicht aus Angst – treffen. Menschen, die das Selbstvertrauen haben, an ihre Grenzen zu gehen und jeden Tag den Anspruch an sich selbst stellen, heute besser zu sein als gestern – und morgen besser als heute – und die andere Menschen auf diese Reise mitnehmen.

... Menschen, die daran arbeiten, VERTRAUEN aufzubauen, sich verletzlich zu machen und durch Verlässlichkeit und Vertrauenswürdigkeit ein vertrauensvolles Umfeld zu schaffen. Menschen, die an das Gute im anderen glauben und bereit sind, einen Vertrauensvorschuss zu geben – und dennoch kritisch hinterfragen, mit welchen Menschen sie sich umgeben wollen.

... Menschen, die Umstände VERÄNDERN, die ihnen missfallen und die mit Umständen, die sie nicht ändern können, AUSGEGLICHEN, HEITER und GELASSEN umgehen.

... Menschen, die nicht alles zu ernst nehmen und dazu beitragen, dass in ihrer Umgebung Heiterkeit und Humor Platz finden.

... Menschen, die zu einem gewissen RISIKO BEREIT sind, um etwas Neues entstehen zu lassen, auch wenn das bedeutet, gewohnte Bahnen zu verlassen.

... Menschen, die OFFEN SIND für neue Ideen, andere Meinungen und andere Kulturen und die die Vielseitigkeit der Menschheit zu schätzen wissen und daraus profitieren wollen.

... Menschen, die ein angemessenes SELBSTWERTGEFÜHL entwickeln, sich selbst, ihr eigenes Leben, ihre Lebenszeit wertschätzen und diese WERTSCHÄTZUNG auch gegenüber anderen leben, indem sie anderen Menschen Aufmerksamkeit und Zeit schenken.

... Menschen, die sich nicht als Opfer sehen, sondern als Gestalter und die in SELBSTVERANTWORTUNG handeln, um die Welt jeden Tag besser zu machen.

... Menschen, die nicht zuletzt VERANTWORTUNG für die primäre Aufgabe und für andere Menschen übernehmen, um sich selbst und andere zur bestmöglichen Version zu machen.

... Menschen, die tun, was sie lieben, die andere weiterentwickeln und wenn es hart auf hart kommt, bereit sind, einen Schritt nach vorn zu machen, um jene in ihrer Verantwortung zu schützen.

Solche Menschen brauchen wir. Menschen, die bereit sind, für Veränderungen zu kämpfen und unsere Unternehmen, unsere Kulturen, unseren Lebensraum weiterzuentwickeln. Wir brauchen Menschen, die sich für eine lebenswerte Welt und eine glückliche und erfolgreiche Arbeitswelt einsetzen:

- Eine Arbeitswelt, in der alle Mitarbeiterinnen und Mitarbeiter ihre Stärken einbringen können, jeden Tag gerne zur Arbeit gehen und abends stolz von ihrem Unternehmen erzählen.

- Eine Arbeitswelt, die Menschen fördert, motiviert und ermutigt, sich selbst zu entdecken und einzubringen.

- Eine Arbeitswelt, in der nicht die Ellbogen entscheiden, wer an der Spitze eines Unternehmens steht, sondern Kopf und Herz der Führungskräfte die entscheidenden Faktoren sind – kurz: eine Arbeitswelt, in der ECHTE Führungskräfte das Sagen haben.

- Und nicht zuletzt – das zentrale Motiv dieses Buches: Eine Arbeitswelt, in der Menschen einen großen Teil ihres Lebens mit Tätigkeiten und Menschen verbringen, die es ihnen ermöglichen, Glück und Erfolg zu erleben und in der Menschen zu der besten Version werden, die sie in diesem Leben sein können.

Meine Vision ist eine Arbeitswelt, in der diese scheinbar unsichtbaren Faktoren im Zentrum menschlichen Handels stehen. Ich träume von einer Arbeitswelt, in der Unternehmen, Führungskräfte und Mitarbeitende UNGLAUBLICHE ERFOLGE erzielen, die für den Einzelnen undenkbar wären – gerade WEIL sie diesen oftmals unsichtbaren Faktoren die Bedeutung geben, die diese verdient haben. Gerade wegen dieser Schlüsselfaktoren werden Menschen die Möglichkeit haben, ihre PRIMÄRE AUFGABE (was diese auch immer sein mag) mit höchster Bravour, Perfektion und Exzellenz zu erfüllen – und somit auch auf diesen Weg dazu beitragen, dass unsere Wirtschaft, unsere Gesellschaft, unsere Unternehmen und zwischenmenschlichen Beziehungen besondere Erfolge verzeichnen.

Vielleicht klingt das für Sie zu idealistisch, realitätsfern und nicht umsetzbar? Ich gebe Ihnen vollkommen recht! Das Modell, die Gedanken und die Handlungsspielräume sind kein erreichbares Ergebnis – es ist eine RICHTUNG. Es wird immer wieder Situationen geben, in denen wir uns nicht annähernd daranhalten.

Es wird Situationen geben, in denen wir ...
... uns selbst nicht klar sind oder uns nicht klar ausdrücken.
... uns nicht vertrauenswürdig verhalten.
... nicht genügend Gelassenheit leben.
... nicht offen und risikobereit sind, obwohl es notwendig wäre.
... uns nicht wertschätzend verhalten.
... nicht die Verantwortung übernehmen, die notwendig wäre.

Lassen Sie sich davon nicht irritieren. So ist das Leben. Es ist ganz normal und menschlich, dass wir uns nicht in jeder Situation so verhalten, wie wir uns das wünschen. Es wird mir nicht gelingen, es wird Ihnen nicht gelingen. Es wird uns oft nicht einmal ansatzweise gelingen. Betrachten Sie dieses Modell als Leuchtturm, als Leitstern, als Orientierungspunkt.

Wir alle leben in einer besonderen, herausfordernden Zeit auf dieser Erde. Selbst wenn Sie 100 Jahre alt werden, werden diese schnell vergehen. Es gibt kaum einen Ort, an dem es besser sein könnte als hier in Mitteleuropa. Machen wir das Beste aus dieser wertvollen Zeit – für uns, für die Menschen neben uns und für die kommenden Generationen.

Ich lade Sie ein, Ihren Beitrag zu einer Welt, zu einer Arbeitswelt zu leisten, die von glücklichen und erfolgreichen Menschen geprägt ist. Lassen Sie uns gemeinsam daran arbeiten, dass unsere Arbeitswelt morgen ein Stück besser ist als heute.

Wenn viele Menschen an vielen Orten viele kleine Schritte beginnen, wird sich die Welt verändern. Es müssen nicht die großen Veränderungen sein – beginnen wir im Kleinen. Beginnen wir mit den Menschen neben uns.

Es ist nicht wichtig, wie groß der erste Schritt ist –
sondern in welche Richtung er geht. [109]

Danke für Ihren Beitrag zu einer Arbeitswelt, die es Menschen ermöglicht,
Glück und Erfolg zu erleben!

---

[109] Verfasser unbekannt.

10. Anhang

Übung 1: Die Bezugspersonen der Kindheit

Schreiben Sie Ihre wichtigsten Bezugspersonen aus der Vergangenheit auf. Oft sind das die Eltern, Geschwister oder Großeltern.

Notieren Sie zu jeder Person, wie Sie diese erlebt haben:
a) Stärken und positive Eigenschaften der Person
b) Schwächen und negative Eigenschaften der Person
c) Werte, die Sie mit dieser Person verbinden/Was war für diese Person wichtig?

Wenn Sie diese Punkte notiert haben, nehmen Sie am besten einen farbigen Stift und markieren Sie, welche der genannten Punkte auf Sie im heutigen Leben zutreffen. Denken Sie dabei an die Schwächen der Stärken – und umgekehrt an die Stärken der Schwächen. Wenn Sie beispielsweise eine Person als sehr sparsam im positiven Sinne erlebt haben, könnte sich diese Sparsamkeit bei Ihnen im negativen Sinne als Geiz darstellen. Prüfen Sie dies für sich selbst sehr kritisch.

Beispiel:

	Vater	Mutter	Schwester
Stärken und positive Charakterzüge	Ruhig Gelassen	Fürsorglich Immer für mich da	Hilfsbereit Ermutigend
Schwächen und negative Charakterzüge	Unsicher Entscheidungs-schwach	Ängstlich Vorsichtig	Ungeduldig Leicht ablenkbar
Werte und Überzeugungen	Wer was erreichen will, muss hart arbeiten.	Für andere da sein, ist wichtiger als für sich selbst.	Nimm das Leben leicht und locker, es wird schon.

Vorlage zu Übung 1:

	Bezugsperson 1	Bezugsperson 2	Bezugsperson 3
Stärken und positive Charakterzüge			
Schwächen und negative Charakterzüge			
Werte und Überzeugungen			

	Bezugsperson 4	Bezugsperson 5	Bezugsperson 6
Stärken und positive Charakterzüge			
Schwächen und negative Charakterzüge			
Werte und Überzeugungen			

Übung 2: Die Glaubenssätze

Hinterfragen Sie Ihre Überzeugungen. Welche Glaubenssätze sind bzw. waren in Ihrem Leben besonders relevant? Welche dieser Glaubenssätze könnten Sie auch heute noch einschränken?

Versuchen Sie zunächst, alle Glaubenssätze aufzuschreiben, die Ihnen einfallen.
Sie können dazu auch die Liste auf der nächsten Seite verwenden – hier sind einige gängige Glaubenssätze zusammengestellt.

____

____

____

____

____

Im nächsten Schritt priorisieren Sie die Überzeugungen, die Ihrer Meinung nach den größten Einfluss auf Ihr Leben haben.

1) ______________________________

2) ______________________________

3) ______________________________

Überlegen Sie, in welchen Situationen diese Glaubenssätze für Sie wichtig sind. Wenn Sie dies für sich herausgefunden haben, legen Sie diese Liste zunächst zur Seite. Wir werden später zu einer Übung kommen, in der Sie diese Glaubenssätze überprüfen. Für den Anfang reicht es, sich bewusst zu machen, dass Sie von den oben genannten Glaubenssätzen geprägt sind.

Ergänzung zu Übung 2: Glaubenssätze

- Ich darf nicht wütend sein.
- Ich darf nicht traurig sein.
- Ich darf nicht laut sein.
- Ich darf mich nicht ärgern.
- Ich muss mich verstellen, um nicht abgelehnt zu werden.
- Ich kann niemandem vertrauen.
- Andere Menschen wollen mir schaden.
- Ich bin nicht liebenswert.
- Wenn ich einen Menschen in mein Umfeld lasse, wird er mich verletzen.
- Ich kann keine Freunde finden.
- Ich kann es niemals schaffen.
- Es ist komplett unmöglich.
- Ich bin zu jung/zu alt.
- Ich bin zu dumm.
- Im Vergleich zu anderen habe ich keine Chance.
- Andere sind immer besser.
- Ich bin der Welt hilflos ausgeliefert.
- Ich bin hilflos und ein Opfer.
- Ich muss etwas leisten, um etwas wert zu sein.
- Ich kann nicht gut genug sein.
- Ich kann niemandem trauen.
- Ich bin in allem ein Verlierer.
- Es ist Schwäche, nach Hilfe zu fragen.
- Niemand schätzt, was ich für ihn/sie tue.
- Niemand vertraut mir.
- Es ist wichtig, was die anderen über mich denken.
- Ich bin nicht wichtig.
- Zuerst die anderen, dann ich.
- Ich darf keine Fehler machen.
- Liebe gibt es nur gegen Leistung.
- Die Welt ist schlecht, alle wollen mir Böses.
- Meine Meinung ist nicht wichtig.
- Niemand interessiert sich für meine Meinung.
- Wenn es mir schlecht geht, bin ich selbst schuld.
- Bedürfnisse anderer sind wichtiger als meine eigenen.
- Ich kann nichts recht machen.
- Ich muss beweisen, dass ich besser bin.
- Ich muss mich vor der Welt schützen.
- Ich verdiene keine Anerkennung.
- Ich darf mich nicht blamieren.
- Mitmenschen nutzen mich nur aus.
- Perfektionismus ist wichtig.
- Ich darf meine Meinung nicht vertreten.
- Ich muss es allen recht machen.
- Ich muss alles allein schaffen.
- Ich bin unsportlich/ungeschickt/unmusikalisch.
- Ich darf anderen nicht zur Last fallen.
- Ich muss immer perfekt sein.
- Ich bin ein schlechter Mensch.
- Ich muss immer mutig sein.
- Andere Menschen sind wichtiger als ich selbst.

Übung 3: Die persönlichen Werte

Schreiben Sie Ihre persönlichen Werte auf. Notieren Sie zunächst die Werte (drei bis sechs), die Ihnen spontan für Ihr Leben besonders wichtig erscheinen. Hinterfragen Sie jeden notierten Wert.

Wenn Sie Ihre Werte bereits kennen, können Sie sie in die folgende Liste eintragen.
Um eine größere Auswahl an möglichen Werten zu erhalten, können Sie die Liste auf der nächsten Seite verwenden. Viele Wertelisten finden Sie auch im Internet oder in einschlägigen Büchern.

Meine Top-Werte		
1	2	3
4	5	6

Am besten markieren Sie in der Liste auf der nächsten Seite jene Werte, die für Sie wichtig sind. Wiederholen Sie die Übung mehrmals an verschiedenen Tagen und zu verschiedenen Uhrzeiten. So stellen Sie sicher, dass Sie möglichst unterschiedliche emotionale Stimmungen berücksichtigen und die Werte, die am Ende auf Ihrem Zettel stehen, tatsächlich Ihre persönlich wichtigsten Werte sind.

Nehmen Sie sich genügend Zeit für diese Übung. Die persönlichen Werte sind für die Orientierung im Leben und für die verschiedenen Entscheidungen, die Sie in Ihrem Berufs- und Alltagsleben treffen, von großer Bedeutung.

Werteliste

A
Abenteuerlust
Achtsamkeit
Aktivität
Akzeptanz
Altruismus
Anerkennung
Anstand
Ästhetik
Aufgeschlossenheit
Ausdauer
Ausgeglichenheit
Authentizität

B
Beharrlichkeit
Behutsamkeit
Benehmen
Bescheidenheit
Besonnenheit

D
Dankbarkeit
Demut
Disziplin

E
Effektivität
Effizienz
Ehrlichkeit
Empathie
Engagement
Entscheidungs-
freude
Ernsthaftigkeit

F
Fairness
Familie
Fleiß
Flexibilität
Freiheit
Freude
Freundlichkeit
Freundschaft

G
Geduld
Gelassenheit
Gemütlichkeit
Gerechtigkeit
Gesundheit
Glaube
Glaubwürdigkeit

H
Harmonie
Herzlichkeit
Hilfsbereitschaft
Hingabe
Hoffnung
Höflichkeit
Humor

I
Idealismus
Individualismus
Innovation
Inspiration
Integrität
Intelligenz
Interesse
Intuition

K
Klarheit
Klugheit
Kompetenz
Konsequenz
Konservatismus
Kontrolle
Kreativität

L
Leichtigkeit
Leidenschaft
Lernbereitschaft
Liebe
Liebenswürdigkeit
Loyalität

M
Menschlichkeit
Mitgefühl
Motivation
Mut

N
Nachhaltigkeit
Nächstenliebe
Neugier
Neutralität

O
Offenheit
Optimismus
Ordnungssinn

P
Pflichtgefühl
Fantasie
Pragmatismus
Präsenz
Präzision
Professionalität
Pünktlichkeit

R
Realismus
Redlichkeit
Resilienz
Respekt
Rücksichtnahme
Ruhe

S
Sauberkeit
Selbstdisziplin
Selbstvertrauen
Sensibilität
Sicherheit
Solidarität
Sorgfalt
Sparsamkeit
Spaß
Spiritualität
Standfestigkeit
Sympathie

T
Tapferkeit
Teamgeist
Teilen
Toleranz
Tradition
Transparenz
Treue
Tüchtigkeit

U
Unabhängigkeit
Unbestechlichkeit

V
Verantwortung
Verbundenheit
Verlässlichkeit
Vertrauen
Verzeihen

W
Wachsamkeit
Weisheit
Weitsicht
Wertschätzung
Willenskraft
Wohlstand
Würde

Z
Zielstrebigkeit
Zufriedenheit
Zuneigung
Zuverlässigkeit
Zuversicht

Werte und ihre Überschlagsreaktionen

Überschlagsreaktion Ihres Wertes	IHR WERT	POSITIVER GEGENWERT	Überschlagsreaktion des Gegenwertes
Geiz	Beispiel: Sparsamkeit	Großzügigkeit	Verschwendung

Übung 4: Das Lebensrad

Um ein Lebensrad zu erstellen, sollten Sie sich zunächst Gedanken machen:

a) welche Lebensbereiche für Sie wichtig sind

b) welche Bewertungsskala Sie dafür verwenden möchten
(für mich hat sich eine 10-stellige Skala bewährt).

Notieren Sie sich in einem ersten Schritt Ihre verschiedenen Lebensbereiche und prüfen Sie, welche davon so relevant sind, dass Sie sie genauer bewerten möchten. Sie können hier auch schon IHRE verschiedenen Rollen genauer spezifizieren. Hier ist Platz für Ihr Brainstorming:

Wenn Sie dies im nächsten Schritt in einer Tabelle darstellen, bekommen Sie einen guten Überblick – dies könnte so aussehen:

Lebensbereich	Rolle 1	Rolle 2	Rolle 3
Beruf	Kraftfahrer	Betriebsrat	
Familie	Vater	Onkel	Sohn
Soziales Umfeld	Freunde		Parteivorsitz
Hobby	Turnverein		
Spiritualität			
Finanzen			

Bewerten Sie nun, wie Sie die einzelnen Lebensbereiche zurzeit erleben. 0 wäre die totale Katastrophe, 3 wäre eher schlecht, aber doch das ein oder andere Positive dabei, 5 als goldene Mitte, mal gut, mal schlecht. 8 wäre dann schon sehr positiv, man denkt gerne an den Bereich und schätzt sich schon sehr gut und sehr weit ein. 10 würde bedeuten, dass man sich vor Glück kaum halten kann. Bewerten Sie die unterschiedlichen Bereiche kritisch. Dies ist die Grundlage für die weitere Arbeit.

Nachfolgend eine Darstellung, wie dieses Lebensrad aussehen könnte.

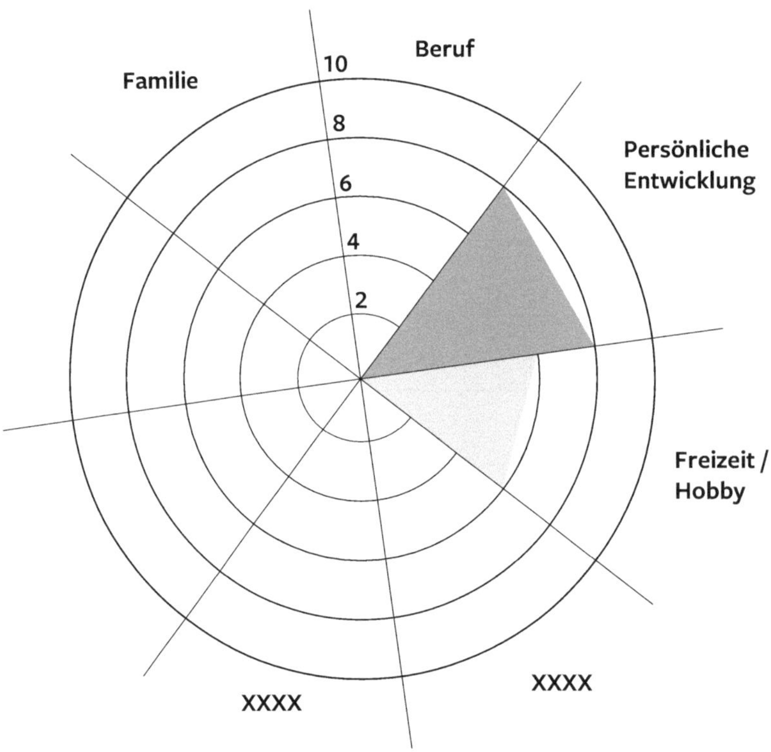

Abbildung 23: Lebensrad: Ein Beispiel (eigene Darstellung)

Vorlage Lebensbereiche und Rollen

Lebensbereich	Rolle 1	Rolle 2	Rolle 3

Vorlage Lebensrad

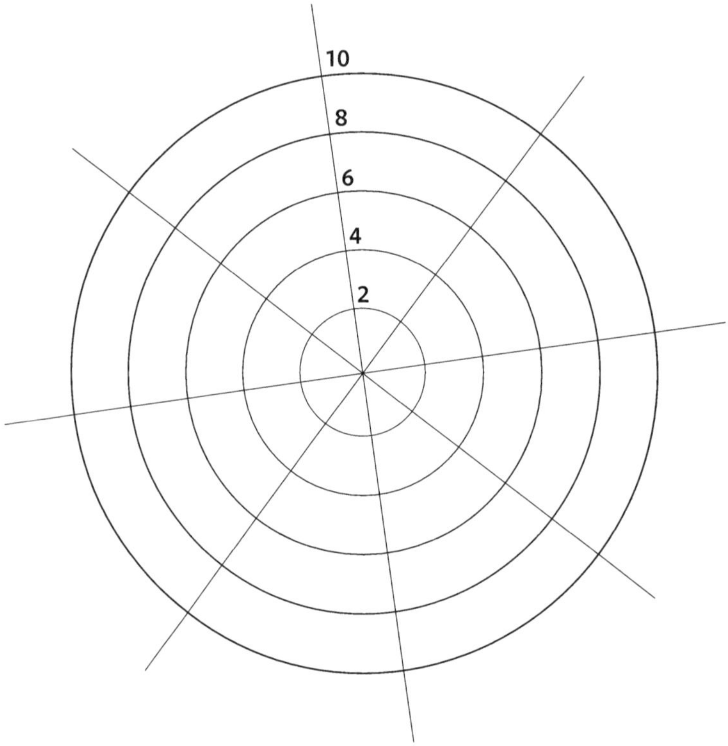

Abbildung 24: Lebensrad: Vorlage (eigene Darstellung)

Übung 5: Die eigene Vision

Das eigene Begräbnis
Eine etwas skurrile, aber sehr aufschlussreiche und zielführende Übung ist die Vorwegnahme der eigenen Beerdigung.

Schließen Sie die Augen und denken Sie weit in die Zukunft, an Ihre Beerdigung. Stellen Sie sich diesen Tag so detailliert wie möglich vor. Was sehen Sie? Welche Menschen sind da? Wer trauert besonders um Sie? Mit welchen Menschen sind noch Dinge offen? Welche Menschen sind Ihnen besonders wichtig?

____

____

____

____

Stellen Sie sich nun vor, dass einzelne Personen nach vorn kommen und über Sie sprechen. Menschen, für die Sie besonders wichtig waren, die Ihnen besonders nahestanden. Welche Menschen sind das? Was sagen sie über Sie? Warum waren Sie für diese Menschen wichtig? Was haben diese Menschen an Ihnen besonders geschätzt, wofür haben sie Sie vielleicht bewundert? Versuchen Sie auch hier, sich alles so genau wie möglich vorzustellen.

____

____

____

Überlegen Sie in Ruhe, was Sie sich für diesen Tag wünschen. Was möchten Sie hören? Was möchten Sie nicht hören, was tut Ihnen vielleicht leid? Wofür oder für wen hätten Sie gerne mehr Zeit gehabt?

Wie möchten Sie gesehen werden? Worüber freuen Sie sich besonders?

Und nun die zentrale Frage: Wie müssen Sie Ihr Leben heute ausrichten, damit Sie am Ende das hören, was Sie sich von Ihrem Begräbnis wünschen? **Welchen Leitsatz, welche zentrale Botschaft können Sie sich heute mit auf den Weg geben, damit Sie diesen Moment in ferner Zukunft genießen können**? Versuchen Sie dies in einem Satz zu formulieren.

Übung 6: Zeitmanagement-Matrix

Notieren Sie die Aktivitäten, die Sie im Laufe einer Woche (oder eines Tages usw.) durchführen. Versuchen Sie, diese nach Dringlichkeit und Wichtigkeit zu ordnen. Überprüfen Sie kritisch für sich selbst, in welchem Quadranten Sie sich hauptsächlich bewegen.

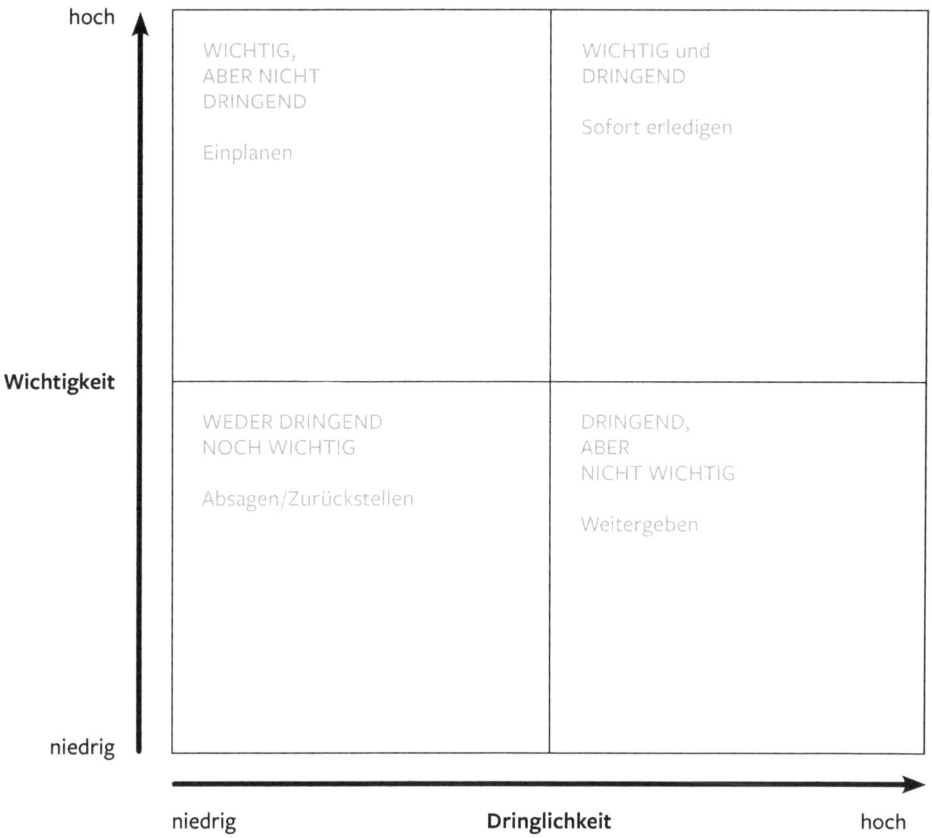

Hinterfragen Sie sich selbst kritisch:

- Werden Sie von dringenden Dingen getrieben?
- Haben die Dinge, die Ihnen wichtig sind, genügend Zeit und Raum?
- Wie könnten Sie Unwichtiges und nicht Dringendes loswerden bzw. wer könnte das für Sie tun?

Übung 7: Die Stärken-Schwächen-Analyse

Die Stärken-Schwächen-Analyse ist ein Instrument zur übersichtlichen Darstellung von Stärken und Schwächen sowie Chancen und Risiken. Sie besteht aus vier Quadranten:

Stärken Listen Sie hier alle persönlichen Stärken auf, die Sie bereits kennengelernt haben.	**Schwächen** Listen Sie hier Punkte auf, die Sie als eine persönliche Schwäche beschreiben würden.
Chancen Notieren Sie hier, inwieweit Ihre Stärken die Chance beinhalten, Sie Ihrer Vision näherzubringen.	**Risiken** Beschreiben Sie hier, inwieweit Ihre Schwächen Sie am Erreichen Ihrer Vision hindern könnten.

Wenn Sie Ihre Bestandsaufnahme abgeschlossen haben, können Sie die folgenden Schlussfolgerungen ziehen:

- Es gibt Stärken, die eine Chance bieten → das sind Ihre Stars, denn diese Stärken bringen Sie Ihren Zielen näher. Bleiben Sie dran und versuchen Sie, sie weiterzuentwickeln. Zum Beispiel: Eine Stärke ist, dass Sie sich klar ausdrücken können – Ihre Vision ist es, Menschen dabei zu unterstützen, ihre persönliche Klarheit zu finden – Bingo. Hier liegt eine Chance!

- Es gibt Stärken, die nicht vorrangig relevant sind, um Ihre Ziele zu erreichen → versuchen Sie diese Stärken mit überschaubarem Aufwand zu erhalten – vielleicht werden sie relevant. Beispiel: Im obigen Kontext wäre eine extreme mathematische Stärke von untergeordneter Bedeutung, aber in einem anderen Kontext kann diese Stärke möglicherweise neue Türen öffnen.

- Es gibt Schwächen, die Sie daran hindern, Ihre Vision zu verwirklichen. Diese Schwächen sind hochgradig relevant. Sie behindern Ihren Weg zu den Zielen und müssen daher beseitigt werden. Beispiel: Sie wollen anderen helfen, ihre Klarheit zu finden – Ihre Schwäche ist, dass Sie nicht gut zuhören können → Dann müssen Sie daran arbeiten.

- Es gibt Schwächen, die weder für die Ziele noch für die Vision relevant sind → diese gilt es zu akzeptieren und im Auge zu behalten, um sicherzustellen, dass sie nicht plötzlich relevant werden.

Vorlage: Stärken-Schwächen-Analyse

Stärken:	Schwächen:
–	–
–	–
–	–
–	–
–	–
–	–
Chancen:	**Risiken:**
–	–
–	–
–	–
–	–
–	–
–	–

Übung 8: Ängste und Angsttypen

Notieren Sie Ihre Ängste und wie stark diese ausgeprägt sind.

0 = kaum spürbar, kein Einfluss auf mein Berufs- und Alltagsleben

1 = diese Angst spüre ich in bestimmten Situationen, aber sie hat wenig Einfluss auf mein Berufs- und Alltagsleben

2 = starke Angst, die mich in bestimmten Situationen im Berufs- und Alltagsleben stark einschränkt

3 = erhebliche Angst, die mein Leben stark einschränkt

Insbesondere wenn Sie Ängste mit 2 oder 3 bewerten, können Sie in der rechten Spalte notieren, wie Sie mit diesen Ängsten umgehen können.

Angst	Bewertung (0–3)	Möglichkeiten zur Konfrontation

Hinweis:
Jeder Mensch hat Ängste – es ist also ganz normal, vor bestimmten Situationen Angst zu haben. Diese Übung soll Sie motivieren, bestimmte Ängste zu erkennen und sich gegebenenfalls damit auseinanderzusetzen. Bei Verdacht auf eine krankhafte Ausprägung oder eine Angststörung sollte unbedingt professionelle Hilfe in Anspruch genommen werden.

Ergänzung zu Übung 8: Die häufigsten Ängste

Nachfolgend finden Sie eine Liste mit häufigen Ängsten:

- Angst, öffentlich zu sprechen
- Angst vor anderen bloßgestellt zu werden
- Angst ausgegrenzt zu werden
- Angst vor großen Höhen
- Angst vor Geldmangel
- Angst vor tiefem Wasser
- Angst vor Ungeziefer/Insekten
- Angst vor Krankheit/Tod
- Angst vor Verletzung
- Angst vor Vertrauensmissbrauch
- Angst vor dem Fliegen
- Angst vor Einsamkeit
- Angst vor Hunden
- Angst vor dem Autofahren
- Angst vor Fahrstühlen
- Angst vor engen Räumen
- Angst vor Dunkelheit
- Angst vor Verlust

Übung 9: Beurteilen von Kompetenzen

3-Stufen-Modell der Kompetenzbewertung
Das 3-Stufen-Modell zur Kompetenzfeststellung ist ein nützliches Instrument zur Analyse, Bewertung und Definition von Maßnahmen, um die persönlichen Kompetenzen zu analysieren. Es bietet die Möglichkeit, daraus Maßnahmen (z.B.: Schulungen, Kurse, Aktivitäten, Treffen mit relevanten Personen etc.) gezielt abzuleiten.

Stärken und Talente, Visionen und Werte, Ziele und Prioritäten bilden die Basis
Bevor Sie loslegen, nehmen Sie sich am besten noch einmal kurz Zeit, um Ihre Stärken und Talente, Visionen und Werte, Ziele und Prioritäten durchzulesen. Nur wenn Sie Ihre Energie auch in den Erwerb von Fähigkeiten stecken, die Sie den oben genannten Punkten näherbringen, können diese die Basis für ein glückliches und erfolgreiches Berufsleben sein.

Schritt 1: Liste der für Sie relevanten Kompetenzen
Listen Sie die für Ihr berufliches Umfeld relevanten Kompetenzen auf. Nutzen Sie dazu Gespräche mit bereits erfahrenen Kolleginnen und Kollegen, mit Lehrenden oder Vortragenden oder mit Vertrauenspersonen, mit denen Sie dies besprechen können. Berücksichtigen Sie dabei auch Ihre persönlichen Interessen und Stärken.

Schritt 2: Einschätzung der eigenen Fähigkeiten in Bezug auf diese Kompetenzen
Bewerten Sie Ihre Fähigkeiten/erstellen Sie ein Zeugnis. Sie können dies nach einem Punktesystem oder nach dem Schulnotensystem tun. Für mich hat sich hier das Punktesystem von 0–10 bewährt. Wie zufrieden sind Sie mit Ihren derzeitigen Kompetenzen?

Schritt 3: Handlungsableitung – Maßnahmen festlegen
Leiten Sie konkrete Maßnahmen ab. Was müssen Sie tun, um die entsprechenden Kompetenzen zu erwerben?

Nachfolgend finden Sie ein Beispiel, wie die Kompetenzbeurteilung aussehen könnte:

Meine Vision in einem Satz:

Meine zentralen Werte:

Meine Stärken und Talente:

Meine zentralen Ziele in den entsprechenden Lebensbereichen:

Im nächsten Schritt erfolgt die Ableitung der Kompetenzen. Notieren Sie alle Kompetenzen, die erforderlich sind, um Ihre zentralen Ziele zu erreichen.

BEISPIEL
Vision: Menschen zu inspirieren, das Beste aus ihrem Leben zu machen
Stärken: Strukturiert, ordentlich, motiviert
Lebensbereich: Beruf (Nebenberuf)
Ziel: In den nächsten drei Jahren als Key-Note Speaker tätig zu sein
Erforderliche Kompetenzen:

Kompetenz	Beurteilung (0–10 max.)	Maßnahme
Selbstsicheres Sprechen vor Gruppen	3	Kommunikationstraining Fortbildung Speaking
Strukturiertes Arbeiten	10	Keine Maßnahme erforderlich
Verkaufsfähigkeit	5	Verkaufstraining
Business Knigge	9	Keine Maßnahme erforderlich

Kompetenz	Beurteilung (0–10 max.)	Maßnahme

Übung 10: Gedankenüberprüfung

Das Modell zur Gedankenüberprüfung aus *The Work* von Byron Katie[110] hat sich bereits vielfach bewährt. Es soll dabei helfen, kritisch zu hinterfragen, ob ein Gedanke, ein Glaubenssatz oder ein Vorurteil tatsächlich wahr ist – oder ob er mehr mit uns selbst zu tun hat als mit dem, den wir eigentlich für verantwortlich halten.

Wählen Sie zunächst einen Gedanken aus, den Sie überprüfen möchten:

____

____

Frage 1: Ist dieser Gedanke wahr? Antworten Sie mit JA oder NEIN

____

Frage 2: Können Sie 100% sicher sein, dass dieser Gedanke wahr ist?

Überlegen Sie in diesem Zusammenhang, ob er auch schon mal nicht wahr war. 100% bedeutet 100% – nicht 99%.

Antworten Sie mit JA oder NEIN

____

[110] Byron Katie: The Work. https://thework.com/sites/de/the-work/

Frage 3: Wie geht es Ihnen, wenn Sie diesen Gedanken denken?

Beschreiben Sie so genau wie möglich, wie Sie sich fühlen, wenn Sie den Gedanken denken. Was kommt in Ihnen hoch? Ärger, Wut, Hass? Versuchen Sie, diese Gefühle so genau wie möglich zu beschreiben.

____

____

Frage 4: Wer wären Sie ohne diesen Gedanken?

Stellen Sie sich vor, dieser Gedanke wäre plötzlich über Nacht wie durch ein Wunder verschwunden. Was wäre anders, wenn Sie diesen Gedanken plötzlich nicht mehr hätten? Welche Situationen würden Sie anders erleben? Welche Möglichkeiten würden sich eröffnen?

____

____

Die Umkehrung: Könnte auch das Gegenteil wahr sein?

Wenden Sie den Gedanken nun auf sich selbst an. Beispiel: Niemand nimmt mich wichtig → Ich nehme mich nicht wichtig. Beispiel Niemand mag mich → Ich mag mich selbst nicht.

Wie lautet der umgekehrte Gedanke?

____

Könnte auch dieser Gedanke wahr sein? Vielleicht zutreffender?

Möglicherweise eröffnet er Ihnen neue Handlungsspielräume und die Möglichkeit, nicht mehr Opfer, sondern Gestalter zu sein.

Übung 11: Ruhepausen im Alltag

Überlegen Sie, wie Sie in Ihrem Berufs- und Alltagsleben kleine Momente der Ruhe einplanen können. Der Weg zur Arbeit? Wartezeiten am Bahnhof? Beim Frühstück? Auch wenn es nur kurze Momente sind, können sie Wunder wirken und den Kopf frei machen für neue Gedanken.

	Ideen für Momente der Stille und Ruhe
Morgens	
Vormittags	
Mittags	
Nachmittags	
Abends	
Nachts	

Übung 12: Heute mal anders

Bei dieser Übung geht es darum, jeden Tag mindestens eine Sache anders zu machen als sonst. Seien Sie kreativ und überlegen Sie, was Sie heute anders machen könnten. Hier einige Beispiele:

Morgenrituale: - Zähneputzen mit der anderen Hand - Jeden Tag ein anderes Frühstück - Frühstück an verschiedenen Orten - Die Haare mal anders - Abwechslungsreiche Kleidung wählen	**Im Beruf:** - Arbeitsroutinen hinterfragen - Mit anderen Menschen Mittagessen - Einen anderen Weg in die Arbeit nehmen - Den Arbeitsplatz neu dekorieren - Neue Abteilungen kennenlernen
Abend: - Schlafen Sie auf der anderen Bettseite - Lesen statt Fernsehen - Ein guter Film/verschiedene Genres	**Hobby:** - Eine neue Sportart probieren - In ein neues Restaurant gehen - Abwechslungsreiches Essen bestellen
In Beziehungen: - Neue Gesprächsthemen - Jeden Tag mit anderen Menschen kommunizieren	**Urlaub:** - Den Weg in den Urlaub mal anders gestalten - Neues Reiseziel - Neue Art zu reisen

Übung 13: Selbstwert

Der folgende Test ist an den englischen Originaltest von Rosenberg[111] angelehnt. Er ist für Erwachsene und Kinder ab 12 Jahren geeignet und kann eine Orientierung über das Selbstwertgefühl geben.

Frage 1: Alles in Allem bin ich mit mir selbst zufrieden.

Trifft nicht zu	Trifft wenig zu	Trifft eher zu	Trifft voll zu	Meine Punkte
1	2	3	4	

Frage 2: Hin und wieder denke ich, dass ich gar nichts tauge.

Trifft nicht zu	Trifft wenig zu	Trifft eher zu	Trifft voll zu	Meine Punkte
4	3	2	1	

Frage 3: Ich besitze eine Reihe guter Eigenschaften.

TRIFFT NICHT ZU	TRIFFT WENIG ZU	TRIFFT EHER ZU	TRIFFT VOLL ZU	MEINE PUNKTE
1	2	3	4	

Frage 4: Ich kann vieles genauso gut wie die meisten anderen Menschen.

TRIFFT NICHT ZU	TRIFFT WENIG ZU	TRIFFT EHER ZU	TRIFFT VOLL ZU	MEINE PUNKTE
1	2	3	4	

Frage 5: Ich fürchte, es gibt nicht viel, worauf ich stolz sein kann.

TRIFFT NICHT ZU	TRIFFT WENIG ZU	TRIFFT EHER ZU	TRIFFT VOLL ZU	MEINE PUNKTE
4	3	2	1	

[111] Vgl. Rosenberg, 1965.

Frage 6: Ich fühle mich von Zeit zu Zeit richtig nutzlos.

Trifft nicht zu	Trifft wenig zu	Trifft eher zu	Trifft voll zu	Meine Punkte
4	3	2	1	

Frage 7: Ich halte mich für einen wertvollen Menschen. Jedenfalls bin ich nicht weniger wertvoll als andere auch.

Trifft nicht zu	Trifft wenig zu	Trifft eher zu	Trifft voll zu	Meine Punkte
1	2	3	4	

Frage 8: Ich wünschte, ich könnte vor mir selbst mehr Achtung haben.

Trifft nicht zu	Trifft wenig zu	Trifft eher zu	Trifft voll zu	Meine Punkte
4	3	2	1	

Frage 9: Alles in Allem neige ich dazu, mich selbst für einen Versager zu halten.

Trifft nicht zu	Trifft wenig zu	Trifft eher zu	Trifft voll zu	Meine Punkte
4	3	2	1	

Frage 10: Ich habe eine positive Einstellung zu mir selbst gefunden.

Trifft nicht zu	Trifft wenig zu	Trifft eher zu	Trifft voll zu	Meine Punkte
1	2	3	4	

Addieren Sie Ihre Punkte. **Punktzahl gesamt:** ______________

- Wenn Sie 30 bis 40 Punkte erreichen, haben Sie ein gutes Selbstwertgefühl.
- Eine Punktzahl zwischen 26 und 29 bedeutet, dass Sie an Ihrem Selbstwertgefühl arbeiten sollten.
- Wenn Sie 25 oder weniger Punkte erreichen, haben Sie ein niedriges Selbstwertgefühl. In diesem Fall sollten Sie aktiv darüber nachdenken, wie Sie Ihr Selbstwertgefühl verbessern können und gegebenenfalls professionelle Hilfe in Anspruch nehmen.

Übung 14: Dankbarkeitstagebuch

Ein Dankbarkeitstagebuch kann uns helfen, die selbstverständlichen Dinge in Beruf und Alltag bewusster zu schätzen.

Notieren Sie kurz, welche Tätigkeiten Sie heute erlebt haben, für welche Momente und Menschen Sie heute dankbar waren (und warum) und was Ihnen heute besonders gut gelungen ist.

Diese Übung steigert die Wertschätzung der erlebten Augenblicke und das Selbstwertgefühl.

Datum:	
Das habe ich heute getan:	
Für diese drei Momente bin ich besonders dankbar:	
Für diese drei Menschen bin ich heute besonders dankbar:	
Das habe ich heute besonders gut geschafft:	

Übung 15: Routinen und Micro Habits

Machen Sie sich zunächst bewusst, welche Routinen Sie in Ihrem täglichen Leben verfolgen. Notieren Sie diese Routinen.

Tägliche Routinen während der Arbeitswoche:

Früh	
Vormittags	
Mittags	
Nachmittags	
Abends	
Nachts	

Tägliche Routinen an Wochenenden, Feiertagen oder Urlaubstagen:

Früh	
Vormittags	
Mittags	
Nachmittags	
Abends	
Nachts	

Fragen zu Ihren Routinen und Micro Habits

Welche Ihrer Gewohnheiten bringen Sie Ihrem übergeordneten Ziel, Ihrer Vision näher?

Welche Gewohnheiten stehen in Widerspruch zu Ihren Zielen?

Welche Gewohnheiten könnten Sie implementieren, um Ihren Zielen näher zu kommen?

Hier ist Platz für weitere Notizen und Ideen betreffend Micro Habits:

Über den Autor

Menschen zu inspirieren, die beste Version ihrer selbst zu werden – um Glück, Erfolg und Erfüllung im Berufs- und Alltagsleben zu erleben.

Eine Vision, die den Autor seit Jahren begeistert, motiviert und persönlich herausfordert. In jedem Menschen stecken viele verborgene Schätze, die es im Laufe des Lebens zu entdecken gilt. Besonders das Berufsleben ist eine großartige Gelegenheit, sich selbst kennenzulernen und die beste Version von sich selbst zu werden, die man in diesem Leben sein kann.

Angetrieben von der Frage, was Glück und Erfolg im Berufsleben ausmacht und welchen Beitrag Unternehmen, Führungskräfte und Mitarbeitende dazu leisten können, hat der Autor in diesem Buch seine wesentlichen Erkenntnisse aus drei abgeschlossenen Hochschulausbildungen und 15 Jahren Berufserfahrung in einem international tätigen Konzern, davon mehr als zehn Jahre Führungserfahrung in den Bereichen Produktmanagement, Datenmanagement und Ausbildungskoordination, zusammengefasst.

Der Autor Thomas Taitl wurde 1986 in Vöcklabruck geboren. Aufgewachsen in einer Unternehmerfamilie kam er schon früh mit unternehmerischem Denken und Handeln in Berührung. Nach der Pflichtschule, der Handelsakademie und dem Zivildienst beim Roten Kreuz absolvierte er das Studium Betriebswirtschaft und Informationsmanagement an der Fachhochschule Salzburg. Berufsbegleitend absolvierte er das Hochschulstudium „Master in Training and Development“ an der SMBS Salzburg und das Fernstudium „MBA Digital Business“ an der FH Burgenland.

Thomas Taitl ist glücklich verheiratet, stolzer Vater von drei Kindern und lebt und arbeitet in Oberösterreich.

Thomas Taitl Business Consulting
office@thomas-taitl.com
www.thomas-taitl.com

Literaturverzeichnis

Bundesministerium für Inneres: Kriminalstatistik 2022, in: BMI, 2023, https://bmi.gv.at/magazin/2023_05_06/01_Polizeiliche_Kriminalstatistik_2022.aspx (abgerufen am 11.11.2023).

B2X: Fünf Stunden am Tag: Handy-Sucht packt Millennials, in: Presseportal, 2017, https://www.pressetext.com/news/20170519020 (abgerufen am 15.11.2023).

Byron, Katie: The Work, in: Byron Katie, 2023, https://thework.com/sites/de/the-work/ (abgerufen am 15.6.2023).

Collins, Jim: From Good to Great: Why some companies make the leap...And others don't, New York: HarperCollins Publishing, 2001.

Covey, Steven: The 7 habits of highly effective people: Restoring the character ethic, Free Press, 2004.

Czekierda, Katarzyna/Anna Banik/Crystal Park/Aleksandra Luszczynska: Meaning in life and physical health: systematic review and meta-analysis, in: Health psychology review, 11(4), 2017, S. 387–418.

DataReportal: Digital 2022 Global Digital Overview, in: DataReportal, 2022, https://datareportal.com/reports/digital-2022-global-overview-report (abgerufen am 15.6.2023).

De Saint-Exupéry, Antoine: Der kleine Prinz, 73. Aufl. Düsseldorf: Karl Rauch Verlag, 2023.

Duden: Erfolg, in: Duden, 2023, https://www.duden.de/rechtschreibung/Erfolg (abgerufen am 15.6.2023).

Duden: Glück, in: Duden, 2023, https://www.duden.de/rechtschreibung/Glueck (abgerufen am 15.6.2023).

Duden: Problem, in: Duden, 2023, https://www.duden.de/rechtschreibung/Problem (abgerufen am 15.11.2023).

Duden: Respekt, in: Duden, 2023, https://www.duden.de/rechtschreibung/Respekt (abgerufen am 15.6.2023).

Dunbar, R. I. M./Rebecca Baron/Anna Frangou/Eiluned Pearce/Edwin van Leeuwen Edwin/Julie Stow/Giselle Partridge/Ian MacDonald/Vincent Barra/Mark van Vugt: Social laughter is correlated with an elevated pain threshold, in: Proceedings. Biological sciences, 279(1731), 2012, S. 1161–1167.

Dyer, John/Christos Ioannou/Lesley Morrell/Darren Croft/Iain Couzin/Dean Waters/Jens Krause: Consensus decision making in human crowds, in: Animal Behaviour,75(2), 2007, S. 461–470.

Eisenhower, Dwight D: Address at the Second Assembly of the World Council of Churches, 1956.

Erikson, Erik: Identity and the life cycle, New York: International Universities Press, 1959.

Ernst & Young GmbH Wirtschaftsprüfungsgesellschaft: Studentenstudie 2018, London: Ernst & Young GmbH, 2018.

Farlex Dictionary of Idoms: Boiling frog syndrome, in: Farlex Dictionary of Idioms, 2015, https://idioms.thefreedictionary.com/boiling+frog+syndrome (abgerufen am 15.11.2023).

Fiore, Neil: The now habit: a strategic program for overcoming procrastination and enjoying guilt-free play, New York: Tarcher/Penguin, 2007, S. 70 ff.

Fry, William: The biology of humor, in: International Journal of Humor Research, 7(2), 1994, S. 111–126.

Gapminder: http://www.gapminder.org (abgerufen am 15.6.2023).

Gallup GmbH: Gallup Engagement Index, in: Gallup, 2022, https://www.gallup.com/de/472028/bericht-zum-engagement-index-deutschland.aspx (abgerufen am 15.11.2023).

Gallup GmbH: Gallup-Engagement Index 2019, in: Gallup, 2019.

Hanewinkel, Reiner/Julia Hansen/Jana Janßen/Matthis Morgenstern: Präventionsradar. Erhebung Schuljahr 18/19. Kinder- und Jugendgesundheit in Schulen. Ergebnisbericht der Welle 3. Institut für Therapie- und Gesundheitsforschung, in: IFT-Nord, 2019, http://www.dak.de/dak/download/praeventionsradar-2019-2266684.pdf (abgerufen am 15.11.2023).

Hansen, Katherine/Margaret Gerbasi/Alexander Todorov/Elliot Kruse/Emily Pronin: People Claim Objectivity After Knowingly Using Biased Strategies, in: Personality and Social Psychology Bulletin, 40(6), 2014, S. 691–699.

Hartmann, Martin: Vertrauen, in: Gehirn und Geist 05-21, 2021, S. 13–16.

Hartmann Nicolai: Ethik, 4. Aufl., Berlin: de Gruyter Verlag, 1962.

Helliwell, John F./Richard Layard/Jeffrey D. Sachs/Jan Emmanuel De Neve/Lara Aknin/Shua Wang: World Happiness Report 2022. in: New York Sustainable Development Solutions Network by the Gallup World Poll data, 2022, https://worldhappiness.report/ (abgerufen am 15.6.2023)

Helliwell, John F./Richard Layard/Jeffrey D. Sachs/Jan Emmanuel De Neve/Lara Aknin/Shua Wang: World Happiness Report 2022. in: New York Sustainable Development Solutions Network by the Gallup World Poll data, 2022, S. 105–127, https://worldhappiness.report/ (abgerufen am 15.6.2023).

Hesse, Hermann: Stufen, in: http://www.hhesse.de (abgerufen am 15.11.2023).

Huffingtonpost: Victoria Soto, Newtown Teacher, Emerges As Hero After Shooting, in: Huffingtonpost, 2012, https://www.huffpost.com/entry/victoria-soto-newtown-tea_n_2311762 (abgerufen am 15.11.2023).

JMP/WHO/Unicef: Global database of wash data, in: JMP, 2023, http://washdata.org (abgerufen am 15.6.2023).

Johnson, Spencer: Die Mäusestrategie für Manager: Veränderungen erfolgreich begegnen. München: Ariston-Verlag, 2020.

Kahneman, Daniel/Angus Deaton: High income improves evaluation of life but not emotional well-being, in: Proc. Natl. Acad. Sci. U.S.A. 107, 2010, S. 16489–16493.

Killingsworth Matthew/Daniel, Kahneman/Barbara, Mellers: Income and emotional well-being: A conflict resolved. In: Proceedings of the National Acadamy of Sciences of the United States of America, 2023, 120(10).

Keller, Helen: The Open Door, 1957, in: Zitateheft 2018.

Kondratjeff, Nikolai: Die langen Wellen der Konjunktur. Archiv für Sozialwissenschaft und Sozialpolitik, Bd. 56, Tübigen: Mohr, 1926, S. 573–609.

Lange, Dieter: Sieger erkennt man am Start – Verlierer auch, Berlin: Ullstein Buchverlage, 2021.

Langer, Ellen/Judith Rodin: The effects of choice and enhanced personal responsibility for the aged: A field experiment in an institutional setting, in: Journal of Personality and Social Psychology, 34(2), 1976, S. 191–198.

Mangelsdorf, Martina: Von Babyboomer bis Generation Z: Der richtige Umgang mit unterschiedlichen Generationen im Unternehmen, Offenbach: Gabal, 2015, S. 23.

May, Cindy: When Are Jokes about a Tragedy Funny? Humor is tragedy plus time – but how much time? in: Scientific American, 2014, https://www.scientificamerican.com/article/when-are-jokes-about-a-tragedy-funny/ (abgerufen am 15.6.2023).

McRaven, William: Make Your Bed. Little things that can change your life ... and maybe the world, New York: Grand Central Publishing, 2017.

Mischel, Walter: The Marshmallow Test: Mastering self-control, New York: Little, Brown and Co., 2014.

Mitchell, Ian/Steven Gillespie/Ahmad Abu-Akel: Similar effects of intranasal oxytocin administration and acute alcohol consumption on socio-cognitions, emotions and behaviour: Implications for the mechanisms of action, in: Neuroscience and biobehavioral reviews, 55, 2015, S. 98–106.

O'Donnell, Maeve B./Christof N. Bentele/Hannah B. Grossman/Yunying Le/Hoon Jang/Michael F. Steger: You, me, and meaning: an integrative review of connections between relationships and meaning in life, in: Journal of Psychology in Africa, 24:1, 2014, S. 44-50.

Olds, James/Peter Milner: Positive reinforcement produced by electrical stimulation of septal area and other regions of rat brain, in: Journal of Comparative and Physiological Psychology, 47(6), 1954, S. 419–427.

ORS.AT: Fernsehen in Österreich, in: ORS, 2023, http://www.ors.at/news/artikel/neue-studie-lineares-fernsehen-in-oesterreich-weiterhin-auf-platz-1-bei-der-bewegtbildnutzung/ (abgerufen am 15.6.2023).

Orth, Ulrich/Richard Robins/Keith Widaman: Life-span development of self-esteem and its effects on important life outcomes, in: Journal of personality and social psychology, 102(6), 2012, S. 1271–1288.

Our World in Data: Child morality, in: Our world in data, 2023, https://ourworldindata.org/child-mortality (abgerufen am 15.11.2023).

Pöppel, Ernst: Zum Entscheiden geboren. Hirnforschung für Manager, Berlin: Hanser Verlag, 2008, S. 19.

Psychiatrie.de: Angststörungen, in: Psychiatrie.de, 2023, https://www.psychiatrie.de/psychische-erkrankungen/angststoerungen.html (abgerufen am 15.11.2023).

Ringelnatz, Joachim, in: Ronner, Markus: Die treffende Pointe, Bern: Ott Verlag, 1979.

Rogers, Carl: Die nicht-direktive Beratung. Counseling and Psychotherapy, Frankfurt am Main: Fischer, 1985.

Rosenberg, Morris: Society and the adolescent selfimage. Princeton, NJ: Princeton University Press, 1965.

Rosling, Hans/Ola Rosling/Anna Rosling Rönnlund: Factfulness: ten reasons we're wrong about the world – and why things are better than you think, London: Sceptre, 2023.

Ruch, Willibald/Jennifer Hofmann/Sandra Rusch/Heidi Stolz: Training the sense of humor with the 7 Humor Habits Program and satisfaction with life, in: Humor, 31(2), 2018, S. 287–309.

Ruhr-Universität Bochum: Weniger Smartphone – mehr Wohlbefinden, in: iwd, Informationsdienst Wissenschaft, 2022, https://idw-online.de/de/news792100 (abgerufen am 15.11.2023).

Ryan, Richard/Eduard Deci: Self-determination theory and the facilitation of intrinsic motivation, social development, and well-being, in: American Psychologist, 55 (1), 2000, S. 68–78.

Scholz, Christian/Anne Renning: Generation Z in Europe – Inputs, Insights and Implications. Bingley: Emerald Publishing Limited, 2019, S. 8 ff.

Schulz von Thun, Friedemann: Miteinander Reden: Störungen und Klärungen, Reinbek bei Hamburg: Rowohlt Taschenbuch Verlag, Bd. 1, 1981, S. 13 ff.

Schulz von Thun, Friedemann: Miteinander reden 2. Stile, Werte und Persönlichkeitsentwicklung, Reinbek bei Hamburg: Rowohlt Verlag, 1989.

Sedgwick, William: On the variation of reflex excitability in the frog induced by changes of temperature, in: Studies from the Biological Laboratory of the Johns Hopkins University, 1888, Baltimore, Maryland: N. Murray, Johns Hopkins University, S. 385–410.

Shaftesbury, Lord: Sensus Communis: An Essay on the Freedom of Wit and Humour," in: Characteristics of Men, Manners, Opinions, Times, 1. Aufl., London, 1709.

Sinek, Simon: The infinite game, Portfolio Penguin, 2020.

Sozialministerium Österreich: BURN AUT – Österreichische Gesellschaft für Arbeitsqualität und Burnout, Anton Proksch Institut Wien: Prävalenz des Burnout-Syndroms in Österreich, 2017.

Sport1: Fußballer kann plötzlich Französisch, in: Sport1.de, 2012, https://www.sport1.de/news/internationaler-fussball/2020/06/frueheres-manunited-talent-rory-curtis-kann-nach-koma-franzoesisch (abgerufen am 15.11.2023).

Sprenger, Reinhard: Die Entscheidung liegt bei dir. Wege aus der alltäglichen Unzufriedenheit. Frankfurt: Campus Verlag, 2016.

Starcke, Katrin/Matthias Brand: Decision making under stress: a selective review, in: Neuroscience and biobehavioral reviews, 36(4), 2012, S. 1228–1248.

Statista: Anzahl der versendeten Whatsapp-Nachrichten pro Tag, 2020, in: Statista, 2020, https://de.statista.com/statistik/daten/studie/868733/umfrage/anzahl-der-taeglich-verschickten-whatsapp-nachrichten-weltweit/ (abgerufen am 15.11.2023).

Statista: Anzahl der Facebook-Nutzer, in: Statista, 2023, https://de.statista.com/statistik/daten/studie/37545/umfrage/anzahl-der-aktiven-nutzer-von-facebook/ (abgerufen am 15.6.2023).

Statista: Smartphone Besitz und Nutzung 2013-2022, in: Statista, 2022, https://de.statista.com/statistik/daten/studie/568185/umfrage/smartphone-besitz-und-smartphone-nutzung-in-oesterreich/#:~:text=Mehr%20als%20ein%20Drittel%20der,auf%203%2C3%20Millionen%20an (abgerufen am 15.6.2023).

Statistik Austria: Lebenserwartungsrechner. Männer und Frauen summiert. Stichtag 1.1.2020. in: Statistik Austria, 2023, https://www.statistik.at/services/tools/tools/lebenserwartungsrechner (abgerufen am 15.6.2023).

Stern.de: Polizei-Test: Anderen helfen? Nein, Danke! Bei einem Unfall fahren alle vorbei, in: Stern.de, 2018, https://www.stern.de/auto/news/anderen-helfen--nein--danke--bei-einem-unfall-fahren-alle-vorbei-8136082.html (abgerufen am 15.11.2023).

Sozialversicherung Österreich: WIFO Fehlzeitenreport, in: Sozialversicherung Österreich, 2022, https://www.sozialversicherung.at/cdscontent/load?contentid=10008.772450&version=1670332022 (abgerufen am 15.11.2023).

TheSun: MUMMY POWER Mum summons strength of a super hero to shift 39 STONE tree trunk off her son, 5, after it fell on him, in: The Sun, 2017, TheSun: https://www.thesun.co.uk/news/3559185/superhero-mum-lifts-38-stone-tree-to-save-son/?CMP=Spklr-_-Editorial-_-TheSun-_-Living-_-FBLink-_-Statement-_-FBPAGE (abgerufen 15.11.2023).

Thielmann, Isabell/Benjamin Hilbig: Trust in me, trust in you: A social projection account of the link between personality, cooperativeness, and trustworthiness expectations, in: Journal of Research in Personality, 50 (1), 2014.

Thomas, Kenneth/Ralph Kilmann: Thomas-Kilmann Conflict Mode Instrument (TKI) [Database record], 1974.

Troger, Hermann: Ein neuer Generationenvertrag, in: Troger, Hermann: 7 Erfolgsfaktoren für wirksames Personalmanagement, Wiesbaden: Springer Gabler, 2016, S. 117–135.

Tseng, Julie/Jordan Poppenk: Brain meta-state transitions demarcate thoughts across task contexts exposing the mental noise of trait neuroticism, in: Nature Communications 11 (3480), 2020.

UNEP: Consumption of controlled substances, in: UNEP, 2023, https://ozone.unep.org/countries/data (abgerufen am 15.11.2023).

Von Gleich, Arnim: Bionik: Ökologische Technik nach dem Vorbild der Natur. Stuttgart: Springer Verlag, 1998, S. 192.

Waldinger, Robert: What makes a good life?, in: TED, 2023, https://www.ted.com/talks/robert_waldinger_what_makes_a_good_life_lessons_from_the_longest_study_on_happiness/no-comments?language=de (abgerufen am 15.6.2023).

Waldinger, Robert/Marc Schulz: The Good Life. And How to live it. Lessons from the worlds longest study on happiness, UK: Rider, 2023.

Ware, Bronnie: 5 Dinge, die Sterbende am meisten bereuen: Einsichten, die Ihr Leben verändern werden, München: Goldmann Verlag, 2015.

Watzlawick, Paul: Wie wirklich ist die Wirklichkeit?: Wahn, Täuschung, Verstehen, München: Piper Verlag, 2005.

Weltbank: Vergleich 2000-2020. in: Weltbank, 2020, http://data.worldbank.org/indicator/SI.POV.DDAY (abgerufen am 15.6.2023).

Williams, Adams: Views of US drivers about driving safety, in: Journal of safety research. Bd. 34, 491-4, 2003.

Willis, Janine/Alexander Todorov: First Impressions: Making Up Your Mind After a 100-Ms Exposure to a Face, in: Psychological Science, 17(7), 2006, S. 592–598.

Wiltermuth, Scott/Chip Heath: Synchrony and Cooperation. Psychological science. 20, 2009, S. 1–5.

WKO, Statistik Austria/WIFO: Lebenserwartung 1950-2022, in: WKO, http://wko.at/statistik/extranet/langzeit/glang-lebenserwartung.pdf (abgerufen am 15.6.2023).

Whitney, M. Young Jr.: Beyond Racism: Building an Open Society, New York: McGraw-Hill, 1969.

Vygotsky, Lev: Mind and society: The development of higher psychological processes. Cambridge, MA: Harvard University Press, 1978.

Ziano, Ignazio/Deming Wang: Slow lies: Response delays promote perceptions of insincerity, in: Journal of Personality and Social Psychology, 120(6), 2021, S. 1457–1479.

Abbildungsverzeichnis

Hier ist Platz für Ihre Notizen

Hier ist Platz für Ihre Notizen

Hier ist Platz für Ihre Notizen